政府会计制度案例精讲大全：

科目应用+业务管理+报表编制

李世龙　编著

中国铁道出版社有限公司

CHINA RAILWAY PUBLISHING HOUSE CO., LTD.

内 容 提 要

2017 年 10 月 24 日，财政部印发了《政府会计制度——行政事业单位会计科目和报表》，自 2019 年 1 月 1 日起施行，行政事业单位应该严格按照政府会计准则和政府会计制度的规定进行会计核算。

本书在政府会计改革的背景下，以《政府会计准则》、《政府会计制度》、《行政事业单位内部控制规范》为指南，在总结作者多年的实务经验和实践调研的基础上，全面系统地阐述了行政事业单位主要经济业务与事项的会计处理。

本书是一本政府会计的实务书，供广大行政事业单位的会计工作者解决日常工作中的各种疑难实务问题，随用随查。

图书在版编目（CIP）数据

政府会计制度案例精讲大全：科目应用＋业务管理＋报表编制/
李世龙编著 . —北京：中国铁道出版社有限公司，2020.1
ISBN 978-7-113-26150-4

Ⅰ.①政…　Ⅱ.①李…　Ⅲ.①单位预算会计 – 会计制度 – 案例 – 中国
Ⅳ.①F810.6

中国版本图书馆 CIP 数据核字（2019）第 179920 号

书　　名：**政府会计制度案例精讲大全：科目应用＋业务管理＋报表编制**
作　　者：李世龙

责任编辑：王　佩	读者热线电话：010 – 63560056	
责任印制：赵星辰	封面设计：MXK DESIGN STUDIO	

出版发行：中国铁道出版社有限公司（100054，北京市西城区右安门西街 8 号）
印　　刷：北京柏力行彩印有限公司
版　　次：2020 年 1 月第 1 版　　2020 年 1 月第 1 次印刷
开　　本：700 mm×1 000 mm　1/16　印张：34　字数：553 千
书　　号：ISBN 978-7-113-26150-4
定　　价：99.00 元

前　言

2017 年 10 月 24 日，财政部印发了《政府会计制度——行政事业单位会计科目和报表》（财会〔2017〕25 号，以下简称《政府会计制度》），自 2019 年 1 月 1 日起施行，行政事业单位应该严格按照政府会计准则和政府会计制度的规定进行会计核算。

《政府会计制度》继承了多年来我国行政事业单位会计改革的有益经验，反映了当前政府会计改革发展的内在需要和发展方向，相对于旧制度主要有以下重大变化与创新：一是构建了"财务会计和预算会计适度分离并相互衔接"的会计核算模式，对纳入部门预算管理的现金收支进行"平行记账"，在财务报表与预算会计报表之间存在勾稽关系；二是统一了现行各项单位会计制度。通过会计制度的统一，大大提高了政府各部门、各单位会计信息的可比性，为合并单位、部门财务报表和逐级汇总编制部门决算奠定了坚实的制度基础；三是强化了财务会计的功能。在财务会计中全面引入了权责发生制、增加了应收款项和应付款项的核算内容，对于科学编制权责发生制政府财务报告、准确反映单位财务状况和运行成本等情况具有重要的意义；四是改进了预算会计功能。调整完善后的预算会计，能够更好贯彻落实《中华人民共和国预算法》（简称《预算法》）的相关规定，更加准确反映部门和单位预算收支情况，更加满足部门、单位预算和决算管理的需要；五是完善了报表体系和结构。调整完善后的报表体系，对于全面反映单位财务信息和预算执行信息，提高部门、单位会计信息的透明度和决策有用性具有重要的意义。

本书共分为七部分：第一部分为资产类科目的会计核算与实务案例，介绍了资产类科目如何编写财务会计和预算会计分录；第二部分为负债类科目的会计核算与实务案例，介绍了负债类科目如何编写财务会计和预算会计分录；第三部分为净资产类科目的会计核算与实务案例，介绍了净资产类科目如何编写财务会计和预算会计分录；第四部分为收入和预算收入类科目的会计核算与实务案例，介绍了如何编写与收入相关的财务会计和预算会计分录；第五部分为费用和预算支出类科目的会计核算与实务案例，介绍了如何编写与费用相关的财务会计和预算会计分录；第六部分为预算结余类科目的会计核算与实务案例，介绍了预算结余类的科目的财务会计和预算会计的账务处理；第七部分为行政事业单位会计报表，分别介绍了财务会计报表和预算会计报表的编制方法和流程。

本书是作为高等学校财经类专业的本、专科教学用书而编写的，也可供自学考试生以及实践中的预算会计以及其他会计人员继续教育、学习和参考使用。主要目的在于帮助大家学好、用好会计制度，总体来讲，本书具有以下显著特点：

第一，与时俱进，体现制度的新变化。

本书的内容根基于最新的《政府会计制度》，对其进行细致与深入的解读，展现政府会计改革的重点，目的在于使读者能够获取政府会计中财务会计与预算会计最新的核算方法，进而为读者应对在校学习、升学考试、入职考试、教学等提供帮助。

第二，体系科学，内容设置合理。

本书在内容设置上，以财务会计的五大类和预算会计的三大类为主干，以每一类要素所包括的主要会计科目为分枝，以每一会计科目所涉及的经济业务事项为茎叶，条理非常清晰。

本书从资产、负债、净资产、收入、费用、预算收入、预算支出和预算结余的角度入手，阐述相关会计科目有关事项的会计处理方法，书中具体内容基本涵盖了行政事业单位日常活动中发生的所有一般经济事项。读者首先能够从宏观掌握会计体系，进而循序渐进地细分到具体的科目，由面及点，由浅至深，加深其对不同会计要素以及科目之间联系的理解，而不仅仅局限于为作会计分录而作会计分录。

第三，全面体现了政府会计制度的系统性。

政府会计制度是一个严密的体系，包括政府会计基本准则、政府会计具体准则、政府会计应用指南等。本书对政府会计制度的解读注重整体性，对特定问题的论述，对于《政府会计制度》的要求与规范，均给予全景式的列示，以确保我们对特定问题的理解与认识进行全面准确地反映。

第四，体现内容的实务性与应用性。

本书每个章节的科目都分为科目简介、业务管理、科目设置、科目余额和相关经济业务与事项的会计核算五个部分，具有很强的实操性，并且每笔经济业务都分为财务会计和预算会计的账务处理，具有非常强的综合性，可以帮助读者强化和提高自主学习和实际业务操作能力。

在本书的编写过程中，我们参考了相关的教材和资料，借鉴了相关专家的观点，在此谨向这些作者致以诚挚的谢意！

由于作者水平有限，加之时间仓促，书中难免存在疏漏乃至错误之处，恳请读者批评指正！

编　者
2019 年 7 月

目　录

第一章 政府会计基本理论

第一节 政府会计的内涵及组成体系

一、政府会计的概念

会计是以货币为主要计量单位，运用专门的方法，对企事业、机关单位或其他经济组织的经济活动进行连续、系统、全面地反映和监督的一项经济管理活动。社会组织按照是否以营利为目的可以分成营利性组织和非营利性组织两大类。其中，营利性组织运行的目的是取得利润并使利润最大化，比如为社会提供私人产品期望获取投资收益的企业或公司。非营利性组织不以营利为目的，不求经济回报地为社会提供公共物品或准公共物品，包括政府和非营利组织两类。由此，我国的会计就被划分为企业会计、政府会计和民间非营利组织会计。

具体地，政府会计，也称"公共部门会计"，是会计学的一般原理在政府及政府单位中的运用，是一项以货币作为主要计量单位对政府及政府单位的经济活动或会计事项进行记录、核算、反映和监督的管理活动。政府及政府单位包括但不限于：各级政府、与政府财政部门直接或间接发生预算拨款关系的国家机关、军队、政党组织、社会团体、事业单位和其他单位。

二、政府会计的特征

相对于企业会计来说，政府会计的主要特征为会计核算方法与预算管理紧密结合。由于政府的财务资源主要来源于税收、行政事业性收费等非交换性交易，政府向社会公众提供的服务通常是免费或象征性收费的，即政府服务的接受者和政府组织本身之间的交易也属于非交换性交易，因此，政府组织在取得和运用财务资源时需要受到来自纳税人、社会公众等财务资源提供者和其他利益相关者的约束。这种约束主要表现为政府需要编制预算，编制的预算需要经过人民代表大会的批准。经批准后的预算，政府需要严格遵照执行。政府会计需要如实反映经批准的预算的执行情况，以满足纳税人、社会公众及其代表等政府会计信息使用者对会计信息的需求。

另外，政府会计还需要核算组织的收入和费用以及资产和负债等情况，以如实反映政府组织的运行成本、盈亏情况和财务状况。由于政府预算是按收付实现制基础编制的，因此，政府会计需要采用预算会计方法核算预算的执行情况，即采用收付实现制基础核算预算收支的执行情况。又由于政府的运行成本和财务状况需要按照权责发生制基础进行反映，因此，政府会计还需要采用财务会计方法核算政府组织的财务运行情况和结果。同时使用预算会计核算预算收支执行情况以及使用财务会计核算运行成本和财务状况，即政府会计由政府预算会计和政府财务会计构成，是政府会计区别于企业会计的一个显著特征。在政府会计中，资产减去负债后的余额为净资产。政府组织没有明确的所有者权益或出资人权益。

三、政府会计的历史

政府会计源远流长，古时称作"官厅会计"。我国西周时期就设有专门核算官方财富收支的官职——司会，"司会为计官之长，凡财务会计必揽"。司会下设司书、职内、职岁与联币四大官员，分管会计与出纳事务，对财物收支采取"月计岁会"（零星算之为计，总合算之为会）的方法，"以八法治官府……八曰官计，以弊邦治"（《周礼·天官，大宰》）并形成"以参互考日成、以月要考月成、以岁会考岁成"的会计报告制度。之后各朝均设有官厅会计机构，都配备有专职会计官吏，汉代以后将"官计"改称

"国计"。20 世纪二三十年代，我国引进西方会计，沿用欧美"政府会计"名称，取代了"官厅会计"的传统名称，会计专业也相应开设了政府会计类课程。

1951 年财政部颁布《各级人民政府暂行总政府会计制度》和《各级人民政府暂行单位政府会计制度》，明确了预算会计的名称，适应了当时计划经济发展的需求；1966 年开始实施《行政事业机关会计制度》，1988 年改为《事业行政单位预算会计制度》。1994 年我国启动社会主义市场经济下的预算会计改革，财政部于 1997 年发布了《财政总预算会计制度》《行政单位会计制度》和《事业单位会计制度》；2013 年起实施修订后的《财政总预算会计制度》《行政单位会计制度》《事业单位会计准则》《事业单位会计制度》，以及医院、基层医疗卫生机构、高等学校、中小学校、科学事业单位、彩票机构等行业事业单位会计制度和有关基金会计制度等。由此形成两个层面的预算会计体系：一是政府层面的财政总预算会计，包括中央、省（自治区、直辖市）、市（地、州）、县、乡（镇）等；二是单位层面的预算会计，包括行政单位会计和事业单位会计。

政府会计改革是一个持续优化、螺旋式上升的渐进过程。目前，政府会计改革要求执行统一规范的政府会计准则、政府会计制度、政府财务报告制度，全面系统地反映财政预算执行、单位财务活动及财务状况，综合披露政府及政府单位的资产、负债和净资产的真实信息；要求提供科学有效的政府会计信息，有利于监督政府的科学民主决策，有利于强化政府的会计责任，推进宏观经济管理。

四、政府会计组成体系及其关系

政府会计可以由财政总预算会计和行政事业单位会计组成。其中，按独立法人单位区分，行政事业单位会计可以包括行政单位会计和事业单位会计。在我国，财政总预算会计、行政事业单位会计分别执行相应的会计制度，成为单独的会计种类。财政总预算会计和行政事业单位会计还执行统一的政府会计准则，形成政府会计种类。

按照我国《政府会计准则——基本准则》的规定，政府会计由预算会计和财务会计构成。由此，在政府会计的组成体系中，还可以按照政府会计的特定功能将其区分为政府预算会计和政府财务会计。其中，政府预算

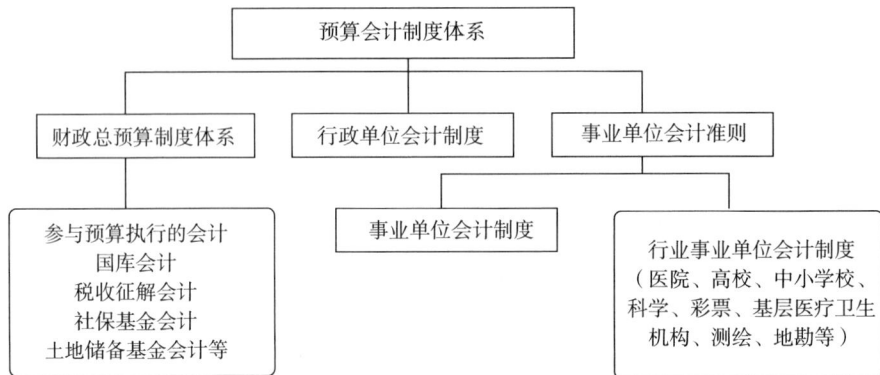

图 1-1　预算会计制度体系

会计具体可以由政府财政总预算会计和行政事业单位预算会计组成。政府财务会计主要是指行政事业单位财务会计。这样，行政事业单位会计具体还可以由行政事业单位财务会计和行政事业单位预算会计组成。

　　在政府会计各组成部分中，财政总预算会计和行政事业单位预算会计之间存在密切的关系。例如，财政部门向行政事业单位拨款时，财政总预算会计形成预算支出，行政事业单位会计形成预算收入。财政总预算会计、行政事业单位预算会计共同构筑了政府预算会计信息系统。行政事业单位财务会计相对独立，但与行政事业单位预算会计又相互衔接，两者在信息反映上需要调节相符。

第二节　政府会计核算的新模式

　　模式是指某种事物的标准形式或可以依照的标准样式，具有目标导向性。政府会计模式是由相互联系的要素组成并用以反映政府会计活动的基本特征及其内在本质的有机整体。

　　政府会计模式的法定形式大体分为三种：一是准则模式，如美国、英国、加拿大等，主要由会计准则构成，没有制定会计制度；二是制度模式，如法国、德国、波兰等，主要有会计制度构成，没有制定会计准则；三是政府会计和企业会计适用同一会计准则，如澳大利亚、新西兰等。

我国原先采用"制度规范模式"对预算会计事务进行管理，随着我国政府会计准则的颁布与实施，开始采用"准则规范模式"。目前，我国政府会计正在向"二元模式"转变，由政府财务会计和政府预算会计构成，并分别编制财务报告和决算报告。参考《财政部关于全面推进管理会计体系建设的指导意见》（财会［2014］27号），以后的方向是建立"多元模式"，包括研究推行政府成本会计、政府管理会计、政府财务报告分析应用体系等。

在政府会计模式中，预算会计和财务会计是两个既相互联系又相互区别的子体系，有各自的核算要素与报表体系，应当"适度分离"，从而能够适度分离政府预算会计和财务会计功能、决算报告和财务报告功能；同时，通过"平行记账"的相互衔接与互相关联，使决算报告和财务报告相互补充，共同反映政府会计主体的预算执行信息和财务信息。这种"双轨制"的核算模式是我国政府会计改革的主要特色、重大变化和创新发展所在。

一、建立核算"双体系"

政府会计由预算会计和财务会计构成。预算会计为政府预算管理服务，财务会计为政府财务管理服务，在完善预算会计功能的基础上，强化财务会计功能，更加完整地反映政府会计信息。

二、确定核算"双基础"

财务会计实行权责发生制，预算会计实行收付实现制。以权责发生制作为政府财务会计的核算基础，重新解释收入、费用等会计要素的定义、确认和计量标准，对于规范权责发生制政府财务报告的内容、口径和信息质量等起到重要的导向作用，为最终建立权责发生制的政府综合财务报告制度奠定可靠基础。考虑到目前预算管理的实际需要，在预算会计中仍然采用收付实现制有利于准确核算预算收支信息、加强预算管理和监督。

三、核算结果"双报告"

单位至少应当按照年度同时编制财务报告和决算报告。决算报告以收付实现制为基础，以单位预算会计核算生成的数据为准，侧重于预算资金层面，以政府当年预算资金的实际收支情况与当年预算数据的比较为报告重点。财务报告以权责发生制为基础，以单位财务会计核算生成的数据为准，以全部资金状况为报告内容，范围更广泛，不仅包括政府预算资金收支，而且包括非预算资金收支；不仅反映当年的资金运动，而且反映以往年度经济业务对当年资金运动的影响，甚至反映当前经济业务对未来资金运动的影响等。

四、会计作用"双功能"

通过资产、负债、净资产、收入、费用五个要素的系统核算，成为财务管理基础，具备财务会计功能；通过预算收入、预算支出和预算结余三个要素的系统核算，成为预算管理基础，具备预算会计功能；实现财务会计与预算会计既适度分离又相互衔接，从而全面、清晰地反映单位财务信息和预算执行信息。

五、平行记账的核算特征

为了在一个会计信息系统中同时满足权责发生制和收付实现制的核算需要，单位应当"平行记账"，即对于纳入部门预算管理的现金收支业务，在采用财务会计核算的同时进行预算会计核算。

通过"平行记账"处理经济业务的两种核算方法嵌入信息系统后，可以同时生成财务会计和预算会计两类信息，这种既适度分离又相互衔接的政府会计模式有助于使公共资金管理中预算管理、财务管理和绩效管理相互联结、融合，并在融合业务、财务、信息的过程中体现"算为管用、算管结合"的管理会计思想。

综上所述，我国政府会计改革新模式的框架结构与主要特点如图 1-2 所示。"双轨制"政府会计改革引发了政府预算管理与财务管理理论和实践的重构，提高了"业财融合"中政府会计信息的透明度。

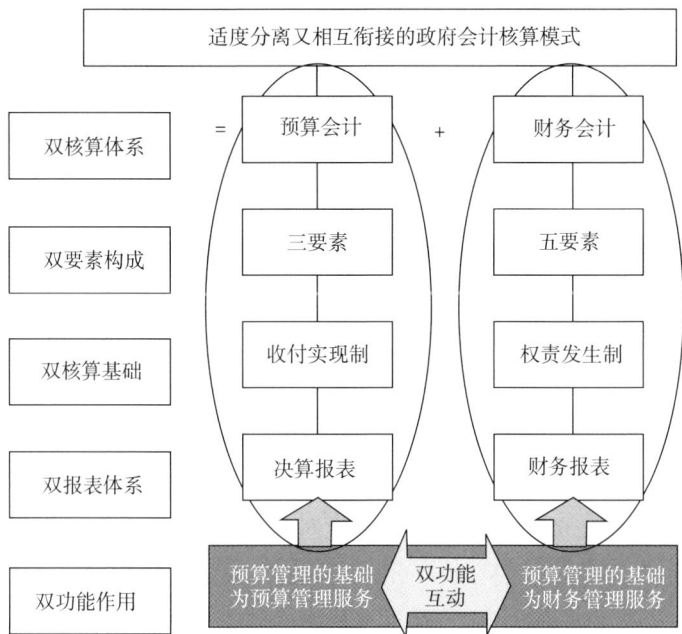

图 1-2

第三节　政府会计目标、基本假设和会计基础

一、政府会计目标

政府会计目标是指政府会计所提供的会计信息最终期望达到的效果。政府会计目标在政府会计理论体系中占据重要位置，是建立政府会计规范体系的基点，是政府会计实务工作中的高层次指导思想。

关于政府会计目标主要有两大观点："受托责任观"和"决策有用观"，它主要涉及政府会计信息的使用者及其信息需求，以及政府会计应当提供哪些信息以满足信息使用者的信息需求等方面。

（一）政府会计信息的使用者及其信息需求

政府会计信息的使用者包括人民代表大会、政府及其有关部门和其他会计信息使用者。在现代国家治理中，政府预算作为区别于企业预算的社会公共预算，是对一个国家公共财政收入、公共财政支出的全面预估、统筹和择优抉择，是受民众之托、代民众理财的公共选择行为，是服务于社会公共需要的公共预算。政府预算的最终目的是要保障广大纳税人或人民大众财政利益的最大化。广大纳税人既是公共财政收入的来源者，也是公共财政支出的受益人。为确保政府预算最终目的的实现，人民大众需要对政府预算进行全方位的监督。

我国《预算法》规定，各部门预算由本部门及其所属各单位预算组成。各部门编制本部门预算、决算草案，组织和监督本部门预算的执行，定期向本级政府财政部门报告预算的执行情况。各单位编制本单位预算、决算草案，按照国家规定上缴预算收入、安排预算支出，并接受国家有关部门的监督。政府各部门如教育部门、卫生部门、文化部门、公安部门、工商行政管理部门、税务部门、住房和城乡建设部门、民政部门、农业部门、交通运输部门等。政府各单位如教育局及其所属的学校、卫生健康委员会及其所属的医院、文化局及其所属的文化馆等。部门预算执行情况需要向政府财政部门报告，并接受诸如政府审计部门等的监督。政府及其有关部门是政府或行政事业单位会计信息的重要使用者。

政府会计信息的其他使用者范围十分广泛，如政府债券的投资者、相关信用评级机构、政府公共产品的受益人、国际货币基金组织、世界银行、政府会计研究人员等。这些信息使用者从各自的角度需要使用政府会计信息。例如，政府债券的投资者需要使用政府债券发行与偿还的预算、决算信息，政府财务状况的信息等，以决定是否需要购买或持有政府债券；相关信用评级机构需要使用政府收入、支出的预决算信息，政府财务状况的信息等，以对政府债券信用进行评级或对其他相关信用情况作出评价；国际货币基金组织、世界银行等国际组织，需要使用政府会计信息对我国政府的绩效进行评价等。

（二）政府会计应当提供的信息

1. 政府预算执行情况的信息

政府会计提供的信息应当以满足信息使用者的信息需求作为指导思想。由于各种政府会计信息的使用者都需要政府预算执行情况的信息，因此，政府会计应当从各个角度提供有关政府预算执行情况的信息。

在一级政府层面，政府会计应当提供本级政府预算执行情况的信息，以及本级政府和所属下级政府汇总的预算执行情况的信息。其中，预算执行情况的信息包括收入预算执行情况的信息和支出预算执行情况的信息。由于一级政府的预算包括一般公共预算、政府性基金预算、国有资本经营预算和社会保险基金预算，而且各种类的预算应当保持完整、独立，因此，政府会计应当为各种类的政府预算提供预算执行情况的信息。又由于一般公共预算的支出既需要按照功能分类，分为一般公共服务支出、外交支出、公共安全支出、教育支出、文化体育支出、医疗卫生支出、环境保护支出等，又需要按照经济性质分类，分为工资福利支出、商品和服务支出、资本性支出等，因此，一般公共预算的支出预算执行情况还应当分别按照功能分类要求和经济性质分类要求进行反映。我国《预算法》规定，国家实行财政转移支付制度。财政转移支付包括中央对地方的转移支付和地方上级政府对下级政府的转移支付。因此，对一级地方政府而言，政府会计在提供预算收入执行情况的信息时，需要分别反映地方政府本级收入、上级政府对本级政府的转移支付收入。政府会计在提供预算支出执行情况的信息时，同样需要分别地方政府本级支出、对下级政府的转移支付支出。一级政府层面预算执行情况的信息应当按照《预算法》的要求，全面满足人民代表大会等信息使用者的信息需求。

在政府部门层面，政府会计应当提供部门本级预算执行情况的信息，以及部门本级与所属各预算单位汇总的部门预算执行情况的信息。政府部门层面与一级政府层面在收入的来源渠道上有所不同。政府部门层面的收入主要来源于财政拨款，一级政府层面的收入主要来源于税收。尽管如此，政府会计应当提供收入预算执行情况信息的要求是一样的。政府会计提供收入预算执行情况信息的基本方法，是提供收入预算实际执行结果的信息，以及收入预算实际执行结果与经批准的收入预算要求相比较的信息。预算实际执行结果与经批准的预算要求相比较的信息通常采用预算完成百分比表示，它是反映预算执行情况的简单而又重要的指标。政府部门层面的支出也需要同时按照功能和经济性质进行分类。尽管所分具体类别与一级政府层面略有不同，但政府会计应当提供支出预算执行情况信息的要求也是一样的。我国《预算法》规定，地方各级一般公共预算包括本级各部门的预算和税收返还、转移支付预算。这是一级政府层面的一般公共预算与政府部门层面的部门预算之间的基本关系。

在政府单位层面，政府会计应当提供政府单位预算执行情况的信息，其中，政府单位包括行政单位和事业单位。政府单位是政府部门的组成单位。政府单位预算执行情况的信息是政府部门预算执行情况信息的基本来源。即政府部门预算执行情况的信息是通过汇总存在预算管理关系的政府单位预算执行情况的信息形成的。政府单位预算执行情况信息的具体内容如同以上政府部门预算执行情况的信息。

一级政府层面预算执行情况的信息与政府部门预算执行情况的信息，在信息的覆盖范围上并不完全相同。例如，一级政府对国有企业、民间非营利组织等的财政补助支出信息属于一级政府层面预算执行情况的信息，但可能并不属于相关行政事业单位预算执行情况的信息。除此之外，行政事业单位尤其是事业单位，还可能会有一些非财政拨款预算收支。这些预算收支的信息属于政府部门预算执行情况的信息，但并不属于一级政府层面财政预算执行情况的信息。

2. 政府运行成本和财务状况的信息

政府会计除了应当全面提供政府预算执行情况的信息外，还应当全面提供有关政府运行成本和财务状况的信息。我国《预算法》规定，各级政府财政部门应当按年度编制以权责发生制为基础的政府综合财务报告，报告政府整体财务状况、运行情况和财政中长期可持续性，报本级人民代表大会常务委员会备案。政府预算执行情况的信息和政府财务状况、运行情况的信息各有侧重点，可以实现各自的会计目标。其中，政府预算执行情况主要反映政府年度预算收支情况。政府财务状况和运行情况主要反映政府的运行效率和政府财政的中长期可持续性。

如同政府预算执行情况的信息可以区分为一级政府层面、政府部门层面和政府单位层面三个层面一样，政府运行成本和财务状况的信息也可以区分为一级政府层面、政府部门层面和政府单位层面三个层面。其中，一级政府层面的运行成本和财务状况也可称为一级政府整体的运行成本和财务状况，如某省政府的运行成本和财务状况、某市政府的运行成本和财务状况。政府部门层面的运行成本和财务状况如某市政府教育部门的运行成本和财务状况、卫生部门的运行成本和财务状况。政府单位的运行成本和财务状况如某市政府教育局的行政运行成本和财务状况、教育局所属某公立学校的事业运行成本和财务状况等。政府的运行情况通常以收入费用来衡量，财务状况通常以资产、负债和净资产来衡量。其中，收入、费用、资产、负债和净资产都以权责发生制基础进行确认和计量。

如同政府单位预算执行情况的信息是政府部门预算执行情况信息的基本来源一样，政府单位层面财务状况和运行情况的信息也是政府部门层面财务状况和运行情况信息的基本来源，同时，也是一级政府层面财务状况和运行情况信息的重要来源。

一般可以认为，一级政府提供的本级政府预算执行情况的信息，以及一级政府中各行政事业单位提供的单位预算执行情况的信息和单位财务状况及运行情况的信息，是政府会计中最基本的信息来源。之后，通过各种汇总或合并，形成一级政府整体的相应信息。

（三）政府会计提供信息的目的

我国政府会计目标融合了"受托责任观"和"决策有用观"。依照《基本准则》，政府会计主体应当实现以下相应的目标：

决算报告的目标是向决算报告使用者提供与政府预算执行情况有关的信息，综合反映政府会计主体预算收支的年度执行结果，有助于决算报告使用者进行监督和管理，并为编制后续年度预算提供参考和依据。

财务报告的目标是向财务报告使用者提供与政府的财务状况、运行情况（含运行成本）和现金流量等有关的信息，反映政府会计主体公共受托责任的履行情况，有助于财务报告使用者作出决策或者进行监督和管理。

二、政府会计假设

政府会计假设是指对政府会计所处的空间和时间环境以及所使用的主要计量单位所作的合理假定或设定。政府会计假设包括会计主体、持续经营、会计分期和货币计量。

（一）会计主体

政府会计主体是指政府会计工作特定的空间范围。会计主体是持续经营和会计分期这两个假设的基础。明确会计主体，可以明确提供会计信息的特定边界范围。基于社会组织的分类，政府会计主体可归纳为各级政府、各级各类行政单位和事业单位。具体而言，财政总预算会计的主体是各级政府，行政事业单位会计的主体是各级各类行政事业单位。需要注意的是，政府财政总预算会计的主体是各级政府，而不是各级政府的财政部门。这是因为财政总预算各项收支的收取和分配，是各级政府的职权范围，财政部门只能代表政府执行预算，充当经办人的角色。

（二）持续经营

持续经营是指政府会计主体的经济业务活动能够持续不断地进行下去。持续经营假设规定了政府会计核算的时间范围，这样可以保证政府财政以及行政事业单位可以按照正常的会计方法进行会计核算，而不将会计核算建立在非正常的财政财务清算基础之上。只有在这一假设下，会计人员在日常的会计核算中对经济业务才能做出正确判断，对会计处理方法和会计处理程序才能做出正确选择。

尽管一级政府以及行政事业单位也会根据社会经济发展的客观需要进行划转或撤并，但在相应财政财务清算活动尚未开始之前，一级政府财政以及行政事业单位仍然应当按照持续经营的假设对相应的财政财务收支业务及其他相关业务进行会计核算，并得出相应的核算结果。

（三）会计分期

会计分期是指将政府会计主体持续经营的时间，人为地划分成一个个时间阶段，以便分阶段结算账目、编制决算报告和财务报告，及时向各方面提供有用的会计信息。政府会计期间通常分为年度、半年度、季度和月份。会计年度、半年度、季度和月份采用公历日期。为及时提供预算执行情况和财务状况的信息，政府会计还可以根据需要提供旬报，供政府及时了解信息。分期提供会计信息，除了可以及时提供信息外，还有利于将各期的会计信息进行比较，从而有利于进行信息分析，提高信息的有用性。

（四）货币计量

货币计量是指政府会计主体在核算过程中以人民币作为记账本位币。货币计量可以使得各种经济业务在数量上有一个统一的衡量标准，即人民币"元"，从而使得相同或者不同的经济业务在数量上可以进行相加或相减、比较前后各期的情况，得出富有意义的财务信息。

发生外币收支时，应当按照中国人民银行公布的人民币外汇汇率折算为人民币核算。对于业务收支以外币为主的行政事业单位，也可以选定某种外币作为记账本位币。但在编制决算报告和财务报告时，应当按照编报日期的人民币外汇汇率折算为人民币反映。

三、政府会计基础

政府会计基础是指会计确认、计量和报告的基础，主要有收付实现制基础和权责发生制基础两种。其中，收付实现制基础是以货币资金的实际收支作为确认收入和支出等的依据。在收付实现制基础下，收入应当在实际收到货币资金时予以确认，支出应当在实际支付货币资金时予以确认，无论款项属于哪个会计期间。权责发生制基础要求以权利和责任是否已经发生，或者以是否应当归属于当期作为依据来确认收入和费用。在权责发生制基础下，凡是当期已经实现的收入和已经发生或应当负担的支出或费用，无论实际是否收支，都应当确认为当期的收入和支出；凡是不属于当期的收入和支出，即使款项已在当期收支，也不应当做人当期的收入和支出。

由于政府预算会计以如实反映预算执行情况作为主要会计目标，因此，政府预算会计采用收付实现制基础。具体来说，财政总预算会计和行政事业单位预算会计采用收付实现制基础进行会计核算。由于政府财务会计以如实反映政府财务状况和运行情况作为主要会计目标，因此，政府财务会计采用权责发生制基础。具体来说，行政事业单位财务会计采用权责发生制基础进行会计核算。行政事业单位是政府的基本组成单位。行政事业单位会计同时采用收付实现制基础和权责发生制基础，实行平行记账的会计核算方法。

第四节　政府会计信息质量要求

政府会计的会计信息质量要求是指政府会计决算报告、财务报告中的信息对信息使用者进行决策提供有用支持所应当达到的质量标准。根据《基本准则》的规定，政府会计信息质量要求主要包括可靠性、全面性、相关性、及时性、可比性、可理解性和实质重于形式。

一、可靠性

可靠性，也称真实性或客观性。我国《政府会计准则——基本准则》规定：是指政府会计主体应当以实际发生的经济业务或者事项为依据进行会计核算，如实反映各项会计要素的情况和结果，保证会计信息真实可靠。政府会计信息只有真实客观，才能帮助信息使用者做出正确的评价和决策。否则，政府会计信息不仅不能帮助信息使用者做出正确的评价和决策，还会导致信息使用者做出错误的评价和决策，从而影响社会公众的利益。

二、全面性

我国《政府会计准则——基本准则》规定：政府会计主体应当将发生的各项经济业务或者事项统一纳入会计核算，确保会计信息能够全面反映政府会计主体预算执行情况和财务状况、运行情况、现金流量等，即全面性。

以财政总预算会计为例，财政总预算会计需要全面反映一般公共预算、政府性基金预算、国有资本经营预算等各种类预算资金的来源和使用情况。在收入方面，需要全面反映税收收入、非税收入、债务收入、转移性收入等情况，在支出方面，需要全面反映按功能分类的支出以及按经济性质分类的支出。按功能分类的支出如公安支出、教育支出、医疗卫生支出等，按经济性质分类的支出如工资福利支出、商品和服务支出、资本性支出等。

再以行政事业单位会计为例，行政事业单位会计需要全面反映财政拨款资金收支、非财政拨款资金收支等情况，全面反映财务状况、运行成本等情况。在行政事业单位会计中，既涉及财政拨款资金的来源和使用，也涉及非财政拨款资金的来源和使用，如事业单位面向市场取得的事业收入的来源和使用；既涉及基本运行经费的来源和使用，也涉及项目经费的来源和使用；既需要反映预算执行情况，也需要反映财务状况和运行成本。

三、相关性

相关性，又称有用性。我国《政府会计准则——基本准则》规定：政府会计主体提供的会计信息，应当与反映政府会计主体公共受托责任履行情况以及报告使用者决策或者监督、管理的需要相关，有助于报告使用者对政府会计主体过去、现在或者未来的情况作出评价或者预测。

四、及时性

我国《政府会计准则——基本准则》规定：政府会计主体对已经发生的经济业务或者事项，应当及时进行会计核算，不得提前或者延后，即及时性。会计信息具有一定的时效性，所以在会计核算中，政府会计主体应及时收集会计信息、及时处理会计信息、及时传递报告会计信息，从而帮助信息使用者及时作出经济决策，确保会计信息的价值。

五、可比性

我国《政府会计准则——基本准则》规定：政府会计主体提供的会计信息应当具有可比性。同一政府会计主体不同时期发生的相同或者相似的经济业务或者事项，应当采用一致的会计政策，不得随意变更。确需变更的，应当将变更的内容、理由及其影响在附注中予以说明。不同政府会计主体发生的相同或者相似的经济业务或者事项，应当采用一致的会计政策，确保政府会计信息口径一致，相互可比。可比的政府会计信息可以为信息使用者进行决策和国家进行宏观调控与管理提供必要的依据，同时也可以对预算执行和财务状况做出正确判断，以提高各方面预测和决策的准确性。

六、可理解性

我国《政府会计准则——基本准则》规定：政府会计主体提供的信息应当清晰明了，便于报告使用者理解和运用。政府会计信息只有易于为信息使用者理解，才能帮助信息使用者评价政府财政以及行政事业单位受托责任的履行情况，并作出相应的经济和社会决策。可理解的政府会计信息应当概念清楚明确并通俗易懂。例如，一般公共预算、政府性基金预算、国有资本经营预算应当有明确的概念和区分界线，并且容易为信息使用者普遍理解其内涵和内容。税收收入、非税收入、债务收入等的情况也是如此。可理解的政府会计信息还应当在会计报表及其附注中列示清晰明了。例如，一级政府的本级收入与一级政府从上级政府取得的补助收入在会计报表中应当分开列示。同样，一级政府的本级支出与一级政府对所属下级政府的补助支出在会计报表中也应当分开列示。这样，信息使用者便可一目了然地了解到政府收入总额的来源渠道以及支出总额的使用去向。

七、实质重于形式

我国《政府会计准则——基本准则》规定：政府会计主体应当按照经济业务或者事项的经济实质进行会计核算，不限于以经济业务或者事项的法律形式为依据。

经济业务的经济实质和法律形式在大多数情况下是相互一致的。但有时也会存在不相一致的情况。例如，行政事业单位融资租入固定资产的业务，尽管在法律形式上行政事业单位只拥有融资租入固定资产的使用权，不拥有融资租入固定资产的所有权，但行政事业单位实际控制融资租入的固定资产及其服务能力或经济利益，因此，在会计核算上将融资租入固定资产视同自有固定资产一样确认、计量和报告。按照实质重于形式的质量要求提供的政府会计信息，比纯粹按照法律形式提供的政府会计信息更加具有相关性，从而可以更好地帮助人民代表大会、政府及其有关部门以及政府单位本身等政府会计信息的使用者作出合理正确的经济和社会决策。

第五节 政府会计要素及其确认和计量原则

政府会计要素是政府会计对象的构成要素。由于政府会计由预算会计和财务会计构成，因此，政府会计要素也分别有政府预算会计要素和政府财务会计要素两大种类。由于政府预算会计和政府财务会计分别针对不同的会计目标，因此，政府预算会计要素和政府财务会计要素分别采用不同的确认和计量原则。

一、政府财务会计要素及其确认和计量原则

政府财务会计要素包括资产、负债、净资产、收入和费用。

（一）资产

依照《基本准则》，资产是指政府会计主体过去的经济业务或者事项形

成的，由政府会计主体控制的，预期能够产生服务潜力或者带来经济利益流入的经济资源。其中，服务潜力是指政府会计主体利用资产提供公共产品和服务以履行政府职能的潜在能力。经济利益流入表现为现金及现金等价物的流入，或者现金及现金等价物流出的减少。

符合资产定义的经济资源，在同时满足以下条件时，确认为资产：第一，与该经济资源相关的服务潜力很可能实现或者经济利益很可能流入政府会计主体；第二，该经济资源的成本或者价值能够可靠地计量。

资产的计量属性主要包括历史成本、重置成本、现值、公允价值和名义金额。在历史成本计量下，资产按照取得时支付的现金金额或者支付对价的公允价值计量。在重置成本计量下，资产按照现在购买相同或者相似资产所需支付的现金金额计量。在现值计量下，资产按照预计从其持续使用和最终处置中所产生的未来净现金流入量的折现金额计量。在公允价值计量下，资产按照市场参与者在计量日发生的有序交易中，出售资产所能收到的价格计量。无法采用上述计量属性的，采用名义金额（即人民币1元）计量。政府会计主体在对资产进行计量时，一般应当采用历史成本。采用重置成本、现值、公允价值计量的，应当保证所确定的资产金额能够持续、可靠计量。

（二）负债

依照《基本准则》，负债是指政府会计主体过去的经济业务或者事项形成的，预期会导致经济资源流出政府会计主体的现时义务。其中，现时义务是指政府会计主体在现行条件下已承担的义务。未来发生的经济业务或者事项形成的义务不属于现时义务，不应当确认为负债。

符合负债定义的义务，在同时满足以下条件时，确认为负债：第一，履行该义务很可能导致含有服务潜力或者经济利益的经济资源流出政府会计主体；第二，该义务的金额能够可靠地计量。

负债的计量属性主要包括历史成本、现值和公允价值。在历史成本计量下，负债按照因承担现时义务而实际收到的款项或者资产的金额，或者承担现时义务的合同金额，或者按照为偿还负债预期需要支付的现金计量。在现值计量下，负债按照预计期限内需要偿还的未来净现金流出量的折现金额计量。在公允价值计量下，负债按照市场参与者在计量日发生的有序交易中，转移负债所需支付的价格计量。政府会计主体在对负债进行计量时，一般应当采用历史成本。采用现值、公允价值计量的，应当保证所确定的负债金额能够持续、可靠计量。

（三）净资产

依照《基本准则》，净资产是指政府会计主体资产扣除负债后的净额。净资产金额取决于资产和负债的计量。

（四）收入

依照《基本准则》，收入是指报告期内导致政府会计主体净资产增加的、含有服务潜力或者经济利益的经济资源的流入。

收入的确认应当同时满足以下条件：第一，与收入相关的含有服务潜力或者经济利益的经济资源很可能流入政府会计主体；第二，含有服务潜力或者经济利益的经济资源流入会导致政府会计主体资产增加或者负债减少；第三，流入金额能够可靠地计量。

（五）费用

依照《基本准则》，费用是指报告期内导致政府会计主体净资产减少的、含有服务潜力或者经济利益的经济资源的流出。

费用的确认应当同时满足以下条件：第一，与费用相关的含有服务潜力或者经济利益的经济资源很可能流出政府会计主体；第二，含有服务潜力或者经济利益的经济资源流山会导致政府会计主体资产减少或者负债增加；第三，流出金额能够可靠地计量。

政府财务会计要素之间的平衡关系为：

$$资产-负债=净资产$$
$$收入-费用=净资产的增加或减少$$

二、政府预算会计要素及其确认和计量原则

政府预算会计要素包括预算收入、预算支出与预算结余三个，其概念以及确认和计量原则分别如下。

（一）预算收入

依照《基本准则》，预算收入是指政府会计主体在预算年度内依法取得的并纳入预算管理的现金流入。预算收入一般在实际收到时予以确认，以实际收到的金额计量。

（二）预算支出

依照《基本准则》，预算支出是指政府会计主体在预算年度内依法发生并纳入预算管理的现金流出。预算支出一般在实际支付时予以确认，以实际支付的金额计量。

（三）预算结余

依照《基本准则》，预算结余是指政府会计主体预算年度内预算收入扣除预算支出后的资金余额，以及历年滚存的资金余额。预算结余包括结余资金和结转资金。其中，结余资金是指年度预算执行终了，预算收入实际完成数扣除预算支出和结转资金后剩余的资金。结转资金是指预算安排项目的支出年终尚未执行完毕或者因故未执行，且下年需要按原用途继续使用的资金。

政府预算会计要素之间的平衡关系为：

$$预算收入 - 预算支出 = 预算结余$$

综上，政府会计要素共有 8 个，其中，3 个为预算会计要素，5 个为财务会计要素。三个预算会计要素是构筑政府预算会计报表或政府决算报表的基本组件，5 个财务会计要素是构筑政府财务会计报表的基本组件。

第六节 政府会计科目设置

政府会计科目设置依托于实务业务可能发生的情况，依据政府会计制度设置具体的会计科目。科目的设置按照我国目前的双轨制，可分为财务会计科目与预算会计科目两大类。

财务会计科目，是指在进行政府财务会计核算时用于记录财务会计涉及事项业务的相关会计科目。主要分为资产类、负债类、净资产类、收入类、费用类。

预算会计科目，是指在进行预算会计核算时用于记录有关政府预算项目有关业务的会计科目。主要可以分为预算收入类、预算支出类、预算结余类。

同时为便于读者应用，本书对行政事业单位各类会计科目进行列示，对仅适用于事业单位的项目予以标明。

一、财务会计科目

1. 资产类：资产是指行政事业单位在本会计期间内发生的经济事业并且该经济事业的发生会导致会计主体经济利益的流入。资产类会计科目就是用于核算与行政事业单位相关资产相关的各类科目。在行政事业单位之中此类科目设置如下：

表 1-1　行政事业单位资产类会计科目表

序号	科目编号	科目名称
1	1001	库存现金
2	1002	银行存款
3	1011	零余额账户用款额度
4	1021	其他货币资金
5	1101	短期投资（事业单位）
6	1201	财政应返还额度
7	1211	应收票据（事业单位）
8	1212	应收账款（事业单位）
9	1214	预付账款
10	1215	应收股利（事业单位）
11	1216	应收利息（事业单位）
12	1218	其他应收款
13	1219	坏账准备（事业单位）
14	1301	在途物品
15	1302	库存物品

序号	科目编号	科目名称
16	1303	加工物品
17	1401	待摊费用
18	1501	长期股权投资（事业单位）
19	1502	长期债券投资（事业单位）
20	1601	固定资产
21	1602	固定资产累计折旧
22	1611	工程物资
23	1613	在建工程
24	1701	无形资产
25	1702	无形资产累计摊销
26	1703	研发支出
27	1801	公共基础设施
28	1802	公共基础设施累计折旧（摊销）
29	1811	政府储备物资
30	1821	文物文化资产
31	1831	保障性住房
32	1832	保障性住房累计折旧
33	1891	受托代理资产
34	1901	长期待摊费用
35	1902	待处理财产损溢

2. 负债类：负债是指过去的交易、事项形成的现时义务，履行该义务预期会导致经济利益流出会计主体。负债类会计科目就是用于核算与行政事业单位负债相关的各类科目。在此类下设置的会计科目有：

表1-2 行政事业单位负债类会计科目表

序号	科目编号	科目名称
36	2001	短期借款（事业单位）
37	2101	应交增值税
38	2102	其他应交税费
39	2103	应缴财政款
40	2201	应付职工薪酬
41	2301	应付票据（事业单位）
42	2302	应付账款
43	2303	应付政府补贴款（行政单位）
44	2304	应付利息（事业单位）
45	2305	预收账款（事业单位）
46	2307	其他应付款
47	2401	预提费用
48	2501	长期借款（事业单位）
49	2502	长期应付款
50	2601	预计负债
51	2901	受托代理负债

3. 净资产类：净资产是指单位所有，并可以自由支配的资产。行政事业单位净资产是指行政事业单位资产扣除负债后的余额，反映按照国家和行政事业单位的资产所有权。相关会计科目如下：

表1-3 行政事业单位净资产类会计科目表

序号	科目编号	科目名称
52	3001	累计盈余
53	3101	专用基金（事业单位）
54	3201	权益法调整（事业单位）
55	3301	本期盈余
56	3302	本年盈余分配
57	3401	无偿调拨净资产
58	3501	以前年度盈余调整

4. 收入类：行政事业单位收入是指行政事业单位依法取得的非偿还性资金所得，行政事业单位依法取得的应当上缴财政的收入款项并不在此项目下进行核算。该类会计科目设置具体如下：

表1-4　行政事业单位收入类会计科目表

序号	科目编号	科目名称
59	4001	财政拨款收入
60	4101	事业收入（事业单位）
61	4201	上级补助收入（事业单位）
62	4301	附属单位上缴收入（事业单位）
63	4401	经营收入（事业单位）
64	4601	非同级财政拨款收入
65	4602	投资收益（事业单位）
66	4603	捐赠收入
67	4604	利息收入
68	4605	租金收入
69	4609	其他收入

5. 费用类：费用是指在会计存续期间所发生的导致会计主体净资产减少的、含有服务潜力或者经济利益的经济资源的流出。在行政事业单位财务会计处理过程中，所涉及的此类科目如下所示：

表1-5　行政事业单位费用类会计科目表

序号	科目编号	科目名称
70	5001	业务活动费用
71	5101	单位管理费用（事业单位）
72	5201	经营费用（事业单位）
73	5301	资产处置费用
74	5401	上缴上级费用（事业单位）
75	5501	对附属单位补助费用（事业单位）
76	5801	所得税费用（事业单位）
77	5901	其他费用

二、预算会计科目

1. 预算收入类：预算收入是指行政事业单位会计主体在预算年度内依法取得的并纳入预算管理的现金流入。预算收入一般在实际收到时就予以确认。预算收入类科目就是为了对预算收入会计业务进行核算所设置的各种科目，具体来说有一般按照如下设置：

表 1-6　行政事业单位预算收入类会计科目表

序号	科目编号	科目名称
1	6001	财政拨款预算收入
2	6101	事业预算收入
3	6201	上级补助预算收入
4	6301	附属单位上缴预算收入
5	6401	经营预算收入
6	6501	债务预算收入
7	6601	非同级财政拨款预算收入
8	6602	投资预算收益
9	6609	其他预算收入

2. 预算支出类：预算支出是指行政事业单位会计主体在预算年度内对其依法发生并纳入预算管理的现金流出。预算支出类科目是为了对涉及预算现金流出的各类会计业务进行核算而设置的会计科目。一般此类之下有如下科目：

表 1-7　行政事业单位预算支出用类会计科目表

序号	科目编号	科目名称
10	7101	行政支出
11	7201	事业支出
12	7301	经营支出
13	7401	上缴上级支出
14	7501	对附属单位补助支出
15	7601	投资支出
16	7701	债务还本支出
17	7901	其他支出

3. 预算结余类：预算结余是指行政事业单位会计主体在预算年度内的预算收入扣除预算支出后的资金结余后的余额。预算结余类科目是为了对涉及预算结余资金和结转资金的各类会计业务进行核算而设置的会计科目。一般此类之下有如下科目：

表 1-8　行政事业单位预算结余类会计科目表

序号	科目编号	科目名称
18	8001	资金结存
19	8101	财政拨款结转
20	8102	财政拨款结余
21	8201	非财政拨款结转
22	8202	非财政拨款结余
23	8301	专用结余
24	8401	经营结余
25	8501	其他结余
26	8701	非财政拨款结余分配

第七节　政府决算报告和财务报告

依照《基本准则》，政府会计主体应当编制决算报告和财务报告。政府决算报告和财务报告是政府会计工作的最终产品，是全面系统地反映政府组织经济活动及其结果的报告性书面文件，是考核政府组织预算和财务业绩的重要依据。

一、政府决算报告

政府决算报告，是综合反映政府会计主体年度预算收支执行结果的文件。政府决算报告应当包括决算报表和其他应当在决算报告中反映的相关信息和资料。政府决算报告的编制主要以收付实现制为基础，以预算会计核算生成的数据为准。

在现行实务中，政府决算报表分别由财政总预算会计报表和行政事业单位预算会计报表组成。其中，财政总预算会计报表反映一级政府层面财政预算执行情况，行政事业单位预算会计报表反映行政事业单位预算执行情况。行政事业单位预算会计报表按政府部门汇总后，形成政府部门预算会计报表，反映政府部门预算执行情况。

有关政府决算报表的具体内容和编制方法将在后续章节中进行详细介绍。

二、政府财务报告

政府财务报告，是反映政府会计主体某一特定日期的财务状况和某一会计期间的运行情况和现金流量等信息的文件。政府财务报告应当包括财务报表和其他应当在财务报告中披露的相关信息和资料。政府财务报告的编制主要以权责发生制为基础，以财务会计核算生成的数据为准。

政府财务报告包括政府综合财务报告和政府部门财务报告。其中，政府综合财务报告是指由政府财政部门编制的，反映各级政府整体财务状况、运行情况和财政中长期可持续性的报告。政府部门财务报告是指政府各部门、各单位按规定编制的财务报告。

在政府财务报告中，财务报表是对政府会计主体财务状况、运行情况和现金流量等信息的结构性表述。财务报表包括会计报表和附注。其中，会计报表至少应当包括资产负债表、收入费用表和现金流量表。在政府财务会计报表中，资产负债表是反映政府会计主体在某一特定日期的财务状况的报表。收入费用表是反映政府会计主体在一定会计期间运行情况的报表。现金流量表是反映政府会计主体在 定会计期间现金及现金等价物流入和流出情况的报表。财务会计报表附注是对在资产负债表、收入费用表、现金流量表等报表中列示项目所作的进一步说明，以及对未能在这些报表中列示项目的说明。

有关政府财务报表的具体内容和编制方法将在后续章节中进行详细介绍。

第二章 资产类科目的会计核算与实务案例

第一节 1001 库存现金

一、业务管理

单位应当设置"库存现金日记账",由出纳人员根据收付款凭证,按照业务发生顺序逐笔登记。每日终了,应当计算当日的现金收入合计数、现金支出合计数和结余数,并将结余数与实际库存数相核对,做到账款相符。

现金收入业务繁多、单独设有收款部门的单位,收款部门的收款员应当将每天所收现金连同收款凭据一并交财务部门核收记账,或者将每天所收现金直接送存开户银行后,将收款凭据及向银行送存现金的凭证等一并交财务部门核收记账。

单位有外币现金的,应当分别按照人民币、外币种类设置"库存现金日记账"进行明细核算。有关外币现金业务的账务处理参见"银行存款"科目的相关规定。

二、会计科目简介及应用要点

1. 科目简介

本科目核算单位的库存现金。

2. 科目设置

本科目应当设置"受托代理资产"明细科目，核算单位受托代理、代管的现金。

3. 科目余额

本科目期末借方余额，反映单位实际持有的库存现金。

三、相关经济业务与事项的会计核算

（一）提现与存现

1. 业务说明和账务处理

从银行等金融机构提取现金，在财务会计方面，按照实际提取的金额，借记本科目，贷记"银行存款"科目；将现金存入银行等金融机构，按照实际存入金额，借记"银行存款"科目，贷记本科目。该事项无预算会计处理。

提现与存现的账务处理如表2-1所示。

表2-1　提现与存现的账务处理

业务名称	财务会计处理	预算会计处理
提现	借：库存现金 　贷：银行存款等	
存现	借：银行存款等 　贷：库存现金	—

2. 实务案例

【例2-1】　某行政单位从单位零余额账户中提取现金800元，以备日常零星开支使用。次日，又将2 000元现金存入银行。该单位应当编制如下会计分录：

（1）提取现金时

财务会计：

借：库存现金 800

    贷：零余额账户用款额度 800

该事项无预算会计处理。

（2）将现金存入银行时

财务会计：

借：银行存款 2 000

    贷：库存现金 2 000

该事项无预算会计处理。

（二）差旅费

1. 业务说明和账务处理

因内部职工出差等原因借出的现金，在财务会计方面，按照实际借出的现金金额，借记"其他应收款"科目，贷记本科目。该事项无预算会计处理。

出差人员报销差旅费时，在财务会计方面，按照实际报销的金额，借记"业务活动费用""单位管理费用"等科目，按照实际借出的现金金额，贷记"其他应收款"科目，按照其差额，借记或贷记本科目。在预算会计方面，借记"行政支出""事业支出"等科目，贷记"资金结存"等科目。

差旅费的账务处理如表 2-2 所示。

表 2-2　差旅费的账务处理

业务名称		财务会计账务处理	预算会计账务处理
差旅费	职工出差等借出现金	借：其他应收款 　贷：库存现金	—
	出差人员报销差旅费	借：业务活动费用/单位管理费用等［实际报销金额］ 　库存现金［实际报销金额小于借款金额的差额］ 　贷：其他应收款 或： 借：业务活动费用/单位管理费用等［实际报销金额］ 　贷：其他应收款 　库存现金［实际报销金额大于借款金额的差额］	借：行政支出/事业支出等［实际报销金额］ 　贷：资金结存——货币资金

2. 实务案例

【例2-2】 某事业单位的业务部门的员工出差，借差旅费2 000元，十日后该员工出差归来，实际报销差旅费1 500元。该单位应当编制如下会计分录。

财务会计：

借：其他应收款 2 000

　　贷：库存现金 2 000

借：业务活动费用 1 500

　　库存现金 500

　　贷：其他应收款 2 000

预算会计：

借：事业支出 1 500

　　贷：资金结存——货币资金 1 500

（三）涉及现金的其他业务

1. 业务说明和账务处理

因提供服务、物品或者其他事项收到现金，在财务会计方面，按照实际收到的金额，借记本科目，贷记"事业收入""应收账款"等相关科目。在预算会计方面，借记"资金结存"科目，贷记"事业预算收入"科目。涉及增值税业务的，相关账务处理参见"应交增值税"科目。

因购买服务、物品或者其他事项支付现金，在财务会计方面，按照实际支付的金额，借记"业务活动费用""单位管理费用""库存物品"等相关科目，贷记本科目。在预算会计方面，借记"行政支出""事业支出""其他支出"等科目，贷记"资金结存"科目。涉及增值税业务的，相关账务处理参见"应交增值税"科目。

以库存现金对外捐赠，在财务会计方面，按照实际捐出的金额，借记"其他费用"科目，贷记本科目。在预算会计方面，借记"其他支出"等科目，贷记"资金结存"科目。

涉及现金的其他业务的账务处理如表2-3所示。

表2-3 涉及现金的其他业务的账务处理

业务名称		财务会计账务处理	预算会计账务处理
涉及现金的其他业务	因开展业务等其他事项收到现金	借：库存现金 　贷：事业收入/应收账款等	借：资金结存——货币资金 　贷：事业预算收入等
	因购买服务、商品或其他事项支出现金	借：业务活动费用/单位管理费用/库存物品等 　贷：库存现金	借：行政支出/事业支出/其他支出等 　贷：资金结存——货币资金
	对外捐赠现金资产	借：其他费用 　贷：库存现金	借：其他支出 　贷：资金结存——货币资金

2. 实务案例

【例2-3】 某事业单位以库存现金支付了一笔款项300元，主要是为日常活动中发生的费用。该事业单位应当编制如下的会计分录：

财务会计：

借：业务活动费用 　　　　　　　　　　　　　　300

　　贷：库存现金 　　　　　　　　　　　　　　　　300

预算会计：

借：事业支出 　　　　　　　　　　　　　　　300

　　贷：资金结存——货币资金 　　　　　　　　　300

（四）受托代理、代管现金

1. 业务说明和账务处理

收到受托代理、代管的现金，在财务会计方面，按照实际收到的金额，借记本科目（受托代理资产），贷记"受托代理负债"科目；支付受托代理、代管的现金，按照实际支付的金额，借记"受托代理负债"科目，贷记本科目（受托代理资产）。该事项无预算会计处理。

受托代理、代管现金的账务处理如表2-4所示。

表2-4　受托代理、代管现金的账务处理

业务名称		财务会计账务处理	预算会计账务处理
受托代理、代管现金	收到	借：库存现金——受托代理资产 　　贷：受托代理负债	—
	支付	借：受托代理负债 　　贷：库存现金——受托代理资产	—

2. 实务案例

【例2-4】　某事业单位收到代管现金3 000元，次日又支付代管现金2 000元，该事业单位应当编制的会计分录如下：

借：库存现金　　　　　　　　　　　　　　　　　　　3 000

　　贷：受托代理负债　　　　　　　　　　　　　　　　　3 000

借：受托代理负债　　　　　　　　　　　　　　　　　2 000

　　贷：库存现金　　　　　　　　　　　　　　　　　　　2 000

该事项无预算会计处理。

（五）现金溢余和现金短缺

1. 业务说明和账务处理

每日账款核对中发现有待查明原因的现金短缺或溢余的，应当通过"待处理财产损溢"科目核算。属于现金溢余，在财务会计方面，应当按照实际溢余的金额，借记本科目，贷记"待处理财产损溢"科目，在预算会计方面，借记"资金结存"科目，贷记"其他预算收入"；属于现金短缺，在财务会计方面，应当按照实际短缺的金额，借记"待处理财产损溢"科目，贷记本科目。在预算会计方面，借记"其他支出"科目，贷记"资金结存"。待查明原因后及时进行账务处理，具体内容参见"待处理财产损溢"科目。

现金溢余和现金短缺的账务处理如表2-5所示。

表2-5　现金溢余和现金短缺的账务处理

业务名称		财务会计账务处理	预算会计账务处理
现金溢余	按照溢余金额转入待处理财产损溢	借：库存现金 　贷：待处理财产损溢	借：资金结存——货币资金 　贷：其他预算收入
	属于应支付给有关人员或单位的部分	借：待处理财产损溢 　贷：其他应付款	—
		借：其他应付款 　贷：库存现金	借：其他预算收入 　贷：资金结存——货币资金
	属于无法查明原因的部分，报经批准后	借：待处理财产损溢 　贷：其他收入	—
现金短缺	按照短缺金额转入待处理财产损溢	借：待处理财产损溢 　贷：库存现金	借：其他支出 　贷：资金结存——货币资金
	属于应由责任人赔偿的部分	借：其他应收款 　贷：待处理财产损溢	—
		借：库存现金 　贷：其他应收款	借：资金结存——货币资金 　贷：其他支出
	属于无法查明原因的部分，报经批准后	借：资产处置费用 　贷：待处理财产损溢	—

2. 实务案例

【例2-5】 某事业单位盘点发现非零余额现金比账面多出 2 000 元，经过核实，有 1 500 元属于应当支付给员工的报酬，另外 500 元无法查明原因。该事业单位应当编制如下的会计分录：

财务会计：

借：库存现金　　　　　　　　　　　　　　　　　　　　2 000

　　贷：待处理财产损溢　　　　　　　　　　　　　　　　　　2 000

借：待处理财产损溢   1 500

  贷：其他应付款   1 500

借：其他应付款   1 500

  贷：库存现金   1 500

借：待处理财产损溢   500

  贷：其他收入   500

预算会计：

借：资金结存——货币资金   2 000

  贷：其他预算收入   2 000

借：其他预算收入   1 500

  贷：资金结存——货币资金   1 500

第二节 1002 银行存款

一、业务管理

单位应当严格按照国家有关支付结算办法的规定办理银行存款收支业务，并按照本制度规定核算银行存款的各项收支业务。

单位应当按照开户银行或其他金融机构、存款种类及币种等，分别设置"银行存款日记账"，由出纳人员根据收付款凭证，按照业务的发生顺序逐笔登记，每日终了应结出余额。"银行存款日记账"应定期与"银行对账单"核对，至少每月核对一次。月度终了，单位银行存款日记账账面余额与银行对账单余额之间如有差额，应当逐笔查明原因并进行处理，按月编制"银行存款余额调节表"，调节相符。

二、会计科目简介及应用要点

1. 科目简介

本科目核算单位存入银行或者其他金融机构的各种存款。

2. 科目设置

本科目应当设置"受托代理资产"明细科目，核算单位受托代理、代管的银行存款。

3. 科目余额

本科目期末借方余额，反映单位实际存放在银行或其他金融机构的款项。

三、相关经济业务与事项的会计核算

（一）存入款项

1. 业务说明和账务处理

将款项存入银行或者其他金融机构，在财务会计方面，按照实际存入的金额，借记本科目，贷记"库存现金""应收账款""事业收入""经营收入""其他收入"等相关科目。在预算会计方面，借记"资金结存"科目，贷记"事业预算收入""其他预算收入"科目。涉及增值税业务的，相关账务处理参见"应交增值税"科目。

存入款项的账务处理如表2-6所示。

表2-6 存入款项的账务处理

业务名称	财务会计账务处理	预算会计账务处理
将款项存入银行或其他金融机构	借：银行存款 贷：库存现金/事业收入/其他收入等	借：资金结存——货币资金 贷：事业预算收入/其他预算收入等

2. 实务案例

【例2-6】 某事业单位在开展专业业务活动中取得一项事业收入3 000元，款项已存入银行存款账户。该事业单位应当编制如下的会计分录：

财务会计：

借：银行存款 3 000
　　贷：事业收入 3 000

预算会计：

借：资金结存——货币资金   3 000

  贷：事业预算收入   3 000

（二）提现

1. 业务说明和账务处理

从银行等金融机构提取现金，在财务会计方面，按照实际提取的金额，借记"库存现金"科目，贷记本科目。该事项无预算会计处理。

提现的账务处理如表 2-7 所示：

表 2-7 提现的账务处理

业务名称	财务会计账务处理	预算会计账务处理
提现	借：库存现金 贷：银行存款	—

（三）支付款项

1. 业务说明和账务处理

以银行存款支付相关费用，在财务会计方面，按照实际支付的金额，借记"业务活动费用""单位管理费用""其他费用"等相关科目，贷记本科目。以银行存款对外捐赠，按照实际捐出的金额，借记"其他费用"科目，贷记本科目。在预算会计方面，借记"行政支出""事业支出""其他支出"等科目，贷记"资金结存"科目。涉及增值税业务的，相关账务处理参见"应交增值税"科目。

支付款项的账务处理如表 2-8 所示。

表 2-8 支付款项的账务处理

业务名称	财务会计账务处理	预算会计账务处理

支付款项	借：业务活动费用/单位管理费用/其他费用等
	  贷：银行存款
		借：行政支出/事业支出/其他支出等
		  贷：资金结存——货币资金

2. 实务案例

【例2-7】 某行政单位通过银行存款账户支付一笔款项400元，具体内容为开展专业业务活动中发生的一项业务费用。该单位应当编制的会计分录如下：

财务会计：

借：业务活动费用　　　　　　　　　　　　　　　400

　　贷：银行存款　　　　　　　　　　　　　　　　　　400

预算会计：

借：行政支出　　　　　　　　　　　　　　　　　400

　　贷：资金结存——货币资金　　　　　　　　　　　　400

（四）银行存款账户

1. 业务说明和账务处理

收到银行存款利息，在财务会计方面，按照实际收到的金额，借记本科目，贷记"利息收入"科目。在预算会计方面，借记"资金结存"科目，贷记"其他预算收入"科目。

支付银行存款手续费时，在财务会计方面，按照实际支付的金额，贷记本科目，借记"业务活动费用""单位管理费用"等。在预算会计方面，借记"行政支出""事业支出"等科目，贷记"资金结存"科目。

银行存款账户的账务处理如表2-9所示。

表2-9　银行存款账户的账务处理

业务名称		财务会计账务处理	预算会计账务处理
银行存款账户	收到银行存款利息	借：银行存款 　　贷：利息收入	借：资金结存——货币资金 　　贷：其他预算收入
	支付银行手续费等	借：业务活动费用/单位管理费用等 　　贷：银行存款	借：行政支出/事业支出等 　　贷：资金结存——货币资金

2. 实务案例

【例2-8】 某单位收到银行存款利息200元。该单位应当编制的会计分录如下：

```
财务会计：
借：银行存款                                              200
    贷：利息收入                                          200
预算会计：
借：资金结存——货币资金                                    200
    贷：其他预算收入                                      200
```

（五）受托代理、代管银行存款

业务说明和账务处理收到受托代理、代管的银行存款，在财务会计方面，按照实际收到的金额，借记本科目（受托代理资产），贷记"受托代理负债"科目；支付受托代理、代管的银行存款，按照实际支付的金额，借记"受托代理负债"科目，贷记本科目（受托代理资产）。该事项无预算会计处理。

受托代理、代管银行存款的账务处理如表2-10所示。

表2-10　受托代理、代管银行存款的账务处理

业务名称		财务会计账务处理	预算会计账务处理
受托代理、代管银行存款	收到	借：银行存款——受托代理资产 　　贷：受托代理负债	—
	支付	借：受托代理负债 　　贷：银行存款——受托代理资产	—

（六）外币业务

1. 业务说明和账务处理

单位发生外币业务的，应当按照业务发生当日的即期汇率，将外币金额折算为人民币金额记账，并登记外币金额和汇率。期末，各种外币账户的期末余额，应当按照期末的即期汇率折算为人民币，作为外币账户期末人民币余额。调整后的各种外币账户人民币余额与原账面余额的差额，作为汇兑损益计入当期费用。

（1）以外币购买物资、设备等，在财务会计方面，按照购入当日的即期汇率将支付的外币或应支付的外币折算为人民币金额，借记"库存物品"

等科目，贷记本科目、"应付账款"等科目的外币账户。在预算会计方面，
借记"事业支出"等科目，贷记"资金结存"科目。涉及增值税业务的，
相关账务处理参见"应交增值税"科目。

（2）销售物品、提供服务以外币收取相关款项等，在财务会计方面，
按照收入确认当日的即期汇率将收取的外币或应收取的外币折算为人民币
金额，借记本科目、"应收账款"等科目的外币账户，贷记"事业收入"等
相关科目。在预算会计方面，借记"资金结存"科目，贷记"事业预算收
入"科目。

（3）期末，在财务会计方面，根据各外币银行存款账户按照期末汇率
调整后的人民币余额与原账面人民币余额的差额，作为汇兑损益，借记或
贷记本科目，贷记或借记"业务活动费用""单位管理费用"等科目。在预
算会计方面，借记或贷记"资金结存"科目，贷记或借记"行政支出"
"事业支出"等科目。"应收账款""应付账款"等科目有关外币账户期末
汇率调整业务的账务处理参照本科目。

外币业务的账务处理如表2-11所示。

表2-11 外币业务的账务处理

业务名称		财务会计账务处理	预算会计账务处理
外币业务	以外币购买物资、劳务等	借：在途物品/库存物品等 　　贷：银行存款［外币账户］/应付账款等［外币账户］	借：事业支出等 　　贷：资金结存——货币资金
	以外币收取相关款项等	借：银行存款［外币账户］/应收账款等［外币账户］ 　　贷：事业收入等	借：资金结存——货币资金 　　贷：事业预算收入等
	期末，根据各外币账户按照期末的即期汇率调整后的人民币余额与原账面人民币余额的差额，作为汇兑损益	借：银行存款/应收账款/应付账款等 　　贷：业务活动费用/单位管理费用等［汇兑收益］ 借：业务活动费用/单位管理费用等［汇兑损失］ 　　贷：银行存款/应收账款/应付账款等	借：资金结存——货币资金 　　贷：行政支出/事业支出等［汇兑收益］ 借：行政支出/事业支出等［汇兑损失］ 　　贷：资金结存——货币资金

2. 实务案例

【例2-9】 某事业单位年初美元存款账户余额为1 000美元，美元与人民币的汇率为6.20∶1，账面的人民币余额为6 200元。2月初，事业单位活动收入为2 000美元，当日的美元与人民币的汇率为6.25∶1。该单位应当编制的会计分录如下：

财务会计：

借：银行存款——美元户　　　　　　　　　　　　　　12 500

　　贷：事业收入　　　　　　　　　　　　　　　　　　12 500

预算会计：

借：资金结存——货币资金　　　　　　　　　　　　　12 500

　　贷：事业预算收入　　　　　　　　　　　　　　　　12 500

第三节　1011 零余额账户用款额度

一、会计科目简介及应用要点

1. 科目简介

本科目核算实行国库集中支付的单位根据财政部门批复的用款计划收到和支用的零余额账户用款额度。

2. 科目余额

本科目期末借方余额，反映单位尚未支用的零余额账户用款额度。年末注销单位零余额账户用款额度后，本科目应无余额。

二、相关经济业务与事项的会计核算

（一）收到额度

1. 业务说明和账务处理

收到额度单位收到"财政授权支付到账通知书"时，在财务会计方面，根据通知书所列金额，借记本科目，贷记"财政拨款收入"科目。在预算会计方面，借记"资金结存"科目，贷记"财政拨款预算收入"科目。

收到额度的账务处理如表2-12所示。

表2-12　收到额度的账务处理

业务名称		财务会计账务处理	预算会计账务处理
收到额度	收到"授权支付到账通知书"	借：零余额账户用款额度 贷：财政拨款收入	借：资金结存——零余额账户用款额度 　　贷：财政拨款预算收入

2. 实务案例

【例2-10】　某行政单位收到"财政授权支付到账通知书"，通知书所列金额为3 000元。该行政单位应当编制的会计分录如下：

财务会计：

借：零余额账户用款额度　　　　　　　　　　　　　　　　3 000

　　贷：财政拨款收入　　　　　　　　　　　　　　　　　　　3 000

预算会计：

借：资金结存——零余额账户用款额度　　　　　　　　　　3 000

　　贷：财政拨款预算收入　　　　　　　　　　　　　　　　　3 000

（二）按照规定支用额度

1. 业务说明和账务处理

支付日常活动费用时，在财务会计方面，按照支付的金额，借记"业务活动费用""单位管理费用"等科目，贷记本科目。在预算会计方面，借记"行政支出""事业支出"等科目，贷记"资金结存"科目。

购买库存物品或购建固定资产，在财务会计方面，按照实际发生的成本，借记"库存物品""固定资产""在建工程"等科目，按照实际支付或应付的金额，贷记本科目、"应付账款"等科目。在预算会计方面，借记"行政支出""事业支出"等栏目，贷记"资金结存"科目。涉及增值税业务的，相关账务处理参见"应交增值税"科目。

按照规定支用额度的账务处理如表2-13所示。

表2-13 按照规定支用额度的账务处理

业务名称		财务会计账务处理	预算会计账务处理
按照规定支用额度	支付日常活动费用	借：业务活动费用/单位管理费用等 　　贷：零余额账户用款额度	借：行政支出/事业支出等 　　贷：资金结存——零余额账户用款额度
	购买库存物品或购建固定资产等	借：库存物品/固定资产/在建工程等 　　贷：零余额账户用款额度	借：行政支出/事业支出等 　　贷：资金结存——零余额账户用款额度

2. 实务案例

【例2-11】 某行政单位使用零余额账户用款额度支付日常活动费用2 000元。该行政单位应当编制的会计分录如下。

财务会计：

借：业务活动费用　　　　　　　　　　　　　　　　2 000

　　贷：零余额账户用款额度　　　　　　　　　　　　　　2 000

预算会计：

借：行政支出　　　　　　　　　　　　　　　　　　2 000

　　贷：资金结存——零余额账户用款额度　　　　　　　　2 000

（三）零余额账户提现

1. 业务说明和账务处理

从零余额账户提取现金时，在财务会计方面，按照实际提取的金额，借记"库存现金"科目，贷记本科目。在预算会计方面，借记"资金结存——货币资金"科目，贷记"资金结存——零余额账户用款额度"科目。

将现金退回单位零余额账户，在财务会计方面，按照实际收到的金额，借记本科目，贷记"库存现金"。在预算会计方面，借记"资金结存——零余额账户用款额度"科目，贷记"资金结存——货币资金"科目。

零余额账户提现的账务处理如表 2-14 所示。

表 2-14　零余额账户提现的账务处理

业务名称		财务会计账务处理	预算会计账务处理
提现	从零余额账户提取现金	借：库存现金　　　贷：零余额账户用款额度	借：资金结存——货币资金　　　贷：资金结存——零余额账户用款额度
	将现金退回单位零余额账户	借：零余额账户用款额度　　贷：库存现金	借：资金结存——零余额账户用款额度　　　贷：资金结存——货币资金

2. 实务案例

【例 2-12】　某事业单位已经纳入财政国库集中支付制度改革，而后从零余额账户中提取现金 2 000 元。

财务会计：

借：库存现金　　　　　　　　　　　　　　　　　2 000

　　贷：零余额账户用款额度　　　　　　　　　　　　2 000

预算会计：

借：资金结存——货币资金　　　　　　　　　　　2 000

　　贷：资金结存——零余额账户用款额度　　　　　　2 000

（四）因购货退回等发生国库授权支付额度退回

1. 业务说明和账务处理

因购货退回等发生财政授权支付额度退回的，在财务会计方面，按照退回的金额，借记本科目，贷记"库存物品"等科目。在预算会计方面，借记"资金结存"科目，贷记"行政支出""事业支出"等科目。

因购货退回等发生国库授权支付额度退回的账务处理如表 2-15 所示。

表2-15 因购货退回等发生国库授权支付额度退回的账务处理

业务名称		财务会计账务处理	预算会计账务处理
因购货退回等发生国库授权支付额度退回	本年度授权支付的款项	借：零余额账户用款额度 　贷：库存物品等	借：资金结存——零余额账户用款额度 　贷：行政支出/事业支出等
	以前年度授权支付的款项	借：零余额账户用款额度 　贷：库存物品/以前年度盈余调整等	借：资金结存——零余额账户用款额度 　贷：财政拨款结转——年初余额调整/财政拨款结余——年初余额调整

2. 实务案例

【例2-13】　某事业单位因为要购买开展业务所需的原材料，填写了"财政资金授权支付凭证"，但之后因为材料质量存在问题全部退回，授权支付的金额为4 000元。

财务会计：

借：零余额账户用款额度　　　　　　　　　　　　　4 000

　　贷：库存物品　　　　　　　　　　　　　　　　　　　4 000

预算会计：

借：资金结存——零余额账户用款额度　　　　　　4 000

　　贷：事业支出　　　　　　　　　　　　　　　　　　　4 000

（五）年末，注销额度

1. 业务说明和账务处理

年末，在财务会计方面，根据代理银行提供的对账单作注销额度的相关账务处理，借记"财政应返还额度——财政授权支付"科目，贷记本科目。在预算会计方面，借记"资金结存——财政应返还额度"，贷记"资金结存——零余额账户用款额度"科目。

年末，单位本年度财政授权支付预算指标数大于零余额账户用款额度下达数的，在财务会计方面，根据未下达的用款额度，借记"财政应返还额度——财政授权支付"科目，贷记"财政拨款收入"科目。在预算会计方面，借记"财政应返还额度——财政应返还额度"科目，贷记"财政拨款预算收入"科目。

年末，注销额度的账务处理如表2-16所示。

表2-16　年末，注销额度的账务处理

	业务名称	财务会计账务处理	预算会计账务处理
年末，注销额度	根据代理银行提供的对账单注销财政授权支付额度	借：财政应返还额度——财政授权支付 　　贷：零余额账户用款额度	借：资金结存——财政应返还额度 　　贷：资金结存——零余额账户用款额度
	本年度财政授权支付预算指标数大于零余额账户额度下达数的，根据未下达的用款额度	借：财政应返还额度——财政授权支付 　　贷：财政拨款收入	借：资金结存——财政应返还额度 　　贷：财政拨款预算收入

2. 实务案例

【例2-14】　年末，某单位还存在尚未使用的财政授权支付预算额度3 000元，该单位应当根据代理银行提供的对账单作注销额度的会计分录。

财务会计：

借：财政应返还额度——财政授权支付　　　　　　　　3 000

　　贷：零余额账户用款额度　　　　　　　　　　　　　　3 000

预算会计：

借：资金结存——财政应返还额度　　　　　　　　　　3 000

　　贷：资金结存——零余额账户用款额度　　　　　　　　3 000

（六）下年初，恢复额度

1. 业务说明和账务处理

下年初，在财务会计方面，单位根据代理银行提供的上年度注销额度恢复到账通知书作恢复额度的相关账务处理，借记本科目，贷记"财政应返还额度——财政授权支付"科目。在预算会计方面，借记"资金结存

——零余额账户用款额度"，贷记"资金结存——财政应返还额度"科目。

在财务会计方面，单位收到财政部门批复的上年未下达零余额账户用款额度，借记本科目，贷记"财政应返还额度——财政授权支付"科目。在预算会计方面，借记"资金结存——零余额账户用款额度"，贷记"资金结存——财政应返还额度"科目。

下年初，恢复额度的账务处理如表2-17所示。

表2-17　下年初，恢复额度的账务处理

	业务名称	财务会计账务处理	预算会计账务处理
下年初，恢复额度	根据代理银行提供的额度恢复到账通知书恢复财政授权支付额度	借：零余额账户用款额度 　　贷：财政应返还额度——财政授权支付	借：资金结存——零余额账户用款额度 　　贷：资金结存——财政应返还额度
	收到财政部门批复的上年末未下达零余额账户用款额度	借：零余额账户用款额度 　　贷：财政应返还额度——财政授权支付	借：资金结存——零余额账户用款额度 　　贷：资金结存——财政应返还额度

2. 实务案例

【例2-15】　次年初，某单位收到代理银行提供的额度恢复到账通知书，恢复财政授权支付额度3 000元。该单位应当编制的会计分录如下：

财务会计：

借：零余额账户用款额度　　　　　　　　　　　　　　　　3 000

　　贷：财政应返还额度——财政授权支付　　　　　　　　　　3 000

借：资金结存——零余额账户用款额度　　　　　　　　　　3 000

　　贷：资金结存——财政应返还额度　　　　　　　　　　　　3 000

第四节　1021 其他货币资金

一、业务管理

单位应当加强对其他货币资金的管理，及时办理结算，对于逾期尚未办理结算的银行汇票、银行本票等，应当按照规定及时转回，并按照上述规定进行相应账务处理。

二、会计科目简介及应用要点

1. 科目简介

本科目核算单位的外埠存款、银行本票存款、银行汇票存款、信用卡存款等各种其他货币资金。

2. 科目设置

本科目应当设置"外埠存款""银行本票存款""银行汇票存款""信用卡存款"等明细科目，进行明细核算。

3. 科目余额

本科目期末借方余额，反映单位实际持有的其他货币资金。

三、相关经济业务与事项的会计核算

（一）形成其他货币资金

1. 业务说明和账务处理

单位按照有关规定需要在异地开立银行账户，将款项委托本地银行汇往异地开立账户时，在财务会计方面，借记本科目，贷记"银行存款"科目。该事项无预算会计处理。

将款项交存银行取得银行本票、银行汇票，在财务会计方面，按照取得的银行本票、银行汇票金额，借记本科目，贷记"银行存款"科目。将款项交存银行取得信用卡，按照交存金额，借记本科目，贷记"银行存款"科目。该事项无预算会计处理。

单位信用卡在使用过程中，需向其账户续存资金的，在财务会计方面，按照续存金额，借记本科目，贷记"银行存款"科目。该事项无预算会计处理。

形成其他货币资金的账务处理如表2-18所示。

表2-18　形成其他货币资金的账务处理

业务名称		财务会计账务处理	预算会计账务处理
形成其他货币资金	取得银行本票、银行汇票、信用卡时	借：其他货币资金——银行本票存款 ——银行汇票存款 ——信用卡存款 贷：银行存款	—

2. 实务案例

【例2-16】　某事业单位将款项3 000元交存银行取得相应数额的银行本票。该事业单位应当编制的会计分录如下：

财务会计：

借：其他货币资金——银行本票　　　　　　　　　3 000

　　贷：银行存款　　　　　　　　　　　　　　　　　3 000

该事项无预算会计处理。

（二）发生支付

1. 业务说明和账务处理

收到采购员交来供应单位发票账单等报销凭证时，在财务会计方面，借记"库存物品"等科目，贷记本科目。使用银行本票、银行汇票购买库存物品等资产时，按照实际支付金额，借记"库存物品"等科目，贷记本科目。用信用卡购物或支付有关费用，按照实际支付金额，借记"单位管理费用""库存物品"等科目，贷记本科目。在预算会计方面，借记"事业支出"等科目，贷记"资金结存"等科目。

发生支付的账务处理如表2-19所示。

表2-19　发生支付的账务处理

业务名称		财务会计账务处理	预算会计账务处理
发生支付	用银行本票、银行汇票、信用卡支付时	借：在途物品/库存物品等 　　贷：其他货币资金——银行本票存款 　　　　　　　　　——银行汇票存款 　　　　　　　　　——信用卡存款	借：事业支出等〔实际支付金额〕 　　贷：资金结存——货币资金

2. 实务案例

【例2-17】　某事业单位以银行本票购买一批库存物品2 000元。该事业单位应当编制的会计分录如下：

财务会计：

借：库存物品　　　　　　　　　　　　　　　　　　2 000

　　贷：其他货币资金——银行本票　　　　　　　　　　2 000

预算会计：

借：事业支出　　　　　　　　　　　　　　　　　　2 000

　　贷：资金结存——货币资金　　　　　　　　　　　　2 000

（三）余额退回

1. 业务说明和账务处理

将多余的外埠存款转回本地银行时，在财务会计方面，根据银行的收账通知，借记"银行存款"科目，贷记本科目。如有余款或因本票、汇票超过付款期等原因而退回款项，按照退款金额，借记"银行存款"科目，贷记本科目。该事项无预算会计处理。

余额退回的账务处理如表2-20所示。

表2-20　余额退回的账务处理

业务名称		财务会计账务处理	预算会计账务处理
余款退回时	银行本票、银行汇票、信用卡的余款退回时	借：银行存款 　　贷：其他货币资金——银行本票存款 　　　　　　　　　——银行汇票存款 　　　　　　　　　——信用卡存款	—

2. 实务案例

【例2-18】 某单位将月底剩余的 3 000 元外埠存款转回本地银行，应当编制的会计分录如下：

财务会计：

借：银行存款 3 000

　　贷：其他货币资金——外埠存款 3 000

该事项无预算会计处理。

第五节　1101 短期投资

一、会计科目简介及应用要点

1. 科目简介

本科目核算事业单位按照规定取得的，持有时间不超过 1 年（含 1 年）的投资。

2. 科目设置

本科目应当按照投资的种类等进行明细核算。

3. 科目余额

本科目期末借方余额，反映事业单位持有短期投资的成本。

二、相关经济业务与事项的会计核算

（一）取得短期投资

1. 业务说明和账务处理

取得短期投资时，在财务会计方面，按照确定的投资成本，借记本科目，贷记"银行存款"等科目。在预算会计方面，借记"投资支出"科目，贷记"资金结存"科目。

收到取得投资时实际支付价款中包含的已到付息期但尚未领取的利息，在财务会计方面，按照实际收到的金额，借记"银行存款"科目，贷记本科目。在预算会计方面，借记"资金结存"科目，贷记"投资支出"科目。

取得短期投资的账务处理如表 2-21 所示。

表 2-21　取得短期投资的账务处理

业务名称		财务会计账务处理	预算会计账务处理
取得短期投资	取得短期投资时	借：短期投资 　　贷：银行存款等	借：投资支出 　　贷：资金结存——货币资金
	收到购买时已到付息期但尚未领取的利息时	借：银行存款 　　贷：短期投资	借：资金结存——货币资金 　　贷：投资支出

2. 实务案例

【例 2-19】　某单位利用闲散资金购买了一批国债作为短期投资，实际投资成本为 1 000 元，款项已经通过银行存款账户支付。该单位应当编制的会计分录如下：

财务会计：

借：短期投资　　　　　　　　　　　　　　　　　　1 000

　　贷：银行存款等　　　　　　　　　　　　　　　　　　1 000

预算会计：

借：投资支出　　　　　　　　　　　　　　　　　　1 000

　　贷：资金结存——货币资金　　　　　　　　　　　　　1 000

（二）短期投资持有期间收到利息

1. 业务说明和账务处理

收到短期投资持有期间的利息，在财务会计方面，按照实际收到的金额，借记"银行存款"科目，贷记"投资收益"科目。在预算会计方面，借记"资金结存"科目，贷记"投资预算收益"科目。

短期投资持有期间收到利息的账务处理如表2-22所示。

表2-22　短期投资持有期间收到利息的账务处理

业务名称	财务会计账务处理	预算会计账务处理
短期投资持有期间收到利息	借：银行存款 　　贷：投资收益	借：资金结存——货币资金 　　贷：投资预算收益

2. 实务案例

【例2-20】　某单位利用闲散资金购买了一批国债作为短期投资，期间收到了持有期间利息3 000元。该单位应当编制的会计分录如下：

财务会计：

借：银行存款　　　　　　　　　　　　　　　　　3 000

　　贷：投资收益　　　　　　　　　　　　　　　　　3 000

预算会计：

借：资金结存——货币资金　　　　　　　　　　　3 000

　　贷：投资预算收益　　　　　　　　　　　　　　　3 000

（三）出售短期投资或到期回收短期投资

1. 业务说明和账务处理

出售短期投资或到期收回短期投资本息，在财务会计方面，按照实际收到的金额，借记"银行存款"科目，按照出售或收回短期投资的账面余额，贷记本科目，按照其差额，借记或贷记"投资收益"科目。在预算会计方面，借记"资金结存""投资预算收益"科目，贷记"投资支出/其他结余""投资预算收益"科目。涉及增值税业务的，相关账务处理参见"应交增值税"科目。

出售短期投资或到期回收短期投资的账务处理如表2-23所示。

表2-23　出售短期投资或到期回收短期投资的账务处理

业务名称	财务会计账务处理	预算会计账务处理
出售短期投资或到期收回短期投资（国债）本息	借：银行存款［实际收到的金额］ 　　投资收益［借差］ 　贷：短期投资［账面余额］ 　　投资收益［贷差］	借：资金结存——货币资金［实收款］ 　　投资预算收益［实收款小于投资成本的差额］ 　贷：投资支出［出售或收回当年投资的］/其他结余［出售或收回以前年度投资的］ 　　投资预算收益［实收款大于投资成本的差额］

2. 实务案例

【例2-21】　某单位出售了一项短期投资，账面价值为1 200元，实际收到款项1 200元，款项已存入开户银行。该单位应当编制如下的会计分录：

财务会计：

借：银行存款　　　　　　　　　　　　　　　　1 200

　　贷：短期投资　　　　　　　　　　　　　　　　1 200

预算会计：

借：资金结存——货币资金　　　　　　　　　　1 200

　　贷：投资支出　　　　　　　　　　　　　　　　1 200

第六节　1201 财政应返还额度

一、会计科目简介及应用要点

1. 科目简介

本科目核算实行国库集中支付的单位应收财政返还的资金额度，包括可以使用的以前年度财政直接支付资金额度和财政应返还的财政授权支付资金额度。

2. 科目设置

本科目应当设置"财政直接支付""财政授权支付"两个明细科目进行

明细核算。

3. 科目余额

本科目期末借方余额，反映单位应收财政返还的资金额度。

二、相关经济业务与事项的会计核算

（一）财政直接支付方式下，确认财政应返还额度

1. 业务说明和账务处理

年末，在财务会计方面，单位根据本年度财政直接支付预算指标数大于当年财政直接支付实际发生数的差额，借记本科目（财政直接支付），贷记"财政拨款收入"科目。在预算会计方面，借记"资金结存"科目，贷记"财政拨款预算收入"科目。

单位使用以前年度财政直接支付额度支付款项时，在财务会计方面，借记"业务活动费用""单位管理费用"等科目，贷记本科目（财政直接支付）。在预算会计方面，借记"行政支出""事业支出"等科目，贷记"资金结存"科目。

财政直接支付方式下，确认财政应返还额度的账务处理如表2-24所示。

表2-24　财政直接支付方式下，确认财政应返还额度的账务处理

业务名称		财务会计账务处理	预算会计账务处理
财政直接支付方式下，确认财政应返还额度	年末本年度预算指标数与当年实际支付数的差额	借：财政应返还额度——财政直接支付 　　贷：财政拨款收入	借：资金结存——财政应返还额度 　　贷：财政拨款预算收入
	下年度使用以前年度财政直接支付额度支付款项时	借：业务活动费用/单位管理费用/库存物品等 　　贷：财政应返还额度——财政直接支付	借：行政支出/事业支出等 　　贷：资金结存——财政应返还额度

2. 实务案例

【例2-22】　某行政单位使用以前年度财政直接支付额度支付业务活动费用3 000元。年末，该行政单位本年度财政直接支付预算指标数大于当年财政直接支付实际发生数的差额为2 000元。该行政单位应当编制的会计分录如下：

财务会计：

借：业务活动费用　　　　　　　　　　　　　　　　　　　3 000
　　贷：财政应返还额度——财政直接支付　　　　　　　　　　　　3 000
借：财政应返还额度——财政直接支付　　　　　　　　　　2 000
　　贷：财政拨款收入　　　　　　　　　　　　　　　　　　　　2 000

预算会计：

借：行政支出　　　　　　　　　　　　　　　　　　　　　3 000
　　贷：资金结存——财政应返还额度　　　　　　　　　　　　　　3 000
借：资金结存——财政应返还额度　　　　　　　　　　　　2 000
　　贷：财政拨款预算收入　　　　　　　　　　　　　　　　　　2 000

（二）财政授权支付方式下，确认财政应返还额度

1. 业务说明和账务处理

年末，在财务会计方面，根据代理银行提供的对账单作注销额度的相关账务处理，借记本科目（财政授权支付），贷记"零余额账户用款额度"科目。在预算会计方面，借记"资金结存——财政应返还额度"科目，贷记"资金结存——零余额账户用款额度"科目。

年末，在财务会计方面，单位本年度财政授权支付预算指标数大于零余额账户用款额度下达数的，根据未下达的用款额度，借记本科目（财政授权支付），贷记"财政拨款收入"科目。在预算会计方面，借记"资金结存——财政应返还额度"科目，贷记"财政拨款预算收入"科目。

下年初，在财务会计方面，单位根据代理银行提供的上年度注销额度恢复到账通知书作恢复额度的相关账务处理，借记"零余额账户用款额度"科目，贷记本科目（财政授权支付）。在预算会计方面，借记"资金结存——零余额账户用款额度"科目，贷记"资金结存——财政应返还额度"科目。

财政授权支付方式下，确认财政应返还额度的账务处理如表 2-25 所示。

表 2-25　财政授权支付方式下，确认财政应返还额度的账务处理

	业务名称	财务会计账务处理	预算会计账务处理
财政授权支付方式下，确认财政应返还额度	年末本年度预算指标数大于额度下达数的，根据未下达的用款额度	借：财政应返还额度——财政授权支付　　贷：财政拨款收入	借：资金结存——财政应返还额度　　贷：财政拨款预算收入
	年末根据代理银行提供的对账单作注销额度处理	借：财政应返还额度——财政授权支付　　贷：零余额账户用款额度	借：资金结存——财政应返还额度　　贷：资金结存——零余额账户用款额度
	下年初额度恢复和下年初收到财政部门批复的上年末未下达零余额账户用款额度	借：零余额账户用款额度　　贷：财政应返还额度——财政授权支付	借：资金结存——零余额账户用款额度　　贷：资金结存——财政应返还额度

2. 实务案例

【例 2-23】　年末，某单位本年度财政授权支付预算指标数大于零余额账户用款额度下达数为 2 000 元。年末，该单位根据代理银行提供的对账单，注销本年度尚未使用的零余额账户用款额度 1 200 元。该单位应当编制的会计分录如下：

财务会计：

借：财政应返还额度——财政授权支付　　　　　　　　2 000

　　贷：财政拨款收入　　　　　　　　　　　　　　　　2 000

借：财政应返还额度——财政授权支付　　　　　　　　1 200

　　贷：零余额账户用款额度　　　　　　　　　　　　　1 200

预算会计：

借：资金结存——财政应返还额度　　　　　　　　　　2 000

　　贷：财政拨款预算收入　　　　　　　　　　　　　　2 000

借：资金结存——财政应返还额度 1 200
　　贷：资金结存——零余额账户用款额度 1 200

第七节　1211 应收票据

一、业务管理

事业单位应当设置"应收票据备查簿"，逐笔登记每一应收票据的种类、号数、出票日期、到期日、票面金额、交易合同号和付款人、承兑人、背书人姓名或单位名称、背书转让日、贴现日期、贴现率和贴现净额、收款日期、收回金额和退票情况等。应收票据到期结清票款或退票后，应当在备查簿内逐笔注销。

二、会计科目简介及应用要点

1. 科目简介
本科目核算事业单位因开展经营活动销售产品、提供有偿服务等而收到的商业汇票，包括银行承兑汇票和商业承兑汇票。
2. 科目设置
本科目应当按照开出、承兑商业汇票的单位等进行明细核算。
3. 科目余额
本科目期末借方余额，反映事业单位持有的商业汇票票面金额。

三、相关经济业务与事项的会计核算

（一）收到商业汇票

1. 业务说明和账务处理
因销售产品、提供服务等收到商业汇票，在财务会计方面，按照商业汇票的票面金额，借记本科目，按照确认的收入金额，贷记"经营收入"等科目。该事项无预算会计处理。涉及增值税业务的，相关账务处理参见"应交增值税"科目。

收到商业汇票的账务处理如表 2-26 所示。

表 2-26　收到商业汇票的账务处理

业务名称		财务会计账务处理	预算会计账务处理
收到 商业汇票	销售产品、提供服务 等收到商业汇票时	借：应收票据 　　贷：经营收入等	—

2. 实务案例

【例 2-24】　某事业单位在开展专业业务活动中发生一项应收商业汇票 2 000 元。该事业单位应当编制的会计分录如下：

财务会计：

借：应收票据　　　　　　　　　　　　　　　　　2 000

　　贷：经营收入　　　　　　　　　　　　　　　　　　2 000

该事项无预算会计处理。

（二）商业汇票向银行贴现

1. 业务说明和账务处理

持未到期的商业汇票向银行贴现，在财务会计方面，按照实际收到的金额（即扣除贴现息后的净额），借记"银行存款"科目，按照贴现息金额，借记"经营费用"等科目，按照商业汇票的票面金额，贷记本科目（无追索权）或"短期借款"科目（有追索权）。在预算会计方面，借记"资金结存"科目，贷记"经营预算收入"等科目。

附追索权的商业汇票到期未发生追索事项的，在财务会计方面，按照商业汇票的票面金额，借记"短期借款"科目，贷记本科目。该事项无预算会计处理。

商业汇票向银行贴现的账务处理如表 2-27 所示。

表 2-27　商业汇票向银行贴现的账务处理

业务名称		财务会计账务处理	预算会计账务处理
商业汇票向银行贴现	持未到期的商业汇票向银行贴现	借：银行存款［贴现净额］ 　　经营费用等［贴现利息］ 　贷：应收票据［不附追索权］/短期借款［附追索权］	借：资金结存——货币资金 　贷：经营预算收入等［贴现净额］
	附追索权的商业汇票到期未发生追索事项	借：短期借款 　贷：应收票据	—

2. 实务案例

【例 2-25】　某事业单位销售产品向对方公司开出一张 1 年期的不带息商业汇票，该汇票面值为 10 000 元，半年后，若提前 6 个月向银行贴现，银行贴现年利率为 8%，那么贴息为 10 000 * 8% * 6/12 = 400（元）。该单位应当编制的会计分录如下：

财务会计：

借：银行存款　　　　　　　　　　　　　　　　　9 600

　　经营费用　　　　　　　　　　　　　　　　　　400

　贷：应收票据　　　　　　　　　　　　　　　 10 000

预算会计：

借：资金结存——货币资金　　　　　　　　　　　9 600

　贷：经营预算收入　　　　　　　　　　　　　　9 600

（三）商业汇票背书转让

1. 业务说明和账务处理

将持有的商业汇票背书转让以取得所需物资时，在财务会计方面，按照取得物资的成本，借记"库存物品"等科目，按照商业汇票的票面金额，贷记本科目，如有差额，借记或贷记"银行存款"等科目。在预算会计方面，借记"经营支出"等科目，贷记"资金结存"科目。涉及增值税业务的，相关账务处理参见"应交增值税"科目。

商业汇票背书转让的账务处理如表 2-28 所示。

表2-28　商业汇票背书转让的账务处理

业务名称		财务会计账务处理	预算会计账务处理
商业汇票背书转让	将持有的商业汇票背书转让以取得所需物资	借：库存物品等 　贷：应收票据 　　银行存款〔差额〕	借：经营支出等〔支付的金额〕 　贷：资金结存——货币资金

2. 实务案例

【例2-26】　某事业单位将持有的商业汇票背书转让以取得成本为 3 000 元的物资，该单位应当编制的会计分录如下：

财务会计：

借：库存物品　　　　　　　　　　　　　　　　　　　3 000

　　贷：应收票据　　　　　　　　　　　　　　　　　　3 000

预算会计：

借：经营支出　　　　　　　　　　　　　　　　　　　3 000

　　贷：资金结存——货币资金　　　　　　　　　　　　3 000

（四）商业汇票到期

1. 业务说明和账务处理

商业汇票到期时，应当分别以下情况处理：

（1）收回票款时，在财务会计方面，按照实际收到的商业汇票票面金额，借记"银行存款"科目，贷记本科目。在预算会计方面，借记"资金结存"科目，贷记"经营预算收入"等科目。

（2）因付款人无力支付票款，收到银行退回的商业承兑汇票、委托收款凭证、未付票款通知书或拒付款证明等，在财务会计方面，按照商业汇票的票面金额，借记"应收账款"科目，贷记本科目。该事项无预算会计处理。

商业汇票到期的账务处理如表 2-29 所示。

表2-29　商业汇票到期的账务处理

业务名称		财务会计账务处理	预算会计账务处理
商业汇票到期	商业汇票到期，收回应收票据	借：银行存款 　贷：应收票据	借：资金结存——货币资金 　贷：经营预算收入等
	商业汇票到期，付款人无力支付票款时	借：应收账款 　贷：应收票据	—

2. 实务案例

【例2-27】　某事业单位的商业汇票今日到期，实际收回票款2 000元。该单位应当编制的会计分录如下：

财务会计：

借：银行存款　　　　　　　　　　　　　　　　　　　　2 000

　　贷：应收票据　　　　　　　　　　　　　　　　　　　2 000

预算会计：

借：资金结存——货币资金　　　　　　　　　　　　　　2 000

　　贷：经营预算收入　　　　　　　　　　　　　　　　　2 000

第八节　1212 应收账款

一、会计科目简介及应用要点

1. 科目简介

本科目核算事业单位提供服务、销售产品等应收取的款项，以及单位因出租资产、出售物资等应收取的款项。

2. 科目设置

本科目应当按照债务单位（或个人）进行明细核算。

3. 科目余额

本科目期末借方余额，反映单位尚未收回的应收账款。

二、相关经济业务与事项的会计核算

（一）提现与存现

1. 发生应收账款

应收账款收回后不需上缴财政，单位发生应收账款时，在财务会计方面，按照应收未收金额，借记本科目，贷记"事业收入""经营收入""租金收入""其他收入"等科目。该事项无预算会计处理。涉及增值税业务的，相关账务处理参见"应交增值税"科目。

应收账款收回后需上缴财政，单位出租资产发生应收未收租金款项时，在财务会计方面，按照应收未收金额，借记本科目，贷记"应缴财政款"科目；单位出售物资发生应收未收款项时，按照应收未收金额，借记本科目，贷记"应缴财政款"科目。该事项无预算会计处理。涉及增值税业务的，相关账务处理参见"应交增值税"科目。

提现与存现的账务处理如表2-30所示。

表2-30　提现与存现的账务处理

业务名称		财务会计账务处理	预算会计账务处理
发生应收账款时	应收账款收回后不需上缴财政	借：应收账款 　　贷：事业收入/经营收入/其他收入等	—
	应收账款收回后需上缴财政	借：应收账款 　　贷：应缴财政款	—

2. 实务案例

【例2-28】　某事业单位在开展专业业务活动中发生一项应收账款2 500元，该应收账款收回后不需上缴财政。该单位应当编制的会计分录如下：

财务会计：

借：应收账款　　　　　　　　　　　　　　　　　　　2 500

　　贷：事业收入　　　　　　　　　　　　　　　　　　　　2 500

该事项无预算会计处理。

（二）收回应收账款

1. 业务说明和账务处理

应收账款收回后不需上缴财政，单位发生应收账款时，收回应收账款时，在财务会计方面，按照实际收到的金额，借记"银行存款"等科目，贷记本科目。在预算会计方面，借记"资金结存"，贷记"事业预算收入""经营预算收入""其他预算收入"等科目。

应收账款收回后需上缴财政，收回应收账款时，在财务会计方面，按照实际收到的金额，借记"银行存款"等科目，贷记本科目。该事项无预算会计处理。

收回应收账款的账务处理如表2-31所示。

表 2-31　收回应收账款的账务处理

业务名称		财务会计账务处理	预算会计账务处理
收回应收账款时	应收账款收回后不需上缴财政	借：银行存款等 贷：应收账款	借：资金结存——货币资金等 　　贷：事业预算收入/经营预算收入/其他预算收入等
	应收账款收回后需上缴财政	借：银行存款等 贷：应收账款	—

2. 实务案例

【例 2-29】　某事业单位在收回应收账款后需上缴财政，应收账款金额为 2 500 元。该单位应当编制的会计分录如下：

财务会计：

借：银行存款　　　　　　　　　　　　　　　　　　　2 500

　　贷：应收账款　　　　　　　　　　　　　　　　　　2 500

该事项无预算会计处理。

（三）逾期无法收回的应收账款

1. 业务说明和账务处理

（1）事业单位应当于每年年末，对收回后不需上缴财政的应收账款进行全面检查，如发生不能收回的迹象，应当计提坏账准备。

（a）对于账龄超过规定年限、确认无法收回的应收账款，按照规定报经批准后予以核销。在财务会计方面，按照核销金额，借记"坏账准备""应缴财政款"科目，贷记本科目。该事项无预算会计处理。核销的应收账款应在备查簿中保留登记。

（b）已核销的应收账款在以后期间又收回的，在财务会计方面，按照实际收回金额，借记本科目，贷记"坏账准备"科目；同时，借记"银行存款"等科目，贷记本科目。在预算会计方面，借记"资金结存"科目，贷记"非财政拨款结余"等科目。

（2）单位应当于每年年末，对收回后应当上缴财政的应收账款进行全面检查。

（a）对于账龄超过规定年限、确认无法收回的应收账款，按照规定报经批准后予以核销。在财务会计方面，按照核销金额，借记"应缴财政款"科目，贷记本科目。核销的应收账款应在备查账簿中保留登记。

（b）已核销的应收账款在以后期间又收回的，在财务会计方面，按照实际收回金额，借记"银行存款"等科目，贷记"应缴财政款"科目。该事项无预算会计处理。

逾期无法收回的应收账款的账务处理如表2-32所示。

表2-32 逾期无法收回的应收账款的账务处理

业务名称		财务会计账务处理	预算会计账务处理
逾期无法收回的应收账款	报批后予以核销	借：坏账准备/应缴财政款 贷：应收账款	—
	事业单位已核销不需上缴财政的应收账款在以后期间收回	借：应收账款 　　贷：坏账准备 借：银行存款 　　贷：应收账款	借：资金结存——货币资金 　　贷：非财政拨款结余等
	单位已核销需上缴财政的应收账款在以后期间收回	借：应缴财政款 　　贷：应收账款 借：银行存款等 　　贷：应缴财政款	—

2. 实务案例

【例 2-30】　某事业单位年末对不需要上缴财政的应收款项进行全面检查，发现应收单位的账款 2 000 元（之前已经全额计提坏账准备）确实无法收回，报经有关部门批准后准予核销。但在次年这笔款项又收回。该单位应当编制的会计分录如下：

财务会计：

借：坏账准备 　　　　　　　　　　　　　　　　　　　　 2 000

　　贷：应收账款 　　　　　　　　　　　　　　　　　　　 2 000

借：应收账款 　　　　　　　　　　　　　　　　　　　　 2 000

　　贷：坏账准备 　　　　　　　　　　　　　　　　　　　 2 000

借：银行存款 　　　　　　　　　　　　　　　　　　　　 2 000

　　贷：应收账款 　　　　　　　　　　　　　　　　　　　 2 000

预算会计：

借：资金结存——货币资金 　　　　　　　　　　　　　　 2 000

　　贷：非财政拨款结余 　　　　　　　　　　　　　　　　 2 000

第九节　1214 预付账款

一、会计科目简介及应用要点

1. 科目简介

本科目核算单位按照购货、服务合同或协议规定预付给供应单位（或个人）的款项，以及按照合同规定向承包工程的施工企业预付的备料款和工程款。

2. 科目设置

本科目应当按照供应单位（或个人）及具体项目进行明细核算；对于基本建设项目发生的预付账款，还应当在本科目所属基建项目明细科目下设置"预付备料款""预付工程款""其他预付款"等明细科目，进行明细核算。

3. 科目余额

本科目期末借方余额，反映单位实际预付但尚未结算的款项。

二、相关经济业务与事项的会计核算

（一）发生预付账款时

1. 业务说明和账务处理

根据购货、服务合同或协议规定预付款项时，在财务会计方面，按照预付金额，借记本科目，贷记"财政拨款收入""零余额账户用款额度""银行存款"等科目。在预算会计方面，借记"行政支出""事业支出"等科目，贷记"财政拨款预算收入""资金结存"等科目。

发生预付账款时的账务处理如表2-33所示。

表2-33 发生预付账款时的账务处理

业务名称	财务会计账务处理	预算会计账务处理
发生预付账款时	借：预付账款 　　贷：财政拨款收入/零余额账户用款额度/银行存款等	借：行政支出/事业支出等 　　贷：财政拨款预算收入/资金结存

2. 实务案例

【例2-31】 某行政单位向社会组织购买一项服务，发生预付账款2 500元，款项通过单位零余额账户支付。该单位应当编制的会计分录如下：

财务会计：

借：预付账款　　　　　　　　　　　　　　　　　2 500

　　贷：零余额账户用款额度　　　　　　　　　　　　2 500

预算会计：

借：行政支出　　　　　　　　　　　　　　　　　2 500

　　贷：资金结存——零余额账户用款额度　　　　　　2 500

（二）收到所购物资或劳务，以及根据工程进度结算工程价款等时

1. 业务说明和账务处理

收到所购资产或服务时，在财务会计方面，按照购入资产或服务的成本，借记"库存物品""固定资产""无形资产""业务活动费用"等相关科目，按照相关预付账款的账面余额，贷记本科目，按照实际补付的金额，贷记"财政拨款收入""零余额账户用款额度""银行存款"等科目。在预算会计方面，借记"行政支出""事业支出"等科目，贷记"财政拨款预算收入""资金结存"等科目。涉及增值税业务的，相关账务处理参见"应交增值税"科目。

根据工程进度结算工程价款及备料款时，在财务会计方面，按照结算金额，借记"在建工程"科目，按照相关预付账款的账面余额，贷记本科目，按照实际补付的金额，贷记"财政拨款收入""零余额账户用款额度""银行存款"等科目。在预算会计方面，借记"行政支出""事业支出"等科目，贷记"财政拨款预算收入""资金结存"等科目。

收到所购物资或劳务，以及根据工程进度结算工程价款等时的账务处理如表 2-34 所示。

表 2-34　收到所购物资或劳务，以及根据工程进度结算工程价款等时的账务处理

业务名称	财务会计账务处理	预算会计账务处理
收到所购物资或劳务，以及根据工程进度结算工程价款等时	借：业务活动费用/库存物品/固定资产/在建工程等 　　贷：预付账款 　　　零余额账户用款额度/财政拨款收入/银行存款等［补付款项］	借：行政支出/事业支出等［补付款项］ 　　贷：财政拨款预算收入/资金结存

2. 实务案例

【例 2-32】　承接【例 2-31】。一周后，该行政单位收到了向社会组织购买的该项服务，同时需要补付相应的款项 1 000 元，款项通过单位的银行存款账户支付。该行政单位应当编制的会计分录如下：

财务会计：

借：业务活动费用   3 500
　　贷：预付账款   2 500
　　　　银行存款   1 000
预算会计：
借：行政支出   1 000
　　贷：资金结存——货币资金   1 000

（三）预付账款退回

1. 业务说明和账务处理

发生预付账款退回的，在财务会计方面，按照实际退回金额，借记"财政拨款收入"［本年直接支付］、"财政应返还额度"［以前年度直接支付］、"零余额账户用款额度""银行存款"等科目，贷记本科目。

当年预付账款退回的，在预算会计方面，借记"财政拨款预算收入""资金结存"等科目，贷记"行政支出""事业支出"等科目。

以前年度预付账款退回时，在预算会计方面，借记"资金结存"科目，贷记"财政拨款结余——年初余额调整""财政拨款结转——年初余额调整"等科目。

预付账款退回的账务处理如表2-35所示。

表2-35　预付账款退回的账务处理

业务名称		财务会计账务处理	预算会计账务处理
预付账款退回	当年预付账款退回	借：财政拨款收入/零余额账户用款额度/银行存款等 　　贷：预付账款	借：财政拨款预算收入/资金结存 　　贷：行政支出/事业支出等
	以前年度预付账款退回	借：财政应返还额度/零余额账户用款额度/银行存款等 　　贷：预付账款	借：资金结存 　　贷：财政拨款结余——年初余额调整/财政拨款结转——年初余额调整等

2. 实务案例

【例2-33】 某事业单位收到了之前预付的一笔价值3 000元的材料，发票金额为2 500元，对方退回500元。该单位应当编制的会计分录如下：

财务会计：

借：银行存款　　　　　　　　　　　　　　　　　　500
　　库存物品　　　　　　　　　　　　　　　　　2 500
　　贷：预付账款　　　　　　　　　　　　　　　　3 000
预算会计：
借：资金结存——货币资金　　　　　　　　　　　　500
　　贷：行政支出　　　　　　　　　　　　　　　　　500

（四）逾期无法收回的预付账款转为其他应收款

1. 业务说明和账务处理

单位应当于每年年末，对预付账款进行全面检查。如果有确凿证据表明预付账款不再符合预付款项性质，或者因供应单位破产、撤销等原因可能无法收到所购货物、服务的，应当先将其转入其他应收款，再按照规定进行处理。将预付账款账面余额转入其他应收款时，在财务会计方面，借记"其他应收款"科目，贷记本科目。该事项无预算会计处理。

逾期无法收回的预付账款转为其他应收款的账务处理如表2-36所示。

表2-36　逾期无法收回的预付账款转为其他应收款的账务处理

业务名称	财务会计账务处理	预算会计账务处理
逾期无法收回的预付账款转为其他应收款	借：其他应收款 　　贷：预付账款	—

2. 实务案例

【例2-34】 某事业单位年底检查发现预付账款明细账有一笔预付甲公司的账款2 000元，甲公司已经资不抵债，可能无法收到合同约定的相关货物，先将其转入其他应收款。该单位应当编制的会计分录如下：

财务会计：

借：其他应收款　　　　　　　　　　　　　　　　　　2 000

　　贷：预付账款　　　　　　　　　　　　　　　　　　　2 000

该事项无预算会计处理。

第十节　1215　应收股利

一、会计科目简介及应用要点

1. 科目简介

本科目核算事业单位持有长期股权投资应当收取的现金股利或应当分得的利润。

2. 科目设置

本科目应当按照被投资单位等进行明细核算。

3. 科目余额

本科目期末借方余额，反映事业单位应当收取但尚未收到的现金股利或利润。

二、相关经济业务与事项的会计核算

（一）取得的长期股权投资

1. 业务说明和账务处理

取得长期股权投资，在财务会计方面，按照支付的价款中所包含的已宣告但尚未发放的现金股利，借记本科目，按照确定的长期股权投资成本，借记"长期股权投资"科目，按照实际支付的金额，贷记"银行存款"等科目。在预算会计方面，借记"投资支出"科目，贷记"资金结存"科目。

收到取得投资时实际支付价款中所包含的已宣告但尚未发放的现金股利时，在财务会计方面，按照收到的金额，借记"银行存款"科目，贷记本科目。在预算会计方面，借记"资金结存"科目，贷记"投资支出"科目。

取得的长期股权投资的账务处理如表2-37所示。

表2-37　取得的长期股权投资的账务处理

业务名称		财务会计账务处理	预算会计账务处理
取得的长期股权投资	取得长期股权投资	借：长期股权投资 　　应收股利［取得投资支付价款中包含的已宣告但尚未发放的现金股利或利润］ 　　贷：银行存款［取得投资支付的全部价款］	借：投资支出［取得投资支付的全部价款］ 　　贷：资金结存——货币资金
	收到取得投资所支付价款中包含的已宣告但尚未发放的股利或利润时	借：银行存款 　　贷：应收股利	借：资金结存——货币资金 　　贷：投资支出等

2. 实务案例

【例2-35】　某事业单位今日取得了对甲公司30%的股权，投资成本为50 000元，按照成本法核算。其中甲公司已经宣告但尚未发放现金股利，该事业单位按其持股比例计算确定可分得5 000元。该单位应当编制的会计分录如下：

财务会计：

借：长期股权投资　　　　　　　　　　　　　　　　45 000

　　应收股利　　　　　　　　　　　　　　　　　　 5 000

　　　贷：银行存款　　　　　　　　　　　　　　　　　　　50 000

预算会计：

借：投资支出　　　　　　　　　　　　　　　　　　50 000

　　　贷：资金结存——货币资金　　　　　　　　　　　　　50 000

（二）持有投资期间

1. 业务说明和账务处理

长期股权投资持有期间，被投资单位宣告发放现金股利或利润的，在财务会计方面，按照应享有的份额，借记本科目，贷记"投资收益"（成本法下）或"长期股权投资"（权益法下）科目。该事项无预算会计处理。

实际收到现金股利或利润时，在财务会计方面，按照收到的金额，借记"银行存款"等科目，贷记本科目。在预算会计方面，借记"资金结存"科目，贷记"投资预算收益"科目。

持有投资期间的账务处理如表2-38所示。

表2-38　持有投资期间的账务处理

	业务名称	财务会计账务处理	预算会计账务处理
持有投资期间	被投资单位宣告发放现金股利或利润	借：应收股利 　　贷：投资收益/长期股权投资	—
	收到现金股利或利润时	借：银行存款 　　贷：应收股利	借：资金结存——货币资金 　　贷：投资预算收益

2. 实务案例

【例2-36】　接【例2-35】。年末，甲公司宣告发放2 000元的现金股利，该单位应当编制的会计分录如下：

财务会计：

借：应收股利　　　　　　　　　　　　　　　　　　2 000

　　贷：投资收益　　　　　　　　　　　　　　　　　　2 000

该事项无预算会计处理。

第十一节　1216 应收利息

一、会计科目简介及应用要点

1. 科目简介

本科目核算事业单位长期债券投资应当收取的利息。

事业单位购入的到期一次还本付息的长期债券投资持有期间的利息，应当通过"长期债券投资——应计利息"科目核算，不通过本科目核算。

2. 科目设置

本科目应当按照被投资单位等进行明细核算。

3. 科目余额

本科目期末借方余额，反映事业单位应收未收的长期债券投资利息。

二、相关经济业务与事项的会计核算

（一）取得的债券投资

1. 业务说明和账务处理

取得长期债券投资，在财务会计方面，按照确定的投资成本，借记"长期债券投资"科目，按照支付的价款中包含的已到付息期但尚未领取的利息，借记本科目，按照实际支付的金额，贷记"银行存款"等科目。在预算会计方面，借记"投资支出"科目，贷记"资金结存"科目。

收到取得投资时实际支付价款中所包含的已到付息期但尚未领取的利息时，按照收到的金额，借记"银行存款"等科目，贷记本科目。在预算会计方面，借记"资金结存"科目，贷记"投资支出"科目。

取得的债券投资的账务处理如表 2-39 所示。

表2-39　取得的债券投资的账务处理

业务名称		财务会计账务处理	预算会计账务处理
取得的债券投资	取得长期债券投资	借：长期债券投资 　　应收利息［取得投资支付价款中包含的已到付息期但尚未领取的利息］ 　　贷：银行存款［取得投资支付的全部价款］	借：投资支出［取得投资支付的全部价款］ 　　贷：资金结存——货币资金
	收到取得投资所支付价款中包含的已到付息期但尚未领取的利息时	借：银行存款 　　贷：应收利息	借：资金结存——货币资金 　　贷：投资支出等

2. 实务案例

【例2-37】　某事业单位1月5日从证券市场购买了甲公司于1月1日发行的债券，面值1 000元，实际支付价款为1 030元。该单位应当编制的会计分录如下：

财务会计：

借：长期债券投资　　　　　　　　　　　　　　　　　　　1 000

　　应收利息　　　　　　　　　　　　　　　　　　　　　　 30

　　　贷：银行存款　　　　　　　　　　　　　　　　　　 1 030

预算会计：

借：投资支出　　　　　　　　　　　　　　　　　　　　　 1 030

　　贷：资金结存——货币资金　　　　　　　　　　　　　 1 030

（二）持有投资期间

1. 业务说明和账务处理

按期计算确认长期债券投资利息收入时，对于分期付息、一次还本的长期债券投资，在财务会计方面，按照以票面金额和票面利率计算确定的应收未收利息金额，借记本科目，贷记"投资收益"科目。该事项无预算会计处理。

实际收到应收利息时，在财务会计方面，按照收到的金额，借记"银行存款"等科目，贷记本科目。在预算会计方面，借记"资金结存"科目，贷记"投资预算收益"科目。

持有投资期间的账务处理如表2-40所示。

表2-40　持有投资期间的账务处理

业务名称		财务会计账务处理	预算会计账务处理
持有投资期间	按期计提利息	借：应收利息［分期付息、到期还本债券计提的利息］ 　　贷：投资收益	—
	实际收到利息	借：银行存款 　　贷：应收利息	借：资金结存——货币资金 　　贷：投资预算收益

2. 实务案例

【例2-38】　某事业单位1月5日从证券市场购买了甲公司于1月1日发行的债券，面值1 000元，该债券三年期、票面利率为3%、年底计提利息，每年年初支付上年的利息。年初该事业单位收到利息，应当编制的会计分录如下：

财务会计：

借：银行存款　　　　　　　　　　　　　　　　　　30

　　贷：应收利息　　　　　　　　　　　　　　　　　　30

预算会计：

借：资金结存——货币资金　　　　　　　　　　　　30

　　贷：投资预算收益　　　　　　　　　　　　　　　　30

第十二节　1218 其他应收款

一、会计科目简介及应用要点

1. 科目简介

本科目核算单位除财政应返还额度、应收票据、应收账款、预付账款、应收股利、应收利息以外的其他各项应收及暂付款项，如职工预借的差旅费、已经偿还银行尚未报销的本单位公务卡欠款、拨付给内部有关部门的备用金、应向职工收取的各种垫付款项、支付的可以收回的订金或押金、应收的上级补助和附属单位上缴款项等。

2. 科目设置

本科目应当按照其他应收款的类别以及债务单位（或个人）进行明细核算。

3. 科目余额

本科目期末借方余额，反映单位尚未收回的其他应收款。

二、相关经济业务与事项的会计核算

（一）发生暂付款项

1. 业务说明和账务处理

发生其他各种应收及暂付款项时，在财务会计方面，按照实际发生金额，借记本科目，贷记"零余额账户用款额度""银行存款""库存现金"等科目。涉及增值税业务的，相关账务处理参见"应交增值税"科目。该事项无预算会计处理。

收回其他各种应收及暂付款项时，在财务会计方面，按照收回的金额，借记"库存现金""银行存款"等科目，贷记本科目。该事项无预算会计处理。

报销时，在财务会计方面，借记"业务活动费用""单位管理费用"等科目，贷记本科目。在预算会计方面，借记"行政支出""事业支出"等科目，贷记"资金结存"科目。

偿还尚未报销的本单位公务卡欠款时，在财务会计方面，按照偿还的款项，借记本科目，贷记"零余额账户用款额度""银行存款"等科目。该事项无预算会计处理。

发生暂付款项的账务处理如表 2-41 所示。

表2-41　发生暂付款项的账务处理

业务名称		财务会计账务处理	预算会计账务处理
发生暂付款项（包括偿还未报销的公务卡款项）	暂付款项时	借：其他应收款 　贷：银行存款/库存现金/零余额账户用款额度等	—
	报销时	借：业务活动费用/单位管理费用等［实际报销金额］ 　贷：其他应收款	借：行政支出/事业支出等［实际报销金额］ 　贷：资金结存
	收回暂付款项时	借：库存现金/银行存款等 　贷：其他应收款	—

2. 实务案例

【例2-39】　某事业单位财政授权支付偿还公务卡欠款3 000元。该单位应当编制的会计分录如下：

财务会计：

借：其他应收款　　　　　　　　　　　　　　　　　3 000

　　贷：零余额账户用款额度　　　　　　　　　　　　　3 000

该事项无预算会计处理。

（二）发生其他各种应收款项

1. 业务说明和账务处理

发生其他各种应收及暂付款项时，在财务会计方面，按照实际发生金额，借记本科目，贷记"上级补助收入""附属单位上缴收入"等科目。涉及增值税业务的，相关账务处理参见"应交增值税"科目。该事项无预算会计处理。

收回其他各种应收及暂付款项时，在财务会计方面，按照收回的金额，借记"库存现金""银行存款"等科目，贷记本科目。在预算会计方面，借记"资金结存"科目，贷记"上级补助预算收入""附属单位上缴预算收入""其他预算收入"等科目。

发生其他各种应收款项的账务处理如表2-42所示。

表2-42　发生暂付款项的账务处理

业务名称		财务会计账务处理	预算会计账务处理
发生其他各种应收款项	确认其他应收款时	借：其他应收款 　　贷：上级补助收入/附属单位上缴收入/其他收入等	—
	收到其他应收款项时	借：银行存款/库存现金等 　　贷：其他应收款	借：资金结存——货币资金 　　贷：上级补助预算收入/附属单位上缴预算收入/其他预算收入等

（三）拨付给内部有关部门的备用金

1. 业务说明和账务处理

单位内部实行备用金制度的，有关部门使用备用金以后应当及时到财务部门报销并补足备用金。财务部门核定并发放备用金时，在财务会计方面，按照实际发放金额，借记本科目，贷记"库存现金"等科目。该事项无预算会计处理。

根据报销金额用现金补足备用金定额时，在财务会计方面，借记"业务活动费用""单位管理费用"等科目，贷记"库存现金"等科目，报销数和拨补数都不再通过本科目核算。在预算会计方面，借记"行政支出""事业支出"等科目，贷记"资金结存"科目。

拨付给内部有关部门的备用金的账务处理如表2-43所示。

表2-43　拨付给内部有关部门的备用金的账务处理

业务名称		财务会计账务处理	预算会计账务处理
拨付给内部有关部门的备用金	财务部门核定并发放备用金时	借：其他应收款 　　贷：库存现金	—
	根据报销数用现金补足备用金定额时	借：业务活动费用/单位管理费用等 　　贷：库存现金	借：行政支出/事业支出等 　　贷：资金结存——货币资金

2. 实务案例

【例2-40】　某事业单位内部实行备用金制度，某日，财务部门向单位内部相关业务部门核定并发放备用金3 000元，款项以银行存款支付。该事业单位应当编制的会计分录如下：

财务会计：

借：其他应收款　　　　　　　　　　　　　　　　　　　3 000

　　贷：银行存款　　　　　　　　　　　　　　　　　　　　　3 000

该事项无预算会计处理。

（四）逾期无法收回的其他应收款

1. 业务说明和账务处理

（1）事业单位应当于每年年末，对其他应收款进行全面检查，如发生不能收回的迹象，应当计提坏账准备。

（a）对于账龄超过规定年限、确认无法收回的其他应收款，在财务会计方面，按照规定报经批准后予以核销。按照核销金额，借记"坏账准备"科目，贷记本科目。该事项无预算会计处理。核销的其他应收款应当在备查簿中保留登记。

（b）已核销的其他应收款在以后期间又收回的，在财务会计方面，按照实际收回金额，借记本科目，贷记"坏账准备"科目；同时，借记"银行存款"等科目，贷记本科目。在预算会计方面，借记"资金结存"科目，贷记"其他预算收入"科目。

（2）行政单位应当于每年年末，对其他应收款进行全面检查。对于超过规定年限、确认无法收回的其他应收款，应当按照有关规定报经批准后予以核销。核销的其他应收款应在备查簿中保留登记。

（a）经批准核销其他应收款时，在财务会计方面，按照核销金额，借记"资产处置费用"科目，贷记本科目。该事项无预算会计处理。

（b）已核销的其他应收款在以后期间又收回的，在财务会计方面，按照收回金额，借记"银行存款"等科目，贷记"其他收入"科目。在预算会计方面，借记"资金结存"科目，贷记"其他预算收入"科目。

逾期无法收回的其他应收款的账务处理如表2-44所示。

表2-44 逾期无法收回的其他应收款的账务处理

业务名称		财务会计账务处理	预算会计账务处理
逾期无法收回的其他应收款	经批准核销时	借：坏账准备［事业单位］/资产处置费用［行政单位］ 　　贷：其他应收款	—
	已核销的其他应收款在以后期间收回	事业单位： 借：其他应收款 　　贷：坏账准备 借：银行存款等 　　贷：其他应收款 行政单位： 借：银行存款等 　　贷：其他收入	借：资金结存——货币资金 　　贷：其他预算收入

第十三节　1219 坏账准备

一、业务管理

事业单位应当于每年年末，对收回后不需上缴财政的应收账款和其他应收款进行全面检查，分析其可收回性，对预计可能产生的坏账损失计提坏账准备、确认坏账损失。

二、会计科目简介及应用要点

1. 科目简介

本科目核算事业单位对收回后不需上缴财政的应收账款和其他应收款提取的坏账准备。

事业单位可以采用应收款项余额百分比法、账龄分析法、个别认定法等方法计提坏账准备。坏账准备计提方法一经确定，不得随意变更。如需变更，应当按照规定报经批准，并在财务报表附注中予以说明。

当期应补提或冲减的坏账准备金额的计算公式如下：

$$
\begin{matrix} \text{当期应补提或} \\ \text{冲减的坏账准备} \end{matrix} = \begin{matrix} \text{按照期末应收账款和其他应收款} \\ \text{计算应计提的坏账准备金额} \end{matrix} -
$$

$$
\begin{matrix} \text{本科目期末贷方余额} \\ （\text{或} + \text{本科目期末借方余额}） \end{matrix}
$$

2. 科目设置

本科目应当按照应收账款和其他应收款进行明细核算。

3. 科目余额

本科目期末贷方余额，反映事业单位提取的坏账准备金额。

三、相关经济业务与事项的会计核算

（一）年末全面分析不需上缴财政的应收账款和其他应收款

1. 业务说明和账务处理

提取坏账准备时，在财务会计方面，借记"其他费用"科目，贷记本科目；冲减坏账准备时，借记本科目，贷记"其他费用"科目。该事项无预算会计处理。

年末全面分析不需上缴财政的应收账款和其他应收款的账务处理如表 2-45 所示。

表 2-45 年末全面分析不需上缴财政的应收账款和其他应收款的账务处理

业务名称		财务会计账务处理	预算会计账务处理
年末全面分析不需上缴财政的应收账款和其他应收款	计提坏账准备，确认坏账损失	借：其他费用 　贷：坏账准备	—
	冲减坏账准备	借：坏账准备 　贷：其他费用	—

2. 实务案例

【例2-41】　某事业单位年末经计算应当补提坏账准备1 000元。该单位应当编制的会计分录如下：

财务会计：

借：其他费用　　　　　　　　　　　　　　　　　　　1 000

　　贷：坏账准备　　　　　　　　　　　　　　　　　　　1 000

该事项无预算会计处理。

（二）逾期无法收回的应收账款和其他应收款

1. 业务说明和账务处理

对于账龄超过规定年限并确认无法收回的应收账款、其他应收款，应当按照有关规定报经批准后，在财务会计方面，按照无法收回的金额，借记本科目，贷记"应收账款""其他应收款"科目。该事项无预算会计处理。

已核销的应收账款、其他应收款在以后期间又收回的，在财务会计方面，按照实际收回金额，借记"应收账款""其他应收款"科目，贷记本科目；同时，借记"银行存款"等科目，贷记"应收账款""其他应收款"科目。在预算会计方面，借记"资金结存"科目，贷记"非财政拨款结余"等科目。

逾期无法收回的应收账款和其他应收款的账务处理如表2-46所示。

表2-46　逾期无法收回的应收账款和其他应收款的账务处理

业务名称		财务会计账务处理	预算会计账务处理
逾期无法收回的应收账款和其他应收款	报批后予以核销	借：坏账准备 　　贷：应收账款/其他应收款	—
	已核销不需上缴财政的应收款项在以后期间收回	借：应收账款/其他应收款 　　贷：坏账准备 借：银行存款 　　贷：应收账款/其他应收款	借：资金结存——货币资金等 　　贷：非财政拨款结余等

2. 实务案例

【例2-42】　某事业单位经批准确认一笔无法收回的应收账款2 000元，该笔应收账款属于收回后不需要上缴财政的应收账款。该单位应当编制的会计分录如下：

财务会计：

借：坏账准备　　　　　　　　　　　　　　　　　　2 000

　　贷：应收账款　　　　　　　　　　　　　　　　　　2 000

该事项无预算会计处理。

第十四节　1301 在途物品

一、会计科目简介及应用要点

1. 科目简介

本科目核算单位采购材料等物资时货款已付或已开出商业汇票但尚未验收入库的在途物品的采购成本。

2. 科目设置

本科目可按照供应单位和物品种类进行明细核算。

3. 科目余额

本科目期末借方余额，反映单位在途物品的采购成本。

二、相关经济业务与事项的会计核算

（一）购入材料等物资

1. 业务说明和账务处理

单位购入材料等物品，在财务会计方面，按照确定的物品采购成本的金额，借记本科目，按照实际支付的金额，贷记"财政拨款收入""零余额账户用款额度""银行存款"等科目。涉及增值税业务的，相关账务处理参见"应交增值税"科目。在预算会计方面，借记"行政支出""事业支出""经营支出"等科目，贷记"财政拨款预算收入""资金结存"等科目。

购入材料等物资的账务处理如表2-47所示。

表2-47　购入材料等物资的账务处理

业务名称	财务会计账务处理	预算会计账务处理
购入材料等物资，结算凭证收到货未到，款已付或已开出商业汇票	借：在途物品 　　贷：财政拨款收入/零余额账户用款额度/银行存款/应付票据等	借：行政支出/事业支出/经营支出等 　　贷：财政拨款预算收入/资金结存

2. 实务案例

【例2-43】　某行政单位采购一批材料，货款2 000元通过银行存款账户支付，材料尚未验收入库。该单位应当编制的会计分录如下：

财务会计：

借：在途物品　　　　　　　　　　　　　　　　　　　2 000

　　贷：银行存款　　　　　　　　　　　　　　　　　　2 000

预算会计：

借：行政支出　　　　　　　　　　　　　　　　　　　2 000

　　贷：资金结存——货币资金　　　　　　　　　　　　2 000

（二）所购材料等物资验收入库

1. 业务说明和账务处理

所购材料等物品到达验收入库，在财务会计方面，按照确定的库存物品成本金额，借记"库存物品"科目，按照物品采购成本金额，贷记本科目，按照使得入库物品达到目前场所和状态所发生的其他支出，贷记"银行存款"等科目。该事项无预算会计处理。

所购材料等物资验收入库的账务处理如表2-48所示。

表 2-48　所购材料等物资验收入库的账务处理

业务名称	财务会计账务处理	预算会计账务处理
所购材料等物资到达验收入库	借：库存物品 　　贷：在途物品	—

2. 实务案例

【例2-44】　接【例2-43】。数日后，该批材料到达并验收入库，确定的库存物品成本为采购成本 2 000 元。该单位应当编制的会计分录如下：

财务会计：

借：库存物品　　　　　　　　　　　　　　　　　　　2 000

　　贷：在途物品　　　　　　　　　　　　　　　　　　　2 000

该事项无预算会计处理。

第十五节　1302 库存物品

一、会计科目简介及应用要点

1. 科目简介

本科目核算单位在开展业务活动及其他活动中为耗用或出售而储存的各种材料、产品、包装物、低值易耗品，以及达不到固定资产标准的用具、装具、动植物等的成本。

已完成的测绘、地质勘察、设计成果等的成本，也通过本科目核算。

单位随买随用的零星办公用品，可以在购进时直接列作费用，不通过本科目核算。

单位控制的政府储备物资，应当通过"政府储备物资"科目核算，不通过本科目核算。

单位受托存储保管的物资和受托转赠的物资，应当通过"受托代理资产"科目核算，不通过本科目核算。

单位为在建工程购买和使用的材料物资，应当通过"工程物资"科目核算，不通过本科目核算。

2. 科目设置

本科目应当按照库存物品的种类、规格、保管地点等进行明细核算。

单位储存的低值易耗品、包装物较多的，可以在本科目（低值易耗品、包装物）下按照"在库""在用"和"摊销"等进行明细核算。

3. 科目余额

本科目期末借方余额，反映单位库存物品的实际成本。

二、相关经济业务与事项的会计核算

（一）取得库存物品

1. 业务说明和账务处理

取得的库存物品，应当按照其取得时的成本入账。

（1）外购的库存物品验收入库，在财务会计方面，按照确定的成本，借记本科目，贷记"财政拨款收入""零余额账户用款额度""银行存款""应付账款""在途物品"等科目。涉及增值税业务的，相关账务处理参见"应交增值税"科目。在预算会计方面，借记"事业支出""经营支出""行政支出"等科目，贷记"财政拨款预算收入""资金结存"等科目。

（2）自制的库存物品加工完成并验收入库，在财务会计方面，按照确定的成本，借记本科目，贷记"加工物品——自制物品"科目。该事项无预算会计处理。

（3）委托外单位加工收回的库存物品验收入库，在财务会计方面，按照确定的成本，借记本科目，贷记"加工物品——委托加工物品"等科目。该事项无预算会计处理。

（4）接受捐赠的库存物品验收入库，在财务会计方面，按照确定的成本，借记本科目，按照发生的相关税费、运输费等，贷记"银行存款"等科目，按照其差额，贷记"捐赠收入"科目。在预算会计方面，借记"其他支出"科目，贷记"资金结存"科目。

接受捐赠的库存物品按照名义金额入账的，按照名义金额，借记本科目，贷记"捐赠收入"科目；同时，按照发生的相关税费、运输费等，借记"其他费用"科目，贷记"银行存款"等科目。在预算会计方面，借记"其他支出"科目，贷记"资金结存"科目。

（5）无偿调入的库存物品验收入库，在财务会计方面，按照确定的成本，借记本科目，按照发生的相关税费、运输费等，贷记"银行存款"等科目，按照其差额，贷记"无偿调拨净资产"科目。在预算会计方面，借记"其他支出"科目，贷记"资金结存"科目。

（6）置换换入的库存物品验收入库，在财务会计方面，按照确定的成本，借记本科目，按照换出资产的账面余额，贷记相关资产科目（换出资产为固定资产、无形资产的，还应当借记"固定资产累计折旧""无形资产累计摊销"科目），按照置换过程中发生的其他相关支出，贷记"银行存款"等科目，按照借贷方差额，借记"资产处置费用"科目或贷记"其他收入"科目。在预算会计方面，借记"其他支出"科目，贷记"资金结存"科目。涉及补价的，分别以下情况处理：

①支付补价的，在财务会计方面，按照确定的成本，借记本科目，按照换出资产的账面余额，贷记相关资产科目（换出资产为固定资产、无形资产的，还应当借记"固定资产累计折旧""无形资产累计摊销"科目），按照支付的补价和置换过程中发生的其他相关支出，贷记"银行存款"等科目，按照借贷方差额，借记"资产处置费用"科目或贷记"其他收入"科目。在预算会计方面，借记"其他支出"科目，贷记"资金结存"科目。

②收到补价的，在财务会计方面，按照确定的成本，借记本科目，按照收到的补价，借记"银行存款"等科目，按照换出资产的账面余额，贷记相关资产科目（换出资产为固定资产、无形资产的，还应当借记"固定资产累计折旧""无形资产累计摊销"科目），按照置换过程中发生的其他相关支出，贷记"银行存款"等科目，按照补价扣减其他相关支出后的净收入，贷记"应缴财政款"科目，按照借贷方差额，借记"资产处置费用"科目或贷记"其他收入"科目。在预算会计方面，借记"其他支出"科目，贷记"资金结存"科目。

取得库存物品的账务处理如表2-49所示。

表2-49 取得库存物品的账务处理

业务名称		财务会计账务处理	预算会计账务处理
取得库存物品	外购的库存物品验收入库	借：库存物品 　　贷：财政拨款收入/财政应返还额度/零余额账户用款额度/银行存款/应付账款等	借：行政支出/事业支出/经营支出等 　　贷：财政拨款预算收入/资金结存
	自制的库存物品加工完成、验收入库	借：库存物品——相关明细科目 　　贷：加工物品——自制物品	—
	委托外单位加工收回的库存物品	借：库存物品——相关明细科目 　　贷：加工物品——委托加工物品	—
	置换换入的库存物品	借：库存物品［换出资产评估价值＋其他相关支出］ 　　固定资产累计折旧/无形资产累计摊销 　　资产处置费用［借差］ 　　贷：库存物品/固定资产/无形资产等［账面余额］ 　　　　银行存款等［其他相关支出］ 　　　　其他收入［贷差］	借：其他支出［实际支付的其他相关支出］ 　　贷：资金结存
	置换换入的库存物品验收入库涉及补价的： ①支付补价的	借：库存物品［换出资产评估价值＋其他相关支出＋补价］ 　　固定资产累计折旧/无形资产累计摊销 　　资产处置费用［借差］ 　　贷：库存物品/固定资产/无形资产等［账面余额］ 　　　　银行存款等［其他相关支出＋补价］ 　　　　其他收入［贷差］	借：其他支出［实际支付的补价和其他相关支出］ 　　贷：资金结存

续上表

业务名称		财务会计账务处理	预算会计账务处理
取得库存物品	置换换入的库存物品验收入库涉及补价的：②收到补价的	借：库存物品［换出资产评估价值＋其他相关支出－补价］ 　银行存款等［补价］ 　固定资产累计折旧/无形资产累计摊销 　资产处置费用［借差］ 　贷：库存物品/固定资产/无形资产等［账面余额］ 　　银行存款等［其他相关支出］ 　　应缴财政款［补价－其他相关支出］ 　　其他收入［贷差］	借：其他支出［其他相关支出大于收到的补价的差额］ 　贷：资金结存
	接受捐赠的库存物品	借：库存物品［按照确定的成本］ 　贷：银行存款等［相关税费等］ 　　捐赠收入	借：其他支出［实际支付的相关税费等］ 　贷：资金结存
	无偿调入的库存物品	借：库存物品［按照确定的成本］ 　贷：银行存款等［相关税费等］ 　　无偿调拨净资产	借：其他支出［实际支付的相关税费等］ 　贷：资金结存
	按照名义金额入账的接收捐赠、无偿调入的库存物品及发生的相关税费、运输费等	借：库存物品［名义金额］ 　贷：捐赠收入［接受捐赠］/无偿调拨净资产［无偿调入］	—
		借：其他费用 　贷：银行存款等	借：其他支出 　贷：资金结存

2. 实务案例

【例2-45】 某事业单位接受捐赠的一批库存物品，有关凭证注明的金额为2 000元，以银行存款支付运输费用200元，库存物品已经验收入库。该单位应当编制的会计分录如下：

财务会计：

借：库存物品 　　　　　　　　　　　　　　　　　　　　　　2 000

　　贷：银行存款 　　　　　　　　　　　　　　　　　　　　　　200

　　　　捐赠收入 　　　　　　　　　　　　　　　　　　　　　1 800

预算会计：

借：其他支出　　　　　　　　　　　　　　　　　　　　　　200

　　贷：资金结存——货币资金　　　　　　　　　　　　　　　　200

（二）发出库存物品

1. 业务说明和账务处理

库存物品在发出时，分别以下情况处理：

（1）单位开展业务活动等领用、按照规定自主出售发出或加工发出库存物品，在财务会计方面，按照领用、出售等发出物品的实际成本，借记"业务活动费用""单位管理费用""经营费用""加工物品"等科目，贷记本科目。该事项无预算会计处理。

采用一次转销法摊销低值易耗品、包装物的，在首次领用时将其账面余额一次性摊销计入有关成本费用，借记有关科目，贷记本科目。

采用五五摊销法摊销低值易耗品、包装物的，首次领用时，将其账面余额的50%摊销计入有关成本费用，借记有关科目，贷记本科目；使用完时，将剩余的账面余额转销计入有关成本费用，借记有关科目，贷记本科目。

（2）经批准对外出售的库存物品（不含可自主出售的库存物品）发出时，在财务会计方面，按照库存物品的账面余额，借记"资产处置费用"科目，贷记本科目；同时，按照收到的价款，借记"银行存款"等科目，按照处置过程中发生的相关费用，贷记"银行存款"等科目，按照其差额，贷记"应缴财政款"科目。该事项无预算会计处理。

（3）经批准对外捐赠的库存物品发出时，在财务会计方面，按照库存物品的账面余额和对外捐赠过程中发生的归属于捐出方的相关费用合计数，借记"资产处置费用"科目，按照库存物品账面余额，贷记本科目，按照对外捐赠过程中发生的归属于捐出方的相关费用，贷记"银行存款"等科目。在预算会计方面，借记"其他支出"科目，贷记"资金结存"科目。

（4）经批准无偿调出的库存物品发出时，在财务会计方面，按照库存物品的账面余额，借记"无偿调拨净资产"科目，贷记本科目；同时，按照无偿调出过程中发生的归属于调出方的相关费用，借记"资产处置费用"科目，贷记"银行存款"等科目。在预算会计方面，按实际支付的相关费用，借记"其他支出"科目，贷记"资金结存"科目。

（5）经批准置换换出的库存物品，参照本科目有关置换换入库存物品的规定进行账务处理。

发出库存物品的账务处理如表 2-50 所示。

表 2-50　发出库存物品的账务处理

业务名称		财务会计账务处理	预算会计账务处理
发出库存物品	开展业务活动、按照规定自主出售或加工物品等领用、发出库存物品时	借：业务活动费用/单位管理费用/经营费用/加工物品等 　　贷：库存物品［按照领用、发出成本］	—
	经批准对外捐赠的库存物品发出时	借：资产处置费用 　　贷：库存物品［账面余额］ 　　　　银行存款［归属于捐出方的相关费用］	借：其他支出［实际支付的相关费用］ 　　贷：资金结存
	经批准无偿调出的库存物品发出时	借：无偿调拨净资产 　　贷：库存物品［账面余额］ 借：资产处置费用 　　贷：银行存款等［归属于调出方的相关费用］	借：其他支出［实际支付的相关费用］ 　　贷：资金结存
	经批准对外出售［自主出售除外］的库存物品发出时	借：资产处置费用 　　贷：库存物品［账面余额］ 借：银行存款等［收到的价款］ 　　贷：银行存款等［发生的相关税费］ 　　　　应缴财政款	—
	经批准置换换出库存物品	参照置换换入"库存物品"的处理	

2. 实务案例

【例2-46】　某事业单位业务部门为开展专业业务活动领用一批库存物品，实际成本为2 000元。该单位应当编制的会计分录如下：

财务会计：

借：业务活动费用　　　　　　　　　　　　　　　　　　　2 000

　　贷：库存物品　　　　　　　　　　　　　　　　　　　　　　2 000

该事项无预算会计处理。

（三）库存物品定期盘点及毁损、报废

1. 业务说明和账务处理

单位应当定期对库存物品进行清查盘点，每年至少盘点一次。对于发生的库存物品盘盈、盘亏或者报废、毁损，应当先计入"待处理财产损溢"科目，按照规定报经批准后及时进行后续账务处理。

（1）盘盈的库存物品，其成本按照有关凭据注明的金额确定；没有相关凭据、但按照规定经过资产评估的，其成本按照评估价值确定；没有相关凭据、也未经过评估的，其成本按照重置成本确定。如无法采用上述方法确定盘盈的库存物品成本的，在财务会计方面，按照名义金额入账。盘盈的库存物品，按照确定的入账成本，借记本科目，贷记"待处理财产损溢"科目。该事项无预算会计处理。

（2）盘亏或者毁损、报废的库存物品，在财务会计方面，按照待处理库存物品的账面余额，借记"待处理财产损溢"科目，贷记本科目。属丁增值税一般纳税人的单位，若因非正常原因导致的库存物品盘亏或毁损，还应当将与该库存物品相关的增值税进项税额转出，按照其增值税进项税额，借记"待处理财产损溢"科目，贷记"应交增值税——应交税金（进项税额转出）"科目。该事项无预算会计处理。

库存物品定期盘点及毁损、报废的账务处理如表2-51所示。

表2-51　库存物品定期盘点及毁损、报废的账务处理

业务名称		财务会计账务处理	预算会计账务处理
库存物品定期盘点及毁损、报废	盘盈的库存物品	借：库存物品 　　贷：待处理财产损溢	—
	盘亏或者毁损、报废的库存物品转入待处理资产	借：待处理财产损溢 　　贷：库存物品［账面余额］	—
	增值税一般纳税人购进的非自用材料发生盘亏或者毁损、报废的	借：待处理财产损溢 　　贷：应交增值税——应交税金（进项税额转出）	—

2. 实务案例

【例2-47】　某事业单位在年底盘点发现盘盈物品 A 一批，评估价值为 2 000 元。该单位应当编制的会计分录如下：

财务会计：

借：库存物品　　　　　　　　　　　　　　　　　　　2 000

　　贷：待处理财产损溢　　　　　　　　　　　　　　　　2 000

该事项无预算会计处理。

第十六节　1303 加工物品

一、会计科目简介及应用要点

1. 科目简介

本科目核算单位自制或委托外单位加工的各种物品的实际成本。未完成的测绘、地质勘察、设计成果的实际成本，也通过本科目核算。

2. 科目设置

本科目应当设置"自制物品""委托加工物品"两个一级明细科目，并

按照物品类别、品种、项目等设置明细账，进行明细核算。

本科目"自制物品"一级明细科目下应当设置"直接材料""直接人工""其他直接费用"等二级明细科目归集自制物品发生的直接材料、直接人工（专门从事物品制造人员的人工费）等直接费用；对于自制物品发生的间接费用，应当在本科目"自制物品"一级明细科目下单独设置"间接费用"二级明细科目予以归集，期末，再按照一定的分配标准和方法，分配计入有关物品的成本。

3. 科目余额

本科目期末借方余额，反映单位自制或委托外单位加工但尚未完工的各种物品的实际成本。

二、相关经济业务与事项的会计核算

（一）自制物品

1. 业务说明和账务处理

（1）为自制物品领用材料等，在财务会计方面，按照材料成本，借记本科目（自制物品——直接材料），贷记"库存物品"科目。该事项无预算会计处理。

（2）专门从事物品制造的人员发生的直接人工费用，在财务会计方面，按照实际发生的金额，借记本科目（自制物品——直接人工），贷记"应付职工薪酬"科目。该事项无预算会计处理。

（3）为自制物品发生的其他直接费用，在财务会计方面，按照实际发生的金额，借记本科目（自制物品——其他直接费用），贷记"零余额账户用款额度""银行存款"等科目。在预算会计方面，借记"事业支出""经营支出"等科目，贷记"财政拨款预算收入""资金结存"等科目。

为自制物品发生的间接费用，在财务会计方面，按照实际发生的金额，借记本科目（自制物品——间接费用），贷记"零余额账户用款额度""银行存款""应付职工薪酬""固定资产累计折旧""无形资产累计摊销"等科目。在预算会计方面，借记"事业支出""经营支出"等科目，贷记"财政拨款预算收入""资金结存"等科目。

间接费用一般按照生产人员工资、生产人员工时、机器工时、耗用材料的数量或成本、直接费用（直接材料和直接人工）或产品产量等进行分配。单位可根据具体情况自行选择间接费用的分配方法。分配方法一经确定，不得随意变更。

（4）已经制造完成并验收入库的物品，在财务会计方面，按照所发生的实际成本（包括耗用的直接材料费用、直接人工费用、其他直接费用和分配的间接费用），借记"库存物品"科目，贷记本科目（自制物品）。该事项无预算会计处理。

自制物品的账务处理如表 2-52 所示。

表 2-52　自制物品的账务处理

业务名称		财务会计账务处理	预算会计账务处理
自制物品	为自制物品领用材料时	借：加工物品——自制物品（直接材料） 　　贷：库存物品（相关明细科目）	—
	专门从事物资制造的人员发生的直接人工费用	借：加工物品——自制物品（直接人工） 　　贷：应付职工薪酬	—
	为自制物品发生其他直接费用和间接费用	借：加工物品——自制物品（其他直接费用、间接费用） 　　贷：财政拨款收入/零余额账户用款额度/银行存款等	借：事业支出/经营支出等［实际支付金额］ 　　贷：财政拨款预算收入/资金结存
	自制加工完成、验收入库	借：库存物品（相关明细科目） 　　贷：加工物品——自制物品（直接材料、直接人工、其他直接费用、间接费用）	—

2. 实务案例

【例2-48】　某事业单位为自制某件产品，领用了甲材料 2 000 元，直接从事生产的人员工资 2 000 元。一个月后该产品验收入库。该单位应当编制的会计分录如下：

财务会计：

借：加工物品   4 000

  贷：库存物品——甲   2 000

    应付职工薪酬   2 000

借：库存物品   4 000

  贷：加工物品   4 000

该事项无预算会计处理。

（二）委托加工物品

1. 业务说明和账务处理

（1）发给外单位加工的材料等，在财务会计方面，按照其实际成本，借记本科目（委托加工物品），贷记"库存物品"科目。该事项无预算会计处理。

（2）支付加工费、运输费等费用，在财务会计方面，按照实际支付的金额，借记本科目（委托加工物品），贷记"零余额账户用款额度""银行存款"等科目。涉及增值税业务的，相关账务处理参见"应交增值税"科目。在预算会计方面，借记"事业支出""经营支出"等科目，贷记"财政拨款预算收入""资金结存"等科目。

（3）委托加工完成的材料等验收入库，在财务会计方面，按照加工前发出材料的成本和加工、运输成本等，借记"库存物品"等科目，贷记本科目（委托加工物品）。该事项无预算会计处理。

委托加工物品的账务处理如表2-53所示。

表2-53 委托加工物品的账务处理

	业务名称	财务会计账务处理	预算会计账务处理
委托加工物品	发给外单位加工的材料	借：加工物品——委托加工物品 贷：库存物品（相关明细科目）	—

	支付加工费用	借：加工物品——委托加工物品
		  贷：财政拨款收入/零余额账户用款额度/银行存款等
			借：行政支出/事业支出/经营支出等
			  贷：财政拨款预算收入/资金结存

	委托加工完成的物品验收入库	借：库存物品（相关明细科目） 贷：加工物品——委托加工物品	—

2. 实务案例

【例2-49】　某事业单位委托外单位加工一批物品，发给外单位一批加工材料，实际成本为2 000元，中间该事业单位以银行存款向加工单位支付了加工费1 000元，加工的物品已经验收入库。该单位应当编制的会计分录如下：

财务会计：

借：加工物品　　　　　　　　　　　　　　　　　　　　3 000

　　贷：库存物品　　　　　　　　　　　　　　　　　　2 000

　　　　银行存款　　　　　　　　　　　　　　　　　　1 000

借：库存物品　　　　　　　　　　　　　　　　　　　　3 000

　　贷：加工物品　　　　　　　　　　　　　　　　　　3 000

预算会计：

借：事业支出　　　　　　　　　　　　　　　　　　　　1 000

　　贷：资金结存——货币资金　　　　　　　　　　　　1 000

第十七节　1401 待摊费用

一、会计科目简介及应用要点

1. 科目简介

本科目核算单位已经支付，但应当由本期和以后各期分别负担的分摊期在 1 年以内（含 1 年）的各项费用，如预付航空保险费、预付租金等。

摊销期限在 1 年以上的租入固定资产改良支出和其他费用，应当通过"长期待摊费用"科目核算，不通过本科目核算。

待摊费用应当在其受益期限内分期平均摊销，如预付航空保险费应在保险期的有效期内、预付租金应在租赁期内分期平均摊销，计入当期费用。

2. 科目设置

本科目应当按照待摊费用种类进行明细核算。

3. 科目余额

本科目期末借方余额，反映单位各种已支付但尚未摊销的分摊期在 1 年以内（含 1 年）的费用。

二、相关经济业务与事项的会计核算

（一）发生待摊费用

1. 业务说明和账务处理

发生待摊费用时，在财务会计方面，按照实际预付的金额，借记本科目，贷记"财政拨款收入""零余额账户用款额度""银行存款"等科目。在预算会计方面，借记"行政支出""事业支出"等科目，贷记"财政拨款预算收入""资金结存"等科目。

发生待摊费用的账务处理如表 2-54 所示。

表 2-54　发生待摊费用的账务处理

业务名称	财务会计账务处理	预算会计账务处理
发生待摊费用时	借：待摊费用 　　贷：财政拨款收入/零余额账户用款额度/银行存款等	借：行政支出/事业支出等 　　贷：财政拨款预算收入/资金结存

2. 实务案例

【例 2-50】　某事业单位在开展专业业务活动过程中租用一套房屋，租用时以银行存款预付一年的租金 12 000 元。该单位应当编制的会计分录如下：

财务会计：

借：待摊费用　　　　　　　　　　　　　　　　12 000

　　贷：银行存款　　　　　　　　　　　　　　　　12 000

预算会计：

借：事业支出　　　　　　　　　　　　　　　　12 000

　　贷：资金结存——货币资金　　　　　　　　　　12 000

（二）按照受益期限分期平均摊销

1. 业务说明和账务处理

按照受益期限分期平均摊销时，在财务会计方面，按照摊销金额，借记"业务活动费用""单位管理费用""经营费用"等科目，贷记本科目。该事项无预算会计处理。

按照受益期限分期平均摊销的账务处理如表 2-55 所示。

表 2-55　按照受益期限分期平均摊销的账务处理

业务名称	财务会计账务处理	预算会计账务处理
按照受益期限分期平均摊销时	借：业务活动费用/单位管理费用/经营费用等 贷：待摊费用［每期摊销金额］	—

2. 实务案例

【例2-51】　接【例2-50】。每月分摊的租金数额是 1 000 元，该单位应当编制的会计分录如下：

财务会计：

借：业务活动费用　　　　　　　　　　　　　1 000
　　贷：待摊费用　　　　　　　　　　　　　　1 000

该事项无预算会计处理。

（三）将摊余金额一次全部转入当期费用

1. 业务说明和账务处理

如果某项待摊费用已经不能使单位受益，应当将其摊余金额一次全部转入当期费用。在财务会计方面，按照摊销金额，借记"业务活动费用""单位管理费用""经营费用"等科目，贷记本科目。在预算会计方面，该事项无预算会计处理。

将摊余金额一次全部转入当期费用的账务处理如表 2-56 所示。

表2-56　　将摊余金额一次全部转入当期费用的账务处理

业务名称	财务会计账务处理	预算会计账务处理
将摊余金额一次全部转入当期费用时	借：业务活动费用/单位管理费用/经营费用等 　　贷：待摊费用［全部未摊销金额］	—

第十八节　1501 长期股权投资

一、会计科目简介及应用要点

1. 科目简介

本科目核算事业单位按照规定取得的，持有时间超过 1 年（不含 1 年）的股权性质的投资。

2. 科目设置

本科目应当按照被投资单位和长期股权投资取得方式等进行明细核算。长期股权投资采用权益法核算的，还应当按照"成本""损益调整""其他权益变动"设置明细科目，进行明细核算。

3. 科目余额

本科目期末借方余额，反映事业单位持有的长期股权投资的价值。

二、相关经济业务与事项的会计核算

（一）取得长期股权投资

1. 业务说明和账务处理

长期股权投资在取得时，应当按照其实际成本作为初始投资成本。

（1）以现金取得的长期股权投资，在财务会计方面，按照确定的投资成本，借记本科目或本科目（成本），按照支付的价款中包含的已宣告但尚未发放的现金股利，借记"应收股利"科目，按照实际支付的全部价款，贷记"银行存款"等科目。在预算会计方面，借记"投资支出"科目，贷记"资金结存"科目。

实际收到取得投资时所支付价款中包含的已宣告但尚未发放的现金股利时，在财务会计方面，借记"银行存款"科目，贷记"应收股利"科目。在预算会计方面，借记"资金结存"科目，贷记"投资支出"科目。

（2）以现金以外的其他资产置换取得的长期股权投资，参照"库存物品"科目中置换取得库存物品的相关规定进行账务处理。

（3）以未入账的无形资产取得的长期股权投资，在财务会计方面，按照评估价值加相关税费作为投资成本，借记本科目，按照发生的相关税费，贷记"银行存款""其他应交税费"等科目，按其差额，贷记"其他收入"科目。在预算会计方面，借记"其他支出"科目，贷记"资金结存"科目。

（4）接受捐赠的长期股权投资，在财务会计方面，按照确定的投资成本，借记本科目或本科目（成本），按照发生的相关税费，贷记"银行存款"等科目，按照其差额，贷记"捐赠收入"科目。在预算会计方面，借记"其他支出"科目，贷记"资金结存"科目。

（5）无偿调入的长期股权投资，在财务会计方面，按照确定的投资成本，借记本科目或本科目（成本），按照发生的相关税费，贷记"银行存款"等科目，按照其差额，贷记"无偿调拨净资产"科目。在预算会计方面，借记"其他支出"科目，贷记"资金结存"科目。

取得长期股权投资的账务处理如表 2-57 所示。

表 2-57　取得长期股权投资的账务处理

业务名称		财务会计账务处理	预算会计账务处理
取得长期股权投资	以现金取得的长期股权投资	借：长期股权投资——成本/长期股权投资　　应收股利［实际支付价款中包含的已宣告但尚未发放的股利或利润］　　贷：银行存款等［实际支付的价款］	借：投资支出［实际收到的价款］　　贷：资金结存——货币资金

续上表

业务名称	财务会计账务处理	预算会计账务处理
取得长期股权投资	收到取得投资时实际支付价款中所包含的已宣告但尚未发放的股利或利润时以现金以外的其他资产置换取得长期股权投资	借：银行存款 　　贷：应收股利 参照"库存物品"科目中置换取得库存物品的账务处理	借：资金结存——货币资金 　　贷：投资支出等
	以未入账的无形资产取得的长期股权投资	借：长期股权投资 　　贷：银行存款/其他应交税费 　　　　其他收入	借：其他支出〔支付的相关税费〕 　　贷：资金结存
	接受捐赠的长期股权投资	借：长期股权投资——成本/长期股权投资 　　贷：银行存款等〔相关税费〕 　　　　捐赠收入	借：其他支出〔支付的相关税费〕 　　贷：资金结存
	无偿调入的长期股权投资	借：长期股权投资 　　贷：无偿调拨净资产 　　　　银行存款等〔相关税费〕	借：其他支出〔支付的相关税费〕 　　贷：资金结存

2. 实务案例

【例2-52】 某事业单位以银行存款50 000元对外投资A公司，其中包含已经宣告但尚未发放的股利2 000元。该单位应当编制的会计分录如下：

财务会计：

借：长期股权投资　　　　　　　　　　　　　　　　　48 000

　　应收股利　　　　　　　　　　　　　　　　　　　2 000

　　　贷：银行存款　　　　　　　　　　　　　　　　　　50 000

预算会计：

借：投资支出　　　　　　　　　　　　　　　　　　　2 000

　　　贷：资金结存——货币资金　　　　　　　　　　　　2 000

【例 2-53】　某事业单位年初无偿调入对甲公司的长期股权投资，成本价为 10 000 元，相关税费支出为 1 000 元。该单位应当编制的会计分录如下：

财务会计：

借：长期股权投资　　　　　　　　　　　　　　　　11 000

　　贷：银行存款　　　　　　　　　　　　　　　　　　1 000

　　　　无偿调拨净资产　　　　　　　　　　　　　　10 000

预算会计：

借：其他支出　　　　　　　　　　　　　　　　　　 1 000

　　贷：资金结存——货币资金　　　　　　　　　　　 1 000

（二）持有长期股权投资期间

1. 业务说明和账务处理

长期股权投资持有期间，应当按照规定采用成本法或权益法进行核算。

（1）采用成本法核算

被投资单位宣告发放现金股利或利润时，在财务会计方面，按照应收的金额，借记"应收股利"科目，贷记"投资收益"科目。该事项无预算会计处理。收到现金股利或利润时，按照实际收到的金额，借记"银行存款"等科目，贷记"应收股利"科目。在预算会计方面，借记"资金结存——货币资金"，贷记"投资预算收益"。

（2）采用权益法核算

被投资单位实现净利润的，在财务会计方面，按照应享有的份额，借记本科目（损益调整），贷记"投资收益"科目。被投资单位发生净亏损的，按照应分担的份额，借记"投资收益"科目，贷记本科目（损益调整），但以本科目的账面余额减记至零为限。发生亏损的被投资单位以后年度又实现净利润的，按照收益分享额弥补未确认的亏损分担额等后的金额，借记本科目（损益调整），贷记"投资收益"科目。该事项无预算会计处理。

被投资单位宣告分派现金股利或利润的，在财务会计方面，按照应享有的份额，借记"应收股利"科目，贷记本科目（损益调整）。该事项无预算会计处理。

被投资单位发生除净损益和利润分配以外的所有者权益变动的，在财务会计方面，按照应享有或应分担的份额，借记或贷记"权益法调整"科目，贷记或借记本科目（其他权益变动）。该事项无预算会计处理。

（3）成本法与权益法的转换

单位因处置部分长期股权投资等原因而对处置后的剩余股权投资由权益法改按成本法核算的，应当按照权益法下本科目账面余额作为成本法下本科目账面余额（成本）。其后，被投资单位宣告分派现金股利或利润时，属于单位已计入投资账面余额的部分，按照应分得的现金股利或利润份额，借记"应收股利"科目，贷记本科目。

单位因追加投资等原因对长期股权投资的核算从成本法改为权益法的，在财务会计方面，应当按照成本法下本科目账面余额与追加投资成本的合计金额，借记本科目（成本），按照成本法下本科目账面余额，贷记本科目，按照追加投资的成本，贷记"银行存款"等科目。在预算会计方面，借记"投资支出"科目，贷记"资金结存"科目。

持有长期股权投资期间的账务处理如表2-58所示。

表2-58　持有长期股权投资期间的账务处理

业务名称			财务会计账务处理	预算会计账务处理
持有长期股权投资期间	成本法下	被投资单位宣告发放现金股利或利润时	借：应收股利 　　贷：投资收益	—
		收到被投资单位发放的现金股利时	借：银行存款 　　贷：应收股利	借：资金结存 ——货币资金 　　贷．投资 预算收益
	权益法下	被投资单位实现净利润的，按照其份额	借：长期股权投资——损益调整 　　贷：投资收益	—
		被投资单位发生净亏损的，按照其份额	借：投资收益 　　贷：长期股权投资——损益调整	—
		被投资单位发生净亏损，但以后年度又实现净利润的，按规定恢复确认投资收益的	借：长期股权投资——损益调整 　　贷：投资收益	—

续上表

业务名称			财务会计账务处理	预算会计账务处理
持有长期股权投资期间	权益法下	被投资单位宣告发放现金股利或利润的，按照其份额	借：应收股利 　　贷：长期股权投资——损益调整	—
		被投资单位除净损益和利润分配以外的所有者权益变动时，按照其份额	借：长期股权投资——其他权益变动 　　贷：权益法调整 或： 借：权益法调整 　　贷：长期股权投资——其他权益变动	—
		权益法下收到被投资单位发放的现金股利	借：银行存款 　　贷：应收股利	借：资金结存——货币资金 　　贷：投资预算收益
		追加投资成本法改为权益法	借：长期股权投资——成本 　　贷：长期股权投资［成本法下账面余额］ 　　　　银行存款等［追加投资］	借：投资支出［实际支付的金额］ 　　贷：资金结存——货币资金
		权益法改为成本法	借：长期股权投资 　　贷：长期股权投资——成本 　　　　长期股权投资——损益调整 　　　　长期股权投资——其他权益变动	—

2. 实务案例

【例2-54】　某事业单位持有甲公司80%的股份，有权决定甲公司的财务和经营决策，相应的长期股权投资采用权益法核算。年末，甲公司实现净利润40 000元，宣告分派现金股利10 000元，发生除净利润和利润分配以外的所有者权益变动表增加数为30 000元。该单位应当编制的会计分录如下：

财务会计：

借：长期股权投资——损益调整   32 000
  贷：投资收益   32 000
借：应收股利   8 000
  贷：长期股权投资——损益调整   8 000
借：长期股权投资——其他权益变动 24 000
  贷：权益法调整   24 000

该事项无预算会计处理。

（三）出售或其他方式处置长期股权投资

1. 业务说明和账务处理

（1）按照规定报经批准出售（转让）长期股权投资时，应当区分长期股权投资取得方式分别进行处理。

（a）处置以现金取得的长期股权投资，在财务会计方面，按照实际取得的价款，借记"银行存款"等科目，按照被处置长期股权投资的账面余额，贷记本科目，按照尚未领取的现金股利或利润，贷记"应收股利"科目，按照发生的相关税费等支出，贷记"银行存款"等科目，按照借贷方差额，借记或贷记"投资收益"科目。在预算会计方面，借记"资金结存"科目，贷记"投资支出""其他结余""投资预算收益"等科目。

（b）处置以现金以外的其他资产取得的长期股权投资，在财务会计方面，按照被处置长期股权投资的账面余额，借记"资产处置费用"科目，贷记本科目；同时，按照实际取得的价款，借记"银行存款"等科目，按照尚未领取的现金股利或利润，贷记"应收股利"科目，按照发生的相关税费等支出，贷记"银行存款"等科目，按照贷方差额，贷记"应缴财政款"科目。按照规定将处置时取得的投资收益纳入本单位预算管理的，应当按照所取得价款大于被处置长期股权投资账面余额、应收股利账面余额和相关税费支出合计的差额，贷记"投资收益"科目。在预算会计方面，借记"资金结存"科目，贷记"投资预算收益"等科目。

（2）因被投资单位破产清算等原因，有确凿证据表明长期股权投资发生损失，按照规定报经批准后予以核销时，在财务会计方面，按照予以核销的长期股权投资的账面余额，借记"资产处置费用"科目，贷记本科目。在预算会计方面，借记"资金结存"科目，贷记"投资预算收益"等科目。

（3）报经批准置换转出长期股权投资时，参照"库存物品"科目中置换换入库存物品的规定进行账务处理。

（4）采用权益法核算的长期股权投资的处置，在财务会计方面，除进行上述账务处理外，还应结转原直接计入净资产的相关金额，借记或贷记"权益法调整"科目，贷记或借记"投资收益"科目。该事项无预算会计处理。

出售或其他方式处置长期股权投资的账务处理如表 2-59 所示。

表 2-59　出售或其他方式处置长期股权投资的账务处理

业务名称		财务会计账务处理	预算会计账务处理
出售（转让）长期股权投资	处置以现金取得的长期股权投资	借：银行存款［实际取得价款］ 　　投资收益［借差］ 　贷：长期股权投资［账面余额］ 　　　应收股利［尚未领取的现金股利或利润］ 　　　银行存款等［支付的相关税费］ 　　　投资收益［贷差］	借：资金结存——货币资金［取得价款扣减支付的相关税费后的金额］ 　贷：投资支出/其他结余［投资款］ 　　　投资预算收益
	处置以现金以外的其他资产取得的长期股权投资	处置净收入上缴财政的	借：资产处置费用 　贷：长期股权投资 借：银行存款［实际取得价款］ 　贷：应收股利［尚未领取的现金股利或利润］ 　　　银行存款等［支付的相关税费］ 　　　应缴财政款	借：资金结存——货币资金 　贷：投资预算收益［获得的现金股利或利润］
		按照规定投资收益纳入单位预算管理的	借：资产处置费用 　贷：长期股权投资 借：银行存款［实际取得价款］ 　贷：应收股利［尚未领取的现金股利或利润］ 　　　银行存款等［支付的相关税费］ 　　　投资收益［取得价款扣减投资账面余额、应收股利和相关税费后的差额］ 　　　应缴财政款［贷差］	借：资金结存——货币资金［取得价款扣减投资账面余额和相关税费后的差额］ 　贷：投资预算收益

续上表

业务名称		财务会计账务处理	预算会计账务处理
其他方式处置长期股权投资	按照规定核销时	借：资产处置费用 　　贷：长期股权投资［账面余额］	—
	置换转出时	参照"库存物品"科目中置换取得库存物品的账务处理	
权益法下，处置时结转原直接计入净资产的相关金额		借：权益法调整 　　贷：投资收益 或作相反分录	—

2. 实务案例

【例2-55】 某事业单位年初支付了50 000元购买了甲公司40%的股权，用成本法核算。几个月后处置该笔投资，发生了相关税费2 000元，实际取得对价60 000元。该单位应当编制的会计分录如下：

财务会计：

借：长期股权投资　　　　　　　　　　　　　　　50 000
　　贷：银行存款　　　　　　　　　　　　　　　　　50 000

借：银行存款　　　　　　　　　　　　　　　　　60 000
　　贷：长期股权投资　　　　　　　　　　　　　　　50 000
　　　　银行存款　　　　　　　　　　　　　　　　　2 000
　　　　投资收益　　　　　　　　　　　　　　　　　8 000

预算会计：

借：投资支出　　　　　　　　　　　　　　　　　50 000
　　贷：资金结存——货币资金　　　　　　　　　　　50 000

借：资金结存——货币资金　　　　　　　　　　　58 000
　　贷：投资支出　　　　　　　　　　　　　　　　　50 000
　　　　投资预算收益　　　　　　　　　　　　　　　8 000

第十九节　1502 长期债券投资

一、会计科目简介及应用要点

1. 科目简介

本科目核算事业单位按照规定取得的，持有时间超过 1 年（不含 1 年）的债券投资。

2. 科目设置

本科目应当设置"成本"和"应计利息"明细科目，并按照债券投资的种类进行明细核算。

3. 科目余额

本科目期末借方余额，反映事业单位持有的长期债券投资的价值。

二、相关经济业务与事项的会计核算

（一）取得长期债券投资

1. 业务说明和账务处理

长期债券投资在取得时，应当按照其实际成本作为投资成本。取得的长期债券投资，在财务会计方面，按照确定的投资成本，借记本科目（成本），按照支付的价款中包含的已到付息期但尚未领取的利息，借记"应收利息"科目，按照实际支付的金额，贷记"银行存款"等科目。在预算会计方面，借记"投资支出"科目，贷记"资金结存"科目。

实际收到取得债券时所支付价款中包含的已到付息期但尚未领取的利息时，在财务会计方面，借记"银行存款"科目，贷记"应收利息"科目。在预算会计方面，借记"资金结存"科目，贷记"投资支出"科目。

取得长期债券投资的账务处理如表 2-60 所示。

表2-60　取得长期债券投资的账务处理

业务名称		财务会计账务处理	预算会计账务处理
取得长期债券投资	取得长期债券投资时	借：长期债券投资——成本 　　应收利息［实际支付价款中包含的已到付息期但尚未领取的利息］ 　　贷：银行存款等［实际支付价款］	借：投资支出［实际支付价款］ 　　贷：资金结存——货币资金
	收到取得投资所支付价款中包含的已到付息期但尚未领取的利息时	借：银行存款 　　贷：应收利息	借：资金结存——货币资金 　　贷：投资支出等

2. 实务案例

【例2-56】　某事业单位年初以银行存款购入一批3年期债券，实际支付价款50 000元，准备持有至到期。该单位应当编制的会计分录如下：

财务会计：

借：长期债券投资　　　　　　　　　　　　　　　50 000

　　贷：银行存款　　　　　　　　　　　　　　　　　　50 000

预算会计：

借：投资支出　　　　　　　　　　　　　　　　　50 000

　　贷：资金结存——货币资金　　　　　　　　　　　　50 000

（二）持有长期债券投资期间

1. 业务说明和账务处理

长期债券投资持有期间，按期以债券票面金额与票面利率计算确认利息收入时，如为到期一次还本付息的债券投资，在财务会计方面，借记本科目（应计利息），贷记"投资收益"科目；如为分期付息、到期一次还本的债券投资，借记"应收利息"科目，贷记"投资收益"科目。该事项无预算会计处理。

收到分期支付的利息时，在财务会计方面，按照实收的金额，借记"银行存款"等科目，贷记"应收利息"科目。在预算会计方面，借记

"资金结存"科目，贷记"投资支出"科目。

持有长期债券投资期间的账务处理如表 2-61 所示。

表 2-61　持有长期债券投资期间的账务处理

	业务名称	财务会计账务处理	预算会计账务处理
持有长期债券投资期间	按期以票面金额与票面利率计算确认利息收入时	借：应收利息［分期付息、到期还本］/长期债券投资——应计利息［到期一次还本付息］ 贷：投资收益	—
	实际收到分期支付的利息时	借：银行存款 贷：应收利息	借：资金结存——货币资金 贷：投资预算收益

2. 实务案例

【例 2-57】　接【例 2-56】。该批债券票面金额为 50 000 元，票面年利率为 10%，每年支付一次利息 5 000 元，到期一次偿还本金。年末，该单位应当编制的会计分录如下：

财务会计：

借：应收利息　　　　　　　　　　　　　　　　　　　　5 000

　　贷：投资收益　　　　　　　　　　　　　　　　　　　5 000

该事项无预算会计处理。

（三）到期收回长期债券投资本息

1. 业务说明和账务处理

到期收回长期债券投资，在财务会计方面，按照实际收到的金额，借记"银行存款"科目，按照长期债券投资的账面余额，贷记本科目，按照相关应收利息金额，贷记"应收利息"科目，按照其差额，贷记"投资收益"科目。在预算会计方面，借记"资金结存"科目，贷记"投资支出""其他结余""投资预算收益"等科目。

到期收回长期债券投资本息的账务处理如表 2-62 所示。

表2-62　到期收回长期债券投资本息的账务处理

业务名称	财务会计账务处理	预算会计账务处理
到期收回长期债券投资本息	借：银行存款等 　　贷：长期债券投资［账面余额］/应收利息 　　　　投资收益	借：资金结存——货币资金 　　贷：投资支出/其他结余［投资成本］ 　　　　投资预算收益

2. 实务案例

【例2-58】　接【例2-57】。3年后，该批债券到期，该事业单位取得了50 000的本金。该单位应当编制的会计分录如下：

财务会计：

借：银行存款　　　　　　　　　　　　　　　　50 000

　　贷：长期债券投资　　　　　　　　　　　　　　　50 000

预算会计：

借：资金结存——货币资金　　　　　　　　　　50 000

　　贷：投资支出　　　　　　　　　　　　　　　　　50 000

（四）对外出售长期债券投资

1. 业务说明和账务处理

对外出售长期债券投资，在财务会计方面，按照实际收到的金额，借记"银行存款"科目，按照长期债券投资的账面余额，贷记本科目，按照已记入"应收利息"科目但尚未收取的金额，贷记"应收利息"科目，按照其差额，贷记或借记"投资收益"科目。涉及增值税业务的，相关账务处理参见"应交增值税"科目。在预算会计方面，借记"资金结存"科目，贷记"投资支出""其他结余""投资预算收益"等科目。

对外出售长期债券投资的账务处理如表2-63所示。

表 2-63　对外出售长期债券投资的账务处理

业务名称	财务会计账务处理	预算会计账务处理
对外出售长期债券投资	借：银行存款等［实际收到的款项］ 　　投资收益［借差］ 　贷：长期债券投资［账面余额］ 　　　应收利息 　　　投资收益［贷差］	借：资金结存——货币资金 　贷：投资支出/其他结余［投资成本］ 　　　投资预算收益

2. 实务案例

【例 2-59】　某事业单位年初出售面值为 20 000 元的长期债券投资，获得相应的对价 25 000 元。该单位应当编制的会计分录如下：

财务会计：

借：银行存款　　　　　　　　　　　　　　　　　25 000

　贷：长期债券投资　　　　　　　　　　　　　　　20 000

　　　投资收益　　　　　　　　　　　　　　　　　 5 000

预算会计：

借：资金结存——货币资金　　　　　　　　　　　25 000

　贷：投资支出　　　　　　　　　　　　　　　　　20 000

　　　投资预算收益　　　　　　　　　　　　　　　 5 000

第二十节　1601 固定资产

一、业务管理

固定资产核算时，应当考虑以下情况：

1. 购入需要安装的固定资产，应当先通过"在建工程"科目核算，安装完毕交付使用时再转入本科目核算。

2. 以借入、经营租赁租入方式取得的固定资产，不通过本科目核算，应当设置备查簿进行登记。

3. 采用融资租入方式取得的固定资产，通过本科目核算，并在本科目下设置"融资租入固定资产"明细科目。

4. 经批准在境外购买具有所有权的土地，作为固定资产，通过本科目核算；单位应当在本科目下设置"境外土地"明细科目，进行相应明细核算。

二、会计科目简介及应用要点

1. 科目简介

本科目核算单位固定资产的原值。

2. 科目设置

本科目应当按照固定资产类别和项目进行明细核算。

固定资产一般分为六类：房屋及构筑物；专用设备；通用设备；文物和陈列品；图书、档案；家具、用具、装具及动植物。

3. 科目余额

本科目期末借方余额，反映单位固定资产的原值。

三、相关经济业务与事项的会计核算

（一）固定资产的取得

1. 业务说明和账务处理

固定资产在取得时，应当按照成本进行初始计量。

（1）购入不需安装的固定资产验收合格时，在财务会计方面，按照确定的固定资产成本，借记本科目，贷记"财政拨款收入""零余额账户用款额度""应付账款""银行存款"等科目。在预算会计方面，借记"行政支出""事业支出""经营支出"等科目，贷记"财政拨款预算收入""资金结存"等科目。

购入需要安装的固定资产，在财务会计方面，在安装完毕交付使用前通过"在建工程"科目核算，安装完毕交付使用时再转入本科目。在预算会计方面，借记"行政支出""事业支出""经营支出"等科目，贷记"财政拨款预算收入""资金结存"等科目。

购入固定资产扣留质量保证金的，应当在取得固定资产时，在财务会计方面，按照确定的固定资产成本，借记本科目［不需安装］或"在建工程"科目［需要安装］，按照实际支付或应付的金额，贷记"财政拨款收入""零余额账户用款额度""应付账款"［不含质量保证金］、"银行存款"等科目，按照扣留的质量保证金数额，贷记"其他应付款"［扣留期在1年以内（含1年)］或"长期应付款"［扣留期超过1年］科目。在预算会计方面，借记"行政支出""事业支出""经营支出"等科目，贷记"财政拨款预算收入""资金结存"等科目。

质保期满支付质量保证金时，在财务会计方面，借记"其他应付款""长期应付款"科目，贷记"财政拨款收入""零余额账户用款额度""银行存款"等科目。在预算会计方面，借记"行政支出""事业支出""经营支出"等科目，贷记"财政拨款预算收入""资金结存"等科目。

（2）自行建造的固定资产交付使用时，在财务会计方面，按照在建工程成本，借记本科目，贷记"在建工程"科目。已交付使用但尚未办理竣工决算手续的固定资产，按照估计价值入账，待办理竣工决算后再按照实际成本调整原来的暂估价值。该事项无预算会计处理。

（3）融资租赁取得的固定资产，其成本按照租赁协议或者合同确定的租赁价款、相关税费以及固定资产交付使用前所发生的可归属于该项资产的运输费、途中保险费、安装调试费等确定。

融资租入的固定资产，在财务会计方面，按照确定的成本，借记本科目［不需安装］或"在建工程"科目［需要安装］，按照租赁协议或者合同确定的租赁付款额，贷记"长期应付款"科目，按照支付的运输费、途中保险费、安装调试费等金额，贷记"财政拨款收入""零余额账户用款额度""银行存款"等科目。在预算会计方面，借记"行政支出""事业支出""经营支出"等科目，贷记"财政拨款预算收入""资金结存"等科目。

定期支付租金时，在财务会计方面，按照实际支付金额，借记"长期应付款"科目，贷记"财政拨款收入""零余额账户用款额度""银行存款"等科目。在预算会计方面，借记"行政支出""事业支出""经营支出"等科目，贷记"财政拨款预算收入""资金结存"等科目。

（4）按照规定跨年度分期付款购入固定资产的账务处理，参照融资租入固定资产。

（5）接受捐赠的固定资产，在财务会计方面，按照确定的固定资产成本，借记本科目［不需安装］或"在建工程"科目［需要安装］，按照发生的相关税费、运输费等，贷记"零余额账户用款额度""银行存款"等科目，按照其差额，贷记"捐赠收入"科目。在预算会计方面，借记"其他支出"科目，贷记"资金结存"科目。

接受捐赠的固定资产按照名义金额入账的，在财务会计方面，按照名义金额，借记本科目，贷记"捐赠收入"科目；按照发生的相关税费、运输费等，借记"其他费用"科目，贷记"零余额账户用款额度""银行存款"等科目。在预算会计方面，借记"其他支出"科目，贷记"资金结存"科目。

（6）无偿调入的固定资产，在财务会计方面，按照确定的固定资产成本，借记本科目［不需安装］或"在建工程"科目［需要安装］，按照发生的相关税费、运输费等，贷记"零余额账户用款额度""银行存款"等科目，按照其差额，贷记"无偿调拨净资产"科目。在预算会计方面，借记"其他支出"科目，贷记"资金结存"科目。

（7）置换取得的固定资产，参照"库存物品"科目中置换取得库存物品的相关规定进行账务处理。固定资产取得时涉及增值税业务的，相关账务处理参见"应交增值税"科目。

固定资产取得的账务处理如表 2-64 所示。

表 2-64　固定资产取得的账务处理

	业务名称	财务会计账务处理	预算会计账务处理
固定资产取得	①外购的固定资产 A 不需安装的	借：固定资产 　　贷：财政拨款收入/零余额账户用款额度/应付账款/银行存款等	借：行政支出/事业支出/经营支出等 　　贷：财政拨款预算收入/资金结存
	B 需要安装的固定资产先通过"在建工程"科目核算	借：在建工程 　　贷：财政拨款收入/零余额账户用款额度/应付账款/银行存款等	借：行政支出/事业支出/经营支出等 　　贷：财政拨款预算收入/资金结存

续上表

业务名称		财务会计账务处理	预算会计账务处理
固定资产取得	安装完工交付使用时	借：固定资产 　　贷：在建工程	—
	购入固定资产扣留质量保证金的	借：固定资产［不需安装］／在建工程［需要安装］ 　　贷：财政拨款收入／零余额账户用款额度／应付账款／银行存款等 　　　　其他应付款［扣留期在 1 年以内（含 1 年）］／长期应付款［扣留期超过 1 年］	借：行政支出／事业支出／经营支出等［购买固定资产实际支付的金额］ 　　贷：财政拨款预算收入／资金结存
	质保期满支付质量保证金时	借：其他应付款／长期应付款 　　贷：财政拨款收入／零余额账户用款额度／银行存款等	借：行政支出／事业支出／经营支出等 　　贷：财政拨款预算收入／资金结存
	②自行建造的固定资产，工程完工交付使用时	借：固定资产 　　贷：在建工程	—
	③融资租入（或跨年度分期付款购入）的固定资产	借：固定资产［不需安装］／在建工程［需要安装］ 　　贷：长期应付款［协议或合同确定的租赁价款］ 　　　　财政拨款收入／零余额账户用款额度／银行存款等［实际支付的相关税费、运输费等］	借：行政支出／事业支出／经营支出等［实际支付的相关税费、运输费等］ 　　贷：财政拨款预算收入／资金结存
	定期支付租金（或分期付款）时	借：长期应付款 　　贷：财政拨款收入／零余额账户用款额度／银行存款等	借：行政支出／事业支出／经营支出等 　　贷：财政拨款预算收入／资金结存
	④接受捐赠的固定资产	借：固定资产［不需安装］／在建工程［需要安装］ 　　贷：银行存款／零余额账户用款额度等［发生的相关税费、运输费等］ 　　　　捐赠收入［差额］	借：其他支出［支付的相关税费、运输费等］ 　　贷：资金结存

续上表

业务名称		财务会计账务处理	预算会计账务处理
固定资产取得	接受捐赠的固定资产按照名义金额入账的	借：固定资产［名义金额］ 　　贷：捐赠收入 借：其他费用 　　贷：银行存款/零余额账户用款额度等［发生的相关税费、运输费等］	借：其他支出［支付的相关税费、运输费等］ 　　贷：资金结存
	⑤无偿调入的固定资产	借：固定资产［不需安装］/在建工程［需要安装］ 　　贷：银行存款/零余额账户用款额度等［发生的相关税费、运输费等］ 　　　　无偿调拨净资产［差额］	借：其他支出［支付的相关税费、运输费等］ 　　贷：资金结存
	⑥置换取得的固定资产	参照"库存物品"科目中置换取得库存物品的账务处理	

2. 实务案例

【例 2-60】 某事业单位用事业经费购买精密仪器专用设备一台，价款 2 000 元，相关税费和运杂费 100 元，以银行存款账户支付。该单位应当编制的会计分录如下：

财务会计：

借：固定资产　　　　　　　　　　　　　　　　2 100

　　贷：银行存款　　　　　　　　　　　　　　　　2 100

预算会计：

借：事业支出　　　　　　　　　　　　　　　　2 100

　　贷：资金结存——货币资金　　　　　　　　　　2 100

【例 2-61】 某事业单位以融资租赁的方式向某公司租入专用设备一台，协议价为 30 000 元，中间发生运杂费和安装费一共 1 000 元，款项以银行存款支付。该单位应当编制的会计分录如下：

财务会计：

借：固定资产　　　　　　　　　　　　　　　31 000
　　贷：银行存款　　　　　　　　　　　　　　　　　1 000
　　　　长期应付款　　　　　　　　　　　　　　　30 000
预算会计：
借：事业支出　　　　　　　　　　　　　　　　1 000
　　贷：资金结存——货币资金　　　　　　　　　　　1 000

（二）与固定资产有关的后续支出

1. 业务说明和账务处理

（1）符合固定资产确认条件的后续支出

通常情况下，将固定资产转入改建、扩建时，在财务会计方面，按照固定资产的账面价值，借记"在建工程"科目，按照固定资产已计提折旧，借记"固定资产累计折旧"科目，按照固定资产的账面余额，贷记本科目。该事项无预算会计处理。

为增加固定资产使用效能或延长其使用年限而发生的改建、扩建等后续支出，在财务会计方面，借记"在建工程"科目，贷记"财政拨款收入""零余额账户用款额度""银行存款"等科目。在预算会计方面，借记"行政支出""事业支出""经营支出"等科目，贷记"财政拨款预算收入""资金结存"等科目。

固定资产改建、扩建等完成交付使用时，在财务会计方面，按照在建工程成本，借记本科目，贷记"在建工程"科目。该事项无预算会计处理。

（2）不符合固定资产确认条件的后续支出为保证固定资产正常使用发生的日常维修等支出，在财务会计方面，借记"业务活动费用""单位管理费用"等科目，贷记"财政拨款收入""零余额账户用款额度""银行存款"等科目。在预算会计方面，借记"行政支出""事业支出""经营支出"等科目，贷记"财政拨款预算收入""资金结存"等科目。

与固定资产有关的后续支出的账务处理如表2-65所示。

表2-65　与固定资产有关的后续支出的账务处理

业务名称		财务会计账务处理	预算会计账务处理
与固定资产有关的后续支出	符合固定资产确认条件的（增加固定资产使用效能或延长其使用年限而发生的改建、扩建等后续支出）	借：在建工程［固定资产账面价值］ 　　固定资产累计折旧 　贷：固定资产［账面余额］	—
		借：在建工程 　贷：财政拨款收入/零余额账户用款额度/应付账款/银行存款等	借：行政支出/事业支出/经营支出等 　贷：财政拨款预算收入/资金结存
	不符合固定资产确认条件的	借：业务活动费用/单位管理费用/经营费用等 　贷：财政拨款收入/零余额账户用款额度/银行存款等	借：行政支出/事业支出/经营支出等 　贷：财政拨款预算收入/资金结存

2. 实务案例

【例2-62】　某行政单位对业务活动中使用的固定资产计提折旧2 000元。该行政单位应当编制的会计分录如下：

财务会计：

借：业务活动费用　　　　　　　　　　　　　　　　　　2 000

　　贷：固定资产累计折旧　　　　　　　　　　　　　　　2 000

该事项无预算会计处理。

（三）固定资产处置

1. 业务说明和账务处理

按照规定报经批准处置固定资产，应当分别以下情况处理：

（1）报经批准出售、转让固定资产，在财务会计方面，按照被出售、转让固定资产的账面价值，借记"资产处置费用"科目，按照固定资产已计提的折旧，借记"固定资产累计折旧"科目，按照固定资产账面余额，贷记本科目；同时，按照收到的价款，借记"银行存款"等科目，按照处置过程中发生的相关费用，贷记"银行存款"等科目，按照其差额，贷记"应缴财政款"科目。该事项无预算会计处理。

（2）报经批准对外捐赠固定资产，在财务会计方面，按照固定资产已计提的折旧，借记"固定资产累计折旧"科目，按照被处置固定资产账面余额，贷记本科目，按照捐赠过程中发生的归属于捐出方的相关费用，贷记"银行存款"等科目，按照其差额，借记"资产处置费用"科目。在预算会计方面，借记"其他支出"科目，贷记"资金结存"科目。

（3）报经批准无偿调出固定资产，在财务会计方面，按照固定资产已计提的折旧，借记"固定资产累计折旧"科目，按照被处置固定资产账面余额，贷记本科目，按照其差额，借记"无偿调拨净资产"科目。该事项无预算会计处理。

同时，在财务会计方面，按照无偿调出过程中发生的归属于调出方的相关费用，借记"资产处置费用"科目，贷记"银行存款"等科目。在预算会计方面，借记"其他支出"科目，贷记"资金结存"科目。

（4）报经批准置换换出固定资产，参照"库存物品"中置换换入库存物品的规定进行账务处理。固定资产处置时涉及增值税业务的，相关账务处理参见"应交增值税"科目。

固定资产处置的后续支出的账务处理如表2-66所示。

表2-66　固定资产处置的后续支出的账务处理

业务名称		财务会计账务处理	预算会计账务处理
固定资产处置	出售、转让固定资产	借：资产处置费用 　　固定资产累计折旧 　贷：固定资产［账面余额］	—
		借：银行存款［处置固定资产收到的价款］ 　贷：应缴财政款 　　　银行存款等［发生的相关费用］	—
	对外捐赠固定资产	借：资产处置费用 　　固定资产累计折旧 　贷：固定资产［账面余额］ 　　　银行存款等［归属于捐出方的相关费用］	按照对外捐赠过程中发生的归属于捐出方的相关费用 借：其他支出 　贷：资金结存

续上表

业务名称		财务会计账务处理	预算会计账务处理
固定资产处置	无偿调出固定资产	借：无偿调拨净资产 　　固定资产累计折旧 　贷：固定资产［账面余额］	—
		借：资产处置费用 　贷：银行存款等［归属于调出方的相关费用］	借：其他支出 　贷：资金结存
	置换换出固定资产	参照"库存物品"科目中置换取得库存物品的规定进行账务处理	

2. 实务案例

【例2-63】 某事业单位报经批准出售一项固定资产，该项固定资产的账面余额为 2 000 元，已经计提的累计折旧为 1 000 元，账面价值为 1 000 元，出售价款为 1 500 元。按照规定，该项出售价款应当上缴财政。该事业单位应当编制的会计分录如下：

财务会计：

借：资产处置费用　　　　　　　　　　　　　　　1 000

　　固定资产累计折旧　　　　　　　　　　　　　1 000

　贷：固定资产　　　　　　　　　　　　　　　　　　2 000

借：银行存款　　　　　　　　　　　　　　　　　1 500

　贷：应缴财政款　　　　　　　　　　　　　　　　　1 500

该事项无预算会计处理。

（四）固定资产定期盘点清查

1. 业务说明和账务处理

单位应当定期对固定资产进行清查盘点，每年至少盘点一次。对于发生的固定资产盘盈、盘亏或毁损、报废，应当先记入"待处理财产损溢"科目，按照规定报经批准后及时进行后续账务处理。

（1）盘盈的固定资产，其成本按照有关凭据注明的金额确定；没有相关凭据、但按照规定经过资产评估的，其成本按照评估价值确定；没有相关凭据、也未经过评估的，其成本按照重置成本确定。如无法采用上述方法确定盘盈固定资产成本的，按照名义金额（人民币1元）入账。在财务会计方面，盘盈的固定资产，按照确定的入账成本，借记本科目，贷记"待处理财产损溢"科目。该事项无预算会计处理。

（2）盘亏、毁损或报废的固定资产，在财务会计方面，按照待处理固定资产的账面价值，借记"待处理财产损溢"科目，按照已计提折旧，借记"固定资产累计折旧"科目，按照固定资产的账面余额，贷记本科目。该事项无预算会计处理。

固定资产定期盘点清查的账务处理如表2-67所示。

表2-67　固定资产定期盘点清查的账务处理

业务名称		财务会计账务处理	预算会计账务处理
固定资产定期盘点清查	盘盈的固定资产	借：固定资产 　　贷：待处理财产损溢	—
	盘亏、毁损或报废的固定资产	借：待处理财产损溢［账面价值］ 　　固定资产累计折旧 　　贷：固定资产［账面余额］	—

2. 实务案例

【例2-64】　某事业单位年末盘点固定资产，发现盘亏专用设备一台，价值3 000元，已经计提折旧2 000元，经查明属于正常原因，已按规定程序批准核销。该单位应当编制的会计分录如下：

财务会计：

借：待处理财产损益　　　　　　　　　　　　　　　　　　1 000

　　固定资产累计折旧　　　　　　　　　　　　　　　　　2 000

　　贷：固定资产　　　　　　　　　　　　　　　　　　　3 000

该事项无预算会计处理。

第二十一节　1602 固定资产累计折旧

一、业务管理

单位计提融资租入固定资产折旧时，应当采用与自有固定资产相一致的折旧政策。能够合理确定租赁期届满时将会取得租入固定资产所有权的，应当在租入固定资产尚可使用年限内计提折旧；无法合理确定租赁期届满时能够取得租入固定资产所有权的，应当在租赁期与租入固定资产尚可使用年限两者中较短的期间内计提折旧。

二、会计科目简介及应用要点

1. 科目简介

本科目核算单位计提的固定资产累计折旧。

公共基础设施和保障性住房计提的累计折旧，应当分别通过"公共基础设施累计折旧（摊销）"科目和"保障性住房累计折旧"科目核算，不通过本科目核算。

2. 科目设置

本科目应当按照所对应固定资产的明细分类进行明细核算。

3. 科目余额

本科目期末贷方余额，反映单位计提的固定资产折旧累计数。

三、相关经济业务与事项的会计核算

（一）按月计提固定资产折旧

1. 业务说明和账务处理

按月计提固定资产折旧时，在财务会计方面，按照应计提折旧金额，借记"业务活动费用""单位管理费用""经营费用""加工物品""在建工程"等科目，贷记本科目。该事项无预算会计处理。

按月计提固定资产折旧的账务处理如表2-68所示。

表2-68　按月计提固定资产折旧的账务处理

业务名称	财务会计账务处理	预算会计账务处理
按月计提固定资产折旧时	借：业务活动费用/单位管理费用/经营费用等 　　贷：固定资产累计折旧	—

2. 实务案例

【例2-65】　某行政单位对业务活动中使用的固定资产计提折旧2 000元。该行政单位应当编制的会计分录如下：

财务会计：

借：业务活动费用　　　　　　　　　　　　　　2 000

　　贷：固定资产累计折旧　　　　　　　　　　　　2 000

该事项无预算会计处理。

（二）处置固定资产

1. 业务说明和账务处理

经批准处置或处理固定资产时，在财务会计方面，按照所处置或处理固定资产的账面价值，借记"资产处置费用""无偿调拨净资产""待处理财产损溢"等科目，按照已计提折旧，借记本科目，按照固定资产的账面余额，贷记"固定资产"科目。在预算会计方面，涉及资金支付的，参照"固定资产"科目相关账务处理。

处置固定资产的账务处理如表2-69所示。

表2-69　处置固定资产的账务处理

业务名称	财务会计账务处理	预算会计账务处理
处置固定资产时	借：待处理财产损溢/无偿调拨净资产/资产处置费用等 　　固定资产累计折旧 　　贷：固定资产［账面余额］	涉及资金支付的，参照"固定资产"科目相关账务处理

第二十二节 1611 工程物资

一、会计科目简介及应用要点

1. 科目简介

本科目核算单位为在建工程准备的各种物资的成本，包括工程用材料、设备等。

2. 科目设置

本科目可按照"库存材料""库存设备"等工程物资类别进行明细核算。

3. 科目余额

本科目期末借方余额，反映单位为在建工程准备的各种物资的成本。

二、相关经济业务与事项的会计核算

（一）取得工程物资

1. 业务说明和账务处理

购入为工程准备的物资，在财务会计方面，按照确定的物资成本，借记本科目，贷记"财政拨款收入""零余额账户用款额度""银行存款""应付账款"等科目。在预算会计方面，借记"行政支出""事业支出""经营支出"（实际支付的款项）等科目，贷记"财政拨款预算收入""资金结存"等科目。

取得工程物资的账务处理如表 2-70 所示。

表 2-70　取得工程物资的账务处理

业务名称		财务会计账务处理	预算会计账务处理
取得工程物资	购入工程物资	借：工程物资 　　贷：财政拨款收入/零余额账户用款额度/银行存款/应付账款/其他应付款等	借：行政支出/事业支出/经营支出等［实际支付的款项］ 　　贷：财政拨款预算收入/资金结存

2. 实务案例

【例 2-66】　某事业单位购入一批为工程准备的物资产品，财政授权支付 2 000 元，另外用银行存款支付运杂费 2 000 元。该单位应当编制的会计分录如下：

财务会计：

借：工程物资　　　　　　　　　　　　　　　　　　4 000

　　贷：银行存款　　　　　　　　　　　　　　　　　2 000

　　　　零余额账户用款额度　　　　　　　　　　　　2 000

预算会计：

借：事业支出　　　　　　　　　　　　　　　　　　4 000

　　贷：资金结存——零余额账户用款额度　　　　　　2 000

　　　　资金结存——货币资金　　　　　　　　　　　2 000

（二）领用工程物资

1. 业务说明和账务处理

领用工程物资，在财务会计方面，按照物资成本，借记"在建工程"科目，贷记本科目。工程完工后将领出的剩余物资退库时做相反的会计分录。该事项无预算会计处理。

领用工程物资的账务处理如表 2-71 所示。

表 2-71　领用工程物资的账务处理

业务名称		财务会计账务处理	预算会计账务处理
领用工程物资	发出工程物资	借：在建工程 　　贷：工程物资	—

2. 实务案例

【例2-67】 接【例2-66】。三日后领用60%的工程物资用于工程建设，该单位应当编制的会计分录如下：

财务会计：

借：在建工程　　　　　　　　　　　　　　　　　　　　2 400

　　贷：工程物资　　　　　　　　　　　　　　　　　　　　2 400

该事项无预算会计处理。

（三）剩余工程物资

1. 业务说明和账务处理

工程完工后将剩余的工程物资转作本单位存货等的，在财务会计方面，按照物资成本，借记"库存物品"等科目，贷记本科目。涉及增值税业务的，相关账务处理参见"应交增值税"科目。该事项无预算会计处理。

剩余工程物资的账务处理如表2-72所示。

表2-72　剩余工程物资的账务处理

业务名称		财务会计账务处理	预算会计账务处理
剩余工程物资	剩余工程物资转为存货	借：库存物品 　　贷：工程物资	—

2. 实务案例

【例2-68】 接【例2-66】。剩余40%的工程物资转为本单位的库存物品管理，该单位应当编制的会计分录如下：

财务会计：

借：库存物品　　　　　　　　　　　　　　　　　　　　1 600

　　贷：工程物资　　　　　　　　　　　　　　　　　　　　1 600

该事项无预算会计处理。

第二十三节　1613 在建工程

一、会计科目简介及应用要点

（一）科目简介

本科目核算单位在建的建设项目工程的实际成本。

单位在建的信息系统项目工程、公共基础设施项目工程、保障性住房项目工程的实际成本，也通过本科目核算。

（二）科目设置

本科目应当设置"建筑安装工程投资""设备投资""待摊投资""其他投资""待核销基建支出""基建转出投资"等明细科目，并按照具体项目进行明细核算。

1. "建筑安装工程投资"明细科目，核算单位发生的构成建设项目实际支出的建筑工程和安装工程的实际成本，不包括被安装设备本身的价值以及按照合同规定支付给施工单位的预付备料款和预付工程款。本明细科目应当设置"建筑工程"和"安装工程"两个明细科目进行明细核算。

2. "设备投资"明细科目，核算单位发生的构成建设项目实际支出的各种设备的实际成本。

3. "待摊投资"明细科目，核算单位发生的构成建设项目实际支出的、按照规定应当分摊计入有关工程成本和设备成本的各项间接费用和税费支出。本明细科目的具体核算内容包括以下方面：

（1）勘察费、设计费、研究试验费、可行性研究费及项目其他前期费用。

（2）土地征用及迁移补偿费、土地复垦及补偿费、森林植被恢复费及其他为取得土地使用权、租用权而发生的费用。

（3）土地使用税、耕地占用税、契税、车船税、印花税及按照规定缴纳的其他税费。

（4）项目建设管理费、代建管理费、临时设施费、监理费、招投标费、社会中介审计（审查）费及其他管理性质的费用。

项目建设管理费是指项目建设单位从项目筹建之日起至办理竣工财务决算之日止发生的管理性质的支出，包括不在原单位发工资的工作人员工资及相关费用、办公费、办公场地租用费、差旅交通费、劳动保护费、工具用具使用费、固定资产使用费、招募生产工人费、技术图书资料费（含软件）、业务招待费、施工现场津贴、竣工验收费等。

（5）项目建设期间发生的各类专门借款利息支出或融资费用。

（6）工程检测费、设备检验费、负荷联合试车费及其他检验检测类费用。

（7）固定资产损失、器材处理亏损、设备盘亏及毁损、单项工程或单位工程报废、毁损净损失及其他损失。

（8）系统集成等信息工程的费用支出。

（9）其他待摊性质支出。

本明细科目应当按照上述费用项目进行明细核算，其中有些费用（如项目建设管理费等），还应当按照更为具体的费用项目进行明细核算。

4. "其他投资"明细科目，核算单位发生的构成建设项目实际支出的房屋购置支出，基本畜禽、林木等购置、饲养、培育支出，办公生活用家具、器具购置支出，软件研发和不能计入设备投资的软件购置等支出。单位为进行可行性研究而购置的固定资产，以及取得土地使用权支付的土地出让金，也通过本明细科目核算。本明细科目应当设置"房屋购置""基本畜禽支出""林木支出""办公生活用家具""器具购置""可行性研究固定资产购置""无形资产"等明细科目。

5. "待核销基建支出"明细科目，核算建设项目发生的江河清障、航道清淤、飞播造林、补助群众造林、水土保持、城市绿化、取消项目的可行性研究费以及项目整体报废等不能形成资产部分的基建投资支出。本明细科目应按照待核销基建支出的类别进行明细核算。

6. "基建转出投资"明细科目，核算为建设项目配套而建成的、产权不归属本单位的专用设施的实际成本。本明细科目应按照转出投资的类别进行明细核算。

（三）科目余额

本科目期末借方余额，反映单位尚未完工的建设项目工程发生的实际成本。

二、相关经济业务与事项的会计核算

（一）建筑安装工程投资

1. 业务说明和账务处理

（1）将固定资产等资产转入改建、扩建等时，在财务会计方面，按照固定资产等资产的账面价值，借记本科目（建筑安装工程投资），按照已计提的折旧或摊销，借记"固定资产累计折旧"等科目，按照固定资产等资产的原值，贷记"固定资产"等科目。该事项无预算会计处理。

固定资产等资产改建、扩建过程中涉及到替换（或拆除）原资产的某些组成部分的，在财务会计方面，按照被替换（或拆除）部分的账面价值，借记"待处理财产损溢"科目，贷记本科目（建筑安装工程投资）。该事项无预算会计处理。

（2）单位对于发包建筑安装工程，根据建筑安装工程价款结算账单与施工企业结算工程价款时，在财务会计方面，按照应承付的工程价款，借记本科目（建筑安装工程投资），按照预付工程款余额，贷记"预付账款"科目，按照其差额，贷记"财政拨款收入""零余额账户用款额度""银行存款""应付账款"等科目。在预算会计方面，借记"行政支出""事业支出"等科目，贷记"财政拨款预算收入""资金结存"等科目。

（3）单位自行施工的小型建筑安装工程，在财务会计方面，按照发生的各项支出金额，借记本科目（建筑安装工程投资），贷记"工程物资""零余额账户用款额度""银行存款""应付职工薪酬"等科目。在预算会计方面，借记"行政支出""事业支出"等科目，贷记"资金结存"等科目。

（4）工程竣工，办妥竣工验收交接手续交付使用时，在财务会计方面，按照建筑安装工程成本（含应分摊的待摊投资），借记"固定资产"等科目，贷记本科目（建筑安装工程投资）。该事项无预算会计处理。

建筑安装工程投资的账务处理如表2-73所示。

表2-73　建筑安装工程投资的账务处理

业务名称		财务会计账务处理	预算会计账务处理
建筑安装工程投资	将固定资产等转入改建、扩建时	借：在建工程——建筑安装工程投资 　　固定资产累计折旧等 　贷：固定资产等	—
	发包工程预付工程时	借：预付账款——预付工程款 　　贷：财政拨款收入/零余额账户用款额度/银行存款等	借：行政支出/事业支出等 　　贷：财政拨款预算收入/资金结存
	按照进度结算工程款时	借：在建工程——建筑安装工程投资 　　贷：预付账款——预付工程款 　　　财政拨款收入/零余额账户用款额度/银行存款/应付账款等	借：行政支出/事业支出等［补付款项］ 　　贷：财政拨款预算收入/资金结存
	自行施工小型建筑安装工程发生支出时	借：在建工程——建筑安装工程投资 　　贷：工程物资/零余额账户用款额度/银行存款/应付职工薪酬等	借：行政支出/事业支出等［实际支付的款项］ 　　贷：资金结存等
	改扩建过程中替换（拆除）原资产某些组成部分的	借：待处理财产损溢 　　贷：在建工程——建筑安装工程投资	—
	工程竣工验收交付使用时	借：固定资产等 　　贷：在建工程——建筑安装工程投资	—

2. 实务案例

【例2-69】　某事业单位一处办公用房于今年进行改扩建，该办公用房原值30万元，累计折旧10万元，改扩建过程中拆除了部分楼层重新翻建，拆除部分占30%。该单位应当编制的会计分录如下：

财务会计：

借：在建工程 200 000

　　固定资产累计折旧 100 000

　　贷：固定资产 300 000

借：待处理财产损溢 60 000

　　贷：在建工程 60 000

该事项无预算会计处理。

（二）设备投资

1. 业务说明和账务处理

（1）购入设备时，在财务会计方面，按照购入成本，借记本科目（设备投资），贷记"财政拨款收入""零余额账户用款额度""银行存款"等科目；采用预付款方式购入设备的，有关预付款的账务处理参照本科目有关"建筑安装工程投资"明细科目的规定。在预算会计方面，借记"行政支出""事业支出"（实际支付的款项）等科目，贷记"财政拨款预算收入""资金结存"等科目。

（2）设备安装完毕，办妥竣工验收交接手续交付使用时，在财务会计方面，按照设备投资成本（含设备安装工程成本和分摊的待摊投资），借记"固定资产"等科目，贷记本科目（设备投资、建筑安装工程投资——安装工程）。该事项无预算会计处理。

将不需要安装的设备和达不到固定资产标准的工具、器具交付使用时，在财务会计方面，按照相关设备、工具、器具的实际成本，借记"固定资产""库存物品"科目，贷记本科目（设备投资）。该事项无预算会计处理。

设备投资的账务处理如表2-74所示。

表2-74　设备投资的账务处理

业务名称		财务会计账务处理	预算会计账务处理
设备投资	购入设备时	借：在建工程——设备投资 　　贷：财政拨款收入/零余额账户用款额度/应付账款/银行存款等	借：行政支出/事业支出等［实际支付的款项］ 　　贷：财政拨款预算收入/资金结存
	安装完毕，交付使用时	借：固定资产等 　　贷：在建工程——设备投资 　　——建筑安装工程投资——安装工程	—
	将不需要安装设备和达不到固定资产标准的工具器具交付使用时	借：固定资产/库存物资 　　贷：在建工程——设备投资	—

2. 实务案例

【例2-70】　某行政单位年初购入一台机器设备，支付800 000元，因需要安装，之后支付安装费200 000元，三个月后安装完毕后交付使用。该单位应当编制的会计分录如下：

财务会计：

借：在建工程——设备投资　　　　　　　　　800 000

　　贷：银行存款　　　　　　　　　　　　　　　800 000

借：在建工程——建筑安装工程投资　　　　　200 000

　　贷：银行存款　　　　　　　　　　　　　　　200 000

借：固定资产　　　　　　　　　　　　　1 000 000

　　贷：在建工程——设备投资　　　　　　　　　800 000

　　　　在建工程——建筑安装工程投资　　　　　200 000

预算会计：

借：行政支出　　　　　　　　　　　　　　800 000

　　贷：资金结存——货币资金　　　　　　　　　800 000

借：行政支出　　　　　　　　　　　　　　　　　　　200 000

　　贷：资金结存——货币资金　　　　　　　　　　　　　200 000

（三）待摊投资

1. 业务说明和账务处理

建设工程发生的构成建设项目实际支出的、按照规定应当分摊计入有关工程成本和设备成本的各项间接费用和税费支出，先在本明细科目中归集；建设工程办妥竣工验收手续交付使用时，按照合理的分配方法，摊入相关工程成本、在安装设备成本等。

（1）单位发生的构成待摊投资的各类费用，在财务会计方面，按照实际发生金额，借记本科目（待摊投资），贷记"财政拨款收入""零余额账户用款额度""银行存款""应付利息""长期借款""其他应交税费""固定资产累计折旧""无形资产累计摊销"等科目。在预算会计方面，借记"行政支出""事业支出"（实际支付的款项）等科目，贷记"财政拨款预算收入""资金结存"等科目。

（2）对于建设过程中试生产、设备调试等产生的收入，在财务会计方面，按照取得的收入金额，借记"银行存款"等科目，按照依据有关规定应当冲减建设工程成本的部分，贷记本科目（待摊投资），按照其差额贷记"应缴财政款"或"其他收入"科目。在预算会计方面，借记"资金结存"科目，贷记"其他预算收入"科目。

（3）由于自然灾害、管理不善等原因造成的单项工程或单位工程报废或毁损，扣除残料价值和过失人或保险公司等赔款后的净损失，报经批准后计入继续施工的工程成本的，在财务会计方面，按照工程成本扣除残料价值和过失人或保险公司等赔款后的净损失，借记本科目（待摊投资），按照残料变价收入、过失人或保险公司赔款等，借记"银行存款""其他应收款"等科目，按照报废或毁损的工程成本，贷记本科目（建筑安装工程投资）。该事项无预算会计处理。

（4）工程交付使用时，在财务会计方面，按照合理的分配方法分配待摊投资，借记本科目（建筑安装工程投资、设备投资），贷记本科目（待摊投资）。该事项无预算会计处理。

待摊投资的分配方法，可按照下列公式计算：

按照实际分配率分配。适用于建设工期较短、整个项目的所有单项工程一次竣工的建设项目。实际分配率＝待摊投资明细科目余额÷（建筑工程明细科目余额＋安装工程明细科目余额＋设备投资明细科目余额）×100%

按照概算分配率分配。适用于建设工期长、单项工程分期分批建成投入使用的建设项目。

概算分配率＝（概算中各待摊投资项目的合计数－其中可直接分配部分）÷（概算中建筑工程、安装工程和设备投资合计）×100%

某项固定资产应分配的待摊投资＝该项固定资产的建筑工程成本或该项固定资产（设备）的采购成本和安装成本合计×分配率

待摊投资的账务处理如表2-75所示。

表2-75 待摊投资的账务处理

	业务名称	财务会计账务处理	预算会计账务处理
待摊投资	发生构成待摊投资的各类费用时	借：在建工程——待摊投资 贷：财政拨款收入/零余额账户用款额度/银行存款/应付利息/长期借款/其他应交税费等	借：行政支出/事业支出等［实际支付的款项］ 贷：财政拨款预算收入/资金结存
	对于建设过程中试生产、设备调试等产生的收入	借：银行存款等 贷：在建工程——待摊投资［按规定冲减工程成本的部分］ 应缴财政款/其他收入［差额］	借：资金结存 贷：其他预算收入
	经批准将单项工程或单位工程报废净损失计入继续施工的工程成本的	借：在建工程——待摊投资 银行存款/其他应收款等［残料变价收入、赔款等］ 贷：在建工程——建筑安装工程投资［毁损报废工程成本］	—
	工程交付使用时，按照一定的分配方法进行待摊投资分配	借：在建工程——建筑安装工程投资 ——设备投资 贷：在建工程——待摊投资	—

2. 实务案例

【例2-71】　某事业单位取消了一个项目发生的可行性研究费 50 000 元，年底该项目竣工交付使用，将该笔投资冲销。该单位应当编制的会计分录如下：

财务会计：

借：在建工程——待核销基建支出　　　　　　　　　　50 000

　　贷：在建工程——待摊投资　　　　　　　　　　　　　　　50 000

借：资产处置费用　　　　　　　　　　　　　　　　　50 000

　　贷：在建工程——待核销基建支出　　　　　　　　　　　　50 000

该事项无预算会计处理。

（四）其他投资

1. 业务说明和账务处理

（1）单位为建设工程发生的房屋购置支出，基本畜禽、林木等的购置、饲养、培育支出，办公生活用家具、器具购置支出，软件研发和不能计入设备投资的软件购置等支出，在财务会计方面，按照实际发生金额，借记本科目（其他投资），贷记"财政拨款收入""零余额账户用款额度""银行存款"等科目。在预算会计方面，借记"行政支出""事业支出"（实际支付的款项）等科目，贷记"财政拨款预算收入""资金结存"等科目。

（2）工程完成将形成的房屋、基本畜禽、林木等各种财产以及无形资产交付使用时，在财务会计方面，按照其实际成本，借记"固定资产""无形资产"等科目，贷记本科目（其他投资）。该事项无预算会计处理。

其他投资的账务处理如表2-76所示。

表2-76　其他投资的账务处理

业务名称		财务会计账务处理	预算会计账务处理
其他投资	发生其他投资支出时	借：在建工程——其他投资 贷：财政拨款收入/零余额账户用款额度/银行存款等	借：行政支出/事业支出等［实际支付的款项］ 贷：财政拨款预算收入/资金结存
	资产交付使用时	借：固定资产/无形资产等 贷：在建工程——其他投资	—

（五）基建转出投资

1. 业务说明和账务处理

为建设项目配套而建成的、产权不归属本单位的专用设施，在项目竣工验收交付使用时，在财务会计方面，按照转出的专用设施的成本，借记本科目（基建转出投资），贷记本科目（建筑安装工程投资）；同时，借记"无偿调拨净资产"科目，贷记本科目（基建转出投资）。该事项无预算会计处理。

基建转出投资的账务处理如表2-77所示。

表2-77　基建转出投资的账务处理

业务名称		财务会计账务处理	预算会计账务处理
基建转出投资	建造的产权不归属本单位的专用设施转出时	借：在建工程——基建转出投资 贷：在建工程——建筑安装工程投资	—
	冲销转出的在建工程时	借：无偿调拨净资产 贷：在建工程——基建转出投资	—

2. 实务案例

【例2-72】　某事业单位某办公楼项目竣工验收交付使用时，某配套设施20万不属于该事业单位的产权，将其转出。该单位应当编制的会计分录如下：

财务会计：

借：在建工程——基建转出投资 200 000

　　　贷：在建工程——建筑安装工程投资 200 000

借：无偿调拨净资产 200 000

　　　贷：在建工程——基建转出投资 200 000

该事项无预算会计处理。

（六）待核销基建支出

1. 业务说明和账务处理

（1）建设项目发生的江河清障、航道清淤、飞播造林、补助群众造林、水土保持、城市绿化等不能形成资产的各类待核销基建支出，在财务会计方面，按照实际发生金额，借记本科目（待核销基建支出），贷记"财政拨款收入""零余额账户用款额度""银行存款"等科目。在预算会计方面，借记"行政支出""事业支出"（实际支付的款项）等科目，贷记"财政拨款预算收入""资金结存"等科目。

（2）取消的建设项目发生的可行性研究费，在财务会计方面，按照实际发生金额，借记本科目（待核销基建支出），贷记本科目（待摊投资）。该事项无预算会计处理。

（3）由于自然灾害等原因发生的建设项目整体报废所形成的净损失，报经批准后转入待核销基建支出，在财务会计方面，按照项目整体报废所形成的净损失，借记本科目（待核销基建支出），按照报废工程回收的残料变价收入、保险公司赔款等，借记"银行存款""其他应收款"等科目，按照报废的工程成本，贷记本科目（建筑安装工程投资等）。该事项无预算会计处理。

（4）建设项目竣工验收交付使用时，对发生的待核销基建支出进行冲销，在财务会计方面，借记"资产处置费用"科目，贷记本科目（待核销基建支出）。该事项无预算会计处理。

待核销基建支出的账务处理如表2-78所示。

表2-78　待核销基建支出的账务处理

业务名称		财务会计账务处理	预算会计账务处理
待核销基建支出	发生各类待核销基建支出时	借：在建工程——待核销基建支出 　　贷：财政拨款收入/零余额账户用款额度/银行存款等	借：行政支出/事业支出［实际支付的款项］ 　　贷：财政拨款预算收入/资金结存
	取消的项目发生的可行性研究费	借：在建工程——待核销基建支出 　　贷：在建工程——待摊投资	—
	由于自然灾害等原因发生的项目整体报废所形成的净损失	借：在建工程——待核销基建支出 　　银行存款/其他应收款等［残料变价收入、保险赔款等］ 　　贷：在建工程——建筑安装工程投资等	—
	经批准冲销待核销基建支出时	借：资产处置费用 　　贷：在建工程——待核销基建支出	—

第二十四节　1701 无形资产

一、会计科目简介及应用要点

1. 科目简介

本科目核算单位无形资产的原值。

非大批量购入、单价小于1 000元的无形资产，可以于购买的当期将其成本直接计入当期费用。

2. 科目设置

本科目应当按照无形资产的类别、项目等进行明细核算。

顺序号	编号	会计科目名称	二级科目名称	明细科目名称
一、资产类				
	1701	无形资产		
	1701 01	无形资产	专利权	项目
	1701 02	无形资产	非专利权	项目
	1701 03	无形资产	商标权	项目
	1701 04	无形资产	著作权	项目
	1701 05	无形资产	土地使用权	项目
	1701 06	无形资产	其他	项目

3. 科目余额

本科目期末借方余额，反映单位无形资产的成本。

二、相关经济业务与事项的会计核算

（一）无形资产取得

1. 业务说明和账务处理

无形资产在取得时，应当按照成本进行初始计量。

（1）外购的无形资产，在财务会计方面，按照确定的成本，借记本科目，贷记"财政拨款收入""零余额账户用款额度""应付账款""银行存款"等科目。在预算会计方面，借记"行政支出""事业支出""经营支出"等科目，贷记"财政拨款预算收入""资金结存"等科目。

（2）委托软件公司开发软件，视同外购无形资产进行处理。合同中约定预付开发费用的，在财务会计方面，按照预付金额，借记"预付账款"科目，贷记"财政拨款收入""零余额账户用款额度""银行存款"等科目。在预算会计方面，借记"行政支出""事业支出""经营支出"（预付的款项）等科目，贷记"财政拨款预算收入""资金结存"等科目。

软件开发完成交付使用并支付剩余或全部软件开发费用时，在财务会计方面，按照软件开发费用总额，借记本科目，按照相关预付账款金额，贷记"预付账款"科目，按照支付的剩余金额，贷记"财政拨款收入"

"零余额账户用款额度""银行存款"等科目。在预算会计方面，借记"行政支出""事业支出""经营支出"等科目，贷记"财政拨款预算收入""资金结存"等科目。

（3）自行研究开发形成的无形资产，在财务会计方面，按照研究开发项目进入开发阶段后至达到预定用途前所发生的支出总额，借记本科目，贷记"研发支出——开发支出"科目。该事项无预算会计处理。

自行研究开发项目尚未进入开发阶段，或者确实无法区分研究阶段支出和开发阶段支出，但按照法律程序已申请取得无形资产的，按照依法取得时发生的注册费、聘请律师费等费用，在财务会计方面，借记本科目，贷记"财政拨款收入""零余额账户用款额度""银行存款"等科目；按照依法取得前所发生的研究开发支出，借记"业务活动费用"等科目，贷记"研发支出"科目。在预算会计方面，借记"行政支出""事业支出""经营支出"等科目，贷记"财政拨款预算收入""资金结存"等科目。

（4）接受捐赠的无形资产，在财务会计方面，按照确定的无形资产成本，借记本科目，按照发生的相关税费等，贷记"零余额账户用款额度""银行存款"等科目，按照其差额，贷记"捐赠收入"科目。在预算会计方面，借记"其他支出（支付相关的税费）"科目，贷记"资金结存"科目。

接受捐赠的无形资产按照名义金额入账的，在财务会计方面，按照名义金额，借记本科目，贷记"捐赠收入"科目；同时，按照发生的相关税费等，借记"其他费用"科目，贷记"零余额账户用款额度""银行存款"等科目。在预算会计方面，借记"其他支出（支付相关的税费）"科目，贷记"资金结存"科目。

（5）无偿调入的无形资产，在财务会计方面，按照确定的无形资产成本，借记本科目，按照发生的相关税费等，贷记"零余额账户用款额度""银行存款"等科目，按照其差额，贷记"无偿调拨净资产"科目。在预算会计方面，借记"其他支出（支付相关的税费）"科目，贷记"资金结存"科目。

（6）置换取得的无形资产，参照"库存物品"科目中置换取得库存物品的相关规定进行账务处理。无形资产取得时涉及增值税业务的，相关账务处理参见"应交增值税"科目。

无形资产取得的账务处理如表2-79所示。

表2-79　无形资产取得的账务处理

业务名称		财务会计账务处理	预算会计账务处理
无形资产取得	①外购的无形资产入账时	借：无形资产 　　贷：财政拨款收入/零余额账户用款额度/应付账款/银行存款等	借：行政支出/事业支出/经营支出等 　　贷：财政拨款预算收入/资金结存
	②委托软件公司开发的软件，按照合同约定预付开发费时	借：预付账款 　　贷：财政拨款收入/零余额账户用款额度/银行存款等	借：行政支出/事业支出/经营支出等［预付的款项］ 　　贷：财政拨款预算收入/资金结存
	委托开发的软件交付使用，并支付剩余或全部软件开发费用时	借：无形资产［开发费总额］ 　　贷：预付账款 　　　　财政拨款收入/零余额账户用款额度/银行存款等［支付的剩余款项］	按照支付的剩余款项金额 　　借：行政支出/事业支出/经营支出等 　　　　贷：财政拨款预算收入/资金结存
	③自行开发 A 开发完成，达到预定用途形成无形资产的	借：无形资产 　　贷：研发支出——开发支出	—
	B 自行研究开发无形资产尚未进入开发阶段，或者确实无法区分研究阶段支出和开发阶段支出，但按照法律程序已申请取得无形资产的	借：无形资产［依法取得时发生的注册费、聘请律师费等费用］ 　　贷：财政拨款收入/零余额账户用款额度/银行存款等	借：行政支出/事业支出/经营支出等 　　贷：财政拨款预算收入/资金结存
	④置换取得的无形资产	参照"库存物品"科目中置换取得库存物品的相关规定进行账务处理。	
	⑤接受捐赠的无形资产	借：无形资产 　　贷：银行存款/零余额账户用款额度等［发生的相关税费等］ 　　　　捐赠收入［差额］	借：其他支出［支付的相关税费等］ 　　贷：资金结存

续上表

业务名称		财务会计账务处理	预算会计账务处理
无形资产取得	接受捐赠的无形资产按照名义金额入账的	借：无形资产［名义金额］ 　　贷：捐赠收入 借：其他费用 　　贷：银行存款/零余额账户用款额度等［发生的相关税费等］	借：其他支出［支付的相关税费费等］ 　　贷：资金结存
	⑥无偿调入的无形资产	借：无形资产 　　贷：银行存款/零余额账户用款额度等［发生的相关税费等］ 　　　　无偿调拨净资产［差额］	借：其他支出［支付的相关税费等］ 　　贷：资金结存

2. 实务案例

【例2-73】　某事业单位按照法定程序申请取得一项无形资产，依法取得该项无形资产时发生注册费2 000元，款项以银行存款支付。该单位应当编制的会计分录如下：

财务会计：

借：无形资产　　　　　　　　　　　　　　　　2 000

　　贷：银行存款　　　　　　　　　　　　　　　　　2 000

预算会计：

借：事业支出　　　　　　　　　　　　　　　　2 000

　　贷：资金结存——货币资金　　　　　　　　　　　2 000

（二）与无形资产有关的后续支出

1. 业务说明和账务处理

（1）符合无形资产确认条件的后续支出为增加无形资产的使用效能对其进行升级改造或扩展其功能时，如需暂停对无形资产进行摊销的，在财务会计方面，按照无形资产的账面价值，借记"在建工程"科目，按照无形资产已摊销金额，借记"无形资产累计摊销"科目，按照无形资产的账面余额，贷记本科目。无形资产后续支出符合无形资产确认条件的，在财务会计方面，按照支出的金额，借记本科目［无需暂停摊销的］或"在建工程"科目［需暂停摊销的］，贷记"财政拨款收入""零余额账户用款额度""银行存款"等科目。暂停摊销的无形资产升级改造或扩展功能等完成交付使用时，在财务会计方面，按照在建工程成本，借记本科目，贷记"在建工程"科目。在预算会计方面，借记"行政支出""事业支出""经营支出"等科目，贷记"财政拨款预算收入""资金结存"等科目。

（2）不符合无形资产确认条件的后续支出为保证无形资产正常使用发生的日常维护等支出，在财务会计方面，借记"业务活动费用""单位管理费用"等科目，贷记"财政拨款收入""零余额账户用款额度""银行存款"等科目。在预算会计方面，借记"行政支出""事业支出""经营支出"等科目，贷记"财政拨款预算收入""资金结存"等科目。

与无形资产有关的后续支出的账务处理如表2-80所示。

表2-80　与无形资产有关的后续支出的账务处理

业务名称		财务会计账务处理	预算会计账务处理
与无形资产有关的后续支出	符合无形资产确认条件的后续支出（如为增加无形资产的使用效能而发生的后续支出）	借：在建工程 　　无形资产累计摊销 　贷：无形资产 借：在建工程/无形资产［无需暂停计提摊销的］ 　贷：财政拨款收入/零余额账户用款额度/银行存款等	借：行政支出/事业支出/经营支出等［实际支付的资金］ 　贷：财政拨款预算收入/资金结存
	不符合无形资产确认条件的后续支出（为维护无形资产的正常使用而发生的后续支出）	借：业务活动费用/单位管理费用/经营费用等 　贷：财政拨款收入/零余额账户用款额度/银行存款等	借：行政支出/事业支出/经营支出等 　贷：财政拨款预算收入/资金结存

2. 实务案例

【例2-74】　某事业单位年初委托甲公司开发一个业务信息系统，合同规定该项信息系统价值30 000元，一个月后该系统完成验收。两年后，该业务信息系统已经累计摊销5 000元。由于业务转型升级需要，对该系统进行升级改造，暂停使用，停止计提摊销。该单位应当编制的会计分录如下：

财务会计：

借：在建工程　　　　　　　　　　　　　　　　　25 000

　　无形资产累计摊销　　　　　　　　　　　　　　5 000

　　贷：无形资产　　　　　　　　　　　　　　　　　　　　30 000

该事项无预算会计处理。

（三）无形资产处置

1. 业务说明和账务处理

按照规定报经批准处置无形资产，应当分别以下情况处理：

（1）报经批准出售、转让无形资产，在财务会计方面，按照被出售、转让无形资产的账面价值，借记"资产处置费用"科目，按照无形资产已计提的摊销，借记"无形资产累计摊销"科目，按照无形资产账面余额，贷记本科目；同时，按照收到的价款，借记"银行存款"等科目，按照处置过程中发生的相关费用，贷记"银行存款"等科目，按照其差额，贷记"应缴财政款"［按照规定应上缴无形资产转让净收入的］或"其他收入"［按照规定将无形资产转让收入纳入本单位预算管理的］科目。在预算会计方面，借记"资金结存"科目，贷记"其他预算收入"科目。

（2）报经批准对外捐赠无形资产，在财务会计方面，按照无形资产已计提的摊销，借记"无形资产累计摊销"科目，按照被处置无形资产账面余额，贷记本科目，按照捐赠过程中发生的归属于捐出方的相关费用，贷记"银行存款"等科目，按照其差额，借记"资产处置费用"科目。在预算会计方面，借记"其他支出（归属于捐出方的相关费用）"科目，贷记"资金结存"科目。

（3）报经批准无偿调出无形资产，在财务会计方面，按照无形资产已计提的摊销，借记"无形资产累计摊销"科目，按照被处置无形资产账面余额，贷记本科目，按照其差额，借记"无偿调拨净资产"科目；同时，按照无偿调出过程中发生的归属于调出方的相关费用，借记"资产处置费用"科目，贷记"银行存款"等科目。在预算会计方面，借记"其他支出（归属于调出方的相关费用）"科目，贷记"资金结存"科目。

（4）报经批准置换换出无形资产，参照"库存物品"科目中置换换入库存物品的规定进行账务处理。

（5）无形资产预期不能为单位带来服务潜力或经济利益，按照规定报经批准核销时，在财务会计方面，按照待核销无形资产的账面价值，借记"资产处置费用"科目，按照已计提摊销，借记"无形资产累计摊销"科目，按照无形资产的账面余额，贷记本科目。该事项无预算会计处理。无形资产处置时涉及增值税业务的，相关账务处理参见"应交增值税"科目。

单位应当定期对无形资产进行清查盘点，每年至少盘点一次。单位资产清查盘点过程中发现的无形资产盘盈、盘亏等，参照"固定资产"科目相关规定进行账务处理。

无形资产处置的账务处理如表2-81所示。

表2-81　无形资产处置的账务处理

业务名称		财务会计账务处理	预算会计账务处理
无形资产处置	出售、转让无形资产	借：资产处置费用 　　无形资产累计摊销 　　贷：无形资产	—
		借：银行存款等［收到的价款］ 　　贷：银行存款等［发生的相关费用］ 　　　　应缴财政款/其他收入	如转让收入按照规定纳入本单位预算 借：资金结存 　　贷：其他预算收入
	对外捐赠无形资产	借：资产处置费用 　　无形资产累计摊销 　　贷：无形资产［账面余额］ 　　　　银行存款等［归属于捐出方的相关费用］	借：其他支出［归属于捐出方的相关费用］ 　　贷：资金结存
	无偿调出无形资产	借：无偿调拨净资产 　　无形资产累计摊销 　　贷：无形资产［账面余额］ 借：资产处置费用 　　贷：银行存款等［相关费用］	借：其他支出［归属于调出方的相关费用］ 　　贷：资金结存
	置换换出无形资产	参照"库存物品"科目中置换取得库存物品的规定进行账务处理	
	经批准核销无形资产时	借：资产处置费用 　　无形资产累计摊销 　　贷：无形资产［账面余额］	—

2. 实务案例

【例2-75】 某事业单位对外捐出一项专利权，其账面原值为50 000元，已经计提摊销10 000元，发生的相关手续费1 000元。该单位应当编制的会计分录如下：

财务会计：

借：资产处置费用　　　　　　　　　　　　　　　　41 000

　　无形资产累计摊销　　　　　　　　　　　　　　10 000

　　贷：无形资产　　　　　　　　　　　　　　　　　　　50 000

　　　　银行存款　　　　　　　　　　　　　　　　　　　 1 000

预算会计：

借：其他支出　　　　　　　　　　　　　　　　　　 1 000

　　贷：资金结存——货币资金　　　　　　　　　　　　　 1 000

第二十五节　1702 无形资产累计摊销

一、会计科目简介及应用要点

1. 科目简介

本科目核算单位对使用年限有限的无形资产计提的累计摊销。

2. 科目设置

本科目应当按照所对应无形资产的明细分类进行明细核算。

顺序号	编号	会计科目名称	二级科目名称	明细科目名称
一、资产类				
	1702	累计摊销		
	1702 01	累计摊销	专利权	项目
	1702 02	累计摊销	非专利权	项目
	1702 03	累计摊销	商标权	项目

顺序号	编号	会计科目名称	二级科目名称	明细科目名称
	1702 04	累计摊销	著作权	项目
	1702 05	累计摊销	土地使用权	项目
	1702 06	累计摊销	其他	项目

3. 科目余额

本科目期末贷方余额，反映单位计提的无形资产摊销累计数。

二、相关经济业务与事项的会计核算

（一）按月进行无形资产摊销

1. 业务说明和账务处理

按月对无形资产进行摊销时，在财务会计方面，按照应摊销金额，借记"业务活动费用""单位管理费用""加工物品""在建工程"等科目，贷记本科目。该事项无预算会计处理。

按月进行无形资产摊销的账务处理如表2-82所示。

表2-82　按月进行无形资产摊销的账务处理

业务名称	财务会计账务处理	预算会计账务处理
按月进行无形资产摊销时	借：业务活动费用/单位管理费用/加工物品等 　　贷：无形资产累计摊销	—

2. 实务案例

【例2-76】 某事业单位因开展业务活动需要，从外单位购入一项著作权，支付价款为30 000元，款项已经支付，该著作权的使用寿命为5年，该单位应当编制的当月与摊销有关的会计分录如下：

财务会计：

借：业务活动费用　　　　　　　　　　　　　　　　6000

　　贷：无形资产摊销　　　　　　　　　　　　　　　　6000

该事项无预算会计处理。

（二）处置无形资产

1. 业务说明和账务处理

经批准处置无形资产时，在财务会计方面，按照所处置无形资产的账面价值，借记"资产处置费用""无偿调拨净资产""待处理财产损溢"等科目，按照已计提摊销，借记本科目，按照无形资产的账面余额，贷记"无形资产"科目。该事项无预算会计处理。

处置无形资产的账务处理如表2-83所示。

表2-83　处置无形资产的账务处理

业务名称	财务会计账务处理	预算会计账务处理
处置无形资产时	借：资产处置费用/无偿调拨净资产等 　　无形资产累计摊销 　　贷：无形资产［账面余额］	—

2. 实务案例

【例2-77】　某事业单位年底按照规定核销一项无形资产，多年不使用的商标权，其账面余额为20 000元，已计提摊销10 000元。该单位应当编制的会计分录如下：

财务会计：

借：资产处置费用　　　　　　　　　　　　　　　　10 000

　　无形资产累计摊销　　　　　　　　　　　　　　10 000

　　贷：无形资产　　　　　　　　　　　　　　　　　　20 000

该事项无预算会计处理。

第二十六节　1703 研发支出

一、会计科目简介及应用要点

1. 科目简介

本科目核算单位自行研究开发项目研究阶段和开发阶段发生的各项

支出。

建设项目中的软件研发支出，应当通过"在建工程"科目核算，不通过本科目核算。

2. 科目设置

本科目应当按照自行研究开发项目，分别"研究支出""开发支出"进行明细核算。

顺序号	编号	会计科目名称	明细科目名称
一、资产类			
	1703	研发支出	
	1703 01	研发支出	研究支出
	1703 02	研发支出	开发支出

3. 科目余额

本科目期末借方余额，反映单位预计能达到预定用途的研究开发项目在开发阶段发生的累计支出数。

二、相关经济业务与事项的会计核算

单位自行研究开发无形资产

1. 业务说明和账务处理

（1）自行研究开发项目研究阶段的支出，应当先在本科目归集。在财务会计方面，按照从事研究及其辅助活动人员计提的薪酬，研究活动领用的库存物品，发生的与研究活动相关的管理费、间接费和其他各项费用，借记本科目（研究支出），贷记"应付职工薪酬""库存物品""财政拨款收入""零余额账户用款额度""固定资产累计折旧""银行存款"等科目。期（月）末，应当将本科目归集的研究阶段的支出金额转入当期费用，借记"业务活动费用"等科目，贷记本科目（研究支出）。在预算会计方面，借记"事业支出""经营支出"（实际支付的款项）科目，贷记"财政拨款预算收入""资金结存"科目。

（2）自行研究开发项目开发阶段的支出，先通过本科目进行归集。在财务会计方面，按照从事开发及其辅助活动人员计提的薪酬，开发活动领用的库存物品，发生的与开发活动相关的管理费、间接费和其他各项费用，借记本科目（开发支出），贷记"应付职工薪酬""库存物品""财政拨款收入""零余额账户用款额度""固定资产累计折旧""银行存款"等科目。在预算会计方面，借记"事业支出""经营支出"（实际支付的款项）科目，贷记"财政拨款预算收入""资金结存"科目。

自行研究开发项目完成，达到预定用途形成无形资产的，在财务会计方面，按照本科目归集的开发阶段的支出金额，借记"无形资产"科目，贷记本科目（开发支出）。该事项无预算会计处理。

单位应于每年年度终了评估研究开发项目是否能达到预定用途，如预计不能达到预定用途（如无法最终完成开发项目并形成无形资产的），在财务会计方面，应当将已发生的开发支出金额全部转入当期费用，借记"业务活动费用"等科目，贷记本科目（开发支出）。该事项无预算会计处理。

自行研究开发项目时涉及增值税业务的，相关账务处理参见"应交增值税"科目。

单位自行研究开发无形资产的账务处理如表2-84所示。

表2-84　单位自行研究开发无形资产的账务处理

业务名称			财务会计账务处理	预算会计账务处理
单位自行研究开发无形资产	自行研究开发项目研究阶段的支出	应当按照合理的方法先归集	借：研发支出——研究支出 　贷：应付职工薪酬/库存物品/财政拨款收入/零余额账户用款额度/银行存款等	借：事业支出/经营支出等〔实际支付的款项〕 　贷：财政拨款预算收入/资金结存
		期（月）末转入当期费用	借：业务活动费用等 　贷：研发支出——研究支出	—
	自行研究开发项目开发阶段的支出		借：研发支出——开发支出 　贷：应付职工薪酬 　　　库存物品 　　　财政拨款收入/零余额账户用款额度/银行存款等	借：事业支出/经营支出等〔实际支付的款项〕 　贷：财政拨款预算收入/资金结存

续上表

业务名称		财务会计账务处理	预算会计账务处理
单位自行研究开发无形资产	自行研究开发项目完成，达到预定用途形成无形资产	借：无形资产 　　贷：研发支出——开发支出	—
	年末经评估，研发项目预计不能达到预定用途	借：业务活动费用等 　　贷：研发支出——开发支出	—

2. 实务案例

【例2-78】　某事业单位自行开展研究开发活动。在研究阶段，计提从事研究活动人员的薪酬总计 30 000 元，年末，将发生的研究阶段支出合计 40 000 元转入业务活动费用。次年初，经论证和批准，相应研发活动进入开发阶段。在开发阶段，计提从事开发活动人员的薪酬共计 35 000 元。半年后，开发项目完成，形成一项无形资产，开发成本为 20 000 元。该单位应当编制的会计分录如下：

财务会计：

借：研发支出——研究支出　　　　　　　　　　　30 000
　　贷：应付职工薪酬　　　　　　　　　　　　　　　30 000

借：业务活动费用　　　　　　　　　　　　　　40 000
　　贷：研发支出——研究支出　　　　　　　　　　　40 000

借：研发支出——开发支出　　　　　　　　　　　35 000
　　贷：应付职工薪酬　　　　　　　　　　　　　　　35 000

借：无形资产　　　　　　　　　　　　　　　　20 000
　　贷：研发支出——开发支出　　　　　　　　　　　20 000

该事项无预算会计处理。

第二十七节　1801 公共基础设施

一、业务管理

单位应当根据行业主管部门对公共基础设施的分类规定，制定适合于本单位管理的公共基础设施目录、分类方法，作为进行公共基础设施核算的依据。

二、会计科目简介及应用要点

1. 科目简介

本科目核算单位控制的公共基础设施的原值。

2. 科目设置

本科目应当按照公共基础设施的类别、项目等进行明细核算。

顺序号	编号	会计科目名称	二级科目名称	明细科目名称
一、资产类				
	1801	公共基础设施		
	1801 01	公共基础设施	公共基础设施的类别	项目

3. 科目余额

本科目期末借方余额，反映公共基础设施的原值。

三、相关经济业务与事项的会计核算

（一）取得公共基础设施

1. 业务说明和账务处理

公共基础设施在取得时，应当按照其成本入账。

（1）自行建造的公共基础设施完工交付使用时，在财务会计方面，按照在建工程的成本，借记本科目，贷记"在建工程"科目。该事项无预算会计处理。

已交付使用但尚未办理竣工决算手续的公共基础设施，按照估计价值入账，待办理竣工决算后再按照实际成本调整原来的暂估价值。

（2）接受其他单位无偿调入的公共基础设施，在财务会计方面，按照确定的成本，借记本科目，按照发生的归属于调入方的相关费用，贷记"财政拨款收入""零余额账户用款额度""银行存款"等科目，按照其差额，贷记"无偿调拨净资产"科目。无偿调入的公共基础设施成本无法可靠取得的，按照发生的相关税费、运输费等金额，借记"其他费用"科目，贷记"财政拨款收入""零余额账户用款额度""银行存款"等科目。在预算会计方面，借记"其他支出（支付的归属于调入方的相关费用）"科目，贷记"财政拨款预算收入""资金结存"等科目。

（3）接受捐赠的公共基础设施，在财务会计方面，按照确定的成本，借记本科目，按照发生的相关费用，贷记"财政拨款收入""零余额账户用款额度""银行存款"等科目，按照其差额，贷记"捐赠收入"科目。接受捐赠的公共基础设施成本无法可靠取得的，按照发生的相关税费等金额，借记"其他费用"科目，贷记"财政拨款收入""零余额账户用款额度""银行存款"等科目。在预算会计方面，借记"其他支出（支付的归属于捐入方的相关费用）"科目，贷记"财政拨款预算收入""资金结存"等科目。

（4）外购的公共基础设施，在财务会计方面，按照确定的成本，借记本科目，贷记"财政拨款收入""零余额账户用款额度""银行存款"等科目。在预算会计方面，借记"行政支出""事业支出"科目，贷记"财政拨款预算收入""资金结存"等科目。

（5）对于成本无法可靠取得的公共基础设施，单位应当设置备查簿进行登记，待成本能够可靠确定后按照规定及时入账。

取得公共基础设施的账务处理如表 2–85 所示。

表2-85　取得公共基础设施的账务处理

业务名称		财务会计账务处理	预算会计账务处理
取得公共基础设施	自行建造公共基础设施完工交付使用时	借：公共基础设施 　　贷：在建工程	—
	接受无偿调入的公共基础设施	借：公共基础设施 　　贷：无偿调拨净资产 　　　　财政拨款收入/零余额账户用款额度/银行存款等［发生的归属于调入方的相关费用］ 如无偿调入的公共基础设施成本无法可靠取得的 借：其他费用［发生的归属于调入方的相关费用］ 　　贷：财政拨款收入/零余额账户用款额度/银行存款等	借：其他支出［支付的归属于调入方的相关费用］ 　　贷：财政拨款预算收入/资金结存
	接受捐赠的公共基础设施	借：公共基础设施 　　贷：捐赠收入 　　　　财政拨款收入/零余额账户用款额度/银行存款等［发生的归属于捐入方的相关费用］ 如接受捐赠的公共基础设施成本无法可靠取得的 借：其他费用［发生的归属于捐入方的相关费用］ 　　贷：财政拨款收入/零余额账户用款额度/银行存款等	借：其他支出［支付的归属于捐入方的相关费用］ 　　贷：财政拨款预算收入/资金结存
	外购的公共基础设施	借：公共基础设施 　　贷：财政拨款收入/零余额账户用款额度/应付账款/银行存款等	借：行政支出/事业支出 　　贷：财政拨款预算收入/资金结存

2. 实务案例

【例2-79】 某行政单位自行建造一项公共基础设施,现已完工并交付使用,在建工程的成本为30 000元,该单位应当编制的会计分录如下:

财务会计:

借:公共基础设施　　　　　　　　　　　　　　　30 000

　　贷:在建工程　　　　　　　　　　　　　　　　　　30 000

该事项无预算会计处理。

【例2-80】 某行政单位接受其他单位无偿调入一项公共基础设施,该项公共基础设施在调出方的账面价值为20 000元。调入过程中,该行政单位发生相关费用2 000元,款项通过财政直接支付方式支付。该项无偿调入的公共基础设施的成本为22 000元,该行政单位应当编制的会计分录如下:

财务会计:

借:公共基础设施　　　　　　　　　　　　　　　22 000

　　贷:财政拨款收入　　　　　　　　　　　　　　　　2 000

　　　　无偿调拨净资产　　　　　　　　　　　　　　20 000

预算会计:

借:其他支出　　　　　　　　　　　　　　　　　2 000

　　贷:财政拨款预算收入　　　　　　　　　　　　　　2 000

(二) 与公共基础设施有关的后续支出

1. 业务说明和账务处理

将公共基础设施转入改建、扩建时,在财务会计方面,按照公共基础设施的账面价值,借记"在建工程"科目,按照公共基础设施已计提折旧,借记"公共基础设施累计折旧(摊销)"科目,按照公共基础设施的账面余额,贷记本科目。为增加公共基础设施使用效能或延长其使用年限而发生的改建、扩建等后续支出,借记"在建工程"科目,贷记"财政拨款收入""零余额账户用款额度""银行存款"等科目。在预算会计方面,借记"行政支出""事业支出"(实际支付的款项)科目,贷记"财政拨款预算收入""资金结存"等科目。

公共基础设施改建、扩建完成，竣工验收交付使用时，在财务会计方面，按照在建工程成本，借记本科目，贷记"在建工程"科目。为保证公共基础设施正常使用发生的日常维修等支出，借记"业务活动费用""单位管理费用"等科目，贷记"财政拨款收入""零余额账户用款额度""银行存款"等科目。在预算会计方面，借记"行政支出""事业支出"（实际支付的款项）科目，贷记"财政拨款预算收入""资金结存"等科目。

与公共基础设施有关的后续支出的账务处理如表 2-86 所示。

表 2-86　与公共基础设施有关的后续支出的账务处理

	业务名称	财务会计账务处理	预算会计账务处理
与公共基础设施有关的后续支出	为增加公共基础设施使用效能或延长其使用年限而发生的改建、扩建等后续支出	借：在建工程　公共基础设施累计折旧（摊销）　贷：公共基础设施［账面余额］　借：在建工程［发生的相关后续支出］　贷：财政拨款收入/零余额账户用款额度/应付账款/银行存款等	借：行政支出/事业支出［实际支付的款项］　贷：财政拨款预算收入/资金结存
	为维护公共基础设施的正常使用而发生的日常维修、养护等后续支出	借：业务活动费用　贷：财政拨款收入/零余额账户用款额度/银行存款等	借：行政支出/事业支出［实际支付的款项］　贷：财政拨款预算收入/资金结存

2. 实务案例

【例 2-81】　某行政单位对一项公共基础设施进行改建扩建，该项公共基础设施的账面余额为 80 000 元，已经计提折旧 30 000 元，账面价值为 50 000 元。改建扩建的过程中发生支出 20 000 元，款项通过银行存款支付。改建扩建半年后，工程完工并交付使用，该项公共基础设施重新确定的成本数额为 70 000 元。该行政单位应当编制的会计分录如下：

财务会计：

借：在建工程 50 000

公共基础设施累计折旧 30 000

贷：公共基础设施 80 000

借：在建工程 20 000

贷：银行存款 20 000

借：公共基础设施 70 000

贷：在建工程 70 000

预算会计：

借：行政支出 20 000

贷：资金结存——货币资金 20 000

【例 2-82】 某行政单位对一项公共基础设施进行日常维修，发生相应的维修支出 1 000 元，款项通过财政授权支付方式支付，该单位应当编制的会计分录如下：

财务会计：

借：业务活动费用 1 000

贷：零余额账户用款额度 1 000

预算会计：

借：行政支出 1 000

贷：资金结存——零余额账户用款额度 1 000

（三）处置公共基础设施

1. 业务说明和账务处理

（1）报经批准对外捐赠公共基础设施，在财务会计方面，按照公共基础设施已计提的折旧或摊销，借记"公共基础设施累计折旧（摊销）"科目，按照被处置公共基础设施账面余额，贷记本科目，按照捐赠过程中发生的归属于捐出方的相关费用，贷记"银行存款"等科目，按照其差额，借记"资产处置费用"科目。在预算会计方面，借记"其他支出（支付的归属于捐出方的相关费用）"科目，贷记"资金结存"科目。

（2）报经批准无偿调出公共基础设施，在财务会计方面，按照公共基础设施已计提的折旧或摊销，借记"公共基础设施累计折旧（摊销）"科目，按照被处置公共基础设施账面余额，贷记本科目，按照其差额，借记"无偿调拨净资产"科目；同时，按照无偿调出过程中发生的归属于调出方的相关费用，借记"资产处置费用"科目，贷记"银行存款"等科目。在预算会计方面，借记"其他支出（支付的归属于调出方的相关费用）"科目，贷记"资金结存"科目。

处置公共基础设施的账务处理如表2-87所示。

表2-87　处置公共基础设施的账务处理

业务名称		财务会计账务处理	预算会计账务处理
按照规定处置公共基础设施	对外捐赠公共基础设施	借：资产处置费用 　　公共基础设施累计折旧（摊销） 　　贷：公共基础设施［账面余额］ 　　　　银行存款等［归属于捐出方的相关费用］	借：其他支出［支付的归属于捐出方的相关费用］ 　　贷：资金结存等
	无偿调出公共基础设施	借：无偿调拨净资产 　　公共基础设施累计折旧（摊销） 　　贷：公共基础设施［账面余额］ 借：资产处置费用 　　贷：银行存款等［归属于调出方的相关费用］	借：其他支出［支付的归属于调出方的相关费用］ 　　贷：资金结存等

2. 实务案例

【例2-83】　某事业单位将一处价值为60 000元的公共基础设施对外无偿捐赠给另一家公司，已经计提累计折旧5 000元，发生了相关税费2 000元，用银行存款支付。该单位应当编制的会计分录如下：

财务会计：

借：资产处置费用　　　　　　　　　　　　　　　　　57 000

　　公共基础设施累计折旧　　　　　　　　　　　　　　5 000

　　贷：公共基础设施　　　　　　　　　　　　　　　　60 000

　　　　银行存款　　　　　　　　　　　　　　　　　　2 000

预算会计：

借：其他支出　　　　　　　　　　　　　　　　2 000

　　贷：资金结存——货币资金　　　　　　　　　　　　　2 000

（四）报废、毁损的公共基础设施

1. 业务说明和账务处理

单位应当定期对公共基础设施进行清查盘点。对于发生的公共基础设施盘盈、盘亏、毁损或报废，在财务会计方面，应当先记入"待处理财产损溢"科目，按照规定报经批准后及时进行后续账务处理。

（1）盘盈的公共基础设施，其成本按照有关凭据注明的金额确定；没有相关凭据、但按照规定经过资产评估的，其成本按照评估价值确定；没有相关凭据、也未经过评估的，其成本按照重置成本确定。盘盈的公共基础设施成本无法可靠取得的，单位应当设置备查簿进行登记，待成本确定后按照规定及时入账。盘盈的公共基础设施，按照确定的入账成本，借记本科目，贷记"待处理财产损溢"科目。

（2）盘亏、毁损或报废的公共基础设施，按照待处置公共基础设施的账面价值，借记"待处理财产损溢"科目，按照已计提折旧或摊销，借记"公共基础设施累计折旧（摊销）"科目，按照公共基础设施的账面余额，贷记本科目。

该事项无预算会计处理。

报废、毁损的公共基础设施的账务处理如表2-88所示。

表2-88　报废、毁损的公共基础设施的账务处理

业务名称	财务会计账务处理	预算会计账务处理
报废、毁损的公共基础设施	借：待处理财产损溢 　　公共基础设施累计折旧（摊销） 贷：公共基础设施（账面余额）	—

第二十八节　1802 公共基础设施累计折旧（摊销）

一、会计科目简介及应用要点

1. 科目简介

本科目核算单位计提的公共基础设施累计折旧和累计摊销。

2. 科目设置

本科目应当按照所对应公共基础设施的明细分类进行明细核算。

顺序号	编号	会计科目名称	二级科目名称	明细科目名称
一、资产类				
	1802	公共基础设施累计折旧（摊销）		
	1802 01	公共基础设施累计折旧（摊销）	公共基础设施的类别	项目

3. 科目余额

本科目期末贷方余额，反映单位提取的公共基础设施折旧和摊销的累计数。

二、相关经济业务与事项的会计核算

（一）按月计提公共基础设施折旧或摊销时

1. 业务说明和账务处理

按月计提公共基础设施折旧时，在财务会计方面，按照应计提的折旧额，借记"业务活动费用"科目，贷记本科目。按月对确认为公共基础设施的单独计价入账的土地使用权进行摊销时，按照应计提的摊销额，借记"业务活动费用"科目，贷记本科目。该事项无预算会计处理。

2. 实务案例

【例2-84】　某事业单位购买了一块公园绿地，支付价款是300 000元，每月计提折旧3 000元，该单位应当编制的会计分录如下：

财务会计：

借：业务活动费用　　　　　　　　　　　　　　　　3 000

　　贷：公共基础设施累计折旧　　　　　　　　　　　　3 000

该事项无预算会计处理。

按月计提公共基础设施折旧或摊销时的账务处理如表2-88所示。

表2-89　按月计提公共基础设施折旧或摊销时的账务处理

业务名称	财务会计账务处理	预算会计账务处理
按月计提公共基础设施折旧或摊销时	借：业务活动费用 　　贷：公共基础设施累计折旧（摊销）	—

（二）处置公共基础设施时

1. 业务说明和账务处理

处置公共基础设施时，在财务会计方面，按照所处置公共基础设施的账面价值，借记"资产处置费用""无偿调拨净资产""待处理财产损溢"等科目，按照已提取的折旧和摊销，借记本科目，按照公共基础设施账面余额，贷记"公共基础设施"科目。该事项无预算会计处理。

处置公共基础设施时的账务处理如表2-90所示。

表2-90　处置公共基础设施时的账务处理

业务名称	财务会计账务处理	预算会计账务处理
处置公共基础设施时	借：待处理财产损溢 　　公共基础设施累计折旧（摊销） 　　贷：公共基础设施［账面余额］	—

2. 实务案例

见【例2-83】。

第二十九节　1811 政府储备物资

一、会计科目简介及应用要点

1. 科目简介

本科目核算单位控制的政府储备物资的成本。

对政府储备物资不负有行政管理职责但接受委托具体负责执行其存储保管等工作的单位，其受托代储的政府储备物资应当通过"受托代理资产"科目核算，不通过本科目核算。

2. 科目设置

本科目应当按照政府储备物资的种类、品种、存放地点等进行明细核算。单位根据需要，可在本科目下设置"在库""发出"等明细科目进行明细核算。

顺序号	编号	会计科目名称	明细科目名称
一、资产类			
	1811	政府储备物资	
	1811 01	政府储备物资	在库
	1811 02	政府储备物资	发出

3. 科目余额

本科目期末借方余额，反映政府储备物资的成本。

二、相关经济业务与事项的会计核算

（一）取得政府储备物资

1. 业务说明和账务处理

政府储备物资取得时，应当按照其成本入账。

（1）购入的政府储备物资验收入库，在财务会计方面，按照确定的成本，借记本科目，贷记"财政拨款收入""零余额账户用款额度""银行存款"等科目。在预算会计方面，借记"行政支出""事业支出"科目，贷记"财政拨款预算收入""资金结存"等科目。

（2）涉及委托加工政府储备物资业务的，相关账务处理参照"加工物品"科目。

（3）接受捐赠的政府储备物资验收入库，在财务会计方面，按照确定的成本，借记本科目，按照单位承担的相关税费、运输费等，贷记"零余额账户用款额度""银行存款"等科目，按照其差额，贷记"捐赠收入"科目。在预算会计方面，借记"其他支出（捐入方承担的相关税费）"科目，贷记"财政拨款预算收入""资金结存"等科目。

（4）接受无偿调入的政府储备物资验收入库，在财务会计方面，按照确定的成本，借记本科目，按照单位承担的相关税费、运输费等，贷记"零余额账户用款额度""银行存款"等科目，按照其差额，贷记"无偿调拨净资产"科目。在预算会计方面，借记"其他支出（调入方承担的相关税费）"科目，贷记"财政拨款预算收入""资金结存"等科目。

取得政府储备物资的账务处理如表2-91所示。

表2-91　取得政府储备物资的账务处理

	业务名称	财务会计账务处理	预算会计账务处理
取得政府储备物资	购入的政府储备物资	借：政府储备物资 　　贷：财政拨款收入/零余额账户用款额度/应付账款/银行存款等	借：行政支出/事业支出 　　贷：财政拨款预算收入/资金结存
	接受捐赠的政府储备物资	借：政府储备物资 　　贷：捐赠收入 　　　　财政拨款收入/零余额账户用款额度/银行存款［捐入方承担的相关税费］	借：其他支出［捐入方承担的相关税费］ 　　贷：财政拨款预算收入/资金结存
	无偿调入的政府储备物资	借：政府储备物资 　　贷：无偿调拨净资产 　　　　财政拨款收入/零余额账户用款额度/银行存款［调入方承担的相关税费］	借：其他支出［调入方承担的相关税费］ 　　贷：财政拨款预算收入/资金结存

2. 实务案例

【例2-85】 某行政单位购入一批政府储备物资，购买价款为20 000元，由单位承担的运输费和保险费等相关费用合计2 000元，相应款项均通过财政直接支付方式支付。该批政府储备物资确定的成本为22 000，该行政单位应当编制的会计分录如下：

财务会计：

借：政府储备物资　　　　　　　　　　　　　　　22 000

　　贷：财政拨款收入　　　　　　　　　　　　　　　　22 000

预算会计：

借：行政支出　　　　　　　　　　　　　　　　　22 000

　　贷：财政拨款预算收入　　　　　　　　　　　　　　22 000

（二）发出政府储备物资

1. 业务说明和账务处理

政府储备物资发出时，分别以下情况处理：

（1）因动用而发出无需收回的政府储备物资的，在财务会计方面，按照发出物资的账面余额，借记"业务活动费用"科目，贷记本科目。该事项无预算会计处理。

（2）因动用而发出需要收回或者预期可能收回的政府储备物资的，在财务会计方面，在发出物资时，按照发出物资的账面余额，借记本科目（发出），贷记本科目（在库）；按照规定的质量验收标准收回物资时，按照收回物资原账面余额，借记本科目（在库），按照未收回物资的原账面余额，借记"业务活动费用"科目，按照物资发出时登记在本科目所属"发出"明细科目中的余额，贷记本科目（发出）。该事项无预算会计处理。

（3）因行政管理主体变动等原因而将政府储备物资调拨给其他主体的，在财务会计方面，按照无偿调出政府储备物资的账面余额，借记"无偿调拨净资产"科目，贷记本科目。该事项无预算会计处理。

（4）对外销售政府储备物资并将销售收入纳入单位预算统一管理的，在财务会计方面，发出物资时，按照发出物资的账面余额，借记"业务活动费用"科目，贷记本科目；实现销售收入时，按照确认的收入金额，借记"银行存款""应收账款"等科目，贷记"事业收入"等科目。在预算会计方面，借记"资金结存（收到的销售价款）"科目，贷记事业预算收入等科目；借记"行政支出""事业支出"科目，贷记"资金结存（支付的相关税费）"等科目。

对外销售政府储备物资并按照规定将销售净收入上缴财政的，在财务会计方面，发出物资时，按照发出物资的账面余额，借记"资产处置费用"科目，贷记本科目；取得销售价款时，按照实际收到的款项金额，借记"银行存款"等科目，按照发生的相关税费，贷记"银行存款"等科目，按照销售价款大于所承担的相关税费后的差额，贷记"应缴财政款"科目。该事项无预算会计处理。

发出政府储备物资的账务处理如表 2-92 所示。

表 2-92　发出政府储备物资的账务处理

业务名称		财务会计账务处理	预算会计账务处理
发出政府储备物资	动用发出无需收回的政府储备物资	借：业务活动费用 　　贷：政府储备物资〔账面余额〕	—
	动用发出需要收回或预期可能收回的政府储备物资	发出物资时 借：政府储备物资——发出 　　贷：政府储备物资——在库按照规定的质量验收标准收回物资时 借：政府储备物资——在库〔收回物资的账面余额〕 　业务活动费用〔未收回物资的账面余额〕 　　贷：政府储备物资——发出	—
	因行政管理主体变动等原因而将政府储备物资调拨给其他主体的	借：无偿调拨净资产 　　贷：政府储备物资〔账面余额〕	—

续上表

业务名称		财务会计账务处理	预算会计账务处理
发出政府储备物资	对外销售政府储备物资的	**按照规定物资销售收入纳入本单位预算的** 借：业务活动费用 　　贷：政府储备物资 借：银行存款/应收账款等 　　贷：事业收入等 借：业务活动费用 　　贷：银行存款等〔发生的相关税费〕	借：资金结存〔收到的销售价款〕 　　贷：事业预算收入等 借：行政支出/事业支出 　　贷：资金结存〔支付的相关税费〕
		按照规定销售收入扣除相关税费后上交财政的 借：资产处置费用 　　贷：政府储备物资 借：银行存款等〔收到的销售价款〕 　　贷：银行存款〔发生的相关税费〕 　　　　应缴财政款	—

2. 实务案例

【例2-86】 某行政单位因动用而发出一批无需收回的政府储备物资，该批政府储备物资的成本为2 000元，该行政单位应当编制的会计分录如下：

财务会计：

借：业务活动费用　　　　　　　　　　　　　　　　　　2 000

　　贷：政府储备物资　　　　　　　　　　　　　　　　　　2 000

该事项无预算会计处理。

（三）政府储备物资盘盈、盘亏、报废或毁损

1. 业务说明和账务处理

单位应当定期对政府储备物资进行清查盘点，每年至少盘点一次。对于发生的政府储备物资盘盈、盘亏或者报废、毁损，在财务会计方面，应当先记入"待处理财产损溢"科目，按照规定报经批准后及时进行后续账务处理。

（1）盘盈的政府储备物资，按照确定的入账成本，借记本科目，贷记

"待处理财产损溢"科目。

（2）盘亏或者毁损、报废的政府储备物资，按照待处理政府储备物资的账面余额，借记"待处理财产损溢"科目，贷记本科目。

该事项无预算会计处理。

政府储备物资盘盈、盘亏、报废或毁损的账务处理如表2-93所示。

表2-93　政府储备物资盘盈、盘亏、报废或毁损的账务处理

业务名称		财务会计账务处理	预算会计账务处理
政府储备物资盘盈、盘亏、报废或毁损	盘盈的政府储备物资	借：政府储备物资 　贷：待处理财产损溢	—
	盘亏、报废或毁损的政府储备物资	借：待处理财产损溢 　贷：政府储备物资	—

第三十节　1821 文物文化资产

一、会计科目简介及应用要点

1. 科目简介

本科目核算单位为满足社会公共需求而控制的文物文化资产的成本。

单位为满足自身开展业务活动或其他活动需要而控制的文物和陈列品，应当通过"固定资产"科目核算，不通过本科目核算。

2. 科目设置

本科目应当按照文物文化资产的类别、项目等进行明细核算。

顺序号	编号	会计科目名称	二级科目名称	明细科目名称
一、资产类				
	1821	文物文化资产		
	1821 01	文物文化资产	文物文化资产的类别	项目

3. 科目余额

本科目期末借方余额，反映文物文化资产的成本。

二、相关经济业务与事项的会计核算

（一）取得文物文化资产

1. 业务说明和账务处理

文物文化资产在取得时，应当按照其成本入账。

（1）外购的文物文化资产，其成本包括购买价款、相关税费以及可归属于该项资产达到预定用途前所发生的其他支出（如运输费、安装费、装卸费等）。

外购的文物文化资产，在财务会计方面，按照确定的成本，借记本科目，贷记"财政拨款收入""零余额账户用款额度""银行存款"等科目。在预算会计方面，借记"行政支出""事业支出"科目，贷记"财政拨款预算收入""资金结存"等科目。

（2）接受其他单位无偿调入的文物文化资产，其成本按照该项资产在调出方的账面价值加上归属于调入方的相关费用确定。调入的文物文化资产，在财务会计方面，按照确定的成本，借记本科目，按照发生的归属于调入方的相关费用，贷记"零余额账户用款额度""银行存款"等科目，按照其差额，贷记"无偿调拨净资产"科目。无偿调入的文物文化资产成本无法可靠取得的，按照发生的的归属于调入方的相关费用，借记"其他费用"科目，贷记"零余额账户用款额度""银行存款"等科目。在预算会计方面，借记"其他支出（支付的归属于调入方的相关费用）"，贷记"财政拨款预算收入""资金结存"等科目。

（3）接受捐赠的文物文化资产，其成本按照有关凭据注明的金额加上相关费用确定；没有相关凭据可供取得，但按照规定经过资产评估的，其成本按照评估价值加上相关费用确定；没有相关凭据可供取得、也未经评估的，其成本比照同类或类似资产的市场价格加上相关费用确定。

接受捐赠的文物文化资产，在财务会计方面，按照确定的成本，借记本科目，按照发生的相关税费、运输费等金额，贷记"零余额账户用款额度""银行存款"等科目，按照其差额，贷记"捐赠收入"科目。在预算会计方面，借记"其他支出（支付的归属于捐入方的相关费用）"，贷记"资金结存"等科目。

接受捐赠的文物文化资产成本无法可靠取得的，在财务会计方面，按照发生的相关税费、运输费等金额，借记"其他费用"科目，贷记"零余额账户用款额度""银行存款"等科目。在预算会计方面，借记"其他支出（支付的归属于调入方的相关费用）"，贷记"资金结存"等科目。

（4）对于成本无法可靠取得的文物文化资产，单位应当设置备查簿进行登记，待成本能够可靠确定后按照规定及时入账。

取得文物文化资产的账务处理如表2-94所示。

表2-94 取得文物文化资产的账务处理

业务名称		财务会计账务处理	预算会计账务处理
取得文物文化资产	外购的文物文化资产	借：文物文化资产 　　贷：财政拨款收入/零余额账户用款额度/应付账款/银行存款等	借：行政支出/事业支出 　　贷：财政拨款预算收入/资金结存
	接受无偿调入的文物文化资产	借：文物文化资产 　　贷：无偿调拨净资产 　　　　财政拨款收入/零余额账户用款额度/银行存款等〔发生的归属于调入方的相关费用〕 如无偿调入的文物文化资产成本无法可靠取得的 借：其他费用〔发生的归属于调入方的相关费用〕 　　贷：财政拨款收入/零余额账户用款额度/银行存款等	借：其他支出〔支付的归属于调入方的相关费用〕 　　贷：财政拨款预算收入/资金结存
	接受捐赠的文物文化资产	借：文物文化资产 　　贷：捐赠收入 　　　　财政拨款收入/零余额账户用款额度/银行存款〔发生的归属于捐入方的相关费用〕 接受捐赠的文物文化资产成本无法可靠取得的 借：其他费用〔发生的归属于调入方的相关费用〕 　　贷：财政拨款收入/零余额账户用款额度/银行存款等	借：其他支出〔支付的归属于捐入方的相关费用〕 　　贷：资金结存等

2. 实务案例

【例2-87】 某事业单位接受一项文物文化资产，经过资产评估，评估价值为 30 000 元。接受捐赠过程中发生了相关费用 1 000 元，款项通过单位的零余额账户用款额度支付。该单位应当编制的会计分录如下：

财务会计：

借：文物文化资产   31 000

    贷：捐赠收入   30 000

        零余额账户用款额度   1 000

预算会计：

借：其他支出   1 000

    贷：资金结存——零余额账户用款额度   1 000

（二）处置文物文化资产

1. 业务说明和账务处理

按照规定报经批准处置文物文化资产，应当分别以下情况处理：

（1）报经批准对外捐赠文物文化资产，在财务会计方面，按照被处置文物文化资产账面余额和捐赠过程中发生的归属于捐出方的相关费用合计数，借记"资产处置费用"科目，按照被处置文物文化资产账面余额，贷记本科目，按照捐赠过程中发生的归属于捐出方的相关费用，贷记"银行存款"等科目。在预算会计方面，借记"其他支出（支付的归属于捐出方的相关费用）"，贷记"资金结存"等科目。

（2）报经批准无偿调出文物文化资产，在财务会计方面，按照被处置文物文化资产账面余额，借记"无偿调拨净资产"科目，贷记本科目；同时，按照无偿调出过程中发生的归属于调出方的相关费用，借记"资产处置费用"科目，贷记"银行存款"等科目。在预算会计方面，借记"其他支出（支付的归属于调出方的相关费用）"，贷记"资金结存"等科目。

按照规定处置文物文化资产的账务处理如表2-95所示。

表2-95 按照规定处置文物文化资产的账务处理

业务名称		财务会计账务处理	预算会计账务处理
按照规定处置文物文化资产	对外捐赠文物文化资产	借：资产处置费用 　　贷：文物文化资产［账面余额］ 　　　　银行存款等［归属于捐出方的相关费用］	借：其他支出［支付的归属于捐出方的相关费用］ 　　贷：资金结存等
	无偿调出文物文化资产	借：无偿调拨净资产 　　贷：文物文化资产［账面余额］ 借：资产处置费用 　　贷：银行存款等［归属于调出方的相关费用］	借：其他支出［支付的归属于调出方的相关费用］ 　　贷：资金结存等

2. 实务案例

【例2-88】 某事业单位将其一批文化资产对外无偿调出给同一系统另一家事业单位，账载金额为20 000元，发生了相关税费200元，用银行存款支付。该单位应当编制的会计分录如下：

财务会计：

借：无偿调拨净资产　　　　　　　　　　　　　　　　20 000

　　贷：文物文化资产　　　　　　　　　　　　　　　　　20 000

借：资产处置费用　　　　　　　　　　　　　　　　　　200

　　贷：银行存款　　　　　　　　　　　　　　　　　　　　200

预算会计：

借：其他支出　　　　　　　　　　　　　　　　　　　　200

　　贷：资金结存——货币资金　　　　　　　　　　　　　　200

（三）盘点文物文化资产

1. 业务说明和账务处理

单位应当定期对文物文化资产进行清查盘点，每年至少盘点一次。对于发生的文物文化资产盘盈、盘亏、毁损或报废等，参照"公共基础设施"科目相关规定进行账务处理。

盘点文物文化资产的账务处理如表2-96所示。

表2-96　盘点文物文化资产的账务处理

业务名称		财务会计账务处理	预算会计账务处理
盘点文物文化资产	盘盈时	借：文物文化资产 　　贷：待处理财产损溢	—
	盘亏、毁损、报废时	借：待处理财产损溢 　　贷：文物文化资产［账面余额］	

第三十一节　1831 保障性住房

一、会计科目简介及应用要点

1. 科目简介

本科目核算单位为满足社会公共需求而控制的保障性住房的原值。

2. 科目设置

本科目应当按照保障性住房的类别、项目等进行明细核算。

顺序号	编号	会计科目名称	二级科目名称	明细科目名称
一、资产类				
	1831	保障性住房		
	1831 01	保障性住房	保障性住房的类别	项目

3. 科目余额

本科目期末借方余额，反映保障性住房的原值。

二、相关经济业务与事项的会计核算

（一）取得保障性住房

1. 业务说明和账务处理

保障性住房在取得时，应当按其成本入账。

（1）外购的保障性住房，其成本包括购买价款、相关税费以及可归属于该项资产达到预定用途前所发生的其他支出。外购的保障性住房，在财务会计方面，按照确定的成本，借记本科目，贷记"财政拨款收入""零余额账户用款额度""银行存款"等科目。在预算会计方面，借记"行政支出""事业支出"科目，贷记"财政拨款预算收入""资金结存"科目。

（2）自行建造的保障性住房交付使用时，在财务会计方面，按照在建工程成本，借记本科目，贷记"在建工程"科目。已交付使用但尚未办理竣工决算手续的保障性住房，按照估计价值入账，待办理竣工决算后再按照实际成本调整原来的暂估价值。该事项无预算会计处理。

（3）接受其他单位无偿调入的保障性住房，其成本按照该项资产在调出方的账面价值加上归属于调入方的相关费用确定。无偿调入的保障性住房，在财务会计方面，按照确定的成本，借记本科目，按照发生的归属于调入方的相关费用，贷记"零余额账户用款额度""银行存款"等科目，按照其差额，贷记"无偿调拨净资产"科目。在预算会计方面，借记"其他支出（支付的相关税费）"，贷记"资金结存"等科目。

（4）接受捐赠、融资租赁取得的保障性住房，参照"固定资产"科目相关规定进行处理。

保障性住房取得的账务处理如表 2-97 所示。

表 2-97　保障性住房取得的账务处理

业务名称		财务会计账务处理	预算会计账务处理
保障性住房取得	外购的保障性住房	借：保障性住房 贷：财政拨款收入/零余额账户用款额度/银行存款等	借：行政支出/事业支出 贷：财政拨款预算收入/资金结存
	自行建造的保障性住房，工程完工交付使用时	借：保障性住房 贷：在建工程	—
	无偿调入的保障性住房	借：保障性住房 贷：银行存款/零余额账户用款额度等［发生的相关费用］ 　　无偿调拨净资产［差额］	借：其他支出［支付的相关税费］ 贷：资金结存等

2. 实务案例

【例2-89】 某行政单位自行建造一幢保障性住房，该保障性住房建造完工并交付使用，在建工程成本为200 000元，该单位应当编制的会计分录如下：

财务会计：

借：保障性住房　　　　　　　　　　　　　　　　　200 000

　　贷：在建工程　　　　　　　　　　　　　　　　　　200 000

该事项无预算会计处理。

（二）出租保障性住房

1. 业务说明和账务处理

按照规定出租保障性住房并将出租收入上缴同级财政，在财务会计方面，按照收取的租金金额，借"银行存款"等科目，贷记"应缴财政款"科目。该事项无预算会计处理。

出租保障性住房的账务处理如表2-98所示。

表2-98　出租保障性住房的账务处理

业务名称		财务会计账务处理	预算会计账务处理
出租保障性住房	按照收取或应收的租金金额	借：银行存款/应收账款 　贷：应缴财政款	—

2. 实务案例

【例2-90】 某行政单位出租一幢保障性住房，收到租金2 000元，款项已经存入开户银行。按照规定，该租金应当上缴同级财政。该行政单位应当编制的会计分录如下：

财务会计：

借：银行存款　　　　　　　　　　　　　　　　　　2 000

　　贷：应缴财政款　　　　　　　　　　　　　　　　　2 000

该事项无预算会计处理。

（三）处置保障性住房

1. 业务说明和账务处理

按照规定报经批准处置保障性住房，应当分别以下情况处理：

（1）报经批准无偿调出保障性住房，在财务会计方面，按照保障性住房已计提的折旧，借记"保障性住房累计折旧"科目，按照被处置保障性住房账面余额，贷记本科目，按照其差额，借记"无偿调拨净资产"科目；同时，按照无偿调出过程中发生的归属于调出方的相关费用，借记"资产处置费用"科目，贷记"银行存款"等科目。在预算会计方面，借记"其他支出"，贷记"资金结存"等科目。

（2）报经批准出售保障性住房，在财务会计方面，按照被出售保障性住房的账面价值，借记"资产处置费用"科目，按照保障性住房已计提的折旧，借记"保障性住房累计折旧"科目，按照保障性住房账面余额，贷记本科目；同时，按照收到的价款，借记"银行存款"等科目，按照出售过程中发生的相关费用，贷记"银行存款"等科目，按照其差额，贷记"应缴财政款"科目。该事项无预算会计处理。

处置保障性住房的账务处理如表2-99所示。

表2-99　处置保障性住房的账务处理

业务名称		财务会计账务处理	预算会计账务处理
处置保障性住房	出售保障性住房	借：资产处置费用 　　保障性住房累计折旧 　贷：保障性住房［账面余额］	—
		借：银行存款［处置保障性住房收到的价款］ 　贷：应缴财政款 　　　银行存款等［发生的相关费用］	—
	无偿调出保障性住房	借：无偿调拨净资产 　　保障性住房累计折旧 　贷：保障性住房［账面余额］	—
		借：资产处置费用 　贷：银行存款等［归属于调出方的相关费用］	借：其他支出 　贷：资金结存等

2. 实务案例

【例2-91】 某行政单位报经批准无偿调出一幢保障性住房，该幢保障性住房的账面余额为600 000元，已经计提折旧30 000元，账面价值为570 000元，该单位应当编制的会计分录如下：

财务会计：

借：无偿调拨净资产　　　　　　　　　　　　570 000

　　保障性住房累计折旧　　　　　　　　　　 30 000

　　贷：保障性住房　　　　　　　　　　　　　　 600 000

该事项无预算会计处理。

（四）保障性住房定期盘点清查

业务说明和账务处理：单位应当定期对保障性住房进行清查盘点。对于发生的保障性住房盘盈、盘亏、毁损或报废等，参照"固定资产"科目相关规定进行账务处理。

保障性住房定期盘点清查的账务处理如表2-100所示。

表2-100　保障性住房定期盘点清查的账务处理

业务名称		财务会计账务处理	预算会计账务处理
保障性住房定期盘点清查	盘盈的保障性住房	借：保障性住房 　　贷：待处理财产损溢	—
	盘亏、毁损或报废的保障性住房	借：待处理财产损溢〔账面价值〕 　　保障性住房累计折旧 　　贷：保障性住房〔账面余额〕	—

第三十二节 1832 保障性住房累计折旧

一、业务管理

单位应当参照《政府会计准则第 3 号——固定资产》及其应用指南的相关规定，按月对其控制的保障性住房计提折旧。

二、会计科目简介及应用要点

1. 科目简介

本科目核算单位计提的保障性住房的累计折旧。

2. 科目设置

本科目应当按照所对应保障性住房的类别进行明细核算。

顺序号	编号	会计科目名称	二级科目名称	明细科目名称
一、资产类				
	1832	保障性住房累计折旧		
	1832 01	保障性住房累计折旧	保障性住房的类别	项目

3. 科目余额

本科目期末贷方余额，反映单位计提的保障性住房折旧累计数。

三、相关经济业务与事项的会计核算

（一）按月计提保障性住房折旧时

1. 业务说明和账务处理

按月计提保障性住房折旧时，在财务会计方面，按照应计提的折旧额，借记"业务活动费用"科目，贷记本科目。该事项无预算会计处理。

按月计提保障性住房折旧时的账务处理如表 2-101 所示。

表 2-101　按月计提保障性住房折旧时的账务处理

业务名称	财务会计账务处理	预算会计账务处理
按月计提保障性住房折旧时	借：业务活动费用 　贷：保障性住房累计折旧	—

2. 实务案例

【例 2-92】　某行政单位对控制的一幢保障性住房计提折旧 10 000 元，该单位应当编制的会计分录如下：

财务会计：

借：业务活动费用　　　　　　　　　　　　　　　　　10 000

　　贷：保障性住房累计折旧　　　　　　　　　　　　　10 000

该事项无预算会计处理。

（二）处置保障性住房时

1. 业务说明和账务处理

报经批准处置保障性住房时，在财务会计方面，按照所处置保障性住房的账面价值，借记"资产处置费用""无偿调拨净资产""待处理财产损溢"等科目，按照已计提折旧，借记本科目，按照保障性住房的账面余额，贷记"保障性住房"科目。在预算会计方面，涉及资金支付的，参照"保障性住房"科目的相关账务处理。

处置保障性住房时的账务处理如表 2-102 所示。

表 2-102　处置保障性住房时的账务处理

业务名称	财务会计账务处理	预算会计账务处理
处置保障性住房时	借：待处理财产损溢/无偿调拨净资产/资产处置费用等 　　保障性住房累计折旧 　贷：保障性住房［账面余额］	涉及资金支付的，参照"保障性住房"科目的相关账务处理

2. 实务案例

见【例 2-91】。

第三十三节　1891 受托代理资产

一、会计科目简介及应用要点

1. 科目简介

本科目核算单位接受委托方委托管理的各项资产，包括受托指定转赠的物资、受托存储保管的物资等的成本。单位管理的罚没物资也应当通过本科目核算。单位收到的受托代理资产为现金和银行存款的，不通过本科目核算，应当通过"库存现金""银行存款"科目进行核算。

2. 科目设置

本科目应当按照资产的种类和委托人进行明细核算；属于转赠资产的，还应当按照受赠人进行明细核算。

顺序号	编号	会计科目名称	二级科目名称	明细科目名称
一、资产类				
	1891	受托代理资产		
	1891 01	受托代理资产	资产的种类	委托人

3. 科目余额

本科目期末借方余额，反映单位受托代理实物资产的成本。

二、相关经济业务与事项的会计核算

（一）受托转赠资产

1. 业务说明和账务处理

（1）接受委托人委托需要转赠给受赠人的物资，其成本按照有关凭据注明的金额确定。接受委托转赠的物资验收入库，在财务会计方面，按照确定的成本，借记本科目，贷记"受托代理负债"科目。该事项无预算会计处理。

受托协议约定由受托方承担相关税费、运输费等的，在财务会计方面，还应当按照实际支付的相关税费、运输费等金额，借记"其他费用"科目，贷记"银行存款"等科目。在预算会计方面，应当借记"其他支出（实际支付的相关税费、运输费等）"科目，贷记"财政拨款预算收入""资金结存"科目。

（2）将受托转赠物资交付受赠人时，在财务会计方面，按照转赠物资的成本，借记"受托代理负债"科目，贷记本科目。该事项无预算会计处理。

（3）转赠物资的委托人取消了对转赠物资的转赠要求，且不再收回转赠物资的，应当将转赠物资转为单位的存货、固定资产等。在财务会计方面，按照转赠物资的成本，借记"受托代理负债"科目，贷记本科目；同时，借记"库存物品""固定资产"等科目，贷记"其他收入"科目。该事项无预算会计处理。

受托转赠资产的账务处理如表2-103所示。

表2-103 受托转赠资产的账务处理

	业务名称	财务会计账务处理	预算会计账务处理
受托转赠物资	接受委托人委托需要转赠给受赠人的物资	借：受托代理资产 　　贷：受托代理负债	—
	受托协议约定由受托方承担相关税费、运输费的	借：其他费用 　　贷：财政拨款收入/零余额账户用款额度/银行存款等	借：其他支出［实际支付的相关税费、运输费等］ 　　贷：财政拨款预算收入/资金结存
	将受托转赠物资交付受赠人时	借：受托代理负债 　　贷：受托代理资产	—
	转赠物资的委托人取消了对捐赠物资的转赠要求，且不再收回捐赠物资的	借：受托代理负债 　　贷：受托代理资产 借：库存物品/固定资产等 　　贷：其他收入	—

2. 实务案例

【例2-93】　某行政单位接受一批委托转赠物资，按照有关凭证注明的金额，该批物资的成本为20 000元。数日后，该行政单位按照委托人的要求，将该批物资转赠给了相关的受赠人。该单位应当编制的会计分录如下：

财务会计：

借：受托代理资产　　　　　　　　　　　　　　　　20 000
　　贷：受托代理负债　　　　　　　　　　　　　　　　　20 000
借：受托代理负债　　　　　　　　　　　　　　　　20 000
　　贷：受托代理资产　　　　　　　　　　　　　　　　　20 000
该事项无预算会计处理。

（二）受托存储保管物资

1. 业务说明和账务处理

（1）接受委托人委托存储保管的物资，其成本按照有关凭据注明的金额确定。接受委托储存的物资验收入库，在财务会计方面，按照确定的成本，借记本科目，贷记"受托代理负债"科目。该事项无预算会计处理。

（2）发生由受托单位承担的与受托存储保管的物资相关的运输费、保管费等费用时，在财务会计方面，按照实际发生的费用金额，借记"其他费用"等科目，贷记"银行存款"等科目。在预算会计方面，应当借记"其他支出（实际支付的相关税费、运输费等）"科目，贷记"财政拨款预算收入""资金结存"科目。

（3）根据委托人要求交付或发出受托存储保管的物资时，按照发出物资的成本，在财务会计方面，借记"受托代理负债"科目，贷记本科目。该事项无预算会计处理。

受托存储保管物资的账务处理如表2-104所示。

表2-104　受托存储保管物资的账务处理

业务名称		财务会计账务处理	预算会计账务处理
受托储存保管物资	接受委托人委托储存保管的物资	借：受托代理资产 　贷：受托代理负债	—
	支付由受托单位承担的与受托储存保管的物资相关的运输费、保管费等	借：其他费用等 　贷：财政拨款收入/零余额账户用款额度/银行存款等	借：其他支出等［实际支付的运输费、保管费等］ 　贷：财政拨款预算收入/资金结存
	根据委托人要求交付受托储存保管的物资时	借：受托代理负债 　贷：受托代理资产	—

2. 实务案例

【例2-94】　某事业单位接受委托人委托储存保管一批物资，有关凭据注明的金额为 30 000 元。数月后，该事业单位根据委托人要求交付一部分受托储存保管的物资，成本金额为 20 000 元，该单位应当编制的会计分录如下：

财务会计：

借：受托代理资产　　　　　　　　　　　　　　30 000

　　贷：受托代理负债　　　　　　　　　　　　　　　30 000

借：受托代理负债　　　　　　　　　　　　　　20 000

　　贷：受托代理资产　　　　　　　　　　　　　　　20 000

该事项无预算会计处理。

（三）罚没资产

1. 业务说明和账务处理

（1）取得罚没物资时，其成本按照有关凭据注明的金额确定。罚没物资验收（入库），在财务会计方面，按照确定的成本，借记本科目，贷记"受托代理负债"科目。罚没物资成本无法可靠确定的，单位应当设置备查簿进行登记。该事项无预算会计处理。

（2）按照规定处置或移交罚没物资时，在财务会计方面，按照罚没物资的成本，借记"受托代理负债"科目，贷记本科目。处置时取得款项的，按照实际取得的款项金额，借记"银行存款"等科目，贷记"应缴财政款"等科目。该事项无预算会计处理。

罚没资产的账务处理如表2-105所示。

表2-105　罚没资产的账务处理

业务名称		财务会计账务处理	预算会计账务处理
罚没物资	取得罚没物资时	借：受托代理资产 　　贷：受托代理负债	—
	按照规定处置罚没物资时	借：受托代理负债 　　贷：受托代理资产 处置时取得款项的 借：银行存款等 　　贷：应缴财政款	—

2. 实务案例

【例2-95】　某事业单位在执法过程中获得一批罚没物资，根据对方单位提供的凭据该批物资价值10 000元，于三日后验收入库。按照有关规定，该批物资按照程序进行处置，处置之后获得处置收益5 000元。该单位应当编制的会计分录如下：

财务会计：

借：受托代理资产　　　　　　　　　　　　　　　10 000
　　贷：受托代理负债　　　　　　　　　　　　　　　　10 000
借：受托代理负债　　　　　　　　　　　　　　　10 000
　　贷：受托代理资产　　　　　　　　　　　　　　　　10 000
借：银行存款　　　　　　　　　　　　　　　　　5 000
　　贷：应缴财政款　　　　　　　　　　　　　　　　　5 000
该事项无预算会计处理。

第三十四节　1901 长期待摊费用

一、会计科目简介及应用要点

1. 科目简介

本科目核算单位已经支出，但应由本期和以后各期负担的分摊期限在 1 年以上（不含 1 年）的各项费用，如以经营租赁方式租入的固定资产发生的改良支出等。

2. 科目设置

本科目应当按照费用项目进行明细核算。

顺序号	编号	会计科目名称	明细科目名称
一、资产类			
	1901	长期待摊费用	
	1901 01	长期待摊费用	费用项目

3. 科目余额

本科目期末借方余额，反映单位尚未摊销完毕的长期待摊费用。

二、相关经济业务与事项的会计核算

（一）发生长期待摊费用

1. 业务说明和账务处理

发生长期待摊费用时，在财务会计方面，按照支出金额，借记本科目，贷记"财政拨款收入""零余额账户用款额度""银行存款"等科目。在预算会计方面，借记"行政支出""事业支出"等科目，贷记"财政拨款预算收入""资金结存"等科目。

发生长期待摊费用的账务处理如表 2-106 所示。

表2-106　发生长期待摊费用的账务处理

业务名称	财务会计账务处理	预算会计账务处理
发生长期待摊费用	借：长期待摊费用 　　贷：财政拨款收入/零余额账户用款额度/银行存款等	借：行政支出/事业支出等 　　贷：财政拨款预算收入/资金结存

2. 实务案例

【例2-96】　某行政单位以经营租赁方式租入办公用房，合约租期为10年。为适合办公需要，该行政单位对租入的办公用房进行装修改良，并通过财政直接支付的方式支付相应的装修改良支出100 000元，形成长期待摊费用。该单位应当编制的会计分录如下：

财务会计：

借：长期待摊费用　　　　　　　　　　　　　　　100 000

　　贷：财政拨款收入　　　　　　　　　　　　　　　100 000

预算会计：

借：行政支出　　　　　　　　　　　　　　　　　100 000

　　贷：财政拨款预算收入　　　　　　　　　　　　　100 000

（二）　按期摊销或一次转销长期待摊费用剩余账面余额

1. 业务说明和账务处理

按照受益期间摊销长期待摊费用时，在财务会计方面，按照摊销金额，借记"业务活动费用""单位管理费用""经营费用"等科目，贷记本科目。该事项无预算会计处理。

如果某项长期待摊费用已经不能使单位受益，应当将其摊余金额一次全部转入当期费用。在财务会计方面，按照摊销金额，借记"业务活动费用""单位管理费用""经营费用"等科目，贷记本科目。该事项无预算会计处理。

按期摊销或一次转销长期待摊费用剩余账面余额的账务处理如表2-107所示。

表2-107 按期摊销或一次转销长期待摊费用剩余账面余额的账务处理

业务名称	财务会计账务处理	预算会计账务处理
按期摊销或一次转销长期待摊费用剩余账面余额	借：业务活动费用/单位管理费用/经营费用等 　　贷：长期待摊费用	—

2. 实务案例

【例2-97】 接【例2-96】。该行政单位按照合约租期每年摊销长期待摊费用10 000元。该单位应当编制的会计分录如下：

财务会计：

借：业务活动费用　　　　　　　　　　　　　　　　10 000

　　贷：长期待摊费用　　　　　　　　　　　　　　　　10 000

该事项无预算会计处理。

第三十五节　1902 待处理财产损溢

一、业务管理

单位资产清查中查明的资产盘盈、盘亏、报废和毁损，一般应当先记入本科目，按照规定报经批准后及时进行账务处理。年末结账前一般应处理完毕。

二、会计科目简介及应用要点

1. 科目简介

本科目核算单位在资产清查过程中查明的各种资产盘盈、盘亏和报废、毁损的价值。

2. 科目设置

本科目应当按照待处理的资产项目进行明细核算；对于在资产处理过

程中取得收入或发生相关费用的项目，还应当设置"待处理财产价值""处理净收入"明细科目，进行明细核算。

顺序号	编号	会计科目名称	明细科目名称
一、资产类			
	1901	待处理财产损溢	
	1901 01	待处理财产损溢	待处理的资产项目

3. 科目余额

本科目期末如为借方余额，反映尚未处理完毕的各种资产的净损失；期末如为贷方余额，反映尚未处理完毕的各种资产净溢余。年末，经批准处理后，本科目一般应无余额。

三、相关经济业务与事项的会计核算

（一）账款核对时发现的库存现金短缺或溢余

1. 业务说明和账务处理

（1）每日账款核对中发现现金短缺或溢余，在财务会计方面，属于现金短缺，按照实际短缺的金额，借记本科目，贷记"库存现金"科目在预算会计方面，借记"其他支出"科目，贷记"资金结存"科目；属于现金溢余，按照实际溢余的金额，借记"库存现金"科目，贷记本科目。在预算会计方面，借记"资金结存"科目，贷记"其他预算收入"科目。

（2）如为现金短缺，属于应由责任人赔偿或向有关人员追回的，在财务会计方面，借记"其他应收款"科目，贷记本科目；属于无法查明原因的，报经批准核销时，借记"资产处置费用"科目，贷记本科目。该事项无预算会计处理。

（3）如为现金溢余，属于应支付给有关人员或单位的，在财务会计方面，借记本科目，贷记"其他应付款"科目；属于无法查明原因的，报经批准后，借记本科目，贷记"其他收入"科目。该事项无预算会计处理。

账款核对时发现的库存现金短缺或溢余的账务处理如表 2 - 108 所示。

表2-108　账款核对时发现的库存现金短缺或溢余的账务处理

业务名称	财务会计账务处理	预算会计账务处理
账款核对时发现的现金短缺或溢余	参照"库存现金"科目的账务处理	

2. 实务案例

见【例2-5】。

（二）资产清查

1. 业务说明和账务处理

资产清查过程中发现的存货、固定资产、无形资产、公共基础设施、政府储备物资、文物文化资产、保障性住房等各种资产盘盈、盘亏或报废、毁损。

（1）盘盈的各类资产

转入待处理资产时，在财务会计方面，按照确定的成本，借记"库存物品""固定资产""无形资产""公共基础设施""政府储备物资""文物文化资产""保障性住房"等科目，贷记本科目。该事项无预算会计处理。

按照规定报经批准后处理时，对于盘盈的流动资产，在财务会计方面，借记本科目，贷记"单位管理费用"［事业单位］或"业务活动费用"［行政单位］科目。对于盘盈的非流动资产，如属于本年度取得的，按照当年新取得相关资产进行账务处理；如属于以前年度取得的，按照前期差错处理，借记本科目，贷记"以前年度盈余调整"科目。该事项无预算会计处理。

（2）盘亏或者毁损、报废的各类资产

转入待处理资产时，在财务会计方面，借记本科目（待处理财产价值）［盘亏、毁损、报废固定资产、无形资产、公共基础设施、保障性住房的，还应借记"固定资产累计折旧""无形资产累计摊销""公共基础设施累计折旧（摊销）""保障性住房累计折旧"科目］，贷记"库存物品""固定资产""无形资产""公共基础设施""政府储备物资""文物文化资产""保障性住房""在建工程"等科目。涉及增值税业务的，相关账务处理参见"应交增值税"科目。报经批准处理时，借记"资产处置费用"科目，贷记本科目（待处理财产价值）。该事项无预算会计处理。

处理毁损、报废实物资产过程中取得的残值或残值变价收入、保险理赔和过失人赔偿等，在财务会计方面，借记"库存现金""银行存款""库存物品""其他应收款"等科目，贷记本科目（处理净收入）；处理毁损、报废实物资产过程中发生的相关费用，借记本科目（处理净收入），贷记"库存现金""银行存款"等科目。该事项无预算会计处理。

处理收支结清，在财务会计方面，如果处理收入大于相关费用的，按照处理收入减去相关费用后的净收入，借记本科目（处理净收入），贷记"应缴财政款"等科目；如果处理收入小于相关费用的，按照相关费用减去处理收入后的净支出，借记"资产处置费用"科目，贷记本科目（处理净收入）。在预算会计方面，应当借记"其他支出"科目，贷记"资金结存[支付的处理净支出]"等科目。

资产清查的账务处理如表 2-109 所示。

表 2-109 资产清查的账务处理

业务名称			财务会计账务处理	预算会计账务处理
盘盈的非现金资产	转入待处理财产时		借：库存物品/固定资产/无形资产/公共基础设施/政府储备物资/文物文化资产/保障性住房等 　　贷：待处理财产损溢	—
	报经批准后处理时	对于流动资产	借：待处理财产损溢 　　贷：单位管理费用［事业单位］ 　　　　业务活动费用［行政单位］	—
		对于非流动资产	借：待处理财产损溢 　　贷：以前年度盈余调整	—
盘亏或毁损、报废的非现金资产	转入待处理财产时		借：待处理财产损溢——待处理财产价值 　　　固定资产累计折旧/公共基础设施累计折旧（摊销）/无形资产累计摊销/保障性住房累计折旧 　　贷：库存物品/固定资产/公共基础设施/无形资产/政府储备物资/文物文化资产/保障性住房等	—

续上表

业务名称		财务会计账务处理	预算会计账务处理
盘亏或毁损、报废的非现金资产	报经批准处理时	借：资产处置费用 　　贷：待处理财产损溢——待处理财产价值	—
	处理毁损、报废实物资产过程中取得的残值或残值变价收入、保险理赔或过失人赔偿等	借：库存现金/银行存款/库存物品/其他应收款等 　　贷：待处理财产损溢——处理净收入	—
	处理毁损、报废实物资产过程中发生的相关费用	借：待处理财产损溢——处理净收入 　　贷：库存现金/银行存款等	—
	处理收支结清，处理收入大于相关费用的	借：待处理财产损溢——处理净收入 　　贷：应缴财政款	—
	处理收支结清，处理收入小于相关费用的	借：资产处置费用 　　贷：待处理财产损溢——处理净收入	借：其他支出 　　贷：资金结存等〔支付的处理净支出〕

2. 实务案例

【例2-99】　某事业单位在资产清查过程中发现一批已经毁损的库存物品。该批库存物品的账面余额为3 000元。该事业单位将其转入待处理财产。报经批准后，该事业单位将相应的待处理财产价值转入资产处置费用。该事业单位在处理该批库存物品的过程中，取得变价收入等处理收入2 000元，发生清理费用等相关费用200元，实际形成处理净收入1 800元，款项均以银行存款收付。按照规定，该批库存物品的处理净收入应当上缴财政。该事业单位按照规定结清该处理净收入。暂不考虑增值税业务。该单位应当编制的会计分录如下：

财务会计：

借：待处理财产损溢——待处理财产价值　　　　　　　3 000
　　贷：库存物品　　　　　　　　　　　　　　　　　　　　3 000
借：资产处置费用　　　　　　　　　　　　　　　　　3 000
　　贷：待处理财产损溢——待处理财产价值　　　　　　　　3 000
借：银行存款　　　　　　　　　　　　　　　　　　　2 000
　　贷：待处理财产损溢——处理净收入　　　　　　　　　　2 000
借：待处理财产损溢——处理净收入　　　　　　　　　　200
　　贷：银行存款　　　　　　　　　　　　　　　　　　　　200
借：待处理财产损溢——处理净收入　　　　　　　　　1 800
　　贷：应缴财政款　　　　　　　　　　　　　　　　　　　1 800
该事项无预算会计处理。

第三章　负债类科目的会计核算与实务案例

第一节　2001 短期借款

一、业务管理

事业单位短期借款的核算主要包括三个方面，第一，取得借款的核算，第二，借款利息的核算，第三，归还借款的核算。行政单位没有短期借款业务。

二、会计科目简介及应用要点

1. 科目简介

本科目核算事业单位经批准向银行或其他金融机构等借入的期限在 1 年内（含 1 年）的各种借款。

2. 科目设置

本科目应当按照债权人和借款种类进行明细核算。

顺序号	编号	会计科目名称	明细科目名称
二、负债类			
	2001	短期借款	
	2001 01	短期借款	债权人和借款种类

3. 科目余额

本科目期末贷方余额，反映事业单位尚未偿还的短期借款本金。

三、相关经济业务与事项的会计核算

（一）借入各种短期借款

1. 业务说明和账务处理

借入各种短期借款时，在财务会计方面，按照实际借入的金额，借记"银行存款"科目，贷记本科目。在预算会计方面，借记"资金结存"科目，贷记"债务预算收入"科目。

表3-1 借入各种短期借款的账务处理

业务名称	财务会计处理	预算会计处理
借入各种短期借款	借：银行存款 　　贷：短期借款	借：资金结存——货币资金 　　贷：债务预算收入

2. 实务案例

【例3-1】 某事业单位经批准向银行借入一笔短期借款，借款金额为50 000元，借款期限为3个月，到期一次偿还借款本金50 000元。并支付借款利息500元。该事业单位借入短期借款时应编制如下会计分录：

财务会计处理：

借：银行存款 　　　　　　　　　　　　　　　　　　 50 000

　　贷：短期借款 　　　　　　　　　　　　　　　　　 50 000

预算会计处理：

借：资金结存——货币资金 　　　　　　　　　　　　 50 000

　　贷：债务预算收入 　　　　　　　　　　　　　　　 50 000

（二）银行承兑汇票到期，本单位无力支付票款

1. 业务说明和账务处理

银行承兑汇票到期，本单位无力支付票款的，在财务会计方面，按照应付票据的账面余额，借记"应付票据"科目，贷记本科目。在预算会计方面，借记"经营支出"科目，贷记"债务预算收入"科目。

表3-2 无力支付票款的账务处理

业务名称	财务会计处理	预算会计处理
银行承兑汇票到期，本单位无力支付票款	借：应付票据 贷：短期借款	借：经营支出等 贷：债务预算收入

2. 实务案例

【例3-2】 2×19年3月1日，某事业单位因采购需要向B银行申请了银行承兑汇票35 000元。截止到期日2×19年9月1日，本单位无力支付票款。账务处理如下：

财务会计处理：

借：应付票据　　　　　　　　　　　　　　　　35 000

　　贷：短期借款　　　　　　　　　　　　　　　　35 000

预算会计处理：

借：经营支出　　　　　　　　　　　　　　　　35 000

　　贷：债务预算收入　　　　　　　　　　　　　　35 000

（三）归还短期借款

1. 业务说明和账务处理

归还短期借款时，在财务会计方面，借记本科目，贷记"银行存款"科目。在预算会计方面，借记"债务还本支出"科目，贷记"资金结存"科目。

表3-3 归还短期借款的账务处理

业务名称	财务会计处理	预算会计处理
归还短期借款	借：短期借款 贷：银行存款	借：债务还本支出 贷：资金结存——货币资金

2. 实务案例

【例3-3】　接【例3-1】。偿付借款本金并支付借款利息时,该事业单位应编制如下会计分录:

财务会计处理:

借:短期借款　　　　　　　　　　　　　　　　　　　50 000

　　其他费用　　　　　　　　　　　　　　　　　　　　　500

　　　贷:银行存款　　　　　　　　　　　　　　　　　　　50 500

预算会计处理:

借:债务还本支出　　　　　　　　　　　　　　　　　50 000

　　其他支出　　　　　　　　　　　　　　　　　　　　　500

　　　贷:资金结存——货币资金　　　　　　　　　　　505 000

第二节　2101 应交增值税

一、业务管理

行政事业单位核算的应交税费包括应交增值税和其他应交税费两大类。应交增值税是指行政事业单位按照税法规定计算应交纳的增值税。增值税是以商品、应税劳务和应税服务在流转过程中产生的增值额作为计税依据而征收的一种流转税。根据我国增值税法规的相关规定,在我国境内销售货物或者加工、修理修配劳务,销售服务、无形资产、不动产以及进口货物的单位和个人,为增值税的纳税人。根据规定,纳税人销售货物、劳务、服务、无形资产、不动产(可统称为应税销售行为),除了规定的进项税额不得从销项税额中抵扣的情形外,应纳税额为当期销项税额抵扣当期进项税额后的余额。用公式表示如下:

应纳税额 = 当期销项税额 − 当期进项税额

其中,销售税额的计算公式如下:

销项税额 = 销售额 × 税率

纳税人购进货物、劳务、服务、无形资产、不动产支付或者负担的增值税额，为进项税额。规定的进项税额不得从销项税额中抵扣的情形如用于简易计税方法计税项目、免征增值税项目、集体福利或者个人消费的购进货物、劳务、服务、无形资产和不动产等。增值税税率根据情况分别有13%、9%、6%。纳税人出口货物，税率为零。

根据规定，小规模纳税人发生应税销售行为，实行按照销售额和征收率计算应纳税额的简易办法，并不得抵扣进项税额。小规模纳税人应纳税额的计算公式如下：

$$应纳税额 = 销售额 \times 征收率$$

小规模纳税人的增值税征收率为3%。

小规模纳税人的标准由国务院财政、税务主管部门规定。

相对于小规模纳税人，其他增值税纳税人为一般纳税人。

二、会计科目简介及应用要点

（一）科目简介

本科目核算单位按照税法规定计算应交纳的增值税。

（二）科目设置

为核算应交增值税业务，行政事业单位应设置"应交增值税"总账科目。属于增值税一般纳税人的单位，应当在本科目下设置"应交税金""未交税金""预交税金""待抵扣进项税额""待认证进项税额""待转销项税额""简易计税""转让金融商品应交增值税""代扣代交增值税"等明细科目。

顺序号	编号	会计科目名称	明细科目名称
二、负债类			
	2101	应交增值税	
	2101 01	应交增值税	应交税金
	2101 02	应交增值税	未交税金

顺序号	编号	会计科目名称	明细科目名称
	2101 03	应交增值税	预交税金
	2101 04	应交增值税	待抵扣进项税额
	2101 05	应交增值税	待认证进项税额
	2101 06	应交增值税	待转销项税额
	2101 07	应交增值税	简易计税
	2101 08	应交增值税	转让金融商品应交增值税
	2101 09	应交增值税	代扣代交增值税

1. "应交税金"明细科目

该明细科目内应当设置"进项税额""已交税金""转出未交增值税""减免税款""销项税额""进项税额转出""转出多交增值税"等专栏。

（1）"进项税额"专栏，记录单位购进货物、加工修理修配劳务、服务、无形资产或不动产而支付或负担的、准予从当期销项税额中抵扣的增值税额。

（2）"已交税金"专栏，记录单位当月已交纳的应交增值税额。

（3）"转出未交增值税"和"转出多交增值税"专栏，分别记录一般纳税人月度终了转出当月应交未交或多交的增值税额。

（4）"减免税款"专栏，记录单位按照增值税制度规定准予减免的增值税额。

（5）"销项税额"专栏，记录单位销售货物、加工修理修配劳务、服务、无形资产或不动产应收取的增值税额。

（6）"进项税额转出"专栏，记录单位购进货物、加工修理修配劳务、服务、无形资产或不动产等发生非正常损失以及其他原因而不应从销项税额中抵扣、按照规定转出的进项税额。

2. "未交税金"明细科目

该明细科目核算单位月度终了从"应交税金"或"预交税金"明细科目转入当月应交未交、多交或预缴的增值税额，以及当月交纳以前期间未交的增值税额。

3. "预交税金"明细科目

该明细科目核算单位转让不动产、提供不动产经营租赁服务等，以及其他按照增值税制度规定应预缴的增值税额。

4. "待抵扣进项税额"明细科目

该明细科目核算单位已取得增值税扣税凭证并经税务机关认证，按照增值税制度规定准予以后期间从销项税额中抵扣的进项税额。

5. "待认证进项税额"明细科目

该明细科目核算单位由于未经税务机关认证而不得从当期销项税额中抵扣的进项税额。包括：一般纳税人已取得增值税扣税凭证并按规定准予从销项税额中抵扣，但尚未经税务机关认证的进项税额；一般纳税人已申请稽核但尚未取得稽核相符结果的海关缴款书进项税额。

6. "待转销项税额"明细科目

该明细科目核算单位销售货物、加工修理修配劳务、服务、无形资产或不动产，已确认相关收入（或利得）但尚未发生增值税纳税义务而需于以后期间确认为销项税额的增值税额。

7. "简易计税"明细科目

该明细科目核算单位采用简易计税方法发生的增值税计提、扣减、预缴、缴纳等业务。

8. "转让金融商品应交增值税"明细科目

该明细科目核算单位转让金融商品发生的增值税额。

9. "代扣代交增值税"明细科目

该明细科目核算单位购进在境内未设经营机构的境外单位或个人在境内的应税行为代扣代缴的增值税。

属于增值税小规模纳税人的单位只需在"应交增值税"总账科目下设置"转让金融商品应交增值税""代扣代交增值税"明细科目。

"应交增值税"总账科目期末贷方余额，反映单位应交未交的增值税；期末如为借方余额，反映单位尚未抵扣或多交的增值税。

（三）科目余额

本科目期末贷方余额，反映单位应交未交的增值税；期末如为借方余额，反映单位尚未抵扣或多交的增值税。

三、相关经济业务与事项的会计核算

（一）单位取得资产或接受劳务等业务

1. 业务说明和账务处理

（1）采购等业务进项税额允许抵扣

单位购买用于增值税应税项目的资产或服务等时，在财务会计方面，按照应计入相关成本费用或资产的金额，借记"业务活动费用""在途物品""库存物品""工程物资""在建工程""固定资产""无形资产"等科目，按照当月已认证的可抵扣增值税额，借记本科目（应交税金——进项税额），按照当月未认证的可抵扣增值税额，借记本科目（待认证进项税额），按照应付或实际支付的金额，贷记"应付账款""应付票据""银行存款""零余额账户用款额度"等科目。发生退货的，如原增值税专用发票已做认证，应根据税务机关开具的红字增值税专用发票做相反的会计分录；如原增值税专用发票未做认证，应将发票退回并做相反的会计分录。在预算会计方面，借记"事业支出""经营支出"等科目，贷记"资金结存"等科目。

小规模纳税人购买资产或服务等时不能抵扣增值税，发生的增值税计入资产成本或相关成本费用。

（2）采购等业务进项税额不得抵扣

单位购进资产或服务等，用于简易计税方法计税项目、免征增值税项目、集体福利或个人消费等，其进项税额按照现行增值税制度规定不得从销项税额中抵扣的，取得增值税专用发票时，在财务会计方面，应按照增值税发票注明的金额，借记相关成本费用或资产科目，按照待认证的增值税进项税额，借记本科目（待认证进项税额），按照实际支付或应付的金额，贷记"银行存款""应付账款""零余额账户用款额度"等科目。经税务机关认证为不可抵扣进项税时，借记本科目（应交税金——进项税额）科目，贷记本科目（待认证进项税额），同时，将进项税额转出，借记相关成本费用科目，贷记本科目（应交税金——进项税额转出）。无预算会计处理。

（3）购进不动产或不动产在建工程按照规定进项税额分年抵扣

单位取得应税项目为不动产或者不动产在建工程，其进项税额按照现行增值税制度规定自取得之日起分2年从销项税额中抵扣的，在财务会计方面，应当按照取得成本，借记"固定资产""在建工程"等科目，按照当期可抵扣的增值税额，借记本科目（应交税金——进项税额），按照以后期间可抵扣的增值税额，借记本科目（待抵扣进项税额），按照应付或实际支付的金额，贷记"应付账款""应付票据""银行存款""零余额账户用款额度"等科目。尚未抵扣的进项税额待以后期间允许抵扣时，按照允许抵扣的金额，借记本科目（应交税金——进项税额），贷记本科目（待抵扣进项税额）。在预算会计方面，借记"事业支出""经营支出"等科目，贷记"资金结存"科目。

（4）进项税额抵扣情况发生改变

单位因发生非正常损失或改变用途等，原已计入进项税额、待抵扣进项税额或待认证进项税额，但按照现行增值税制度规定不得从销项税额中抵扣的，在财务会计方面，借记"待处理财产损益""固定资产""无形资产"等科目，贷记本科目（应交税金——进项税额转出）、本科目（待抵扣进项税额）或本科目（待认证进项税额）；原不得抵扣且未抵扣进项税额的固定资产、无形资产等，因改变用途等用于允许抵扣进项税额的应税项目的，应按照允许抵扣的进项税额，借记本科目（应交税金——进项税额），贷记"固定资产""无形资产"等科目。固定资产、无形资产等经上述调整后，应按照调整后的账面价值在剩余尚可使用年限内计提折旧或摊销。无预算会计处理。

单位购进时已全额计入进项税额的货物或服务等转用于不动产在建工程的，对于结转以后期间的进项税额，在财务会计方面，应借记本科目（待抵扣进项税额），贷记本科目（应交税金——进项税额转出）。无预算会计处理。

（5）购买方作为扣缴义务人

按照现行增值税制度规定，境外单位或个人在境内发生应税行为，在境内未设有经营机构的，以购买方为增值税扣缴义务人。境内一般纳税人购进服务或资产时，在财务会计方面，按照应计入相关成本费用或资产的金额，借记"业务活动费用""在途物品""库存物品""工程物资""在建工程""固定资产""无形资产"等科目，按照可抵扣的增值税额，借记本科目（应交税金——进项税额）[小规模纳税人应借记相关成本费用或资产科目]，按照应付或实际支付的金额，贷记"银行存款""应付账款"等科目，按照应代扣代缴的增值税额，贷记本科目（代扣代交增值税）。在预算会计方面，借记"事业支出""经营支出"等科目，贷记"资金结存"科目，实际缴纳代扣代缴增值税时，按照代扣代缴的增值税额，借记本科目（代扣代交增值税），贷记"银行存款""零余额账户用款额度"等科目。在预算会计方面，借记"事业支出""经营支出"等科目，贷记"资金结存"科目。

表3-4　增值税一般纳税人购入资产或接受劳务的账务处理

业务名称 （增值税一般纳税人）		财务会计处理	预算会计处理
购入资产或接受劳务	购入应税资产或服务时	借：业务活动费用/在途物品/库存物品/工程物资/在建工程/固定资产/无形资产等 　应交增值税——应交税金（进项税额）[当月已认证可抵扣] 　应交增值税——待认证进项税额[当月未认证可抵扣] 　贷：银行存款/零余额账户用款额度等[实际支付的金额]/应付票据[开出并承兑的商业汇票]/应付账款等[应付的金额]	借：事业支出/经营支出等 　贷：资金结存等[实际支付的金额]
	经税务机关认证为不可抵扣进项税时	借：应交增值税——应交税金（进项税额） 　贷：应交增值税——待认证进项税额 同时： 借：业务活动费用等 　贷：应交增值税——应交税金（进项税额转出）	—

续上表

业务名称 （增值税一般纳税人）		财务会计处理	预算会计处理
购入资产或接受劳务	购进应税不动产或在建工程按规定分年抵扣进项税额的	借：固定资产/在建工程等 　应交增值税——应交税金（进项税额）［当期可抵扣］ 　应交增值税——待抵扣进项税额［以后期间可抵扣］ 　贷：银行存款/零余额账户用款额度等［实际支付的金额］/应付票据［开出并承兑的商业汇票］/应付账款等［应付的金额］	借：事业支出/经营支出等 　贷：资金结存——货币资金
	尚未抵扣的进项税额以后期间抵扣时	借：应交增值税——应交税金（进项税额） 　贷：应交增值税——待抵扣进项税额	—
	购进属于增值税应税项目的资产后，发生非正常损失或改变用途的	借：待处理财产损溢/固定资产/无形资产等［按照现行增值税制度规定不得从销项税额中抵扣的进项税额］ 　贷：应交增值税——应交税金（进项税额转出）/应交增值税——待认证进项税额/应交增值税——待抵扣进项税额	—
	原不得抵扣且未抵扣进项税额的固定资产、无形资产等，因改变用途等用于允许抵扣进项税额的应税项目	借：应交增值税——应交税金（进项税额）［可以抵扣的进项税额］ 　贷：固定资产/无形资产等	—
	购进时已全额计入进项税额的货物或服务等转用于不动产在建工程的，对于结转以后期间的进项税额	借：应交增值税——待抵扣进项税额 　贷：应交增值税——应交税金（进项税额转出）	—

续上表

业务名称 （增值税一般纳税人）		财务会计处理	预算会计处理
购入资产或接受劳务	购进资产或服务时作为扣缴义务人	借：业务活动费用/在途物品/库存物品/工程物资/固定资产/无形资产等 　　应交增值税——应交税金（进项税额）[当期可抵扣] 　　贷：银行存款[实际支付的金额] 　　　　应付账款等 　　　　应交增值税——代扣代交增值税	借：事业支出/经营支出等 　　贷：资金结存[实际支付的金额]
		实际缴纳代扣代缴增值税时 借：应交增值税——代扣代交增值税 　　贷：银行存款、零余额账户用款额度等	借：事业支出/经营支出等 　　贷：资金结存[实际支付的金额]

表3-5　增值税小规模纳税人购入资产或接受劳务的账务处理

业务名称 （增值税小规模纳税人）		财务会计处理	预算会计处理
购入资产或接受劳务	购入应税资产或服务时	借：业务活动费用/在途物品/库存物品等[按价税合计金额] 　　贷：银行存款等[实际支付的金额]/应付票据[开出并承兑的商业汇票]/应付账款等[应付的金额]	借：事业支出/经营支出等 　　贷：资金结存[实际支付的金额]
	购进资产或服务时作为扣缴义务人	借：在途物品/库存物品/固定资产/无形资产等 　　贷：应付账款/银行存款等 　　　　应交增值税——代扣代交增值税 　实际缴纳增值税时参见一般纳税人的账务处理	借：事业支出/经营支出等 　　贷：资金结存[实际支付的金额]

2. 实务案例

【例3-4】 某事业单位为增值税一般纳税人，在开展非独立核算经营活动中购入一批货品 10 000 元，当月已认证的可抵扣增值税额为 1 600 元，款项合计 11 600 元（10 000＋1 600）以银行存款支付，货品已验收入库。该事业单位在开展非独立核算经营活动中还销售一批货品，取得经营收入 12 000 元，按增值税制度规定计算的销项税额为 1 920 元，款项合计 13 920 元（12 000＋1 920）已收到并存入开户银行。当月末，该事业单位将当月应交未交的增值税 320 元自"应交税金"明细科目转入"未交税金"明细科目。次月，该事业单位以银行存款交纳上月未交的增值税 320 元。该事业单位应编制如下会计分录：

（1）购入货品时

财务会计处理：

借：库存物品   10 000

  应交增值税——应交税金（进项税额） 1 600

   贷：银行存款   11 600

预算会计处理：

借：经营支出   11 600

   贷：资金结存   11 600

（2）销售货品时

财务会计处理：

借：银行存款   13 920

   贷：经营收入   12 000

    应交增值税——应交税金（销项税额） 1 920

预算会计处理：

借：资金结存   13 920

   贷：经营预算收入   13 920

（3）月末，将当月应交未交的增值税自"应交税金"明细科目转入"未交税金"明细科目时

  借：应交增值税——应交税金（转出未交增值税） 320

    贷：应交增值税——未交税金   320

无预算会计处理。

（4）次月，以银行存款交纳上月未交的增值税时

财务会计处理：

借：应交增值税——未交税金　　　　　　　　　　320

　　　贷：银行存款　　　　　　　　　　　　　　　　320

预算会计处理：

借：经营支出　　　　　　　　　　　　　　　　　320

　　　贷：资金结存　　　　　　　　　　　　　　　　320

（二）单位销售资产或提供服务等业务

1. 业务说明和账务处理

（1）销售资产或提供服务业务

单位销售货物或提供服务，在财务会计方面，应当按照应收或已收的金额，借记"应收账款""应收票据""银行存款"等科目，按照确认的收入金额，贷记"经营收入""事业收入"等科目，按照现行增值税制度规定计算的销项税额（或采用简易计税方法计算的应纳增值税额），贷记本科目（应交税金——销项税额）或本科目（简易计税）[小规模纳税人应贷记本科目]。发生销售退回的，应根据按照规定开具的红字增值税专用发票做相反的会计分录。在预算会计方面，借记"事业支出""经营支出"等科目，贷记"资金结存"等科目。

按照本制度及相关政府会计准则确认收入的时点早于按照增值税制度确认增值税纳税义务发生时点的，应将相关销项税额计入本科目（待转销项税额），待实际发生纳税义务时再转入本科目（应交税金——销项税额）或本科目（简易计税）。

按照增值税制度确认增值税纳税义务发生时点早于按照本制度及相关政府会计准则确认收入的时点的，应按照应纳增值税额，借记"应收账款"科目，贷记本科目（应交税金——销项税额）或本科目（简易计税）。

（2）金融商品转让按照规定以盈亏相抵后的余额作为销售额

金融商品实际转让月末，如产生转让收益，在财务会计方面，按照应纳税额，借记"投资收益"科目，贷记本科目（转让金融商品应交增值

税）；如产生转让损失，则按照可结转下月抵扣税额，借记本科目（转让金融商品应交增值税），贷记"投资收益"科目。交纳增值税时，应借记本科目（转让金融商品应交增值税），贷记"银行存款"等科目。年末，本科目（转让金融商品应交增值税）如有借方余额，则借记"投资收益"科目，贷记本科目（转让金融商品应交增值税）。在预算会计方面，产生转让收益或损失均无预算会计处理，在交纳增值税时，应借记"投资预算收益"等科目，贷记"资金结存"等科目。

表3-6 增值税一般纳税人销售应税产品或提供应税服务的账务处理

业务名称 （增值税一般纳税人）		财务会计处理	预算会计处理
销售应税产品或提供应税服务时		借：银行存款/应收账款/应收票据等［包含增值税的价款总额］ 　　贷：事业收入/经营收入等［扣除增值税销项税额后的价款］ 　　　　应交增值税——应交税金（销项税额）/应交增值税——简易计税	借：资金结存［实际收到的含税金额］ 　　贷：事业预算收入/经营预算收入等
金融商品转让	产生收益	借：投资收益［按净收益计算的应纳增值税］ 　　贷：应交增值税——转让金融商品应交增值税	—
	产生损失	借：应交增值税——转让金融商品应交增值税 　　贷：投资收益［按净损失计算的应纳增值税］	—
	交纳增值税时	借：应交增值税——转让金融商品应交增值税 　　贷：银行存款等	借：投资预算收益等 　　贷：资金结存［实际支付的金额］
	年末，如有借方余额	借：投资收益 　　贷：应交增值税——转让金融商品应交增值税	—

表 3-7　增值税小规模纳税人销售应税产品或提供应税服务的账务处理

业务名称 （增值税小规模纳税人）		财务会计处理	预算会计处理
销售应税资产或提供服务	销售资产或提供服务	借：银行存款/应收账款/应收票据［包含增值税的价款总额］ 　贷：事业收入/经营收入等［扣除增值税金额后的价款］ 　　　应交增值税	借：资金结存［实际收到的含税金额］ 　贷：事业预算收入/经营预算收入等
应税服务（金融商品转让）	产生收益	借：投资收益［按净收益计算的应纳增值税］ 　贷：应交增值税——转让金融商品应交增值税	—
	产生损失	借：应交增值税——转让金融商品应交增值税 　贷：投资收益［按净损失计算的应纳增值税］	—
	实际缴纳时	参见一般纳税人的账务处理	—

2. 实务案例

【例 3-5】　某事业单位为增值税一般纳税人，报经批准出售一项无形资产。该项无形资产的账面余额为 30 000 元，已计提摊销 5 000 元，账面价值为 25 000 元（30 000 - 5 000），出售价格为 28 000 元，出售收入按规定纳入单位预算管理，不上缴财政，按增值税制度规定计算的增值税销项税额为 1 680 元，款项合计 29 680 元（28 000 + 1 680）已收到并存入开户银行。该事业单位应编制如下会计分录：

（1）注销无形资产账面价值时

财务会计处理：

借：资产处置费用　　　　　　　　　　　　　　　　　　25 000

　　无形资产累计摊销　　　　　　　　　　　　　　　　　5 000

　　贷：无形资产　　　　　　　　　　　　　　　　　　　　30 000

无预算会计处理。

（2）收到出售价款并确认应交增值税时

财务会计处理：

借：银行存款   29 680

  贷：应交增值税——应交税金（销项税额）   1 680

    其他收入   28 000

预算会计处理：

借：资金结存   29 680

  贷：其他预算收入   29 680

（三）月末转出多交增值税和未交增值税

月度终了，单位应当将当月应交未交或多交的增值税自"应交税金"明细科目转入"未交税金"明细科目。在财务会计方面，对于当月应交未交的增值税，借记本科目（应交税金——转出未交增值税），贷记本科目（未交税金）；对于当月多交的增值税，借记本科目（未交税金），贷记本科目（应交税金——转出多交增值税）。无预算会计处理。

表3-8 增值税一般纳税人月末转出多交增值税的账务处理

业务名称 （增值税一般纳税人）		财务会计处理	预算会计处理
月末转出 多交增值税	月末转出本 月未交增值税	借：应交增值税——应交税 金（转出未交增值税） 贷：应交增值税——未 交税金	—
月末转出 未交增值税	月末转出本 月多交增值税	借：应交增值税——未交 税金 贷：应交增值税——应 交税金（转出多交增值税）	—

（四）交纳增值税

1. 业务说明和账务处理

（1）交纳当月应交增值税

单位交纳当月应交的增值税，在财务会计方面，借记本科目（应交税金

——已交税金）［小规模纳税人借记本科目］，贷记"银行存款"等科目。在预算会计方面，借记"事业支出""经营支出"等科目，贷记"资金结存"科目。

（2）交纳以前期间未交增值税

单位交纳以前期间未交的增值税，在财务会计方面，借记本科目（未交税金）［小规模纳税人借记本科目］，贷记"银行存款"等科目。在预算会计方面，借记"事业支出""经营支出"等科目，贷记"资金结存"科目。

（3）预交增值税

单位预交增值税时，在财务会计方面，借记本科目（预交税金），贷记"银行存款"等科目。月末，单位应将"预交税金"明细科目余额转入"未交税金"明细科目，借记本科目（未交税金），贷记本科目（预交税金）。在预算会计方面，借记"事业支出""经营支出"等科目，贷记"资金结存"科目。

（4）减免增值税

对于当期直接减免的增值税，在财务会计方面，借记本科目（应交税金——减免税款），贷记"业务活动费用""经营费用"等科目。无预算会计处理。

按照现行增值税制度规定，单位初次购买增值税税控系统专用设备支付的费用以及缴纳的技术维护费允许在增值税应纳税额中全额抵减的，在财务会计方面，按照规定抵减的增值税应纳税额，借记本科目（应交税金——减免税款）［小规模纳税人借记本科目］，贷记"业务活动费用""经营费用"等科目。无预算会计处理。

表3-9 增值税一般纳税人缴纳增值税的账务处理

业务名称 （增值税一般纳税人）		财务会计处理	预算会计处理
（1）	本月缴纳本月增值税时	借：应交增值税——应交税金（已交税金） 　　贷：银行存款/零余额账户用款额度等	借：事业支出/经营支出等 　　贷：资金结存
（2）	本月缴纳以前期间未交增值税	借：应交增值税——未交税金 　　贷：银行存款/零余额账户用款额度等	借：事业支出/经营支出等 　　贷：资金结存

续上表

业务名称 （增值税一般纳税人）	财务会计处理	预算会计处理
（3） 按规定预缴增值税	预缴时： 借：应交增值税——预交税金 　　贷：银行存款/零余额账户用款额度等 月末： 借：应交增值税——未交税金 　　贷：应交增值税——预交税金	借：事业支出/经营支出等 　贷：资金结存
（4） 当期直接减免的增值税应纳税额	借：应交增值税——应交税金（减免税款） 　　贷：业务活动费用/经营费用等	—

表3-10　增值税小规模纳税人缴纳和减免增值税的账务处理

业务名称 （增值税小规模纳税人）	财务会计处理	预算会计处理
（1） 缴纳增值税时	借：应交增值税 　　贷：银行存款等	借：事业支出/经营支出等 　贷：资金结存
（2） 减免增值税	借：应交增值税 　　贷：业务活动费用/经营费用等	—

2. 实务案例

【例3-6】 某事业单位是增值税一般纳税人，2×14年发生如下经济业务：

（1）购入一项不需要安装的固定资产，确定的成本为52 000元，增值税额合计为6 760元。其中，当月已认证的可抵扣增值税额为3 760元，当月未认证的可抵扣增值税额为3 000元，款项合计58 760元（52 000＋6 760）已通过银行存款支付，固定资产验收合格并投入使用。

（2）以银行存款交纳当月的应交增值税2 500元。

要求：根据以上经济业务，为该事业单位编制有关的会计分录。

（1）购入固定资产时

财务会计处理：

借：固定资产	52 000
应交增值税——应交税金（进项税额）	3 760
应交增值税——待抵扣进项税额	3 000
贷：财政拨款收入	58 760

预算会计处理：

借：事业支出	58 760
贷：财政拨款预算收入	58 760

财务会计处理：

（2）借：应交增值税——应交税金（已交税金）	2 500
贷：银行存款	2 500

预算会计处理：

借：事业支出	2 500
贷：资金结存	2 500

第三节 2102 其他应交税费

一、业务管理

其他应交税费是指行政事业单位按照税法等规定计算应交纳的除增值税以外的各种税费，包括城市维护建设税、教育费附加、地方教育费附加、车船税、房产税、城镇土地使用税和企业所得税等。

二、会计科目简介及应用要点

1. 科目简介

本科目核算单位按照税法等规定计算应交纳的除增值税以外的各种税费，包括城市维护建设税、教育费附加、地方教育费附加、车船税、房产税、城镇土地使用税和企业所得税等。

单位代扣代缴的个人所得税，也通过本科目核算。

单位应交纳的印花税不需要预提应交税费，直接通过"业务活动费用""单位管理费用""经营费用"等科目核算，不通过本科目核算。

2. 科目设置

本科目应当按照应交纳的税费种类进行明细核算。为核算其他应交税费业务，行政事业单位应设置"其他应交税费"总账科目。单位代扣代缴的个人所得税，也通过该科目核算。单位应交纳的印花税不需要预提应交税费，直接通过"业务活动费用""单位管理费用""经营费用"等科目核算，不通过该科目核算。该科目应当按照应交纳的税费种类进行明细核算。

顺序号	编号	会计科目名称	明细科目名称
二、负债类			
	2102	其他应交税费	
	2102 01	其他应交税费	城市维护建设税
	2102 02	其他应交税费	教育费附加
	2102 03	其他应交税费	地方教育费附加
	2102 04	其他应交税费	车船税
	2102 05	其他应交税费	房产税
	2102 06	其他应交税费	城镇土地使用税
	2102 07	其他应交税费	企业所得税

3. 科目余额

本科目期末贷方余额，反映单位应交未交的除增值税以外的税费金额；期末如为借方余额，反映单位多交纳的除增值税以外的税费金额。

三、相关经济业务与事项的会计核算

（一）发生城市维护建设税、教育费附加、地方教育费附加、车船税、房产税、城镇土地使用税等纳税义务

1. 业务说明和账务处理

发生时，在财务会计方面，按照税法规定计算的应缴税费金额，借记

"业务活动费用""单位管理费用""经营费用"等科目，贷记本科目（应交城市维护建设税、应交教育费附加、应交地方教育费附加、应交车船税、应交房产税、应交城镇土地使用税等）。无预算会计处理。

实际缴纳时，在财务会计方面，按照实际的应缴税费金额，借记"其他应交税费"科目，贷记"银行存款"等科目。在预算会计方面，借记"事业支出""经营支出"等科目，贷记"资金结存"等科目。

表3-11 发生纳税义务时的账务处理

业务名称		财务会计处理	预算会计处理
城市维护建设税、教育费、附加、地方教育费附加、车船税、房产税、城镇土地使用税等	发生时，按照税法规定计算的应缴税费金额	借：业务活动费用/单位管理费用/经营费用等 贷：其他应交税费——应交城市维护建设税/应交教育费附加/应交地方教育费附加/应交车船税/应交房产税/应交城镇土地使用税等	—
	实际缴纳时	借：其他应交税费——应交城市维护建设税/应交教育费附加/应交地方教育费附加/应交车船税/应交房产税/应交城镇土地使用税等 贷：银行存款等	借：事业支出/经营支出等 贷：资金结存

2. 实务案例

【例3-7】 某事业单位在开展专业业务活动中按税法规定发生应交城市维护建设税500元，教育费附加300元，两项税费金额合计800元（500＋300），按规定应计入业务活动费用。该事业单位应编制如下会计分录：

借：业务活动费用 800

　　贷：其他应交税费 800

无预算会计处理。

（二）代扣代缴职工个人所得税

计算应代扣代缴职工的个人所得税金额时，在财务会计方面，按照税法规定计算应代扣代缴职工（含长期聘用人员）的个人所得税，借记"应付职工薪酬"科目，贷记本科目（应交个人所得税）。无预算会计处理。

计算应代扣代缴职工以外其他人员个人所得税时，在财务会计方面，按照税法规定计算应代扣代缴支付给职工（含长期聘用人员）以外人员劳务费的个人所得税，借记"业务活动费用""单位管理费用"等科目，贷记本科目（应交个人所得税）。无预算会计处理。

实际缴纳时，在财务会计方面，按照实际应支付的个人所得税，借记"其他应交税费"等科目，贷记"财政拨款收入""零余额账户用款额度""银行存款"等科目。在预算会计方面，借记"行政支出""事业支出""经营支出"等科目，贷记"财政拨款预算收入""资金结存"等科目。

表3-12　代扣代缴职工个人所得税时的账务处理

业务名称		财务会计处理	预算会计处理
代扣代缴职工个人所得税	计算应代扣代缴职工的个人所得税金额	借：应付职工薪酬 　贷：其他应交税费——应交个人所得税	—
	计算应代扣代缴职工以外其他人员个人所得税	借：业务活动费用/单位管理费用等 　贷：其他应交税费——应交个人所得税	—
	实际缴纳时	借：其他应交税费——应交个人所得税 　贷：财政拨款收入/零余额账户用款额度/银行存款等	借：行政支出/事业支出/经营支出等 　贷：财政拨款预算收入/资金结存

（三）发生企业所得税纳税义务

发生企业所得税纳税义务的，在财务会计方面，按照税法规定计算的应交所得税额，借记"所得税费用"科目，贷记本科目（单位应交所得税）。

无预算会计处理。

实际缴纳时，在财务会计方面，按照实际的应交所得税额，借记"其他应交税费"科目，贷记"银行存款"等科目。在预算会计方面，借记"非财政拨款结余"科目，贷记"资金结存"等科目。

表 3-13　发生企业所得税纳税义务时的账务处理

业务名称		财务会计处理	预算会计处理
发生企业所得税纳税义务	按照税法规定计算的应缴税费金额	借：所得税费用 　　贷：其他应交税费——单位应交所得税	—
	实际缴纳时	借：其他应交税费——单位应交所得税 　　贷：银行存款等	借：非财政拨款结余 　　贷：资金结存

（四）单位实际交纳时

单位实际交纳上述各种税费时，借记本科目（应交城市维护建设税、应交教育费附加、应交地方教育费附加、应交车船税、应交房产税、应交城镇土地使用税、应交个人所得税、单位应交所得税等），贷记"财政拨款收入""零余额账户用款额度""银行存款"等科目。

第四节　2103 应缴财政款

一、业务管理

应缴国库款核算罚没收入，行政事业性收费，政府性基金、国有资产处置、出租收入以及其他应纳入预算管理的各种财政性资金，应缴财政专户款主要核算教育收费。

二、会计科目简介及应用要点

1. 科目简介

本科目核算单位取得或应收的按照规定应当上缴财政的款项，包括应缴国库的款项和应缴财政专户的款项。

单位按照国家税法等有关规定应当缴纳的各种税费，通过"应交增值税""其他应交税费"科目核算，不通过本科目核算。

2. 科目设置

为核算应缴财政款业务，行政事业单位应设置"应缴财政款"总账科目。单位按照国家税法等有关规定应当缴纳的各种税费，通过"应交增值税""其他应交税费"科目核算，不通过该科目核算。该科目应当按照应缴财政款项的类别进行明细核算。

顺序号	编号	会计科目名称	明细科目名称
二、负债类			
	2103	应缴财政款	
	2103 01	应缴财政款	应缴财政款项的类别

3. 科目余额

该科目期末贷方余额，反映单位应当上缴财政但尚未缴纳的款项。年终清缴后，该科目一般应无余额。

三、相关经济业务与事项的会计核算

1. 业务说明和账务处理

表3-14　应缴财政款的账务处理

	业务名称	财务会计处理	预算会计处理
（1）	取得或应收按照规定应缴财政的款项时	借：银行存款/应收账款等 贷：应缴财政款	—
（2）	处置资产取得应上缴财政的处置净收入的	参照"待处理财产损溢"科目的相关账务处理	—
（3）	上缴财政款项时	借：应缴财政款 贷：银行存款等	—

2. 实务案例

【例3-8】　某事业单位出租一项资产，收到租金24 200元，款项已存入开户银行，该租金按规定应当上缴财政。数日后，该事业单位将收到的租金24 200元上缴财政。该事业单位应编制如下会计分录：

（1）收到租金时

借：银行存款　　　　　　　　　　　　　　　　　　24 200

　　贷：应缴财政款　　　　　　　　　　　　　　　　24 200

无预算会计处理。

（2）租金上级财政时

借：应缴财政款　　　　　　　　　　　　　　　　　24 200

　　贷：银行存款　　　　　　　　　　　　　　　　　24 200

无预算会计处理。

第五节　2201 应付职工薪酬

一、业务管理

单位应当将因获得职工提供劳务而给予职工的各种形成的报酬或对价，全部纳入职工薪酬的范围，并在计提和发放应付职工薪酬时，做相应会计处理。

二、会计科目简介及应用要点

1. 科目简介

本科目核算单位按照有关规定应付给职工（含长期聘用人员）及为职工支付的各种薪酬，包括基本工资、国家统一规定的津贴补贴、规范津贴补贴（绩效工资）、改革性补贴、社会保险费（如职工基本养老保险费、职业年金、基本医疗保险费等）、住房公积金等。

2. 科目设置

为核算应付职工薪酬业务，行政事业单位应设置"应付职工薪酬"总账科目。该科目应当根据国家有关规定按照"基本工资"（含离退休费）、"国家统一规定的津贴补贴""规范津贴补贴（绩效工资）""改革性补贴""社会保险费""住房公积金""其他个人收入"等进行明细核算。其中，"社会保险费""住房公积金"明细科目核算内容包括单位从职工工资中代扣代缴的社会保险费、住房公积金，以及单位为职工计算缴纳的社会保险费、住房公积金。

顺序号	编号	会计科目名称	明细科目名称
二、负债类			
	2201	应付职工薪酬	
	2201 01	应付职工薪酬	基本工资
	2201 02	应付职工薪酬	国家统一规定的津贴补贴
	2201 03	应付职工薪酬	规范津贴补贴（绩效工资）
	2201 04	应付职工薪酬	改革性补贴
	2201 05	应付职工薪酬	社会保险费
	2201 06	应付职工薪酬	住房公积金
	2201 07	应付职工薪酬	其他个人收入

3. 科目余额

本科目期末贷方余额，反映单位应付未付的职工薪酬。

三、相关经济业务与事项的会计核算

（一）计算确认当期应付职工薪酬（含单位为职工计算缴纳的社会保险费、住房公积金）

1. 业务说明和账务处理

在财务会计方面：

（1）计提从事专业及其辅助活动人员的职工薪酬，借记"业务活动费用""单位管理费用"科目，贷记本科目。

（2）计提应由在建工程、加工物品、自行研发无形资产负担的职工薪酬，借记"在建工程""加工物品""研发支出"等科目，贷记本科目。

（3）计提从事专业及其辅助活动之外的经营活动人员的职工薪酬，借记"经营费用"科目，贷记本科目。

（4）因解除与职工的劳动关系而给予的补偿，借记"单位管理费用"等科目，贷记本科目。

无预算会计处理。

表 3-15　计算确认当期应付职工薪酬的账务处理

	业务名称	财务会计处理	预算会计处理
（1）	从事专业及其辅助活动人员的职工薪酬	借：业务活动费用/单位管理费用 　　贷：应付职工薪酬	—
（2）	应由在建工程、加工物品、自行研发无形资产负担的职工薪酬	借：在建工程/加工物品/研发支出等 　　贷：应付职工薪酬	—
（3）	从事专业及其辅助活动以外的经营活动人员的职工薪酬	借：经营费用 　　贷：应付职工薪酬	—
（4）	因解除与职工的劳动关系而给予的补偿	借：单位管理费用 　　贷：应付职工薪酬	—

2. 实务案例

【例 3-9】　某行政单位计提当月职工薪酬共计 562 500 元（422 000 + 43 500 + 65 000 + 32 000），其中包含了职工基本工资 422 000 元，国家统一规定的津贴补贴 43 500 元，应从职工基本工资中代扣的社会保险费 65 000 元和住房公积金 32 000 元，代扣的社会保险费和住房公积金合计 97 000 元（65 000 + 32 000），单位应为职工计算缴纳的社会保险费 65 000 元和住房公积金 32 000 元，单位按税法规定应从职工基本工资中代扣的职工个人所得税 7 800 元。在当月职工薪酬中，社会保险费合计 130 000 元（65 000 + 65 000），住房公积金合计 64 000 元（32 000 + 32 000）。计提职工薪酬时，该行政单位应编制如下会计分录：

借：业务活动费用　　　　　　　　　　　　　　　　562 500

贷：应付职工薪酬——基本工资 422 000

    ——国家统一规定的津贴补贴 43 500

    ——社会保险费 65 000

    ——住房公积金 32 000

无预算会计处理。

（二）向职工支付工资、津贴补贴等薪酬时

1. 业务说明和账务处理

向职工支付工资、津贴补贴等薪酬时，在财务会计方面，按照实际支付的金额，借记本科目，贷记"财政拨款收入""零余额账户用款额度""银行存款"等科目。在预算会计方面，借记"行政支出""事业支出"、"经营支出"等科目，贷记"财政拨款预算收入""资金结存"等科目。

表3-16　向职工支付工资、津贴补贴等薪酬时的账务处理

业务名称	财务会计处理	预算会计处理
向职工支付工资、津贴补贴等薪酬	借：应付职工薪酬 　　贷：财政拨款收入/零余额账户用款额度/银行存款等	借：行政支出/事业支出/经营支出等 　　贷：财政拨款预算收入/资金结存

2. 实务案例

【例3-10】 接【例3-9】。数日后，该行政单位通过财政直接支付的方式向职工支付基本工资317 200元（422 000－65 000－32 000－7 800）和津贴补贴43 500元，两项款项合计360 700元（317 200＋43 500）。向职工支付基本工资和津贴补贴时，该行政单位应编制如下会计分录：

财务会计分录：

借：应付职工薪酬——基本工资 317 200

    ——国家统一规定的津贴补贴 43 500

  贷：财政拨款收入 360 700

预算会计分录：

借：行政支出 360 700

  贷：财务拨款预算收入 360 700

（三）按照税法规定代扣职工个人所得税时

1. 业务说明和账务处理

在财务会计方面，按照税法规定代扣职工个人所得税时，借记本科目（基本工资），贷记"其他应交税费——应交个人所得税"科目。无预算会计处理。

从应付职工薪酬中代扣为职工垫付的水电费、房租等费用时，在财务会计方面，按照实际扣除的金额，借记本科目（基本工资），贷记"其他应收款"等科目。无预算会计处理。

表 3-17　按照税法规定代扣职工个人所得税时的账务处理

业务名称		财务会计处理	预算会计处理
从职工薪酬中代扣各种款项	代扣代缴个人所得税	借：应付职工薪酬——基本工资 　　贷：其他应交税费——应交个人所得税	—
	代扣社会保险费和住房公积金	借：应付职工薪酬——基本工资 　　贷：应付职工薪酬——社会保险费/住房公积金	—
	代扣为职工垫付的水电费、房租等费用时	借：应付职工薪酬——基本工资 　　贷：其他应收款等	—

2. 实务案例

【例3-11】 接【例3-9】。该行政单位按税法规定代扣职工个人所得税 7 800 元，该行政单位应编制如下会计分录：

借：应付职工薪酬——基本工资　　　　　　　　　　　7 800

　　贷：其他应交税费——应交个人所得税　　　　　　　　7 800

无预算会计处理。

（四）按照国家有关规定缴纳职工社会保险费和住房公积金时

1. 业务说明和账务处理

按照国家有关规定缴纳职工社会保险费和住房公积金时，在财务会计方面，按照实际支付的金额，借记本科目（社会保险费、住房公积金），贷记"财政拨款收入""零余额账户用款额度""银行存款"等科目。在预算会计方面，借记"行政支出""事业支出""经营支出"等科目，贷记"财政拨款预算收入""资金结存"等科目。

表3-18　缴纳职工社会保险费和住房公积金时的账务处理

业务名称	财务会计处理	预算会计处理
按照规定缴纳职工社会保险费和住房公积金	借：应付职工薪酬——社会保险费/住房公积金 　　贷：财政拨款收入/零余额账户用款额度/银行存款等	借：行政支出/事业支出/经营支出等 　　贷：财政拨款预算收入/资金结存

2. 实务案例

【例3-12】　接【例3-9】。按照国家规定向相关机构缴纳职工社会保险费130 000元和住房公积金64 000元，两项款项合计194 000元（130 000＋64 000）通过财政直接支付方式支付。从应付职工薪酬中代扣社会保险费和住房公积金时，该行政单位应编制如下会计分录：

借：应付职工薪酬——基本工资　　　　　　　97 000
　　贷：应付职工薪酬——社会保险费　　　　　　65 000
　　　　　　　　　　　　——住房公积金　　　　　　32 000

无预算会计处理。

向相关机构缴纳职工社会保险费和住房公积金时，该行政单位应编制如下会计分录：

财务会计处理：

借：应付职工薪酬——社会保险费　　　　　130 000
　　　　　　　　　　——住房公积金　　　　　64 000
　　贷：财政拨款收入　　　　　　　　　　　194 000

预算会计处理：

借：行政支出 194 000

　　贷：财政拨款预算收入 194 000

（五）从应付职工薪酬中支付的其他款项

从应付职工薪酬中支付的其他款项，在财务会计方面，借记本科目，贷记"零余额账户用款额度""银行存款"等科目。在预算会计方面，借记"行政支出""事业支出""经营支出"等科目，贷记"资金结存"等科目。

表3-19　从应付职工薪酬中支付的其他款项时的账务处理

业务名称	财务会计处理	预算会计处理
从应付职工薪酬中支付的其他款项	借：应付职工薪酬 　　贷：零余额账户用款额度/银行存款等	借：行政支出/事业支出/经营支出等 　　贷：资金结存等

第六节　2301 应付票据

一、业务管理

单位应当设置"应付票据备查簿"，详细登记每一应付票据的种类、号数、出票日期、到期日、票面金额、交易合同号、收款人姓名或单位名称，以及付款日期和金额等。应付票据到期结清票款后，应当在备查簿内逐笔注销。

二、会计科目简介及应用要点

1. 科目简介

本科目核算事业单位因购买材料、物资等而开出、承兑的商业汇票，包括银行承兑汇票和商业承兑汇票。

2. 科目设置

为核算应付票据业务，事业单位应设置"应付票据"总账科目。该科目应当按照债权人进行明细核算。

顺序号	编号	会计科目名称	明细科目名称
二、负债类			
	2301	应付票据	
	2301 01	应付票据	按照债权人进行明细核算

3. 科目余额

本科目期末贷方余额，反映事业单位开出、承兑的尚未到期的应付票据金额。

三、相关经济业务与事项的会计核算

（一）开出、承兑商业汇票时

单位开出、承兑商业汇票时，在财务会计方面，借记"库存物品""固定资产"等科目，贷记该科目。无预算会计处理。涉及增值税业务的，还应进行相应的会计处理，相关账务处理参见"应交增值税"科目。

以商业汇票抵付应付账款时，在财务会计方面，借记"应付账款"科目，贷记该科目。无预算会计处理。

（二）支付银行承兑汇票的手续费时

支付银行承兑汇票的手续费时，在财务会计方面，借记"业务活动费用""经营费用"等科目，贷记"银行存款""零余额账户用款额度"等科目。在预算会计方面，借记"事业支出""经营支出"等科目，贷记"资金结存"等科目。

（三）商业汇票到期时

商业汇票到期时，应当分别以下情况处理：（1）收到银行支付到期票据的付款通知时，在财务会计方面，借记该科目，贷记"银行存款"科目。在预算会计方面，借记"事业支出""经营支出"等科目，贷记"资金结存"等科目。（2）银行承兑汇票到期，单位无力支付票款的，在财务会计方面，按照应付票据账面余额，借记该科目，贷记"短期借款"科目。在预算会计方面，借记"事业支出""经营支出"等科目，贷记"债务预算收入"等科目。（3）商业承兑汇票到期，单位无力支付票款的，在财务会计方面，按照应付票据账面余额，借记该科目，贷记"应付账款"科目。无预算会计处理。

表 3-20　应付票据的账务处理

	业务名称		财务会计处理	预算会计处理
（1）	开出、承兑商业汇票		借：库存物品/固定资产等 　　贷：应付票据	—
（2）	以商业汇票抵付应付账款时		借：应付账款 　　贷：应付票据	—
（3）	支付银行承兑汇票的手续费		借：业务活动费用/经营费用等 　　贷：银行存款等	借：事业支出/经营支出 　　贷：资金结存——货币资金
（4）	商业汇票到期时	收到银行支付到期票据的付款通知时	借：应付票据 　　贷：银行存款	借：事业支出/经营支出 　　贷：资金结存——货币资金
		银行承兑汇票到期，本单位无力支付票款	借：应付票据 　　贷：短期借款	借：事业支出/经营支出 　　贷：债务预算收入
		商业承兑汇票到期，本单位无力支付票款	借：应付票据 　　贷：应付账款	—

第七节　2302 应付账款

一、业务管理

应付账款的会计核算主要包括三方面，一确认应付账款的会计处理，二偿付应付账款的处理，其中包括以资金偿付和开出商业汇票抵付，三是无法偿付或质权人豁免偿还的处理。

二、会计科目简介及应用要点

1. 科目简介

本科目核算单位因购买物资、接受服务、开展工程建设等而应付的偿还期限在 1 年以内（含 1 年）的款项。

2. 科目设置

为核算应付账款业务，行政事业单位应设置"应付账款"总账科目。该科目应当按照债权人进行明细核算。对于建设项目，还应设置"应付器材款""应付工程款"等明细科目，并按照具体项目进行明细核算。

顺序号	编号	会计科目名称	明细科目名称
二、负债类			
	2302	应付账款	
	2302 01	应付账款	按照债权人进行明细核算

3. 科目余额

本科目期末贷方余额，反映单位尚未支付的应付账款金额。

三、相关经济业务与事项的会计核算

（一）收到所购材料、物资、设备或服务以及确认完成工程进度但尚未付款时

1. 业务说明和账务处理

收到所购材料、物资、设备或服务以及确认完成工程进度但尚未付款时，根据发票及账单等有关凭证，在财务会计方面，按照应付未付款项的金额，借记"库存物品""固定资产""在建工程"等科目，贷记本科目。无预算会计处理。涉及增值税业务的，相关账务处理参见"应交增值税"科目。

表3-21　应付账款的账务处理

业务名称	财务会计处理	预算会计处理
购入物资、设备或服务以及完成工程进度但尚未付款	借：库存物品/固定资产/在建工程等 贷：应付账款	—

2. 实务案例

【例3-13】 某事业单位购买一批物品18 900元，物品已验收入库，款项尚未支付。暂不考虑增值税业务。收到购买物品时，该事业单位应编制如下会计分录：

借：库存物品　　　　　　　　　　　　　　　 18 900

　　贷：应付账款　　　　　　　　　　　　　　 18 900

无预算会计处理。

（二）偿付应付账款时

1. 业务说明和账务处理

偿付应付账款时，在财务会计方面，按照实际支付的金额，借记本科目，贷记"财政拨款收入""零余额账户用款额度""银行存款"等科目。在预算会计方面，借记"行政支出""事业支出"等科目，贷记"财政拨

款预算收入""资金结存"等科目。

表 3-22　应付账款的账务处理

业务名称	财务会计处理	预算会计处理
偿付应付账款	借：应付账款 　　贷：财政拨款收入/零余额账户用款额度/银行存款等	借：行政支出/事业支出等 　　贷：财政拨款预算收入/资金结存

2. 实务案例

【例3-14】　接【例3-13】。数日后，该事业单位以零余额账户用款额度偿付了购买该批物品的款项 18 900 元。以零余额账户用款额度偿付应付账款时，该事业单位应编制如下会计分录：

财务会计处理：

借：应付账款　　　　　　　　　　　　　　　18 900

　　贷：零余额账户用款额度　　　　　　　　　18 900

预算会计处理：

借：事业支出　　　　　　　　　　　　　　　18 900

　　贷：资金结存——零余额账户用款额度　　　18 900

（三）开出、承兑商业汇票抵付应付账款时

开出、承兑商业汇票抵付应付账款时，在财务会计方面，借记本科目，贷记"应付票据"科目。无预算会计处理。

表 3-23　应付账款的账务处理

业务名称	财务会计处理	预算会计处理
开出、承兑商业汇票抵付应付账款	借：应付账款 　　贷：应付票据	—

（四）无法偿付或债权人豁免偿还的应付账款

无法偿付或债权人豁免偿还的应付账款，应当按照规定报经批准后进行账务处理。在财务会计方面，经批准核销时，借记本科目，贷记"其他收入"科目。无预算会计处理。

核销的应付账款应在备查簿中保留登记。

表 3-24　应付账款的账务处理

业务名称	财务会计处理	预算会计处理
无法偿付或债权人豁免偿还的应付账款	借：应付账款 　贷：其他收入	—

第八节　2303 应付政府补贴款

一、业务管理

仅行政单位使用性科目，行政单位应当在确认应付政府补贴款和支付应付政府补贴款时做相应会计处理。

二、会计科目简介及应用要点

1. 科目简介

本科目核算负责发放政府补贴的行政单位，按照规定应当支付给政府补贴接受者的各种政府补贴款。

2. 科目设置

为核算应付政府补贴款业务，行政单位应设置"应付政府补贴款"总账科目。该科目应当按照应支付的政府补贴种类进行明细核算。单位还应当根据需要按照补贴接受者进行明细核算，或者建立备查簿对补贴接受者予以登记。

顺序号	编号	会计科目名称	明细科目名称
二、负债类			
	2303	应付政府补贴款	
	2303 01	应付政府补贴款	按照应支付的政府补贴种类进行明细核算

3. 科目余额

本科目期末贷方余额，反映行政单位应付未付的政府补贴金额。

三、相关经济业务与事项的会计核算

（一）发生应付政府补贴款时

1. 业务说明和账务处理

发生应付政府补贴时，在财务会计方面，按照依规定计算确定的应付政府补贴金额，借记"业务活动费用"科目，贷记本科目。无预算会计处理。

表 3-25　应付政府补贴款的账务处理

业务名称	财务会计处理	预算会计处理
发生（确认）应付政府补贴款	借：业务活动费用 　　贷：应付政府补贴款	—

2. 实务案例

【例 3-15】　某行政单位发生一项应付政府补贴业务，按照规定计算确定的应付政府补贴金额为 58 500 元。发生应付政府补贴时，该行政单位应编制如下会计分录：

借：业务活动费用　　　　　　　　　　　　　　58 500

　　贷：应付政府补贴款　　　　　　　　　　　　58 500

无预算会计处理。

（二）支付应付政府补贴款时

1. 业务说明和账务处理

支付应付政府补贴款时，在财务会计方面，按照支付金额，借记本科目，贷记"零余额账户用款额度""银行存款"等科目。在预算会计方面，借记"行政支出"等科目，贷记"资金结存"等科目。

表 3-26 应付政府补贴款的账务处理

业务名称	财务会计处理	预算会计处理
支付应付政府补贴款时	借：应付政府补贴款 　　贷：零余额账户用款额度/银行存款等	借：行政支出 　　贷：资金结存等

2. 实务案例

【例 3-16】 接【例 3-15】。数日后，该行政单位通过零余额账户用款额度向相应政府补贴接受者支付了该项政府补贴款项 58 500 元。通过零余额账户用款额度支付应付政府补贴时，该行政单位应编制如下会计分录：

财务会计处理：

借：应付政府补贴款　　　　　　　　　　　　　　58 500

　　贷：零余额账户用款额度　　　　　　　　　　　58 500

预算会计处理：

借：行政支出　　　　　　　　　　　　　　　　　58 500

　　贷：资金结存等　　　　　　　　　　　　　　　58 500

第九节　2304 应付利息

一、业务管理

事业单位应当在计提应付利息和发放应付利息时做相应会计处理。

二、会计科目简介及应用要点

1. 科目简介

本科目核算事业单位按照合同约定应支付的借款利息，包括短期借款、分期付息到期还本的长期借款等应支付的利息。

2. 科目设置

为核算应付利息业务，事业单位应设置"应付利息"总账科目。该科目应当按照债权人等进行明细核算。

顺序号	编号	会计科目名称	明细科目名称
二、负债类			
	2304	应付利息	
	2304 01	应付利息	按照债权人等进行明细核算

3. 科目余额

本科目期末贷方余额，反映事业单位应当支付但尚未支付的利息。

三、相关经济业务与事项的会计核算

（一）专门借款的利息

为建造固定资产、公共基础设施等借入的专门借款的利息，属于建设期间发生的，按期计提利息费用时，在财务会计方面，按照计算确定的金额，借记"在建工程"科目，贷记本科目；不属于建设期间发生的，按期计提利息费用时，按照计算确定的金额，借记"其他费用"科目，贷记本科目。无预算会计处理。

表 3-27　应付利息的账务处理

业务名称	财务会计处理	预算会计处理
按期计提利息费用	借：在建工程/其他费用 　　贷：应付利息	—

（二）其他借款的利息

1. 业务说明和账务处理

对于其他借款，按期计提利息费用时，在财务会计方面，按照计算确定的金额，借记"其他费用"科目，贷记本科目。无预算会计处理。

表 3-28 应付利息的账务处理

业务名称	财务会计处理	预算会计处理
按期计提利息费用	借：其他费用 　　贷：应付利息	—

2. 实务案例

【例3-17】 某事业单位经批准向银行借入一笔短期借款，年末计提借款利息费用450元。该事业单位应编制如下会计分录：

借：其他费用　　　　　　　　　　　　　　　　450

　　贷：应付利息　　　　　　　　　　　　　　　　450

无预算会计处理。

（三）实际支付应付利息时

实际支付应付利息时，在财务会计方面，按照支付的金额，借记本科目，贷记"银行存款"等科目。在预算会计方面，借记"其他支出"等科目，贷记"资金结存"等科目。

表 3-29 应付利息的账务处理

业务名称	财务会计处理	预算会计处理
实际支付利息时	借：应付利息 　　贷：银行存款等	借：其他支出 　　贷：资金结存——货币资金

第十节　2305 预收账款

一、业务管理

预收账款的期限一般不超过1年。

二、会计科目简介及应用要点

1. 科目简介

本科目核算事业单位预先收取但尚未结算的款项。

2. 科目设置

本科目应当按照债权人等进行明细核算。

3. 科目余额

本科目期末贷方余额，反映事业单位预收但尚未结算的款项金额。

三、相关经济业务与事项的会计核算

（一）从付款方预收款项时

1. 业务说明和账务处理

从付款方预收款项时，在财务会计方面，按照实际预收的金额，借记"银行存款"等科目，贷记本科目。在预算会计方面，借记"资金结存"等科目，贷记"事业预算收入""经营预算收入"等科目。

表 3-30　预收账款的账务处理

业务名称	财务会计处理	预算会计处理
从付款方预收款项时	借：银行存款等 贷：预收账款	借：资金结存——货币资金 　　贷：事业预算收入/经营预算收入等

2. 实务案例

【例 3-18】　某事业单位从付款方预收一笔款项 5 000 元，款项已存入开户银行。相应的专业业务活动结束后，该事业单位应确认事业收入 6 280 元，付款方通过银行转账方式补付款项 1 280 元（6 280 - 5 000）。从付款方预收款项时，该事业单位应编制如下会计分录：

财务会计分录：

借：银行存款 5 000
　　贷：预收账款 5 000
预算会计分录：
借：资金结存 5 000
　　贷：事业预算收入 5 000

（二）确认有关收入

1. 业务说明和账务处理

确认有关收入时，在财务会计方面，按照预收账款账面余额，借记本科目，按照应确认的收入金额，贷记"事业收入""经营收入"等科目，按照付款方补付或退回付款方的金额，借记或贷记"银行存款"等科目。在预算会计方面，借记"资金结存"等科目，贷记"事业预算收入""经营预算收入"等科目。涉及增值税业务的，相关账务处理参见"应交增值税"科目。

表 3-31　预收账款的账务处理

业务名称	财务会计处理	预算会计处理
确认有关收入时	借：预收账款 　　银行存款［收到补付款］ 　贷：事业收入/经营收入等 　　　银行存款［退回预收款］	借：资金结存——货币资金 　贷：事业预算收入/经营预算收入等［收到补付款］ 退回预收款的金额做相反会计分录

2. 实务案例

【例3-19】　某事业单位2×14年发生如下经济业务：

（1）在开展一项事业活动中预收一笔款项46 000元，款项已存入开户银行。

（2）一项事业活动已经完成，实现事业收入44 900元，剩余预收款项1 100元（46 000-44 900）按约定以银行存款转账支付方式退回给付款方。

要求：根据以上经济业务，为该事业单位编制有关的会计分录。

（1）财务会计处理：

```
借：银行存款                                    46 000
    贷：预收账款                                        46 000
预算会计处理：
借：资金结存                                    46 000
    贷：事业预算收入                                    46 000
（2）财务会计处理：
借：预收账款                                    46 000
    贷：事业收入                                        44 900
        银行存款                                        1 100
预算会计处理：
借：事业预算收入                                1 100
    贷：资金结存——货币资金                             1 100
```

（三）无法偿付或债权人豁免偿还的预收账款

无法偿付或债权人豁免偿还的预收账款，应当按照规定报经批准后进行账务处理。经批准核销时，在财务会计方面，借记本科目，贷记"其他收入"科目。无预算会计处理。

核销的预收账款应在备查簿中保留登记。

表 3-32　预收账款的账务处理

业务名称	财务会计处理	预算会计处理
无法偿付或债权人豁免偿还的预收账款	借：预收账款 　　贷：其他收入	—

第十一节　2307 其他应付款

一、会计科目简介及应用要点

1. 科目简介

本科目核算单位除应交增值税、其他应交税费、应缴财政款、应付职工薪酬、应付票据、应付账款、应付政府补贴款、应付利息、预收账款以外，其他各项偿还期限在 1 年内（含 1 年）的应付及暂收款项，如收取的押金、存入保证金、已经报销但尚未偿还银行的本单位公务卡欠款等。

同级政府财政部门预拨的下期预算款和没有纳入预算的暂付款项，以及采用实拨资金方式通过本单位转拨给下属单位的财政拨款，也通过本科目核算。

2. 科目设置

本科目应当按照其他应付款的类别以及债权人等进行明细核算。为核算其他应付款业务，行政事业单位应设置"其他应付款"总账科目。同级政府财政部门预拨的下期预算款和没有纳入预算的暂付款项，以及采用实拨资金方式通过本单位转拨给下属单位的财政拨款，也通过该科目核算。该科目应当按照其他应付款的类别以及债权人等进行明细核算。

顺序号	编号	会计科目名称	明细科目名称
二、负债类			
	2307	其他应付款	
	2307 01	其他应付款	按照其他应付款的类别以及债权人等进行明细核算

3. 科目余额

本科目期末贷方余额，反映单位尚未支付的其他应付款金额。

二、相关经济业务与事项的会计核算

（一）发生暂收款项时

发生暂收款项时，在财务会计方面，借记"银行存款"等科目，贷记本科目。无预算会计处理。将暂收款项转为收入时，在财务会计方面，借记本科目，贷记"事业收入"等科目。在预算会计方面，借记"资金结存"等科目，贷记"事业预算收入"等科目。支付（或退回）暂收款项时，在财务会计方面，借记本科目，贷记"银行存款"等科目。无预算会计处理。

表3-33　发生暂收款项的账务处理

	业务名称	财务会计处理	预算会计处理
（1）	取得暂收款项时	借：银行存款等 　　贷：其他应付款	—
（2）	确认收入时	借：其他应付款 　　贷：事业收入等	借：资金结存 　　贷：事业预算收入等
（3）	退回（转拨）暂收款时	借：其他应付款 　　贷：银行存款等	—

（二）收到财政拨款产生其他应付时

收到同级政府财政部门预拨的下期预算款和没有纳入预算的暂付款项，在财务会计处理，按照实际收到的金额，借记"银行存款"等科目，贷记本科目在预算会计处理；待到下一预算期或批准纳入预算时，借记本科目，贷记"财政拨款收入"科目。在预算会计方面，借记"资金结存"科目，贷记"财政拨款预算收入"科目。

采用实拨资金方式通过本单位转拨给下属单位的财政拨款，在财务会计方面，按照实际收到的金额，借记"银行存款"科目，贷记本科目；向下属单位转拨财政拨款时，按照转拨的金额，借记本科目，贷记"银行存款"科目。在预算会计处理。

表3-34　收到财政拨款产生其他应付的账务处理

业务名称		财务会计处理	预算会计处理
（1）收到同级政府财政部门预拨的下期预算款和没有纳入预算的暂付款项	按照实际收到的金额	借：银行存款等 　　贷：其他应付款	—
	待到下一预算期或批准纳入预算时	借：其他应付款 　　贷：财政拨款收入	借：资金结存 　　贷：财政拨款预算收入
（2）采用实拨资金方式通过本单位转拨给下属单位的财政拨款	按照实际收到的金额	借：银行存款等 　　贷：其他应付款	—
	向下属单位转拨财政拨款时，按照转拨的金额	借：其他应付款 　　贷：银行存款	—

（三）发生其他应付义务时

发生其他应付义务的，在确认其他应付款项时，按照相关金额借记"业务活动费用""单位管理费用"等科目，贷记本科目，无预算会计处理；支付其他应付款项时，借记本科目，贷记"零余额账户用款额度"等科目。支付款项时，在预算会计方面，借记"行政支出""事业支出"等科目，贷记"资金结存"等科目。

表 3-35　发生其他应付义务的账务处理

业务名称		财务会计处理	预算会计处理
发生其他应付义务	确认其他应付款项时	借：业务活动费用/单位管理费用等 　贷：其他应付款	—
	支付其他应付款项	借：其他应付款 　贷：银行存款等	借：行政支出/事业支出等 　贷：资金结存

（四）无法偿付或债权人豁免偿还的其他应付款项

无法偿付或债权人豁免偿还的其他应付款项，应当按照规定报经批准后进行账务处理。在财务会计方面，经批准核销时，借记本科目，贷记"其他收入"科目。无预算会计处理。

核销的其他应付款应在备查簿中保留登记。

表 3-36　无法偿付或债权人豁免偿还的其他应付款项的账务处理

业务名称	财务会计处理	预算会计处理
无法偿付或债权人豁免偿还的其他应付款项	借：其他应付款 　贷：其他收入	—

第十二节　2401 预提费用

一、会计科目简介及应用要点

1. 科目简介

本科目核算单位预先提取的已经发生但尚未支付的费用，如预提租金费用等。事业单位按规定从科研项目收入中提取的项目间接费用或管理费，也通过本科目核算。事业单位计提的借款利息费用，通过"应付利息""长期借款"科目核算，不通过本科目核算。

2. 科目设置

本科目应当按照预提费用的种类进行明细核算。为核算预提费用业务，行政事业单位应设置"预提费用"总账科目。事业单位按规定从科研项目收入中提取的项目间接费用或管理费，也通过该科目核算。事业单位计提的借款利息费用，通过"应付利息""长期借款"科目核算，不通过该科目核算。该科目应当按照预提费用的种类进行明细核算。对于提取的项目间接费用或管理费，应当在该科目下设置"项目间接费用或管理费"明细科目，并按项目进行明细核算。

顺序号	编号	会计科目名称	明细科目名称
二、负债类			
	2401	预提费用	
	2401 01	预提费用	按照预提费用的种类进行明细核算

3. 科目余额

本科目期末贷方余额，反映单位已预提但尚未支付的各项费用。

二、相关经济业务与事项的会计核算

（一）项目间接费用或管理费

1. 业务说明和账务处理

按规定从科研项目收入中提取项目间接费用或管理费时，在财务会计方面，按照提取的金额，借记"单位管理费用"科目，贷记本科目（项目间接费用或管理费）。在预算会计方面，借记"非财政拨款结转"科目，贷记"非财政拨款结余"等科目。

实际使用计提的项目间接费用或管理费时，在财务会计方面，按照实际支付的金额，借本科目（项目间接费用或管理费），贷记"银行存款""库存现金"等科目。在财务会计方面，借记"事业支出"等科目，贷记"资金结存"等科目。

表 3-36　项目间接费用或管理费的账务处理

业务名称	财务会计处理	预算会计处理
按规定计提项目间接费用或管理费时	借：单位管理费用 　贷：预提费用——项目间接费用或管理费	借：非财政拨款结转——项目间接费用或管理费 　贷：非财政拨款结余——项目间接费用或管理费
实际使用计提的项目间接费用或管理费时	借：预提费用——项目间接费用或管理费 　贷：银行存款/库存现金	借：事业支出等 　贷：资金结存

2. 实务案例

【例3-20】　某事业单位按规定从某项科研项目收入中提取项目管理费5 000元。在项目日常管理中，该事业单位实际使用计提的该项目管理费1 200元，款项以银行存款支付。该事业单位应编制如下会计分录：

（1）从科研项目收入中提取项目管理费时

财务会计处理：

借：单位管理费用   5 000

 贷：预提费用——项目间接费用或管理费   5 000

预算会计处理：

借：非财政拨款结转——项目间接费用   5 000

 贷：非财政拨款结余——项目间接费用   5 000

（2）实际使用计提的项目管理费时

财务会计处理：

借：预提费用——管理费   1 200

 贷：银行存款   1 200

预算会计处理：

借：事业支出   1 200

 贷：资金结存   1 200

（二）其他预提费用

按期预提租金等费用时，在财务会计方面，按照预提的金额，借记"业务活动费用""单位管理费用""经营费用"等科目，贷记本科目。无预算会计处理。

实际支付款项时，在财务会计方面，按照支付金额，借记本科目，贷记"零余额账户用款额度""银行存款"等科目。在预算会计方面，借记"行政支出""事业支出""经营支出"等科目，贷记"资金结存"等科目。

表3-37 其他预提费用的账务处理

业务名称	财务会计处理	预算会计处理
按照规定预提每期租金等费用	借：业务活动费用/单位管理费用/经营费用等 贷：预提费用	—
实际支付款项时	借：预提费用 贷：银行存款等	借：行政支出/事业支出/经营支出等 贷：资金结存

第十三节　2501 长期借款

一、会计科目简介及应用要点

1. 科目简介

长期借款是指事业单位经批准向银行或其他金融机构等借入的期限超过 1 年（不含 1 年）的各种借款本息。

2. 科目设置

为核算长期借款业务，事业单位应设置"长期借款"总账科目。该科目应当设置"本金"和"应计利息"明细科目，并按照贷款单位和贷款种类进行明细核算。对于建设项目借款，还应按照具体项目进行明细核算。

顺序号	编号	会计科目名称	明细科目名称
二、负债类			
	2501	长期借款	
	2501 01	长期借款	本金
	2501 01	长期借款	应计利息

3. 科目余额

本科目期末贷方余额，反映单位已预提但尚未支付的各项费用。

二、相关经济业务与事项的会计核算

（一）借入各项长期借款时

1. 业务说明和账务处理

借入各项长期借款时，在财务会计方面，按照实际借入的金额，借记"银行存款"科目，贷记本科目（本金）。在预算会计方面，借记"资金结存"等科目，贷记"债务预算收入"等科目（本金）。

表3-38　借入各项长期借款时的账务处理

业务名称	财务会计处理	预算会计处理
借入各项长期借款时	借：银行存款 　　贷：长期借款——本金	借：资金结存——货币资金 　　贷：债务预算收入［本金］

2. 实务案例

【例3-21】　某事业单位为建造一项固定资产经批准专门向银行借入一笔款项800 000元，借款期限为五年，每年支付借款利息45 000元，本金到期一次偿还。工程建造期限为两年，两年后固定资产如期建造完成并交付使用。五年后，该事业单位如期偿还借款本金800 000元，并支付最后一年的借款利息45 000元。以上相应借款的本息均通过银行存款支付。向银行借入专门款项时，该事业单位应编制如下会计分录：

财务会计处理：

借：银行存款　　　　　　　　　　　　　　　　　　800 000

　　贷：长期借款——本金　　　　　　　　　　　　　　800 000

预算会计处理：

借：资金结存——货币资金　　　　　　　　　　　　800 000

　　贷：债务预算收入——本金　　　　　　　　　　　　800 000

（二）为建造固定资产、公共基础设施等应支付的专门借款利息，按期计提利息时

1. 业务说明和账务处理

（1）属于工程项目建设期间发生的利息，计入工程成本，在财务会计方面，按照计算确定的应支付的利息金额，借记"在建工程"科目，贷记"应付利息"科目。无预算会计处理。

（2）属于工程项目完工交付使用后发生的利息，计入当期费用，在财务会计方面，按照计算确定的应支付的利息金额，借记"其他费用"科目，贷记"应付利息"科目。无预算会计处理。

表3-39 专门借款利息按期计提利息时的账务处理

业务名称		财务会计处理	预算会计处理
为购建固定资产、公共基础设施等应支付的专门借款利息	属于工程项目建设期间发生的	借：在建工程 　　贷：应付利息［分期付息、到期还本］ 　　　　长期借款——应计利息［到期一次还本付息］	—
	属于工程项目完工交付使用后发生的	借：其他费用 　　贷：应付利息［分期付息、到期还本］ 　　　　长期借款——应计利息［到期一次还本付息］	—
	实际支付利息时	借：应付利息 　　贷：银行存款等	借：其他支出 　　贷：资金结存

2. 实务案例

【例3-22】 接【例3-21】。第一、二年工程在建期间，计算确定专门借款利息时，该事业单位应编制如下会计分录：

借：在建工程　　　　　　　　　　　　　　　　　45 000
　　贷：应付利息　　　　　　　　　　　　　　　　　45 000

无预算会计处理。

支付第一、二年专门借款利息时，该事业单位应编制如下会计分录：

财务会计处理：

借：应付利息　　　　　　　　　　　　　　　　　45 000
　　贷：银行存款　　　　　　　　　　　　　　　　　45 000

预算会计处理：

借：其他支出　　　　　　　　　　　　　　　　　45 000
　　贷：资金结存　　　　　　　　　　　　　　　　　45 000

（三）按期计提其他长期借款的利息时

1. 业务说明和账务处理

按期计提其他长期借款的利息时，在财务会计方面，按照计算确定的应支付的利息金额，借记"其他费用"科目，贷记"应付利息"科目［分期付息、到期还本借款的利息〕或本科目（应计利息）〔到期一次还本付息〕。无预算会计处理。

表 3-40　按期计提其他长期借款的利息时的账务处理

业务名称		财务会计处理	预算会计处理
其他长期借款利息	计提利息时	借：其他费用 　　贷：应付利息〔分期付息、到期还本〕 　　　　长期借款——应计利息〔到期一次还本付息〕	—
	分期实际支付利息时	借：应付利息 　　贷：银行存款等	借：其他支出 　　贷：资金结存

2. 实务案例

【例3-23】　接【例3-22】。第三至五年工程完工后，计算确定专门借款利息时，该事业单位应编制如下会计分录：

借：其他费用　　　　　　　　　　　　　　　　　45 000

　　贷：应付利息　　　　　　　　　　　　　　　　45 000

无预算会计处理。

（四）到期归还长期借款本金、利息时

1. 业务说明和账务处理

到期归还长期借款本金、利息时，在财务会计方面，借记本科目（本金、应计利息），贷记"银行存款"科目。在预算会计方面，借记"债务还本支出""其他支出"等科目，贷记"资金结存"等科目。

表 3-41　到期归还长期借款本金、利息时的账务处理

业务名称	财务会计处理	预算会计处理
归还长期借款本息	借：长期借款——本金 　　　　——应计利息〔到期一次还本付息〕 　　贷：银行存款	借：债务还本支出〔支付的本金〕 　　贷：资金结存 借：其他支出〔支付的利息〕 　　贷：资金结存

2. 实务案例

【例3-24】 接【例3-23】。支付第三至五年专门借款利息时，该事业单位应编制如下会计分录：

财务会计处理：

借：应付利息　　　　　　　　　　　　　　45 000

　　贷：银行存款　　　　　　　　　　　　　　45 000

预算会计处理：

借：其他支出　　　　　　　　　　　　　　45 000

　　贷：资金结存　　　　　　　　　　　　　　45 000

五年后，偿还专门借款本金时，该事业单位应编制如下会计分录：

财务会计处理：

借：长期借款——本金　　　　　　　　　　800 000

　　贷：银行存款　　　　　　　　　　　　　800 000

预算会计处理：

借：债务还本支出——本金　　　　　　　　800 000

　　贷：资金结存　　　　　　　　　　　　　800 000

第十四节　2502 长期应付款

一、会计科目简介及应用要点

1. 科目简介

本科目核算单位发生的偿还期限超过 1 年（不含 1 年）的应付款项，如以融资租赁方式取得固定资产应付的租赁费等。

2. 科目设置

为核算长期应付款业务，行政事业单位应设置"长期应付款"总账科目。该科目应当按照长期应付款的类别以及债权人进行明细核算。

顺序号	编号	会计科目名称	明细科目名称
二、负债类			
	2502	长期应付款	
	2502 01	长期应付款	按照长期应付款的类别以及债权人进行明细核算

3. 科目余额

本科目期末贷方余额，反映单位尚未支付的长期应付款金额。

二、相关经济业务与事项的会计核算

（一）发生长期应付款时

1. 业务说明和账务处理

发生长期应付款时，在财务会计方面，借记"固定资产""在建工程"等科目，贷记本科目。无预算业务处理。

表3-42　长期应付款的账务处理

业务名称	财务会计处理	预算会计处理
发生长期应付款时	借：固定资产/在建工程等 　　贷：长期应付款	—

2. 实务案例

【例3-25】　某事业单位融资租入一项固定资产，租赁合同约定，该事业单位每年年末向出租方支付租金15 000元，连续支付4年。租入该项固定资产时，该事业单位发生运输费400元，款项以银行存款支付。该项固定资产确定的成本为60 400元（15 000×4＋400）。该事业单位每年年末如期通过零余额账户用款额度向出租方支付租金15 000元。暂不考虑增值税业务。融资租入固定资产时，该事业单位应编制如下会计分录：

借：固定资产　　　　　　　　　　　　　　　　　60 400

　　贷：长期应付款　　　　　　　　　　　　　　　　60 000

　　　　银行存款　　　　　　　　　　　　　　　　　　400

无预算会计处理。

（二）支付长期应付款时

1. 业务说明和账务处理

支付长期应付款时，在财务会计方面，按照实际支付的金额，借记本科目，贷记"财政拨款收入""零余额账户用款额度""银行存款"等科目。涉及增值税业务的，相关账务处理参见"应交增值税"科目。在预算会计方面，借记"行政支出""事业支出""经营支出"等科目，贷记"财政拨款预算收入""资金结存"等科目。

表 3-43　长期应付款的账务处理

业务名称	财务会计处理	预算会计处理
支付长期应付款	借：长期应付款 　　贷：财政拨款收入/零余额账户用款额度/银行存款	借：行政支出/事业支出/经营支出等 　　贷：财政拨款预算收入/资金结存

2. 实务案例

【例 3-26】　接【例 3-25】。每年年末支付租金时，该事业单位应编制如下会计分录：

财务会计处理：

借：长期应付款　　　　　　　　　　　　　　　　15 000

　　贷：零余额账户用款额度　　　　　　　　　　　15 000

预算会计处理：

借：事业支出　　　　　　　　　　　　　　　　　15 000

　　贷：财政拨款预算收入　　　　　　　　　　　　15 000

（三）无法偿付或债权人豁免偿还长期应付款

无法偿付或债权人豁免偿还的长期应付款，应当按照规定报经批准后进行账务处理。在财务会计方面，经批准核销时，借记本科目，贷记"其他收入"科目。无预算会计处理。

核销的长期应付款应在备查簿中保留登记。

表3-44　长期应付款的账务处理

业务名称	财务会计处理	预算会计处理
无法偿付或债权人豁免偿还的长期应付款	借：长期应付款　　贷：其他收入	—

（四）涉及质保金形成长期应付款的

涉及质保金形成长期应付款的，相关账务处理参见"固定资产"科目。

第十五节　2601 预计负债

一、业务管理

预计负债是因或有事项可能产生的负债。与或有事项相关义务满足该义务是单位承担的现时义务，二该义务的履行很可能导致经济资源流出单位，三该义务的金额能够可靠地计量，三个条件时，单位将其确认为预计负债。

二、会计科目简介及应用要点

1. 科目简介

本科目核算单位对因或有事项所产生的现时义务而确认的负债，如对未决诉讼等确认的负债。

2. 科目设置

为核算预计负债业务，行政事业单位应设置"预计负债"总账科目。该科目应当按照预计负债的项目进行明细核算。

顺序号	编号	会计科目名称	明细科目名称
二、负债类			
	2601	预计负债	
	2601 01	预计负债	按照预计负债的项目进行明细核算

3. 科目余额

本科目期末贷方余额，反映单位已确认但尚未支付的预计负债金额。

三、相关经济业务与事项的会计核算

（一）确认预计负债

1. 业务说明和账务处理

确认预计负债时，在财务会计方面，按照预计的金额，借记"业务活动费用""经营费用""其他费用"等科目，贷记本科目。无预算会计处理。

表 3-45　预计负债的账务处理

业务名称	财务会计处理	预算会计处理
确认预计负债	借：业务活动费用/经营费用/其他费用等 　　贷：预计负债	—

2. 实务案例

【例 3-27】　某事业单位在开展业务活动中因违约而被其他利益相关方在法院提起诉讼。年末，该案件尚在审理中，法院尚未作出判决。该事业单位在咨询了法律顾问后认为，本单位在该案件中处于不利地位，很可能需要赔款 28 000 元。次年，经法院判决，该事业单位需要向其他利益相关方赔款 27 500 元，该事业单位以银行存款支付了该项赔款。该项赔款按规定应计入业务活动费用。年末，确认预计负债时，该事业单位应编制如下会计分录：

借：业务活动费用　　　　　　　　　　　　　　　　　　28 000
　　贷：预计负债　　　　　　　　　　　　　　　　　　　　28 000

无预算会计处理。

（二）实际偿付预计负债

1. 业务说明和账务处理

实际偿付预计负债时，在财务会计方面，按照偿付的金额，借记本科目，贷记"银行存款""零余额账户用款额度"等科目。在预算会计方面，借记"事业支出""经营支出""其他支出"等科目，贷记"资金结存"等科目。

表 3-46　预计负债的账务处理

业务名称	财务会计处理	预算会计处理
实际偿付预计负债	借：预计负债 　　贷：银行存款等	借：事业支出/经营支出/其他支出等 　　贷：资金结存

2. 实务案例

【例 3-28】　接【例 3-27】。次年，法院判决时，该事业单位应编制如下会计分录：

财务会计处理：

借：预计负债　　　　　　　　　　　　　　　　　　　　28 000
　　贷：银行存款　　　　　　　　　　　　　　　　　　　27 500
　　　　业务活动费用　　　　　　　　　　　　　　　　　　　500

预算会计处理：

借：事业支出　　　　　　　　　　　　　　　　　27 500
　　贷：资金结存　　　　　　　　　　　　　　　　　　27 500

（三）对已确认的预计负债账面余额调整

根据确凿证据需要对已确认的预计负债账面余额进行调整的，在财务会计方面，按照调整增加的金额，借记有关科目，贷记本科目；按照调整减少的金额，借记本科目，贷记有关科目。无预算会计处理。

表 3-47　预计负债的账务处理

业务名称	财务会计处理	预算会计处理
对预计负债账面余额进行调整的	借：业务活动费用/经营费用/其他费用等 　　贷：预计负债 或做相反会计分录	—

第十六节　2901 受托代理负债

一、业务管理

受托代理负债应当按照对应的受托代理资产的金额予以确认和计量。

二、会计科目简介及应用要点

1. 科目简介

本科目核算单位接受委托取得受托代理资产时形成的负债。

2. 科目设置

为核算受托代理负债业务，行政事业单位应设置"受托代理负债"总账科目。

3. 科目余额

本科目期末贷方余额，反映单位尚未交付或发出受托代理资产形成的受托代理负债金额。

三、相关经济业务与事项的会计核算

本科目的账务处理参见"受托代理资产""库存现金""银行存款"等科目。

第四章 净资产类科目的会计核算与实务案例

第一节 3001 累计盈余

一、会计科目简介及应用要点

1. 科目简介

本科目核算单位历年实现的盈余扣除盈余分配后滚存的金额，以及因无偿调入调出资产产生的净资产变动额。按照规定上缴、缴回、单位间调剂结转结余资金产生的净资产变动额，以及对以前年度盈余的调整金额，也通过本科目核算。

2. 科目设置

单位应设置"累计盈余"总账科目，本科目无明细科目。

3. 科目余额

本科目期末借方余额，反映单位未弥补亏损的累计数以及截至上年末无偿调拨净资产变动的累计减少数；本科目期末贷方余额，反映单位未分配盈余的累计数以及截至上年末无偿调拨净资产变动的累计增加数。

二、相关经济业务与事项的会计核算

（一）年末将"本年盈余分配"科目余额转入

1. 业务说明和账务处理

单位设置"本年盈余分配"科目，用于反映单位本年度盈余分配的情况，年末终了时需要将该科目余额转入"累计盈余"账户，从而将"本年盈余分配"账户结平。

财务会计：借记或贷记"本年盈余分配"科目，贷记或借记"累计盈余"科目。该事项无预算会计处理。如表4-1所示。

表4-1　年末本年盈余分配科目余额转入的账务处理

业务名称	财务会计处理	预算会计处理
年末，将"本年盈余分配"科目余额转入	借：本年盈余分配 　　贷：累计盈余 或做相反会计分录	—

3. 实务案例

【例4-1】　某单位2×19年12月31日本年盈余分配科目余额33 000元，将其进行结转。单位应编制的会计分录如下：

财务会计：

借：本年盈余分配　　　　　　　　　　　　　　　　　33 000

　　贷：累计盈余　　　　　　　　　　　　　　　　　　33 000

该事项无预算会计处理。

（二）年末将"无偿调拨净资产"科目余额转入

1. 业务说明和账务处理

单位设置"无偿调拨净资产"科目，用于反映单位本年度无偿调拨净资产的情况，年末终了时需要将该科目余额转入"累计盈余"账户，从而将"无偿调拨净资产"账户结平。

财务会计：借记或贷记"无偿调拨净资产"科目，贷记或借记"累计盈余"科目。该事项无预算会计处理。如表4-2所示。

表4-2 年末无偿调拨净资产科目余额转入的账务处理

业务名称	财务会计处理	预算会计处理
年末,将"无偿调拨净资产"科目余额转入	借:无偿调拨净资产 　贷:累计盈余 或做相反会计分录	—

2. 实务案例

【例4-2】 某单位2×19年12月31日无偿调拨净资产科目余额67 000元,将其进行结转。单位应编制的会计分录如下:

财务会计:

借:无偿调拨净资产　　　　　　　　　　　　67 000

　　贷:累计盈余　　　　　　　　　　　　　　　　67 000

该事项无预算会计处理。

(三)调入调出财政拨款结转资金

1. 业务说明和账务处理

单位按照规定上缴财政拨款结转结余、缴回非财政拨款结转资金、向其他单位调出财政拨款结转资金。

财务会计:按照实际上缴、缴回、调出金额,借记"累计盈余"科目,贷记"财政应返还额度""零余额账户用款额度""银行存款"等科目。预算会计:借记"财政拨款结转""财政拨款结余""非财政拨款结转""非财政拨款结余"科目,贷记"资金结存——财政应返还额度""资金结存——零余额账户用款额度""资金结存——货币资金"等科目。

单位按照规定从其他单位调入财政拨款结转资金。

财务会计:按照实际调入金额,借记"零余额账户用款额度""银行存款"等科目,贷记"累计盈余"科目。预算会计:借记"资金结存——零余额账户用款额度""资金结存——货币资金"科目,贷记"财政拨款结转——归集调入"科目。如表4-3所示。

表4-3　调入调出财政拨款结转资金的账务处理

业务名称	财务会计处理	预算会计处理
按照规定上缴财政拨款结转结余、缴回非财政拨款结转资金、向其他单位调出财政拨款结转资金	借：累计盈余 　　贷：财政应返还额度/零余额账户用款额度/银行存款等	借：财政拨款结转/财政拨款结余/非财政拨款结转/非财政拨款结余 　　贷：资金结存——财政应返还额度、零余额账户用款额度、货币资金
按照规定从其他单位调入财政拨款结转资金	借：零余额账户用款额度/银行存款等 　　贷：累计盈余	借：资金结存——零余额账户用款额度/货币资金 　　贷：财政拨款结转——归集调入

2. 实务案例

【例4-3】　某单位2×19年当年的支出预算由于受政策变化影响，剩余财政拨款资金82 000元，按照规定采用归集上缴的方式上缴财政拨款结转结余资金，单位应编制的会计分录如下：

财务会计：

借：累计盈余　　　　　　　　　　　　　　　　　　82 000

　　贷：零余额账户用款额度　　　　　　　　　　　　　82 000

预算会计：

借：财政拨款结余　　　　　　　　　　　　　　　　82 000

　　贷：资金结存——零余额账户用款额度　　　　　　　82 000

（四）将"以前年度盈余调整"科目的余额转入

1. 业务说明和账务处理

"以前年度盈余调整"科目核算单位本年度发生的调整以前年度盈余的事项，包括本年度发生的重要前期差错更正涉及调整以前年度盈余的事项。年末终了需要将"以前年度盈余调整"科目的余额转入"累计盈余"科目。

财务会计：借记或贷记"以前年度盈余调整"科目，贷记或借记"累计盈余"科目。该事项无预算会计处理。如表4-4所示。

表4-4 以前年度盈余调整科目余额结转的账务处理

业务名称	财务会计处理	预算会计处理
将"以前年度盈余调整"科目的余额转入	借：以前年度盈余调整 　　贷：累计盈余 或做相反会计分录	—

2. 实务案例

【例4-4】 某单位2×19年以前年度盈余调整余额为43 000元，年末将其结转，单位应编制的会计分录如下：

财务会计：

借：以前年度盈余调整　　　　　　　　　　　　43 000

　　贷：累计盈余　　　　　　　　　　　　　　　　43 000

该事项无预算会计处理。

（五）使用专用基金购置固定资产、无形资产

1. 业务说明和账务处理

"专用基金"科目核算单位按照规定提取或设置的各种具有专门用途的资金。单位按照规定使用专用基金购置固定资产、无形资产时，涉及"累计盈余"科目的运用。

财务会计：按照固定资产、无形资产成本金额，借记"固定资产""无形资产"科目，贷记"银行存款"等科目；同时，按照专用基金使用金额，借记"专用基金"科目，贷记"累计盈余"科目。预算会计：使用从非财政拨款结余或经营结余中提取的专用基金时，按照专用基金使用金额借记"专用结余"科目，贷记"资金结存——货币资金"科目。使用从收入中提取并列入费用的专用基金时，借记"事业支出"等科目，贷记"资金结存"科目。如表4-5所示。

表4-5　使用专用基金购置固定资产、无形资产的账务处理

业务名称	财务会计处理	预算会计处理
使用专用基金购置固定资产、无形资产的	按照固定资产、无形资产成本金额 　借：固定资产、无形资产 　　贷：银行存款 同时，按照专用基金使用金额 　借：专用基金 　　贷：累计盈余	使用从非财政拨款结余或经营结余中提取的专用基金 　借：专用结余 　　贷：资金结存——货币资金 使用从收入中提取并列入费用的专用基金 　借：事业支出等 　　贷：资金结存

2. 实务案例

【例4-5】　某单位2×19年使用无形资产专用基金购置一项专利权，该专用基金是非财政拨款结余中提取的，通过银行存款全额支付80 000元，单位应编制的会计分录如下：

财务会计：

借：无形资产　　　　　　　　　　　　　　　　　80 000

　　贷：银行存款　　　　　　　　　　　　　　　　　80 000

借：专用基金　　　　　　　　　　　　　　　　　80 000

　　贷：累计盈余　　　　　　　　　　　　　　　　　80 000

预算会计：

借：专用结余　　　　　　　　　　　　　　　　　80 000

　　贷：资金结存——货币资金　　　　　　　　　　　80 000

第二节　3101 专用基金

一、会计科目简介及应用要点

1. 科目简介

本科目核算事业单位按照规定提取或设置的具有专门用途的净资产，

主要包括职工福利基金、科技成果转换基金等。

2. 科目设置

事业单位应设置"专用基金"总账科目，本科目应当按照专用基金的类别进行明细核算。

3. 科目余额

本科目期末贷方余额，反映事业单位累计提取或设置的尚未使用的专用基金。

二、相关经济业务与事项的会计核算

（一）从非财政拨款结余或经营结余中提取专用基金

1. 业务说明和账务处理

单位在年末需要根据有关规定从本年度非财政拨款结余或经营结余中提取专用基金。

财务会计：按照预算会计下计算的提取金额，借记"本年盈余分配"科目，贷记"专用基金"科目。预算会计：借记"非财政拨款结余分配"科目，贷记"专用结余"科目。如表4-6所示。

表4-6　从非财政拨款结余或经营结余中提取专用基金的账务处理

业务名称	财务会计处理	预算会计处理
年末，按照规定从本年度非财政拨款结余或经营结余中提取专用基金的	借：本年盈余分配 　　贷：专用基金［按照预算会计下计算的提取金额］	借：非财政拨款结余分配 　　贷：专用结余

2. 实务案例

【例4-6】　某单位2×19年年末，按照规定从本年度非财政拨款结余中提取40 000元作为科技成果转换基金，单位应编制的会计分录如下：

财务会计：

借：本年盈余分配——提取科技成果转换基金　　　　40 000

　　贷：专用基金——科技成果转换基金　　　　　　　　40 000

预算会计：

借：非财政拨款结余分配 40 000

    贷：专用结余——科技成果转换基金 40 000

（二）从收入中提取专用基金

1. 业务说明和账务处理

单位根据有关规定从收入中提取专用基金用于支付合理的业务经营所需的活动费用。

财务会计：按照预算会计下基于预算收入计算提取的金额，借记"业务活动费用"等科目，贷记"专用基金"科目。国家另有规定的，从其规定。该事项无预算会计处理。如表4-7所示。

表4-7 从收入中提取专用基金的账务处理

业务名称	财务会计处理	预算会计处理
根据规定从收入中提取专用基金并计入费用的	借：业务活动费用等 贷：专用基金〔一般按照预算收入计算提取的金额〕	—

2. 实务案例

【例4-7】 某单位2×19年事业收入660 000元，按照2%的提取比例提取专用基金，单位应编制的会计分录如下：

财务会计：

借：业务活动费用 13 200

    贷：专用基金 13 200

该事项无预算会计处理。

（三）收到其他专用基金

1. 业务说明和账务处理

单位根据有关规定设置其他专用基金。

财务会计：按照实际收到的基金金额，借记"银行存款"等科目，贷记"专用基金"科目。该事项无预算会计处理。如表4-8所示。

表4-8　收到其他专用基金的账务处理

业务名称	财务会计处理	预算会计处理
根据有关规定设置的其他专用基金	借：银行存款等 　　贷：专用基金	—

2. 实务案例

【例4-8】　某单位2×19年根据有关规定设置其他专用基金，实际收到基金金额40 000元，款项用银行存款支付，并存入银行。单位应编制的会计分录如下：

财务会计：

借：银行存款　　　　　　　　　　　　　　　　　　40 000

　　贷：专用基金　　　　　　　　　　　　　　　　　　40 000

该事项无预算会计处理。

（四）使用提取的专用基金

1. 业务说明和账务处理

单位应当按照规定提取并使用专用基金。

财务会计：按照规定使用提取的专用基金时，借记"专用基金"科目，贷记"银行存款"等科目。使用提取的专用基金购置固定资产、无形资产的，按照固定资产、无形资产成本金额，借记"固定资产""无形资产"科目，贷记"银行存款"等科目；同时，按照专用基金使用金额，借记"专用基金"科目，贷记"累计盈余"科目。预算会计：使用从收入中提取并列入费用的专用基金时，借记"事业支出"科目，贷记"资金结存"科目，使用从非财政拨款结余或经营结余中提取的专用基金时，借记"专用结余"科目，贷记"资金结存——货币资金"科目。如表4-9所示。

表4-9 使用提取专用基金的账务处理

业务处理	财务会计处理	预算会计处理
按照规定使用专用基金时	借：专用基金 　　贷：银行存款等 如果购置固定资产、无形资产的 借：固定资产/无形资产 　　贷：银行存款等 借：专用基金 　　贷：累计盈余	使用从收入中提取并列入费用的专用基金 借：事业支出等 　　贷：资金结存 使用从非财政拨款结余或经营结余中提取的专用基金 借：专用结余 　　贷：资金结存——货币资金

2. 实务案例

【例4-9】 某单位2×19年使用从收入中提取的专用基金购置固定资产，款项共计50 000元，通过银行存款支付。单位应编制的会计分录如下：

财务会计：

借：固定资产 50 000

　　贷：银行存款等 50 000

借：专用基金 50 000

　　贷：累计盈余 50 000

预算会计：

借：事业支出 50 000

　　贷：资金结存 50 000

第三节 3201 权益法调整

一、会计科目简介及应用要点

1. 科目简介

本科目核算事业单位持有的长期股权投资采用权益法核算时，由于被投资单位除净损益和利润分配以外的所有者权益变动而累积享有的份额。

2. 科目设置

事业单位应设置"权益法调整"总账科目，本科目应当按照被投资单位进行明细核算。

3. 科目余额

本科目期末余额，反映事业单位在被投资单位除净损益和利润分配以外的所有者权益变动中累积享有（或分担）的份额。

二、相关经济业务与事项的会计核算

（一）资产负债表日

1. 业务说明和账务处理

年末，按照被投资单位除净损益和利润分配以外的所有者权益变动应享有（或应分担）的份额，借记或贷记"长期股权投资——其他权益变动"科目，贷记或借记"权益法调整"科目。该事项无预算会计处理。如表4-10所示。

表4-10 资产负债表日权益法调整的账务处理

业务处理		财务会计处理	预算会计处理
资产负债表日	按照被投资单位除净损益和利润分配以外的所有者权益变动的份额（增加）	借：长期股权投资——其他权益变动 　　贷：权益法调整	—
	按照被投资单位除净损益和利润分配以外的所有者权益变动的份额（减少）	借：权益法调整 　　贷：长期股权投资——其他权益变动	—

2. 实务案例

【例4-10】 某事业单位享有A企业70%的股权，相应的长期股权投资采用权益法核算，2×19年A企业除净损益和利润分配以外的所有者权益变动增加额为200 000元。单位应编制的会计分录如下：

财务会计：

借：长期股权投资——其他权益变动　　　　　　　　　140 000

　　贷：权益法调整　　　　　　　　　　　　　　　　　140 000

该事项无预算会计处理。

（二）长期股权投资处置日

1. 业务说明和账务处理

采用权益法核算的长期股权投资，因被投资单位除净损益和利润分配以外的所有者权益变动而将应享有（或应分担）的份额计入单位净资产的，处置该项投资时，按照原计入净资产的相应部分金额，借记或贷记"权益法调整"科目，贷记或借记"投资收益"科目。该事项无预算会计处理。如表4-11所示。

表4-11　长期股权投资处置日权益法调整的账务处理

业务处理		财务会计处理	预算会计处理
长期股权投资处置时	权益法调整科目为借方余额	借：投资收益 　贷：权益法调整［与所处置投资对应部分的金额］	—
	权益法调整科目为贷方余额	借：权益法调整［与所处置投资对应部分的金额］ 　贷：投资收益	—

2. 实务案例

【例4-11】 某事业单位享有A企业70%的股权，相应的长期股权投资采用权益法核算，2×19年A企业除净损益和利润分配以外的所有者权益变动增加额为200 000元。2×19年年末，该事业单位处置了该项投资。单位应编制的会计分录如下：

财务会计：

借：权益法调整   140 000

  贷：投资收益   140 000

该事项无预算会计处理。

第四节　3301 本期盈余

一、会计科目简介及应用要点

1. 科目简介

本科目核算单位本期各项收入、费用相抵后的余额。

2. 科目设置

单位应设置"本期盈余"总账科目，本科目无明细科目。

3. 科目余额

本科目期末如为贷方余额，反映单位自年初至当期期末累计实现的盈余；如为借方余额，反映单位自年初至当期期末累计发生的亏损。年末结账后，本科目应无余额。

二、相关经济业务与事项的会计核算

（一）期末结转收入费用

1. 业务说明和账务处理

期末，单位将各类收入科目的本期发生额转入本期盈余。

财务会计：借记"财政拨款收入""事业收入""上级补助收入""附属单位上缴收入""经营收入""非同级财政拨款收入""投资收益""捐赠收入""利息收入""租金收入""其他收入"科目，贷记"本期盈余"科目。该事项无预算会计处理。

期末，单位将各类费用科目本期发生额转入本期盈余。

财务会计：借记"本期盈余"科目，贷记"业务活动费用""单位管理费用""经营费用""所得税费用""资产处置费用""上缴上级费用""对附属单位补助费用""其他费用"科目。该事项无预算会计处理。

表4-12　期末结转收入费用的账务处理

业务处理		财务会计处理	预算会计处理
期末结转	结转收入	借：财政拨款收入 　　事业收入 　　上级补助收入 　　附属单位上缴收入 　　经营收入 　　非同级财政拨款收入 　　投资收益 　　捐赠收入 　　利息收入 　　租金收入 　　其他收入 　　贷：本期盈余 投资收益科目为发生额借方净额时，做相反会计分录	—
	结转费用	借：本期盈余 　　贷：业务活动费用 　　　　单位管理费用 　　　　经营费用 　　　　资产处置费用 　　　　上缴上级费用 　　　　对附属单位补助费用 　　　　所得税费用 　　　　其他费用	—

2. 实务案例

【例4-12】　某单位2×19年发生的收入费用项目如下：

（1）财政拨款收入300 000元，事业收入200 000元，附属单位上缴收入120 000元，经营收入70 000元，投资收益40 000元，捐赠收入100 000元。

（2）业务活动费用 400 000 元，单位管理费用 100 000 元，资产处置费用 60 000 元，其他费用 30 000 元。

年末将收入费用进行结转，单位应编制的会计分录如下：

财务会计：

借：财政拨款收入　　　　　　　　　　　　　　　　　300 000

　　事业收入　　　　　　　　　　　　　　　　　　　200 000

　　附属单位上缴收入　　　　　　　　　　　　　　　120 000

　　经营收入　　　　　　　　　　　　　　　　　　　 70 000

　　投资收益　　　　　　　　　　　　　　　　　　　 40 000

　　捐赠收入　　　　　　　　　　　　　　　　　　　100 000

　　贷：本期盈余　　　　　　　　　　　　　　　　　　　830 000

借：本期盈余　　　　　　　　　　　　　　　　　　　590 000

　　贷：业务活动费用　　　　　　　　　　　　　　　　　400 000

　　　　单位管理费用　　　　　　　　　　　　　　　　　100 000

　　　　资产处置费用　　　　　　　　　　　　　　　　　 60 000

　　　　其他费用　　　　　　　　　　　　　　　　　　　 30 000

该事项无预算会计处理。

（二）年末结转本年盈余

1. 业务说明和账务处理

年末对本年盈余科目进行结转。

财务会计：将完成期末结转后的"本年盈余"科目余额转入"本年盈余分配"科目，借记或贷记本科目，贷记或借记"本年盈余分配"科目。该事项无预算会计处理。如表 4-13 所示。

表 4-13　年末结转本年盈余的账务处理

业务处理		财务会计处理	预算会计处理
年末结转	本期盈余科目为贷方余额时	借：本期盈余 　　贷：本年盈余分配	—
	本期盈余科目为借方余额时	借：本年盈余分配 　　贷：本期盈余	—

2. 实务案例

【例4-13】 某单位2×19年12月31日结转本年盈余科目贷方余额
500 000元。单位应编制的会计分录如下：

财务会计：

借：本期盈余　　　　　　　　　　　　　　　　　500 000

　　贷：本年盈余分配　　　　　　　　　　　　　　500 000

该事项无预算会计处理。

第五节　3302 本年盈余分配

一、会计科目简介及应用要点

1. 科目简介

本科目核算单位本年度盈余分配的情况和结果。

2. 科目设置

单位应设置"本年盈余分配"总账科目，本科目无明细科目。

3. 科目余额

本科目只有在年末科目结转时才出现，年末结账后，本科目应无
余额。

二、相关经济业务与事项的会计核算

（一）本期盈余的结转

1. 业务说明和账务处理

年末，单位将"本期盈余"科目余额转入"本年盈余分配"科目。

财务会计：借记或贷记"本期盈余"科目，贷记或借记"本年盈余分
配"科目。该事项无预算会计处理。如表4-14所示。

表 4-14　本期盈余结转的账务处理

业务处理		财务会计处理	预算会计处理
年末将本期盈余转入本年盈余分配	本期盈余科目为贷方余额时	借：本期盈余 　　贷：本年盈余分配	—
	本期盈余科目为借方余额时	借：本年盈余分配 　　贷：本期盈余	—

2. 实务案例

【例4-14】　某单位2×19年年末本年盈余科目贷方余额为33 000元，将其进行结转。单位应编制的会计分录如下：

财务会计：

借：本期盈余　　　　　　　　　　　　　　　　　33 000

　　贷：本年盈余分配　　　　　　　　　　　　　　33 000

该事项无预算会计处理。

（二）提取专用基金

1. 业务说明和账务处理

年末，单位根据有关规定从本年度非财政拨款结余或经营结余中提取专用基金。

财务会计：按照预算会计下计算的提取金额，借记"本年盈余分配"科目，贷记"专用基金"科目。预算会计：借记"非财政拨款结余分配"科目，贷记"专用结余"科目。如表4-15所示。

表 4-15　提取专用基金的账务处理

业务处理	财务会计处理	预算会计处理
年末，根据有关规定按照预算会计下计算的提取金额	借：本年盈余分配 　　贷：专用基金	借：非财政拨款结余分配 　　贷：专用结余

2. 实务案例

【例4-15】 某单位根据有关规定从本年度非财政拨款结余中提取专用基金5 000元，单位应编制的会计分录如下：

财务会计：

借：本年盈余分配 5 000

    贷：专用基金 5 000

预算会计：

借：非财政拨款结余分配 5 000

    贷：专用结余 5 000

（三）科目余额转入累计盈余

1. 业务说明和账务处理

年末，单位按照规定完成上述（一）（二）处理后，将本年盈余分配转入累计盈余。

财务会计：借记或贷记"本年盈余分配"科目，贷记或借记"累计盈余"科目。该事项无预算会计处理。如表4-16所示。

表4-16　科目余额转入累计盈余的账务处理

业务处理		财务会计处理	预算会计处理
年末，将本期盈余分配余额转入累计盈余	本期盈余分配科目为贷方余额时	借：本年盈余分配 　　贷：累计盈余	—
	本期盈余分配科目为借方余额时	借：累计盈余 　　贷：本年盈余分配	—

2. 实务案例

【例4-16】 某单位2×19年年末本年盈余分配科目贷方余额为50 000元，将其进行结转。单位应编制的会计分录如下：

财务会计：

借：本年盈余分配 50 000

    贷：累计盈余 50 000

该事项无预算会计处理。

第六节　3401 无偿调拨净资产

一、会计科目简介及应用要点

1. 科目简介

本科目核算单位无偿调入或调出非现金资产所引起的的净资产变动金额。

2. 科目设置

单位应设置"无偿调拨净资产"总账科目，本科目无明细科目。

3. 科目余额

本科目期末如为贷方余额，反映单位自年初至当期期末累计无偿调入的净资产；如为借方余额，反映单位自年初至当期期末无偿调出的净资产。年末结账后，本科目应无余额。

二、相关经济业务与事项的会计核算

（一）无偿调入净资产

1. 业务说明和账务处理

单位按照规定取得无偿调入的存货、长期股权投资、固定资产、无形资产、公共基础设施、政府储备物资、文物文化资产、保障性住房。

财务会计：按照确定的成本，借记"库存物品""长期股权投资""固定资产""无形资产""公共基础设施""政府储备物资""文物文化资产""保障性住房"等科目，按照调入过程中发生的归属于调入方的相关费用，贷记"零余额账户用款额度""银行存款"等科目，按照其差额，贷记"无偿调拨净资产"科目。预算会计：按照发生的归属于调入方的相关费用，借记"其他支出"科目，贷记"资金结存"科目。如表 4-17 所示。

表 4-17　无偿调入净资产的账务处理

业务处理	财务会计处理	预算会计处理
取得无偿调入的资产	借：库存物品/固定资产/无形资产/长期股权投资/公共基础设施/政府储备物资/保障性住房等 　贷：无偿调拨净资产 　　零余额账户用款额度/银行存款等［发生的归属于调入方的相关费用］	借：其他支出［发生的归属于调入方的相关费用］ 　贷：资金结存等

2. 实务案例

【例4-17】　某单位2×19年3月15日按规定取得无偿调入的一套打印设备，该套打印设备的账面价值为100 000元，调入过程中，该单位调用该设备花费1 000元，款项通过银行存款支付。单位应编制的会计分录如下：

财务会计：

借：固定资产　　　　　　　　　　　　　　　　　　101 000

　　贷：无偿调拨净资产　　　　　　　　　　　　　　100 000

　　　　银行存款　　　　　　　　　　　　　　　　　　1 000

预算会计：

借：其他支出　　　　　　　　　　　　　　　　　　　1 000

　　贷：资金结存　　　　　　　　　　　　　　　　　　1 000

（二）无偿调出净资产

1. 业务说明和账务处理

单位按照规定经批准无偿调出存货、长期股权投资、固定资产、无形资产、公共基础设施、政府储备物资、文物文化资产、保障性住房。

财务会计：按照调出资产的账面余额或账面价值，借记"无偿调拨净资产"科目，按照固定资产累计折旧、无形资产累计摊销、公共基础设施累计折旧或摊销、保障性住房累计折旧的金额，借记"固定资产累计折旧""无形资产累计摊销""公共基础设施累计折旧（摊销）""保障性住房累计折旧"科目，按照调出资产的账面余额，贷记"库存物品""长期股权投资"

"固定资产""无形资产""公共基础设施""政府储备物资""文物文化资产""保障性住房"等科目；同时，按照调出过程中发生的归属于调出方的相关费用，借记"资产处置费用"科目，贷记"零余额账户用款额度""银行存款"等科目。预算会计：按照发生的归属于调出方的相关费用借记"其他支出"科目，贷记"资金结存"科目。如表4-18所示。

表4-18　无偿调出净资产的账务处理

业务处理	财务会计处理	预算会计处理
经批准无偿调出资产	借：无偿调拨净资产 　固定资产累计折旧/无形资产累计摊销/公共基础设施累计折旧（摊销）/保障性住房累计折旧 　贷：库存物品/固定资产/无形资产/长期股权投资/公共基础设施/政府储备物资等［账面余额］ 借：资产处置费用 　贷：银行存款/零余额账户用款额度等［发生的归属于调出方的相关费用］	借：其他支出［发生的归属于调出方的相关费用］ 　贷：资金结存等

2. 实务案例

【例4-18】　某单位2×19年6月1日按规定无偿调出一台固定资产，账面余额60 000元，已计提的累计折旧为20 000元，调出过程中该单位花费1 000元，款项通过银行存款支付。单位应编制的会计分录如下：

财务会计：

借：无偿调拨净资产　　　　　　　　　　　　　　40 000

　　固定资产累计折旧　　　　　　　　　　　　　20 000

　　贷：固定资产　　　　　　　　　　　　　　　　　60 000

借：资产处置费用　　　　　　　　　　　　　　　1 000

　　贷：银行存款　　　　　　　　　　　　　　　　　1 000

预算会计：

借：其他支出　　　　　　　　　　　　　　　　　1 000

　　贷：资金结存　　　　　　　　　　　　　　　　　1 000

（三）年末余额结转

1. 业务说明和账务处理

年末，单位应该将本科目余额转入累计盈余。

财务会计：借记或贷记"无偿调拨净资产"科目，贷记或借记"累计盈余"科目。该事项无预算会计处理。如表4-19所示。

表4-19　年末余额结转的账务处理

业务处理		财务会计处理	预算会计处理
年末，将本科目余额转入累计盈余	科目余额在贷方时	借：无偿调拨净资产 　　贷：累计盈余	—
	科目余额在借方时	借：累计盈余 　　贷：无偿调拨净资产	—

2. 实务案例

【例4-19】　某单位2×19年年末，无偿调拨净资产科目贷方余额33 000元，将其进行结转。单位应编制的会计分录如下：

财务会计：

借：无偿调拨净资产　　　　　　　　　　　　　　33 000

　　贷：累计盈余　　　　　　　　　　　　　　　　　　33 000

该事项无预算会计处理。

第七节　3501 以前年度盈余调整

一、会计科目简介及应用要点

1. 科目简介

本科目核算单位本年度发生的调整以前年度盈余的事项，包括本年度发生的重要前期差错更正涉及调整以前年度盈余的事项。

2. 科目设置

单位应设置"以前年度盈余调整"总账科目，本科目无明细科目。

3. 科目余额

本科目期末如为贷方余额，反映单位当期调增的以前年度盈余；如为借方余额，反映单位当期调减的以前年度盈余。年末结账后，本科目应无余额。

二、相关经济业务与事项的会计核算

（一）调整增加以前年度收入

1. 业务说明和账务处理

单位若存在以前年度收入漏记的情况，应及时调整增加以前年度收入。

财务会计：按照调整增加的金额，借记有关科目，贷记"以前年度盈余调整"科目。调整减少的，做相反会计分录。预算会计：调整增加的，按照实际支付的金额，借记"资金结存"科目，贷记"财政拨款结转""财政拨款结余""非财政拨款结转""非财政拨款结余"科目。调整减少的，做相反会计分录。如表4-20所示。

表4-20　调整增加以前年度收入的账务处理

业务处理		财务会计处理	预算会计处理
调整以前年度收入	增加以前年度收入时	借：有关科目 　　贷：以前年度盈余调整	按照实际收到的金额 借：资金结存 　　贷：财政拨款结转/财政拨款结余/非财政拨款结转/非财政拨款结余（年初余额调整）
	减少以前年度收入时	借：以前年度盈余调整 　　贷：有关科目	按照实际支付的金额 借：财政拨款结转/财政拨款结余/非财政拨款结转/非财政拨款结余（年初余额调整） 　　贷：资金结存

2. 实务案例

【例4-20】 某单位2×19年度发现上一会计年度漏记一笔应收账款10 000元，钱款尚未收到对这一重要前期差错进行更正。单位应编制的会计分录如下：

财务会计：

借：应收账款   10 000

  贷：以前年度盈余调整   10 000

该事项无预算会计处理。

（二）调整增加以前年度费用

1. 业务说明和账务处理

单位若存在以前年度费用漏记的情况，应及时调整增加以前年度费用。

财务会计：调整增加以前年度费用时，按照调整增加的金额，借记"以前年度盈余调整"科目，贷记有关科目。调整减少的，做相反会计分录。预算会计：调整增加的，按照实际支付的金额，借记"资金结存"科目，贷记"财政拨款结转""财政拨款结余""非财政拨款结转""非财政拨款结余"科目。调整减少的，做相反会计分录。如表4-21所示。

表4-21 调整增加以前年度费用的账务处理

业务处理		财务会计处理	预算会计处理

调整以前年度费用	增加以前年度费用时	借：以前年度盈余调整
		  贷：有关科目
			按照实际支付的金额
			借：财政拨款结转/财政拨款结余/非财政拨款结转/非财政拨款结余
			（年初余额调整）
			  贷：资金结存

	减少以前年度费用时	借：有关科目
		  贷：以前年度盈余调整
			按照实际收到的金额
			借：资金结存
			  贷：财政拨款结转/财政拨款结余/非财政拨款结转/非财政拨款结余（年初余额调整）

2. 实务案例

【例4-21】　某单位2×19年度发现上一会计年度漏记一笔发放的财政贴息补助8 000元，对这一重要前期差错进行更正。单位应编制的会计分录如下：

财务会计：

借：以前年度盈余调整　　　　　　　　　　　　　　 8 000

　　　贷：其他应付款　　　　　　　　　　　　　　　　 8 000

预算会计：

借：财政拨款结转　　　　　　　　　　　　　　　　 8 000

　　　贷：资金结存　　　　　　　　　　　　　　　　　 8 000

（三）盘盈非流动资产

1. 业务说明和账务处理

单位盘盈的各种非流动资产，需要报经批准后进行处理。

财务会计：盘盈的非流动资产，报经批准后处理时，借记"待处理财产损溢"科目，贷记"以前年度盈余调整"科目。该事项无预算会计处理。如表4-22所示。

表4-22　盘盈非流动资产的账务处理

业务处理		财务会计处理	预算会计处理
盘盈非流动资产	报经批准处理时	借：待处理财产损溢 　　贷：以前年度盈余调整	—

2. 实务案例

【例4-22】　某单位2×19年年末对资产进行盘点，盘盈台式打印机2台，该款台式打印机的同类产品目前的市场价格为10 000元，报经批准后入账，单位应编制的会计分录如下：

财务会计：

报经批准处理时：

借：待处理财产损溢　　　　　　　　　　　　　　 20 000

　　　贷：以前年度盈余调整　　　　　　　　　　　　 20 000

该事项无预算会计处理。

（四）本年科目余额的结转

1. 业务说明和账务处理

将以前年度盈余进行调整后，转入累计盈余。

财务会计：借记或贷记"累计盈余"科目，贷记或借记"以前年度盈余调整"科目。该事项无预算会计处理。如表4-23所示。

表4-23 本年科目余额的结转的账务处理

业务处理		财务会计处理	预算会计处理
将本科目余额转入累计盈余	本科目为借方余额时	借：累计盈余 　　贷：以前年度盈余调整	—
	本科目为贷方余额时	借：以前年度盈余调整 　　贷：累计盈余	—

2. 实务案例

【例4-23】 某单位2×19年年末，以前年度盈余调整科目借方余额50 000元，将其进行结转。单位应编制的会计分录如下：

财务会计：

借：累计盈余　　　　　　　　　　　　　　　　　　50 000

　　贷：以前年度盈余调整　　　　　　　　　　　　　　50 000

该事项无预算会计处理。

第五章 收入和预算收入类科目的会计核算与实务案例

第一节 4001 财政拨款收入和 6001 财政拨款预算收入

一、会计科目简介及应用要点

1. 科目简介

4001 科目、6001 科目都是核算单位从同级政府财政部门取得的各类财政拨款。不同的是，4001 科目属于财务会计体系，采用权责发生制，反映单位财务信息；6001 科目属于预算会计体系，采用收付实现制，反映单位预算执行信息。

2. 科目设置

4001 科目可按照一般公共预算财政拨款、政府性基金预算财政拨款等拨款种类进行明细核算。

6001 科目应当设置"基本支出"和"项目支出"两个明细科目，按照《政府收支分类科目》中"支出功能分类科目"的项级科目进行明细核算；

同时，在"基本支出"明细科目下按照"人员经费"和"日常公用经费"进行明细核算，在"项目支出"明细科目下按照具体项目进行明细核算。有一般公共预算财政拨款、政府性基金预算财政拨款等两种或两种以上财政拨款的单位，还应当按照财政拨款的种类进行明细核算。

3. 科目余额

期末结转后，两个科目都应无余额。

二、相关经济业务与事项的会计核算

（一）收到拨款

1. 业务说明

取得财政拨款收入主要是指从同级政府财政部门取得各类财政拨款，主要有财政直接支付方式、财政授权支付方式和其他方式支付方式三种形式。

2. 账务处理

（1）财务会计下的账务处理：

在财政直接支付方式下，根据收到的财政直接支付入账通知书及相关原始凭证，按照通知书中的直接支付入账金额，借记"库存商品""固定资产""业务活动费用""单位管理费用""应付职工薪酬"等科目，贷记"财政拨款收入"科目。涉及增值税业务的，相关账务处理参见"应交增值税"科目。

在财政授权支付方式下，根据收到的财政授权支付额度到账通知书，按照通知书中的授权支付额度，借记"零余额账户用款额度"科目，贷记"财政拨款收入"科目。

在其他方式下收到的财政拨款收入，按照实际收到的金额，借记"银行存款"等科目，贷记"财政拨款收入"科目。

（2）预算会计下的账务处理：

在财政直接支付方式下，单位根据收到的"财政直接支付入账通知书"及相关原始凭证，按照通知书中的直接支付金额，借记"事业支出"科目，贷记"财政拨款预算收入"科目。年末，根据本年度财政直接支付预算指标数与当年财政直接支付实际支出数的差额，借记"资金结存——财政应返还额度"科目,贷记"财政拨款预算收入"科目。因差错更正、购货退回等发生国库直接支付款项退回的,属于本年度支付的款项,按照退回金额,借记"财政拨款预算收入"科目,贷记"行政支出""事业支出"等科目。

在财政授权支付方式下,单位根据收到的财政授权支付额度到账通知书,按照通知书中的授权支付额度,借记"资金结存——零余额账户用款额度"科目,贷记"财政拨款预算收入"科目。年末,单位本年度财政授权支付预算指标数大于零余额账户用款额度下达数的,按照两者差额,借记"资金结存——财政应返还额度"科目,贷记"财政拨款预算收入"科目。

通过财政实拨资金方式取得的财政拨款预算收入,在其他方式主要是财政实拨资金方式下,单位按照本期预算收到财政拨款预算收入时,按照实际收到的金额,借记"资金结存——货币资金"科目,贷记"财政拨款预算收入"科目。单位收到下期预算的财政预拨款,应当在下个预算期,按照预收的金额,借记"资金结存——货币资金"科目,贷记"财政拨款预算收入"科目。

在同时有一般公共预算财政拨款和政府性基金预算财政拨款的情况下,财政拨款预算收入应当分为一般公共预算财政拨款和政府性基金预算财政拨款,根据以上不同的财政资金支付方式,在相应的时点按照相应的金额进行确认。

财政拨款预算收入的年末结账,年末,将"财政拨款预算收入"科目本年发生额转入财政拨款结转,借记"财政拨款预算收入"科目,贷记"财政拨款结转——本年收支结转"科目。年末结转后,"财政拨款预算收入"科目应无余额。

表 5-1　收到拨款的账务处理

	财务会计核算	预算会计核算
财政直接支付方式下	借:库存物品/固定资产/业务活动费用/单位管理费用/应付职工薪酬等 　　贷:财政拨款收入	借:行政支出/事业支出等 　　贷:财政拨款预算收入

续上表

	财务会计核算	预算会计核算
财政授权支付方式下	借：零余额账户用款额度 　　贷：财政拨款收入	借：资金结存——零余额账户用款额度 　　贷：财政拨款预算收入
其他方式下	借：银行存款等 　　贷：财政拨款收入	借：资金结存——货币资金 　　贷：财政拨款预算收入

3. 实务案例

【例5-1】 某事业单位收到财政部门委托其代理银行转来的财政直接支付入账通知书，其中包含财政部门为事业部门支付150 000元的业务活动经费，200 000元的在职人员工资，70 000元的为开展某项专业业务活动所发生的费用。相关账务处理如下：

财务会计：

借：业务活动费用　　　　　　　　　　　　　220 000

　　应付职工薪酬　　　　　　　　　　　　　200 000

　　贷：财政拨款收入　　　　　　　　　　　　　420 000

预算会计：

借：事业支出　　　　　　　　　　　　　　　420 000

　　贷：财政拨款预算收入　　　　　　　　　　　420 000

（二）年末确认拨款差额

1. 业务说明

每年年末，本年度财政直接支付预算指标数通常和当年财政直接支付实际支付数不一样，会存在一个差额，此时单位需要确认拨款差额。

2. 账务处理

（1）财务会计下，根据本年度财政直接支付预算指标数与当年财政直接支付实际支付数的差额，借记"财政应返还额度—财政直接支付"科目，贷记"财政拨款收入"科目。

（2）预算会计下，本年度财政授权支付预算指标数大于零余额账户用款额度下达数的，根据未下达的用款额度，借记"财政应返还额度——财政授权支付"科目，贷记"财政拨款预算收入"科目。

表5-2 年末确认拨款差额会计处理

业务	财务会计核算	预算会计核算
根据本年度财政直接支付预算指标数与当年财政直接支付实际支付数的差额	借：财政应返还额度——财政直接支付 　　贷：财政拨款收入	借：资金结存——财政应返还额度 　　贷：财政拨款预算收入
本年度财政授权支付预算指标数大于零余额账户用款额度下达数的差额	借：财政应返还额度——财政授权支付 　　贷：财政拨款收入	借：资金结存——财政应返还额度 　　贷：财政拨款预算收入

3. 实务案例

【例5-2】 某事业单位本年度财政直接支付的基本支出拨款预算指标数为800 000元，而当年财政直接支付实际支出为730 000元，年末确定该事业单位应收财政返还的资金额度为70 000元。相关账务处理如下：

财务会计：

借：财政应返还额度——财政直接支付 70 000

　　贷：财政拨款收入 70 000

预算会计：

借：资金结存——财政应返还额度 70 000

　　贷：财政拨款预算收入 70 000

（三）国库直接支付款项退回

1. 业务说明

拨款退回可分为以前年度支付的款项退回和本年度支付的款项退回。如果是因差错更正或购货退回等发生国库支付款项直接退回，通常为以前年度支付款项退回；如果是本期的购货退回等，通常为本年度支付的款项退回。

2. 账务处理

（1）财务会计下，因差错更正或购货退回等发生国库直接支付款项退回的，属于以前年度支付的款项，按照退回金额，借记"财政应返回额度——财政直接支付"科目，贷记"以前年度盈余调整""库存商品"等科目；属于本年度支付的款项，按照退回金额，借记"财政拨款收入"科目，贷记"业务活动费用""库存商品"等科目。

（2）预算会计下，因差错更正或购货退回等发生国库直接支付款项退回的，属于以前年度支付的款项，按照退回金额，属于财政拨款结转资金的，借记"资金结存——财政应返还额度"科目，贷记"财政拨款结转——年初余额调整"科目；属于财政拨款结余资金的借记"资金结存——财政应返还额度"科目，贷记"财政拨款结余——年初余额调整"科目；属于本年度支付的款项，按照退回金额，借记"财政拨款预算收入"科目，贷记"事业支出"等科目。

表5-3　拨款退回会计处理

业务	财务会计处理	预算会计处理
属于本年度支付的款项	借：财政拨款收入 　贷：业务活动费用/库存物品等	借：财政拨款预算收入 　贷：事业支出等
属于以前年度支付的款项（财政拨款结转资金）	借：财政应返还额度——财政直接支付 　贷：以前年度盈余调整/库存物品等	借：资金结存——财政应返还额度 　贷：财政拨款结转——年初余额调整
属于以前年度支付的款项（财政拨款结余资金）		借：资金结存——财政应返还额度 　贷：财政拨款结余——年初余额调整

3. 实务案例

【例5-3】　某事业单位本年度发生了一笔由购货退回引起的国库直接支付款项退回的业务，经相关人员查证，属于本年度支付的款项，退货物品的金额为70 000元。相关账务处理如下：

财务会计：

借：财政拨款收入　　　　　　　　　　　　　　　70 000
　　贷：库存商品　　　　　　　　　　　　　　　　　　70 000
预算会计：
借：财政拨款预算收入　　　　　　　　　　　　　70 000
　　贷：事业支出　　　　　　　　　　　　　　　　　　70 000

（四）期末/年末结转

1. 业务说明

单位在每年年末，都需要将财政拨款收入科目结转，使其余额为零。

2. 账务处理

（1）财务会计下，期末，将本科目本期发生额转入本期盈余，借记"财政拨款收入"科目，贷记"本期盈余"科目。

（2）预算会计下，期末，借记"财政拨款预算收入"科目，贷记"财政拨款结转——本年收支结转"科目。

表5-4　年末结转会计处理

业务	财务会计处理	预算会计处理
期末/年末结转	借：财政拨款收入 　　贷：本期盈余	借：财政拨款预算收入 　　贷：财政拨款结转——本年收支结转

3. 实务案例

【例5-4】　某事业单位年终进行结账，财政拨款收入贷方余额为7 900 000元。相关账务处理如下：

财务会计：
借：财政拨款收入　　　　　　　　　　　　　7 900 000
　　贷：本期盈余　　　　　　　　　　　　　　　　7 900 000
预算会计：
借：财政拨款预算收入　　　　　　　　　　　7 900 000
　　贷：财政拨款结转——本年收支结转　　　　　7 900 000

第二节　4101 事业收入和 6101 事业预算收入

一、会计科目简介及应用要点

1. 科目简介

4101 科目、6101 科目都是核算事业单位开展专业业务活动及其辅助活动实现的收入，不包括从同级政府财政部门取得的各类财政拨款。不同的是，4101 科目属于财务会计体系，采用权责发生制，反映单位财务信息；6101 科目属于预算会计体系，采用收付实现制，反映单位预算执行信息。

2. 科目设置

4101 科目应当按照事业收入的类别、来源等进行明细核算。对于因开展科研及其辅助活动从非同级政府财政部门取得的经费拨款，应当在本科目下单设"非同级财政拨款"明细科目进行核算。

6101 科目应当按照事业预算收入类别、项目、来源、《政府收支分类科目》中"支出功能分类科目"项级科目等进行明细核算。对于因开展科研及其辅助活动从非同级政府财政部门取得的经费拨款，应当在本科目下单设"非同级财政拨款"明细科目进行明细核算；事业预算收入中如有专项资金收入，还应按照具体项目进行明细核算。

3. 科目余额

期末结转后，两个科目皆应无余额。

二、相关经济业务与事项的会计核算

（一）采用财政专户返还方式

1. 业务说明

财政专户返还收入是采用财政专户返还方式管理的事业收入。承担政府规定的社会公益性服务任务的事业单位，面向社会提供的公益服务是无偿的，或只按政府指导价格收取部分费用，其事业收费需要纳入财政专户管理。

如果事业单位的某项事业收费纳入了财政专户管理，事业收入需要按"收支两条线"的方式管理。在这种管理方式下，事业单位取得的各项事业型收费不能立即安排支出，需要上缴统计财政部门设立的财政资金专户，支出时同级财政部门按资金收支计划从财政专户中拨付。事业单位经过审批取得从财政专户核拨的款项时，方可确认事业收入。

2. 账务处理

（1）财务会计下，实现应上缴财政专户的事业收入时，按照实际收到或应收的金额，借记"银行存款""应收账款"等科目，贷记"应缴财政款"科目；

向财政专户上缴款项时，按照实际上缴的款项金额，借记"应缴财政款"科目，贷记"银行存款"等科目；

收到从财政专户返还的事业收入时，按照实际收到的返还金额，借记"银行存款"等科目，贷记"事业收入"科目。

（2）预算会计下，采用财政专户返还方式管理的事业预算收入，收到从财政专户返还的事业预算收入时，按照实际收到的返还金额，借记"资金结存——货币资金"科目，贷记"事业预算收入"科目。

表5-5　采用财政专户返还方式会计处理

业务	财务会计处理	预算会计处理
实际收到或应收应上缴财政专户的事业收入时	借：银行存款/应收账款等 贷：应缴财政款	—
向财政专户上缴款项时	借：应缴财政款 贷：银行存款等	—
收到从财政专户返还的款项	借：银行存款等 贷：事业收入	借：资金结存——货币资金 贷：事业预算收入

3. 实务案例

【例5-5】　某事业单位开展专业业务活动收到事业服务费 10 000 元，款项已经存入银行账户。此款项纳入财政专户管理，按规定需要全额上缴财政专户。

财务会计：

借：银行存款   10 000

  贷：应缴财政款   10 000

该事项无预算会计处理。

【例5-6】 某事业单位收到银行通知，申请财政专户核拨的基本经费 50 000 元已经到账。此款项是事业单位上缴的检测服务收费。

财务会计：

借：银行存款   50 000

  贷：事业收入——检测业务——××收费项目 50 000

预算会计：

借：资金结存——货币资金   50 000

  贷：事业预算收入   50 000

【例5-7】 某事业单位收到国库支付执行机构委托代理银行转来的"财政直接支付入账通知书"，财政部门通过直接支付的方式，用财政专户管理的资金为事业单位支付相关的费用 100 000 元。此款项是事业单位上缴的检验服务收费。

财务会计：

借：事业支出——财政补助支出——基本支出 100 000

  贷：事业收入——检验业务——××收费项目 100 000

该事项无预算会计处理。

"事业收入"科目在上述明细科目下，还需要根据事业单位的行业属性按"支出功能分类"的类、款、项进行明细核算。为了方便省略了事业收入的功能分类。

【例5-8】 某事业单位收到代理银行转来的"授权支付到账通知书"，财政部门通过授权支付方式核拨的财政专户管理资金 10 000 元已经下达。此款项是事业单位上缴的咨询服务收费，限定用于支付相关的课题经费。

财务会计：

借：零余额账户用款额度　　　　　　　　　　　　　　　10 000

　　贷：事业收入——科技咨询业务——××收费项目（课题经费）

　　　　　　　　　　　　　　　　　　　　　　　　　　　10 000

预算会计：

借：资金结存——零余额账户用款额度　　　　　　　　　10 000

　　贷：事业预算收入　　　　　　　　　　　　　　　　　10 000

（二）采用预收款方式

1. 业务说明

预收款是指企业向购货方预收的购货订金或部分货款。企业预收的货款待实际出售商品、产品或者提供劳务时再行冲减。预收款是以买卖双方协议或合同为依据，由购货方预先支付一部分（或全部）货款给供应方而发生的一项负债，这项负债要用以后的商品或劳务来偿付。

2. 账务处理

（1）财务会计下，实际收到预收款项时，按照收到的款项金额，借记"银行存款"等科目，贷记"预收账款"科目。以合同完成进度确认事业收入时，按照基于合同完成进度计算的金额，借记"预收账款"科目，贷记"事业收入"科目。

（2）预算会计下，实际收到预收款项时，按照收到的款项金额，借记"资金结存——货币资金"科目，贷记"事业预算收入"。

表 5-6　采用预收款方式会计处理

业务	财务会计处理	预算会计处理
实际收到款项时	借：银行存款等 　　贷：预收账款	借：资金结存——货币资金 　　贷：事业预算收入
按合同完成进度确认收入时	借：预收账款 　　贷：事业收入	—

3. 实务案例

【例5-9】 某事业单位7月初开展了一项鉴证服务，服务费10 000元，预计2个月完成，7月初预收了10 000元的款项，7月底按照服务完成进度确认了一半的事业收入。相关账务处理如下：

（1）7月初预售款项

财务会计：

借：银行存款 10 000

　　贷：预收账款 10 000

预算会计：

借：资金结存——货币资金 10 000

　　贷：事业预算收入 10 000

（2）7月底确认一半的事业收入

财务会计：

借：预收账款 5 000

　　贷：事业收入 5 000

该事项无预算会计处理。

（三）采用应收款方式

1. 业务说明

应收款是指企业在正常的经营过程中因销售商品、产品、提供劳务等业务，应向购买单位收取的款项，包括应由购买单位或接受劳务单位负担的税金、代购买方垫付的各种运杂费等。

2. 账务处理

（1）财务会计下，根据合同完成进度计算本期应收的款项，借记"应收账款"科目，贷记"事业收入"科目；实际收到款项时，借记"银行存款"等科目，贷记"应收账款"科目。

（2）预算会计下，实际收到款项时，借记"资金结存——货币资金"，贷记"事业预算收入"。

表 5-7　采用应收款方式会计处理

业务	财务会计处理	预算会计处理
根据合同完成进度计算本期应收的款项	借：应收账款 　贷：事业收入	—
实际收到款项时	借：银行存款等 　贷：应收账款	借：资金结存——货币资金 　贷：事业预算收入

3. 实务案例

【例5-10】　某事业单位开展的咨询服务，咨询服务费 10 000 元，款项尚未收到。相关账务处理如下：

财务会计：

借：应收账款　　　　　　　　　　　　　　　　　　　　　　10 000

　　贷：事业收入——科技咨询业务　　　　　　　　　　　　　　10 000

该事项无预算会计处理。

（四）采用其他方式

1. 业务说明

除采用财政专户返还方式、采用预收款方式和采用应收款方式外，其他方式确认的事业收入一般表现为收到银行存款或库存现金。

2. 账务处理

（1）财务会计下，其他方式下确认的事业收入，按照实际收到的金额，借记"银行存款""库存现金"等科目，贷记"事业收入"科目。

（2）预算会计下，其他方式下确认的事业收入，按照实际收到的金额，借记"资金结存——货币资金"科目，贷记"事业预算收入"科目。

表 5-8　采用其他方式会计处理

业务	财务会计处理	预算会计处理
其他方式下	借：银行存款/库存现金等 　贷：事业收入	借：资金结存——货币资金 　贷：事业预算收入

3. 实务案例

【例5-11】 某事业单位销售科研中间产品一批，单价250元，共800件，计200 000元，增值税额26 000元，款已收到。相关账务处理如下：

财务会计：

借：银行存款 226 000

　　贷：事业收入 200 000

　　　　应交增值税——应交税金（销项税额） 26 000

预算会计：

借：资金结存——货币资金 226 000

　　贷：事业预算收入 226 000

（五）期末/年末结转

1. 业务说明

事业单位在每年年末，都需要将事业收入科目结转，使其余额为零。

2. 账务处理

（1）财务会计下，期末，将本科目本期发生额转入本期盈余，借记"事业收入"科目，贷记"本期盈余"科目。

（2）预算会计下，年末，将"事业预算收入"科目本年发生额中的专项资金收入转入本期盈余，借记"事业预算收入"科目下各专项资金收入明细科目，贷记"非财政拨款结转——本年收支结转"科目；将"事业预算收入"科目本年发生额中的非专项资金收入转入其他结余，借记"事业预算收入"科目下各非专项资金收入明细科目，贷记"其他结余"科目。年末结转后，"事业预算收入"科目应无余额。

表5-9　年末结转会计处理

业务	财务会计处理	预算会计处理
专项资金收入	借：事业收入 　　贷：本期盈余	借：事业预算收入 　　贷：非财政拨款结转——本年收支结转
非专项资金收入		借：事业预算收入 　　贷：其他结余

3. 实务案例

【例5-12】 某事业单位年终进行结账，事业收入贷方余额为 7 900 000 元，均为专项资金收入。相关账务处理如下：

财务会计：

借：事业收入　　　　　　　　　　　　　　　　　　　7 900 000

　　贷：本期盈余　　　　　　　　　　　　　　　　　　　7 900 000

预算会计：

借：事业预算收入　　　　　　　　　　　　　　　　　7 900 000

　　贷：非财政拨款结转——本年收支结转　　　　　　　　7 900 000

第三节　4201 上级补助收入和 6201 上级补助预算收入

一、会计科目简介及应用要点

1. 科目简介

4201、6201 科目都是核算事业单位从主管部门和上级单位取得的非财政拨款收入。不同的是，4201 科目属于财务会计体系，采用权责发生制，反映单位财务信息；6201 科目属于预算会计体系，采用收付实现制，反映单位预算执行信息。

2. 科目设置

4201 科目应当按照发放补助单位、补助项目等进行明细核算。

6201 科目应当按照发放补助单位、补助项目、《政府收支分类科目》中"支出功能分类科目"的项级科目等进行明细核算。上级补助预算收入中如有专项资金收入，还应按照具体项目进行明细核算。

3. 科目余额

期末结转后，两个科目皆应无余额。

二、相关经济业务与事项的会计核算

（一）日常核算

1. 业务说明

上级补助收入不同于财政补助收入，上级补助收入并非来源于财政部门，也不是财政部门安排的财政预算资金，而是由主管部门或上级单位拨入的非财政性资金。上级补助收入并不是事业单位的常规收入，主管单位或上级单位一般根据自身的资金情况和事业单位的需要进行拨付。

2. 账务处理

（1）财务会计下，确认时，按照应收或实际收到的金额，借记"其他应收款"等科目，贷记"上级补助收入"科目；收到上级补助预算收入时，按照实际收到的金额，借记"银行存款"等科目，贷记"其他应收款"科目。

（2）在预算会计下，对于事业单位确认一项尚未收到的上级补助收入，不做会计处理。之后，事业单位收到以前确认的上级补助收入款项时，借记"资金结存——货币资金"科目，贷记"上级补助预算收入"科目。

表 5-10　日常核算会计处理

业务	财务会计处理	预算会计处理
确认时，按照应收或实际收到的金额	借：其他应收款/银行存款等 　　贷：上级补助收入	借：资金结存——货币资金 　　贷：上级补助预算收入
收到应收的上级补助收入时	借：银行存款等 　　贷：其他应收款	

3. 实务案例

【例5-13】　某事业单位收到主管部门拨来的补助款 100 000 元，款项已经到账。此款项是上级单位用其所集中的款项对附属单位基本支出进行的调剂。相关账务处理如下：

财务会计：

借：银行存款　　　　　　　　　　　　　　　　100 000

　　贷：上级补助收入——主管部门　　　　　　　　　　100 000

预算会计：

借：资金结存——货币资金　　　　　　　　　　100 000

　　贷：上级补助预算收入　　　　　　　　　　　　　　100 000

（二）年末结转

1. 业务说明

事业单位在每年年末，都需要将上级补助收入科目结转，使其余额为零。

2. 账务处理

（1）财务会计下，年末，将"上级补助收入"科目本年发生额中的专项资金收入转入本期盈余，借记"上级补助收入"科目下各专项资金收入明细科目，贷记"本期盈余"科目；

（2）预算会计下，事业单位除了需要对财政拨款预算收支情况和非财政拨款预算收支情况进行分别核算外，对专项资金预算收支情况和非专项资金预算收支情况也需要进行分别核算。对于专项资金预算收支情况还需要进行单独的报告，并进行绩效评价。分别设置"非财政拨款结转"和"其他结余"科目，体现了这一基本要求。

表 5-11　年末结转会计处理

业务	财务会计处理	预算会计处理
专项资金收入	借：上级补助收入 　　贷：本期盈余	借：上级补助预算收入 　　贷：非财政拨款结转——本年收支结转
非专项资金收入		借：上级补助预算收入 　　贷：其他结余

3. 实务案例

【例5-14】 年终，结转上级补助收入科目，其中专项资金600 000元，非专项资金300 000元。相关账务处理如下：

财务会计：

借：上级补助收入   900 000

    贷：本期盈余   900 000

预算会计：

借：上级补助预算收入   900 000

    贷：非财政拨款结转   600 000

        其他结余   300 000

第四节   4301 附属单位上缴收入和
6301 附属单位上缴预算收入

一、会计科目简介及应用要点

1. 科目简介

4301 科目核算事业单位取得的附属独立核算单位按照有关规定上缴的收入。

6301 科目核算事业单位取得附属独立核算单位根据有关规定上缴的现金流入。

2. 科目设置

4301 科目应当按照附属单位、缴款项目等进行明细核算。

6301 科目应当按照附属单位、缴款项目、《政府收支分类科目》中"支出功能分类科目"的项级科目等进行明细核算。附属单位上缴预算收入中如有专项资金收入，还应按照具体项目进行明细核算。

3. 科目余额

期末结转后，两个科目皆应无余额。

二、相关经济业务与事项的会计核算

(一) 日常核算

1. 业务说明

所谓附属单位是指事业单位内部设立的，实行独立核算的下级单位，与上级单位存在一定的体制关系。附属单位缴款是事业单位收到的附属单位上缴的款项，事业单位与附属单位之间的往来款项，不通过附属单位缴款核算，事业单位对外投资获得的投资收益也不通过附属单位缴款核算。

2. 账务处理

(1) 财务会计下，确认附属单位上缴收入时，按照应收或收到的金额，借记"其他应收款""银行存款"等科目，贷记"附属单位上缴收入"科目。实际收到应收附属单位上缴款时，按照实际收到的金额，借记"银行存款"等科目，贷记"其他应收款"科目。

(2) 预算会计下，事业单位收到附属单位缴来款项时，按照实际收到的金额，借记"资金结存——货币资金"科目，贷记"附属单位上缴预算收入"科目。

表5-12　日常核算会计处理

业务	财务会计处理	预算会计处理
确认时，按照应收或实际收到的金额	借：其他应收款/银行存款 　　贷：附属单位上缴收入	借：资金结存——货币资金 　　贷：附属单位上缴预算收入
实际收到应收附属单位上缴收入时	借：银行存款等 　　贷：其他应收款	

3. 实务案例

【例5-15】　某事业单位下属的招待所为独立核算的附属单位。按事业单位与招待所签订的收入分配办法规定，2013年招待所应缴纳分成款60 000元，事业单位已收到招待所上缴的款项。相关账务处理如下：

财务会计：

```
借：银行存款                                    60 000
    贷：附属单位上缴收入                              60 000
预算会计：
借：资金结存——货币资金                          60 000
    贷：附属单位上缴预算收入                          60 000
```

（二）期末/年末结转

1. 业务说明

事业单位在每年年末，都需要将附属单位上缴收入科目结转，使其余额为零。

2. 账务处理

（1）财务会计下，期末，将本科目本期发生额转入本期盈余，借记"附属单位上缴收入"科目，贷记"本期盈余"科目。

（2）预算会计下，年末，将该科目本年发生额中的专项资金收入转入非财政拨款结转，借记"附属单位上缴预算收入"科目下各专项资金收入明细科目，贷记"非财政拨款结转——本年收支结转"科目；将附属单位上缴预算收入科目本年发生额中的非专项资金收入转入其他结余，借记"附属单位上缴预算收入"科目下各非专项资金收入明细科目，贷记"其他结余"科目。年末结转后，该科目应无余额。

表5-13　年末结转会计处理

业务	财务会计处理	预算会计处理
专项资金收入	借：附属单位上缴收入 　　贷：本期盈余	借：附属单位上缴预算收入 　　贷：非财政拨款结—— 本年收支结转
非专项资金收入		借：附属单位上缴预算收入 　　贷：其他结余

3. 实务案例

【例5-16】 某事业单位年终进行结账，附属单位上缴收入贷方余额为 900 000 元，均为专项资金收入。相关账务处理如下：

财务会计：

借：附属单位上缴收入   900 000

    贷：本期盈余   900 000

预算会计：

借：附属单位上缴预算收入   900 000

    贷：非财政拨款结转——本年收支结转   900 000

第五节　4401 经营收入和 6401 经营预算收入

一、会计科目简介及应用要点

1. 科目简介

4401 科目核算事业单位在专业业务活动及其辅助活动之外开展非独立核算经营活动取得的收入。

6401 科目核算事业单位在专业业务活动及其辅助活动之外开展非独立核算经营活动取得的现金流入。

2. 科目设置

4401 科目应当按照经营活动类别、项目和收入来源等进行明细核算。

6401 科目应当按照经营活动类别、项目、《政府收支分类科目》中"支出功能分类科目"的项级科目等进行明细核算。

3. 科目余额

期末结转后，两科目皆应无余额。

二、相关经济业务与事项的会计核算

（一）确认经营收入时

1. 业务说明

事业单位经营收入的确认，有两个条件：一是经营收入是事业单位在专业业务活动及辅助活动之外取得的收入；二是经营收入是事业单位非独立核算单位取得的收入。一个收入事项同时具备以上两个条件方能确认为经营收入。

经营收入的分类标准及其主要内容如下表所示。

表 5-14　经营收入的分类标准及其主要内容

分类标准	分类名称	主要内容
经营业务类型	服务收入	是事业单位非独立核算部门对外提供经营服务取得的收入
	销售收入	是事业单位非独立核算部门开展商品生产、加工对外销售商品取得的收入
	租赁收入	是事业单位对外出租房屋、场地和设备等取得的收入
	其他经营收入	是除上述收入以外的各项经营类业务收入

2. 账务处理

（1）财务会计下，实现经营收入时，按照确定的收入金额，借记"银行存款""应收账款""应收票据"等科目，贷记"经营收入"科目。涉及增值税业务的，相关账务处理参见"应交增值税"科目。

（2）预算会计下，事业单位收到经营预算收入时，按照实际收到的金额，借记"资金结存——货币资金"科目，贷记"经营预算收入"科目。

表 5-15　确认经营收入会计处理

业务	财务会计处理	预算会计处理
确认经营收入时	借：银行存款/应收账款/应收票据等 　　贷：经营收入	借：资金结存——货币资金 　　贷：经营预算收入
收到应收的款项时	借：银行存款等 　　贷：应收账款/应收票据	

3. 实务案例

【例 5-17】 某事业单位附属的服务部提供打印服务应收取打印费 1 000 元，实际收到 800 元，款项已经存入银行。相关账务处理如下：

财务会计：

借：银行存款 800

应收账款 200

贷：经营收入——打印服务 1 000

预算会计：

借：资金结存——货币资金 800

贷：经营预算收入——打印服务 800

（二）期末/年末结转

1. 业务说明

事业单位在每年年末，都需要将经营收入科目结转，使其余额为零。

2. 账务处理

（1）财务会计下，年末，将本科目本年发生额转入本期盈余，借记"经营收入"科目，贷记"本期盈余"科目。

（2）预算会计下，年末，将该科目本年发生额转入经营结余，借记"经营预算收入"科目，贷记"经营结余"科目。年末结转后，该科目应无余额。

表 5-16 期末/年末结转会计处理

业务	财务会计处理	预算会计处理
期末/年末结转	借：经营收入 贷：本期盈余	借：经营预算收入 贷：经营结余

3. 实务案例

【例 5-18】 某事业单位年终进行结账，经营收入贷方余额为 800 000 元。相关账务处理如下：

财务会计：

借：经营收入　　　　　　　　　　　　　　　　800 000
　　贷：本期盈余　　　　　　　　　　　　　　　　800 000
预算会计：
借：经营预算收入　　　　　　　　　　　　　　800 000
　　贷：经营结余　　　　　　　　　　　　　　　　800 000

第六节　4601 非同级财政拨款收入和
6601 非同级财政拨款预算收入

一、会计科目简介及应用要点

1. 科目简介

4601 科目核算单位从非同级政府财政部门取得的经费拨款，包括从同级政府其他部门取得的横向转拨财政款、从上级或下级政府财政部门取得的经费拨款等。事业单位因开展科研及其辅助活动从非同级政府财政部门取得的经费拨款，应当通过"事业收入——非同级财政拨款"科目核算，不通过本科目核算。

6601 科目核算单位从非同级政府财政部门取得的财政拨款，包括本级横向转拨财政款和非本级财政拨款。对于因开展科研及其辅助活动从非同级政府财政部门取得的经费拨款，应当通过"事业预算收入——非同级财政拨款"科目进行核算，不通过本科目核算。

2. 科目设置

4601 科目应当按照本级横向转拨财政款和非本级财政拨款进行明细核算，并按照收入来源进行明细核算。

6601 科目应当按照非同级财政拨款预算收入的类别、来源、《政府收支分类科目》中"支出功能分类科目"的项级科目等进行明细核算。非同级财政拨款预算收入中如有专项资金收入，还应按照具体项目进行明细核算。

3. 科目余额

期末结转后，两个科目皆应无余额。

二、相关经济业务与事项的会计核算

（一）确认收入时

1. 业务说明

非同级财政拨款收入是指单位的应缴未缴的行政事业性收费、罚没收入、用单位资产从事的经营服务性收入、上级主管部门直接下拨的款项、下属单位上缴收入等。单位应当根据实际收到或应收的款项，确认非同级财政拨款收入。

2. 账务处理

（1）财务会计下，确认非同级财政拨款收入时，按照应收或实际收到的金额，借记"其他应收款""银行存款"等科目，贷记"非同级财政拨款收入"科目。

（2）预算会计下，单位取得非同级财政拨款预算收入时，按照实际收到的金额，借记"资金结存——货币资金"科目，贷记"非同级财政拨款预算收入"科目。

表 5-17　确认非同级财政拨款收入会计处理

业务	财务会计处理	预算会计处理
确认收入时	借：其他应收款/银行存款等 贷：非同级财政拨款收入	借：资金结存——货币资金 贷：非同级财政拨款预算收入
收到应收的款项时	借：银行存款 贷：其他应收款	

3. 实务案例

【例 5-19】　某事业单位收到了非同级财政部门委托其代理银行转来的财政直接支付入账通知书，包含了银行存款 900 000 元。相关账务处理如下：

财务会计：

借：银行存款   900 000
　　贷：非同级财政拨款收入   900 000
预算会计：
借：资金结存——货币资金   900 000
　　贷：非同级财政拨款预算收入   900 000

（二）期末/年末结转

1. 业务说明

事业单位在每年年末，都需要将非同级财政拨款收入科目结转，使其余额为零。

2. 账务处理

（1）财务会计下，期末，将本科目本期发生额转入本期盈余，借记"非同级财政拨款收入"科目，贷记"本期盈余"科目。

（2）预算会计下，年末，将非同级财政拨款预算收入科目本年发生额中的专项资金收入转入非财政拨款结转，借记"非同级财政拨款预算收入"科目下各专项资金收入明细科目，贷记"非财政拨款结转——本年收支结转"科目；将"非同级财政拨款预算收入"科目本年发生额中的非专项资金收入转入其他结余，借记"非同级财政拨款预算收入"科目下各非专项资金收入明细科目，贷记"其他结余"科目。年末结转后，该科目应无余额。

表5-18　年末结转会计处理

业务	财务会计处理	预算会计处理
专项资金	借：非同级财政拨款收入 　　贷：本期盈余	借：非同级财政拨款预算收入 　　贷：非财政拨款结转——本年收支结转
非专项资金		借：非同级财政拨款预算收入 　　贷：其他结余

3. 实务案例

【例5-20】　某事业单位年终进行结账，非同级财政拨款收入贷方余额为900 000元，其中，专项资金收入为300 000元，非专项资金收入为600 000。相关账务处理如下：

财务会计：

借：非同级财政拨款收入　　　　　　　　　　　　　　900 000
　　贷：本期盈余　　　　　　　　　　　　　　　　　　900 000

预算会计：

借：非同级财政拨款预算收入　　　　　　　　　　　　900 000
　　贷：非财政拨款结转——本年收支结转　　　　　　　300 000
　　　　其他结余　　　　　　　　　　　　　　　　　600 000

第七节　4602 投资收益和6602 投资预算收益

一、会计科目简介及应用要点

1. 科目简介

4602 科目核算事业单位股权投资和债券投资所实现的收益或发生的损失。

6602 科目核算事业单位取得的按照规定纳入部门预算管理的属于投资收益性质的现金流入，包括股权投资收益、出售或收回债券投资所取得的收益和债券投资利息收入。

2. 科目设置

4602 科目应当按照投资的种类等进行明细核算。

6602 科目应当按照《政府收支分类科目》中"支出功能分类科目"的项级科目等进行明细核算。

3. 科目余额

期末结转后，两个科目应皆无余额。

二、相关经济业务与事项的会计核算

（一）出售或到期收回短期债券本息

1. 业务说明

短期债券是为筹集短期资金而发行的债券。一般期限在一年以内。有些在市场上流通的中长期债券，其到期日不足一年的，也视作短期债券。短期债券具有流动性强、风险低的优点。

2. 账务处理

（1）财务会计下，出售或到期收回短期债券本息，按照实际收到的金额，借记"银行存款"科目，按照出售或收回短期投资的成本，贷记"短期投资"科目，按照其差额，贷记或借记"投资收益"科目。涉及到增值税业务的，相关账务处理参见"应交增值税"科目。

（2）预算会计下，事业单位出售或到期收回本年度取得的短期债券本息，按照实际取得的价款或实际收到的本息金额，借记"资金结存——货币资金"科目，按照取得债券时"投资支出"科目的发生额，贷记"投资支出"科目，按照其差额，贷记或借记"投资预算收益"科目。出售或到期收回以前年度取得的短期债券本息，按照实际取得的价款或实际收到的本息金额，借记"资金结存——货币资金"科目，按照取得债券时"投资支出"科目的发生额，贷记"其他结余"科目，按照其差额，贷记或借记"投资预算收益"科目。出售、转让以货币资金取得的长期股权投资的，其账务处理参照出售或到期收回债券投资。

表5-19 出售或到期收回短期债券本息会计处理

业务	财务会计处理	预算会计处理
出售或到期收回短期债券本息	借：银行存款 　　投资收益［借差］ 　贷：短期投资［成本］ 　　　投资收益［贷差］	借：资金结存——货币资金［实际收到的款项］ 　　投资预算收益［借差］ 　贷：投资支出/其他结余［投资成本］ 　　　投资预算收益［贷差］

3. 实务案例

【例5-21】 某事业单位一项短期国债投资到期兑付，其收到国债投资本息61 200元，其中短期投资成本为60 000元，利息1 200元。相关账务处理如下：

财务会计：

借：银行存款　　　　　　　　　　　　　　　　　61 200

　　贷：短期投资　　　　　　　　　　　　　　　　60 000

　　　　投资收益　　　　　　　　　　　　　　　　 1 200

预算会计：

借：资金结存——货币资金　　　　　　　　　　　　61 200

　　贷：投资支出　　　　　　　　　　　　　　　　60 000

　　　　投资预算收益　　　　　　　　　　　　　　 1 200

（二）持有的分期付息、一次还本的长期债券投资

1. 业务说明

长期债券是发行者为筹集长期资金而发行的债券。各国对债权期限划分的标准不同。一般来说，偿还期限为10年以上的为长期债券。发行长期债券的目的，主要用于筹集大型工程、市政设施及一些期限较长的建设项目的建设资金。持有的分期付息、一次还本的长期债券是指每期偿还一定金额的利息，到期再还本。

2. 账务处理

（1）财务会计下，持有的分期付息、一次还本的长期债权投资，按期确认利息收入时，按照计算确定的应收未收利息，借记"应收利息"科目，贷记"投资收益"科目。

（2）预算会计下，持有的短期投资以及分期付息、一次还本的长期债券投资收到利息时，按照实际收到的金额，借记"资金结存——货币资金"科目，贷记"投资预算收益"科目。持有长期股权投资取得被投资单位分派的现金股利或利润时，按照实际收到的金额，借记"资金结存——货币资金"科目，贷记"投资预算收益"科目。

表 5-20　持有的分期付息、一次还本的长期债券投资会计处理

业务	财务会计处理	预算会计处理
确认应收未收利息	借：应收利息 　　贷：投资收益	—
实际收到利息时	借：银行存款 　　贷：应收利息	借：资金结存——货币资金 　　贷：投资预算收益

3. 实务案例

【例 5-22】　某事业单位投资了一项长期债券，采用的支付方式是分期付息，一次还本，每期应计的利息为 5 000 元，利息已收到。相关账务处理如下：

财务会计：

借：应收利息　　　　　　　　　　　　　　　　　　5 000

　　贷：投资收益　　　　　　　　　　　　　　　　　　5 000

借：银行存款　　　　　　　　　　　　　　　　　　5 000

　　贷：应收利息　　　　　　　　　　　　　　　　　　5 000

预算会计：

借：资金结存——货币资金　　　　　　　　　　　　5 000

　　贷：投资预算收益　　　　　　　　　　　　　　　　5 000

（三）持有的一次还本付息的长期债券投资

1. 业务说明

长期债券是发行者为筹集长期资金而发行的债券。各国对债权期限划分的标准不同。一般来说，偿还期限为 10 年以上的为长期债券。发行长期债券的目的，主要用于筹集大型工程、市政设施及一些期限较长的建设项目的建设资金。持有的一次还本付息的长期债券是指到期一次性偿还本金和利息。

2. 账务处理

（1）财务会计下，持有的到期一次还本付息的债券投资，按期确认利息收入时，按照计算确定的应收未收利息，借记"长期债券投资——应计利息"，贷记"投资收益"科目。

（2）预算会计下，无会计处理。

表5-21 持有的一次还本付息的长期债券投资会计处理

业务		财务会计处理	预算会计处理
持有的一次还本付息的长期债券投资	计算确定的应收未收利息	借：长期债券投资——应计利息 贷：投资收益	—

3. 实务案例

【例5-23】 某事业单位投资了一项长期债券，采用的支付方式是一次还本付息，当期应计利息为5 000元。相关账务处理如下：

财务会计：

借：长期债券投资——应计利息　　　　　　　　　　 5 000

　　贷：投资收益　　　　　　　　　　　　　　　　　　 5 000

该事项无预算会计处理。

（四）出售长期债券投资或到期收回长期债券投资本息

1. 业务说明

长期债券是发行者为筹集长期资金而发行的债券。各国对债权期限划分的标准不同。一般来说，偿还期限为10年以上的为长期债券。发行长期债券的目的，主要用于筹集大型工程、市政设施及一些期限较长的建设项目的建设资金。

2. 账务处理

（1）财务会计下，出售长期债券投资或到期收回长期债券投资本息，按照实际收到的金额，借记"银行存款"等科目，按照债券初始投资成本和已计未收利息金额，贷记"长期债券投资——成本、应计利息"科目〔到期一次还本付息债券〕或"长期债券投资""应收利息"科目〔分期付息债券〕，按照其差额，贷记或借记"投资收益"科目。涉及到增值税业务的，相关账务处理参见"应交增值税"科目。

（2）预算会计下，出售本年度取得的长期债券投资或到期收回本年度取得的长期债券投资本息，按照实际取得的价款或实际收到的本息金额，

借记"资金结存——货币资金"科目，按照取得债券时"投资支出"科目的
发生额，贷记"投资支出"科目，按照其差额，贷记或借记"投资预算收
益"科目。出售以前年度取得的长期债券投资或到期收回以前年度取得的长
期债券投资本息，按照实际取得的价款或实际收到的本息金额，借记"资金
结存——货币资金"科目，按照取得债券时"投资支出"科目的发生额，贷
记"其他结余"科目，按照其差额，贷记或借记"投资预算收益"科目。

表5-22   出售长期债券投资或到期收回长期债权投资本息会计处理

业务	财务会计处理	预算会计处理
出售或到期收回长期债券投资本息	借：银行存款 　　投资收益［借差］ 　贷：长期债权投资 　　　应收利息 　　　投资收益［贷差］	借：资金结存——货币资金［实际收到的款项］ 　　投资预算收益［借差］ 　贷：投资支出/其他结余 　　　投资预算收益［贷差］

3. 实务案例

【例5-24】　某事业单位发生于2×19年2月1日向外转让其以前年
度持有的长期债券，转让价格为61 000元，届时长期债券投资账面余额
为60 000元。

　　财务会计：

　　借：银行存款　　　　　　　　　　　　　　　　　61 000

　　　　贷：长期债券投资　　　　　　　　　　　　　　　60 000

　　　　　　投资收益　　　　　　　　　　　　　　　　　 1 000

　　预算会计：

　　借：资金结存——货币资金　　　　　　　　　　　61 000

　　　　贷：其他结余　　　　　　　　　　　　　　　　　60 000

　　　　　　投资预算收益　　　　　　　　　　　　　　　 1 000

（五）成本法下长期股权投资持有期间，被投资单位宣告分派利润
或股利

1. 业务说明

成本法是指长期股权投资按投资的实际成本计价的方法。该方法要求

当企业增加对外长期投资时才增加长期股权投资的账面价值。

2. 账务处理

（1）财务会计下，采用成本法核算的长期股权投资持有期间，被投资单位宣告分派现金股利或利润时，按照宣告分派的现金股利或利润中属于单位应享有的份额，借记"应收股利"科目，贷记"投资收益"科目。

（2）预算会计下，宣告分派的利润或股利时，不做处理。取得分派的利润或股利，按照实际收到的金额，借记"资金结存——货币资金"，贷记"投资预算收益"。

表 5-23　成本法下被投资单位宣告分派利润或股利会计处理

业务	财务会计处理	预算会计处理
按照宣告分派的利润或股利中属于单位应享有的份额	借：应收股利 　　贷：投资收益	—
取得分派的利润或股利，按照实际收到的金额	借：银行存款 　　贷：应收股利	借：资金结存——货币资金 　　贷：投资预算收益

3. 实务案例

【例 5-25】　某事业单位一项长期股权投资按成本法核算，被投资单位次年宣告分配股利 20 000 元，属于本单位享有的股利份额为 12 000 元，股利尚未收到。相关账务处理如下：

财务会计：

借：应收股利　　　　　　　　　　　　　　　　　12 000

　　贷：投资收益　　　　　　　　　　　　　　　　　12 000

该事项无预算会计处理。

【例 5-26】　某事业单位持有 B 公司 10% 的股份，相应的长期股权投资采用成本法核算。某日，该事业单位收到 B 公司数日前宣告分派的现金股利 11 800 元，款项已存入开户银行。该事业单位应编制如下会计分录：

财务会计：

借：银行存款　　　　　　　　　　　　　　　　　11 800

　　贷：应收股利　　　　　　　　　　　　　　　　　11 800

预算会计：

借：资金结存——货币资金   11 800

  贷：投资预算收益   11 800

在成本法下，被投资单位宣告分派现金股利时，在财务会计中，应当借记"应收股利"科目，贷记"投资收益"科目。此时，在预算会计中，则不做会计处理。

（六）采用权益法核算的长期股权投资持有期间

1. 业务说明

权益法是指长期股权投资按投资企业在被投资企业权益资本中所占比例计价的方法。长期股权投资采用权益法时，除增加、减少因股权影响长期股权投资而引起的账面价值的增减变动外，被投资企业发生利润或亏损，相应要增加或减少投资企业长期股权投资的账面价值。

2. 账务处理

（1）财务会计下，用权益法核算的长期股权投资持有期间，按照应享有或应分担的被投资单位实现的净损益的份额，借记或贷记"长期股权投资——损益调整"科目，贷记或借记"投资收益"科目；被投资单位发生净亏损，但以后年度又实现净利润的，单位在其收益分享额弥补未确认的亏损分担额等后，恢复确认投资收益，借记"长期股权投资——损益调整"科目，贷记"投资收益"科目。

（2）预算会计下，只有在收到被投资单位发放的现金股利时，按照实际收到的金额，借记"资金结存——货币资金"，贷记"投资预算收益"。

表5-24 权益法下长期股权投资持有期间会计处理

业务	财务会计处理	预算会计处理

按照应享有或应分担的被投资单位实现的净损益的份额	借：长期股权投资——损益调整
	  贷：投资收益［被投资单位实现净利润］
	借：投资收益［被投资单位发生净亏损］
	  贷：长期股权投资——损益调整	

续上表

业务	财务会计处理	预算会计处理
收到被投资单位发放的现金股利	借：银行存款 　　贷：应收股利	借：资金结存——货币资金 　　贷：投资预算收益
被投资单位发生净亏损，但以后年度又实现净利润的，按规定恢复确认投资收益	借：长期股权投资——损益调整 　　贷：投资收益	

3. 实务案例

【例5-27】　某事业单位一项长期股权投资按权益法核算，年底被投资单位实现净利润60 000元，按投资份额计算，属于该事业单位享有的被投资单位净利润为30 000元。相关账务处理如下：

财务会计：

借：长期股权投资——损益调整　　　　　　　　　　30 000

　　贷：投资收益　　　　　　　　　　　　　　　　　30 000

该事项无预算会计处理。

被投资单位次年3月宣告分配股利20 000元，属于本单位享有的股利份额为12 000元，股利尚未收到。相关账务处理如下：

财务会计：

借：应收股利　　　　　　　　　　　　　　　　　　12 000

　　贷：长期股权投资——损益调整　　　　　　　　　12 000

该事项无预算会计处理。

（七）期末/年末结转

1. 业务说明

事业单位在每年年末，都需要将投资收益科目结转，使其余额为零。

2. 账务处理

（1）财务会计下，期末，将本科目本期发生额转入本期盈余，借记或贷记"投资收益"科目，贷记或借记"本期盈余"科目。

（2）预算会计下，期末，按照投资收益的余额方向，借记或贷记"投资预算收益"科目，贷记或借记"其他结余"科目。

表 5-25 年末结转会计处理

业务	财务会计处理	预算会计处理
投资收益为贷方余额时	借：投资收益 　　贷：本期盈余	借：投资预算收益 　　贷：其他结余
投资收益为借方余额时	借：本期盈余 　　贷：投资收益	借：其他结余 　　贷：投资预算收益

3. 实务案例

【例 5-28】 某事业单位年终进行结账，投资收益贷方余额为 900 000元。相关账务处理如下：

财务会计：

借：投资收益 900 000

　　贷：本期盈余 900 000

预算会计：

借：投资预算收益 900 000

　　贷：其他结余 900 000

【例 5-29】 某事业单位出售一项本年度取得的短期投资，实际收到款项 11 800 元，款项已存入开户银行。该项短期投资的账面余额为 11 500元，取得时"投资支出"科目的发生额也为 11 500 元。按照规定，本次短期投资出售取得的投资收益纳入单位预算管理。该事业单位应编制如下会计分录：

财务会计：

借：银行存款 11 800

　　贷：短期投资 11 500

　　　　投资收益 300

预算会计：

借：资金结存——货币资金 11 800

　　贷：投资支出 11 500

　　　　投资预算收益 300

第八节　4603 捐赠收入和 6609 其他预算收入

一、会计科目简介及应用要点

1. 科目简介

4603 科目核算单位接受其他单位或者个人捐赠取得的收入。

6609 科目核算单位除财政拨款预算收入、事业预算收入、上级补助预算收入、附属单位上缴预算收入、经营预算收入、债务预算收入、非同级财政拨款预算收入、投资预算收益之外的纳入部门预算管理的现金流入，包括捐赠预算收入、利息预算收入、租金预算收入、现金盘盈收入等。

2. 科目设置

4603 科目应当按照捐赠资产的用途和捐赠单位等进行明细核算。

6609 科目应当按照其他收入类别、《政府收支分类科目》中"支出功能分类科目"的项级科目等进行明细核算。其他预算收入中如有专项资金收入，还应按照具体项目进行明细核算。单位发生的捐赠预算收入、利息预算收入、租金预算收入金额较大或业务较多的，可单独设置"6603捐赠预算收入""6604 利息预算收入""6605 租金预算收入"等科目。

3. 科目余额

期末结转后，两个科目应皆无余额。

二、相关经济业务与事项的会计核算

（一）接受捐赠的货币资金

1. 业务说明

单位接受其他单位或者个人捐赠的收入表现为货币资金。

2. 账务处理

（1）财务会计下，接受捐赠的货币资金，按照实际收到的金额，借记"银行存款""库存现金"等科目，贷记"捐赠收入"科目。

（2）预算会计下，接受捐赠现金资产、收到银行存款利息、收到资产承租人支付的租金时，按照实际收到的金额，借记"资金结存——货币资金"科目，贷记"其他预算收入——捐赠收入"科目。

表5-26　接受捐赠的货币资金会计处理

	财务会计处理	预算会计处理
接受捐赠的货币资金	借：银行存款/库存现金 贷：捐赠收入	借：资金结存——货币资金 　　贷：其他预算收入——捐赠收入

3. 实务案例

【例5-30】　某单位接受了其他单位捐赠的货币资金，金额为30 000元。相关账务处理如下：

财务会计：

借：银行存款　　　　　　　　　　　　　　　　　30 000

　　贷：捐赠收入　　　　　　　　　　　　　　　　　30 000

预算会计：

借：资金结存——货币资金　　　　　　　　　　　30 000

　　贷：其他预算收入——捐赠收入　　　　　　　　30 000

（二）接受捐赠的存货、固定资产等

1. 业务说明

单位接受其他单位或者个人捐赠的收入表现为存货或固定资产。

2. 账务处理

（1）财务会计下，接受捐赠的存货、固定资产等非现金资产，按照确定的成本，借记"库存物品""固定资产"等科目，按照发生的相关税费、运输费等，贷记"银行存款"等科目，按照其差额，贷记"捐赠收入"科目。

接受捐赠的资产按照名义金额入账的，按照名义金额，借记"库存物品""固定资产"等科目，贷记"捐赠收入"科目；同时，按照发生的相关税费、运输费等，借记"其他费用"科目，贷记"银行存款"等科目。

（2）预算会计下，接受捐赠的存货、固定资产等非现金资产，按照发生的相关税费、运输费等，借记"其他支出"等科目，贷记"资金结存"科目。

表5-27　接受捐赠的存货、固定资产等会计处理

	财务会计处理	预算会计处理
按照确定的成本	借：库存物品/固定资产等 　　贷：银行存款等［发生的相关税费、运输费等］ 　　　捐赠收入	借：其他支出［发生的相关税费、运输费等］ 　　贷：资金结存
按照名义金额入账	借：库存物品/固定资产等［名义金额］ 　　贷：捐赠收入 借：其他费用 　　贷：银行存款等［发生的相关税费、运输费等］	借：其他支出［发生的相关税费、运输费等］ 　　贷：资金结存

3. 实务案例

【例5-31】　某单位接受了其他单位捐赠的固定资产，成本为31 000元，其中发生的相关税费和运费为1 000元。相关账务处理如下：

财务会计：

借：固定资产　　　　　　　　　　　　　　　　　　31 000

　　贷：捐赠收入　　　　　　　　　　　　　　　　30 000

　　　　银行存款　　　　　　　　　　　　　　　　　1 000

预算会计：

借：其他支出　　　　　　　　　　　　　　　　　　　1 000

　　贷：资金结存　　　　　　　　　　　　　　　　　1 000

（三）期末/年末结转

1. 业务说明

事业单位在每年年末，都需要将捐赠收入科目结转，使其余额为零。

2. 账务处理

（1）财务会计下，期末，将捐赠收入本期发生额转入本期盈余，借记

"捐赠收入"科目，贷记"本期盈余"科目。

（2）预算会计下，期末，对于专项资金，借记"其他预算收入——捐赠收入"科目，贷记"非财政拨款结转——本年收支结转"科目；对于非专项资金，借记"其他预算收入——捐赠收入"科目，贷记"其他结余"科目。

表5-28　年末结转会计处理

	财务会计处理	预算会计处理
专项资金	借：捐赠收入 　贷：本期盈余	借：其他预算收入——捐赠收入 　　贷：非财政拨款结转——本年收支结转
非专项资金		借：其他预算收入——捐赠收入 　　贷：其他结余

3. 实务案例

【例5-32】　某单位年终进行结账，捐赠收入贷方余额50 000元，均为非专项资金收入。相关账务处理如下：

财务会计：

借：捐赠收入　　　　　　　　　　　　　　　　　50 000

　　贷：本期盈余　　　　　　　　　　　　　　　　50 000

预算会计：

借：其他预算收入——捐赠收入　　　　　　　　　50 000

　　贷：其他结余　　　　　　　　　　　　　　　　50 000

第九节　4604 利息收入和 6609 其他预算收入

一、会计科目简介及应用要点

1. 科目简介

4604 科目核算单位取得的银行存款利息收入。

6609 科目核算单位除财政拨款预算收入、事业预算收入、上级补助预算收入、附属单位上缴预算收入、经营预算收入、债务预算收入、非同级财政拨款预算收入、投资预算收益之外的纳入部门预算管理的现金流入，包括捐赠预算收入、利息预算收入、租金预算收入、现金盘盈收入等。

2. 科目设置

4604 科目无明细分类。

6609 科目应当按照其他收入类别、《政府收支分类科目》中"支出功能分类科目"的项级科目等进行明细核算。其他预算收入中如有专项资金收入，还应按照具体项目进行明细核算。单位发生的捐赠预算收入、利息预算收入、租金预算收入金额较大或业务较多的，可单独设置"6603 捐赠预算收入""6604 利息预算收入""6605 租金预算收入"等科目。

3. 科目余额

期末结转后，两个科目应无余额。

二、相关经济业务与事项的会计核算

（一）确认银行存款利息收入

1. 业务说明

当单位实际收到利息时，需要确认银行存款利息收入。

2. 账务处理

（1）财务会计下，确认银行存款利息收入时，应借记"银行存款"科目，贷记"利息收入"科目；

（2）预算会计下，确认银行存款利息收入时，应借记"资金结存——货币资金"，贷记"其他预算收入——货币资金"科目。

表5-29 确认银行存款利息收入会计处理

业务	财务会计处理	预算会计处理
确认银行存款利息收入	借：银行存款 　贷：利息收入	借：资金结存——货币资金 　贷：其他预算收入——利息收入

3. 实务案例

【例 5-33】 某单位在银行存了一笔款项，当期收到了银行存款利息收入 2 000 元。相关账务处理如下：

财务会计：

借：银行存款   2 000

    贷：利息收入   2 000

预算会计：

借：资金结存——货币资金   2 000

    贷：其他预算收入——利息收入   2 000

（二）期末/年末结转

1. 业务说明

事业单位在每年年末，都需要将利息收入科目结转，使其余额为零。

2. 账务处理

（1）财务会计下，期末，将利息收入本期发生额转入本期盈余，借记"利息收入"科目，贷记"本期盈余"科目。

（2）预算会计下，期末，借记"其他预算收入——利息收入"科目，贷记"其他结余"科目。

表 5-30 利息收入期末/年末结转会计处理

	财务会计处理	预算会计处理

期末/年末结转	借：利息收入
	  贷：本期盈余
		借：其他预算收入——利息收入
		  贷：其他结余

3. 实务案例

【例 5-34】 某单位年终进行结账，利息收入贷方余额为 90 000 元。相关账务处理如下：

财务会计：

借：利息收入   90 000

    贷：本期盈余   90 000

预算会计：

借：其他预算收入——利息收入 90 000

　　贷：其他结余 90 000

第十节 4605 租金收入和 6609 其他预算收入

一、会计科目简介及应用要点

1. 科目简介

4605 科目核算单位经批准利用国有资产出租取得并按照规定纳入本单位预算管理的租金收入。

6609 科目核算单位除财政拨款预算收入、事业预算收入、上级补助预算收入、附属单位上缴预算收入、经营预算收入、债务预算收入、非同级财政拨款预算收入、投资预算收益之外的纳入部门预算管理的现金流入，包括捐赠预算收入、利息预算收入、租金预算收入、现金盘盈收入等。

2. 科目设置

4605 科目应当按照出租国有资产类别和收入来源等进行明细核算。

6609 科目应当按照其他收入类别、《政府收支分类科目》中"支出功能分类科目"的项级科目等进行明细核算。其他预算收入中如有专项资金收入，还应按照具体项目进行明细核算。单位发生的捐赠预算收入、利息预算收入、租金预算收入金额较大或业务较多的，可单独设置"6603捐赠预算收入""6604 利息预算收入""6605 租金预算收入"等科目。

3. 科目余额

期末结转后，两个科目应无余额。

二、相关经济业务与事项的会计核算

（一）预收租金方式

1. 业务说明

企业在收到这笔租金时，劳务的销售合同尚未履行，因而不能作为收入入账，只能确认为一项负债，即贷记"预收账款"账户。企业按合同规定提供劳务后，再根据合同的履行情况，逐期将未实现收入转成已实现收入，即借记"预收账款"账户，贷记相关收入账户。

2. 账务处理

（1）财务会计下，预收租金时，按照收到的金额，借记"银行存款"等科目，贷记"预收账款"科目；按照直线法分期确认租金收入时，借记"预收账款"科目，贷记"租金收入"科目。

（2）预算会计下，收到预付的租金时，借记"资金结存——货币资金"科目，贷记"其他预算收入——货币资金"科目。

表 5-31　预收租金方式下会计处理

	财务会计处理	预算会计处理
收到预付的租金时	借：银行存款等 　贷：预收账款	借：资金结存——货币资金 　　贷：其他预算收入—— 租金收入
按照直线法分期确认租金收入时	借：预收账款 　贷：租金收入	—

3. 实务案例

【例5-35】　某单位和另一单位签订了一份办公楼租赁合同，约定租金支付方式为预收租金方式，当期预收款项为 20 000 元，租期为 10 个月。相关账务处理如下：

财务会计：

借：银行存款　　　　　　　　　　　　　　　　　　　20 000

　　贷：预收账款　　　　　　　　　　　　　　　　　　20 000

预算会计：

借：资金结存——货币资金　　　　　　　　　　　　　20 000

　　贷：其他预算收入——租金收入　　　　　　　　　　20 000

（二）后付租金方式

1. 业务说明

后付租金，即承租人在各付租间隔期的期末支付租金。采用这种方法，能使租金支付时间向后推迟整整一个间隔期（半年或 1 年），对资金短缺的承租人有利。

2. 账务处理

（1）财务会计下，采用后付租金方式的，每期确认租金收入时，按照各期租金金额，借记"应收账款"科目，贷记"租金收入"；收到租金时，按照实际收到的金额，借记"银行存款"等科目，贷记"应收账款"科目。

（2）预算会计下，收到租金时，借记"资金结存——货币资金"科目，贷记"其他预算收入——租金收入"科目。

表 5-32　后付租金方式下会计处理

	财务会计处理	预算会计处理
确认租金收入时	借：应收账款 　　贷：租金收入	—
收到租金时	借：银行存款等 　　贷：应收账款	借：资金结存——货币资金 　　贷：其他预算收入——租金收入

3. 实务案例

【例 5-36】 某单位和另一单位签订了一份办公楼租赁合同，采用后付租金方式，租金总额为 120 000 元，租期为 12 个月，每期确认 10 000 元租金收入，款项尚未收到。相关账务处理如下：

财务会计：

借：应收账款　　　　　　　　　　　　　　　　　　　10 000

　　贷：租金收入　　　　　　　　　　　　　　　　　　10 000

该事项无预算会计处理。

（三）分期收取租金

1. 业务说明

分期收取租金是指出租人按合同或条款上规定的期间收取租金。

2. 账务处理

（1）财务会计下，采用分期收取租金方式的，每期收取租金时，按照租金金额，借记"银行存款"等科目，贷记"租金收入"科目。涉及到增值税业务的，相关账务处理参见"应交增值税"科目。

（2）预算会计下，采用分期收取租金方式的，每期收取租金时，按照租金金额，借记"资金结存——货币资金"科目，贷记"其他预算收入——租金收入"科目。

表5-33　分期收取租金方式下会计处理

	财务会计处理	预算会计处理
分期收取租金	借：银行存款等 　　贷：租金收入	借：资金结存——货币资金 　　贷：其他预算收入——租金收入

3. 实务案例

【例5-37】　某单位和另一单位签订了一份办公楼租赁合同，预定租金支付方式为分期收取租金方式，租金总额为120 000元，租期为12个月，每期收取10 000元租金收入。相关账务处理如下：

财务会计：

借：银行存款　　　　　　　　　　　　　　　　　10 000

　　贷：租金收入　　　　　　　　　　　　　　　　　　10 000

预算会计：

借：资金结存——货币资金　　　　　　　　　　　10 000

　　贷：其他预算收入——租金收入　　　　　　　　　　10 000

（四）期末/年末结转

1. 业务说明

单位在每年年末，都需要将租金收入科目结转，使其余额为零。

2. 账务处理

（1）财务会计下，租金收入期末要转入本期盈余，借记"租金收入"科目，贷记"本期盈余"科目。

（2）预算会计下，租金收入期末要转入其他结余，借记"其他预算收入——租金收入"科目，贷记"其他结余"科目。

表 5-34　期末/年末结转会计处理

	财务会计处理	预算会计处理
期末/年末结转	借：租金收入 　　贷：本期盈余	借：其他预算收入——租金收入 　　贷：其他结余

3. 实务案例

【例 5-38】 某单位年终进行结账，租金收入贷方余额为 30 000 元。相关账务处理如下：

　　财务会计：

　　借：租金收入　　　　　　　　　　　　　　　　30 000

　　　　贷：本期盈余　　　　　　　　　　　　　　　　30 000

　　预算会计：

　　借：其他预算收入——租金收入　　　　　　　　30 000

　　　　贷：其他结余　　　　　　　　　　　　　　　　30 000

第十一节　4609 其他收入和 6609 其他预算收入

一、会计科目简介及应用要点

1. 科目简介

4609 科目核算单位取得的除财政拨款收入、事业收入、上级补助收入、附属单位上缴收入、经营收入、非同级财政拨款收入、投资收益、捐赠收入、利息收入、租金收入以外的各项收入，包括现金盘盈收入、按照规定纳入单位预算管理的科技成果转化收入、行政单位收回已核销的其他应收款、无法偿付的应付及预收款项、置换换出资产评估增值等。

6609 科目应当按照其他收入类别、《政府收支分类科目》中"支出功能分类科目"的项级科目等进行明细核算。其他预算收入中如有专项资金收入，还应按照具体项目进行明细核算。单位发生的捐赠预算收入、利息预算收入、租金预算收入金额较大或业务较多的，可单独设置"6603 捐赠预算收入""6604 利息预算收入""6605 租金预算收入"等科目。

2. 科目设置

4609 科目无明细科目。

6609 科目应当按照其他收入类别、《政府收支分类科目》中"支出功能分类科目"的项级科目等进行明细核算。其他预算收入中如有专项资金收入，还应按照具体项目进行明细核算。单位发生的捐赠预算收入、利息预算收入、租金预算收入金额较大或业务较多的，可单独设置"6603 捐赠预算收入""6604 利息预算收入""6605 租金预算收入"等科目。

3. 科目余额

期末结转后，两个科目应无余额。

二、相关经济业务与事项的会计核算

（一）现金盘盈收入

1. 业务说明

现金盘盈是指实物比正确的账面记录的数量多，一般是单位管理制度的疏失和收款人员的工作失误造成，不存在恶意作弊的问题。

2. 账务处理

每日现金账款核对中发现的现金溢余，属于无法查明原因的部分，报经批准后，借记"待处理财产损溢"科目，贷记"其他收入"科目。

表 5-35　现金盘盈收入会计处理

	财务会计处理	预算会计处理
属于无法查明原因的部分，报经批准后	借：待处理财产损溢 　　贷：其他收入	—

3. 实务案例

【例 5-39】　某单位进行每日的现金账款核对，盘盈现金 5 000 元，无法查明原因，报经批准后，相关账务处理如下：

财务会计：

借：待处理财产损溢　　　　　　　　　　　　　　　 5 000

　　贷：其他收入　　　　　　　　　　　　　　　　 5 000

该事项无预算会计处理。

（二）科技成果转化收入

1. 业务说明

科技成果转化，是指为提高生产力水平而对科学研究与技术开发所产生的具有实用价值的科技成果所进行的后续试验、开发、应用、推广直至形成新产品、新工艺、新材料，发展新产业等活动。科技成果转化收入即因科技成果转化实现的收入。

2. 账务处理

（1）财务会计下，单位科技成果转化所取得的收入，按照规定留归本单位的，按照所取得收入扣除相关费用之后的净收益，借记"银行存款"等科目，贷记"其他收入"科目；

（2）预算会计下，单位科技成果转化所取得的收入，借记"资金结存——货币资金"科目，贷记"其他预算收入"科目。

表 5-36　科技成果转化收入会计处理

	财务会计处理	预算会计处理
按照规定留归本单位的	借：银行存款等 　　贷：其他收入	借：资金结存——货币资金 　　贷：其他预算收入

3. 实务案例

【例5-40】 某单位进行科技成果转化，取得转化收入 10 000 元。相关账务处理如下：

财务会计：

借：银行存款   10 000

  贷：其他收入   10 000

预算会计：

借：资金结存——货币资金   10 000

  贷：其他预算收入   10 000

（三）行政单位收入已核销的其他应收款

1. 业务说明

已核销的其他应收款是指行政单位某笔其他应收款确认无法收回，凭相关法律文书进行注销。收回已核销的其他应收款是指其他应收款在以后期间收回。

2. 账务处理

（1）财务会计下，行政单位已核销的其他应收款在以后期间收回的，按照实际收回的金额，借记"银行存款"等科目，贷记"其他收入"科目。

（2）预算会计下，行政单位已核销的其他应收款在以后期间收回的，按照实际收回的金额，借记"资金结存——货币资金"科目，贷记"其他预算收入"科目。

表5-37 行政单位收入已核销的其他应收款会计处理

	财务会计处理	预算会计处理

按照实际收回的金额	借：银行存款等
	  贷：其他收入
		借：资金结存——货币资金
		  贷：其他预算收入

3. 实务案例

【例 5-41】 某单位收回了一笔已核销的其他应收款，金额为 60 000 元。相关账务处理如下：

财务会计：

借：银行存款 60 000

　　贷：其他收入 60 000

预算会计：

借：资金结存——货币资金 60 000

　　贷：其他预算收入 60 000

（四）无法偿付的应付及预收款项

1. 业务说明

无法偿付的应付及预收款项是指单位确实无法偿付或者债权人豁免偿还应付及预收款项业务。

2. 账务处理

无法偿付或债权人豁免偿还的应付账款、预收账款、其他应付款及长期应付款，借记"应付账款""预收账款""其他应付款""长期应付款"等科目，贷记"其他收入"科目。

表 5-38　无法偿付的应付及预收款项会计处理

	财务会计处理	预算会计处理
无法偿付的应付及预收款项	借：应付账款/预收账款/其他应付款/长期应付款 　　贷：其他收入	—

3. 实务案例

【例 5-42】 某单位有一笔债权人豁免偿还的款项，金额为 10 000 元。相关账务处理如下：

财务会计：

借：应付账款 10 000

　　贷：其他收入 10 000

该事项无预算会计处理。

（五）置换换出资产评估增值

1. 业务说明

单位在进行资产置换的过程中，可能会出现资产评估增值的情况。资产评估增值是指对单位的资产进行评估，并按资产评估确认的价值调整企业相应资产的原账面价值。

2. 账务处理

资产置换过程中，换出资产评估增值的，按照评估价值高于资产账面价值或账面余额的金额，借记有关科目，贷记"其他收入"科目。

表5-39　置换换出资产评估增值会计处理

	财务会计处理	预算会计处理
按照换出资产评估价值高于资产账面价值的金额	借：有关科目 　贷：其他收入	—

3. 实务案例

【例5-43】　某单位在进行固定资产置换的过程中，换出的固定资产被评估为增值，评估价值高于固定资产账面价值20 000元。相关账务处理如下：

财务会计：

借：固定资产　　　　　　　　　　　　　　　　　20 000

　　贷：其他收入　　　　　　　　　　　　　　　　　20 000

该事项无预算会计处理。

（六）其他情况

1. 业务说明

其他情况是指除了现金盘盈收入、科技成果转化收入、收回已核销的其他应收款、无法偿付的应付及预付款项和置换换出资产评估增值之外的收入。

2. 账务处理

（1）财务会计下，确认上述五种收入以外的其他收入时，按照应收或实际收到的金额，借记"其他应收款""银行存款""库存现金"等科目，贷记"其他收入"。涉及到增值税业务的，相关账务处理参见"应交增值税"科目。

（2）预算会计下，按照实际收到的金额，借记"资金结存——货币资金"，贷记"其他预算收入"。

表5-40 其他情况会计处理

	财务会计处理	预算会计处理
按照应收或实际收到的金额	借：其他应收款/银行存款/库存现金等 贷：其他收入	借：资金结存——货币资金〔按照实际收到的金额〕 贷：其他预算收入

（七）期末/年末结转

1. 业务说明

单位在每年年末，都需要将其他收入科目结转，使其余额为零。

2. 账务处理

（1）财务会计下，期末，将"其他收入"本期发生额转入本期盈余，借记"其他收入"科目，贷记"本期盈余"科目。

（2）预算会计下，期末结转时，对于专项资金，借记"其他预算收入"科目，贷记"非财政拨款结转——本年收支结转"科目；对于非专项资金，借记"其他预算收入"科目，贷记"其他结余"科目。

表5-41 期末/年末结转会计处理

	财务会计处理	预算会计处理
专项资金	借：其他收入 贷：本期盈余	借：其他预算收入 贷：非财政拨款结转——本年收支结转
非专项资金		借：其他预算收入 贷：其他结余

3. 实务案例

【例5-44】 某单位年终进行结账，其他收入贷方余额为 100 000 元，其他预算收入贷方余额为 100 000 元。相关账务处理如下：

财务会计：

借：其他收入　　　　　　　　　　　　　　　　　100 000

　　贷：本期盈余　　　　　　　　　　　　　　　　　　100 000

预算会计：

借：其他预算收入　　　　　　　　　　　　　　　100 000

　　贷：其他结余　　　　　　　　　　　　　　　　　　100 000

第十二节　6501 债务预算收入和7701 债务还本支出

一、会计科目简介及应用要点

1. 科目简介

6501 科目核算事业单位按照规定从银行和其他金融机构等借入的、纳入部门预算管理的、不以财政资金作为偿还来源的债务本金。

7701 科目核算事业单位偿还自身承担的纳入预算管理的从金融机构举借的债务本金的现金流出。

2. 科目设置

6501 科目应当按照贷款单位、贷款种类、《政府收支分类科目》中"支出功能分类科目"的项级科目等进行明细核算。债务预算收入中如有专项资金收入，还应按照具体项目进行明细核算。

7701 科目应当按照贷款单位、贷款种类、《政府收支分类科目》中"支出功能分类科目"的项级科目和"部门预算支出经济分类科目"的款级科目等进行明细核算。

3. 科目余额

年末结转后，本科目应无余额。

二、相关经济业务与事项的会计核算

(一)短期借款

1. 业务说明

单位因生产经营需要,而向银行或其他金融机构取得的借款。办理该项借款时,企业应按有关规定向银行提出年度、季度借款计划,经银行核定后,在借款计划中根据借款借据办理借款,并在期限届满之后归还相应的金额。

2. 账务处理

(1)财务会计下,借入各种短期借款时,按照实际借入的金额,借记"银行存款"科目,贷记"短期借款"科目。

(2)预算会计下,借入各种短期借款时,按照实际借入的金额,借记"资金结存——货币资金"科目,贷记"债务预算收入"科目;归还短期借款本金时,借记"债务还本支出"科目,贷记"资金结存——货币资金"科目。

表5-42 短期借款会计处理

	财务会计处理	预算会计处理
借入各种短期借款	借:银行存款 　　贷:短期借款	借:资金结存——货币资金 　　贷:债务预算收入
归还短期借款本金	借:短期借款 　　贷:银行存款	借:债务还本支出 　　贷:资金结存——货币资金

3. 实务案例

【例5-45】 某事业单位为满足事业业务发展的资金需要,从中国建设银行A支行借入100 000元,借款期限8个月,年利率6%。账务处理如下:

财务会计:

借:银行存款　　　　　　　　　　　　　　　　　　100 000

　　贷:短期借款——建设银行A支行　　　　　　　　　　100 000

预算会计：

借：资金结存——货币资金　　　　　　　　　　　　100 000

　　贷：债务预算收入　　　　　　　　　　　　　　　　　100 000

（二）长期借款

1. 业务说明

长期借款是事业单位经批准向银行或其他金融机构等借入的期限超过 1 年（不含 1 年）的各种借款本息。长期借款的偿付方式一般包括以下三种：到期还本付息、分期付息到期还本以及分期还本付息。

2. 账务处理

（1）财务会计下，借入各项长期借款时，按照实际借入的金额，借记"银行存款"科目，贷记"长期借款——本金"科目。

（2）预算会计下，借入各项长期借款时，按照实际借入的金额，借记"资金结存——货币资金"科目，贷记"债务预算收入"科目；归还长期借款本金时，借记"债务还本支出"科目，贷记"资金结存——货币资金"科目。

表 5-43　长期借款会计处理

	财务会计处理	预算会计处理
借入各项长期借款时	借：银行存款 　　贷：长期借款——本金	借：资金结存——货币资金 　　贷：债务预算收入
归还长期借款本金	借：长期借款——本金 　　贷：银行存款	借：债务还本支出 　　贷：资金结存——货币资金

3. 实务案例

【例 5-46】　某事业单位于 2×19 年 1 月 1 日从银行借入资金 300 000 元，借款期限为 5 年，年利率为 8%，按年支付利息，到期一次还本。业务处理如下：

2×19 年 1 月 1 日，取得借款

财务会计：

借：银行存款　　　　　　　　　　　　　　　　　　300 000

　　贷：长期借款——本金　　　　　　　　　　　　　　300 000

预算会计：

借：资金结存——货币资金　　　　　　　　　　　300 000

　　贷：债务预算收入——本金　　　　　　　　　　　　300 000

2×24 年 12 月 31 日，偿还借款

财务会计：

借：长期借款——本金　　　　　　　　　　　　　300 000

　　贷：银行存款　　　　　　　　　　　　　　　　　　300 000

预算会计：

借：债务还本支出　　　　　　　　　　　　　　　300 000

　　贷：资金结存——货币资金　　　　　　　　　　　　300 000

（三）期末/年末结转

1. 业务说明

单位在每年年末，都需要将债务预算收入和债务还本支出科目结转，使其余额为零。

2. 账务处理

期末，债务预算收入结转时，对于专项资金，应该借记"债务预算收入"科目，贷记"非财政拨款结转——本年收支结转"科目，对于非专项资金，应该借记"债务预算收入"科目，贷记"其他结余"科目。

期末，债务还本支出结转时，应该借记"其他结余"科目，贷记"债务还本支出"科目。

表 5-44　期末/年末结转会计处理

		财务会计处理	预算会计处理
债务预算收入结转	专项资金	—	借：债务预算收入 　　贷：非财政拨款结转——本年收支结转
	非专项资金	—	借：债务预算收入 　　贷：其他结余
债务还本支出结转		—	借：其他结余 　　贷：债务还本支出

3. 实务案例

【例5-47】　某单位年终进行结账，非专项资金债务预算收入贷方余额为100 000元，债务还本支出借方余额为50 000元。相关账务处理如下：

该事项无财务会计处理。

预算会计：

借：债务预算收入 100 000
　　贷：其他结余 100 000
借：其他结余 50 000
　　贷：债务还本支出 50 000

第六章　费用和预算支出类科目的会计核算与实务案例

第一节　5001 业务活动费用和 7101 行政支出/7201 事业支出

一、会计科目简介及应用要点

1. 科目简介

（1）业务活动费用

业务活动费用是指行政事业单位为实现其职能目标，依法履职或开展专业业务活动及其辅助活动所发生的各项费用。

（2）行政支出

行政支出是指行政单位履行其职责实际发生的各项现金流出。行政支出是行政单位为实现国家管理职能、完成行政任务所必须发生的各项资金支出，是行政单位组织和领导经济、政治、文化、社会和生态等各项建设，促进社会全面发展的资金保证。

（3）事业支出

事业支出是指事业单位开展各项专业业务活动及辅助活动发生的支出，

包括基本支出和项目支出。事业支出与事业收入相对应，是事业单位支出的核心内容。事业单位是提供各种社会服务的公益性组织，在提供专业服务和辅助服务活动时，必然会发生一定的耗费。事业单位活动的领域不同，事业支出的内同也有所不同，如教育事业支出、科研事业支出、医疗事业支出、文化事业支出、展览事业支出、环境保护事业支出、福利事业支出等。

2. 科目设置

（1）业务活动费用

为核算业务活动费用业务，行政事业单位应设置"业务活动费用"总账科目。该科目应当按照项目、服务或者业务类别、支付对象等进行明细核算。为了满足成本核算需要，该科目下还可按照"工资福利费用""商品和服务费用""对个人和家庭的补助费用""对企业补助费用""固定资产折旧费""无形资产摊销费""公共基础设施折旧（摊销）费""保障性住房折旧费""计提专用基金"等成本项目设置明细科目，归集能够直接计入业务活动或采用一定方法计算后计入业务活动的费用。按照现行政府会计制度的规定，事业单位本级行政及后勤管理部门开展管理活动发生的各项费用，在单独设置的"单位管理费用"总账科目中核算，不在"业务活动费用"总账科目中核算。行政单位不设置"单位管理费用"总账科目，依法履职所发生的各项费用全部在"业务活动费用"总账科目中核算。

具体明细设置如表6-1所示。

表6-1　业务活动费用明细设置

顺序号	编号	会计科目名称	二级科目名称	明细科目名称
五、费用和预算支出类				
	5001	业务活动费用		
	5001 01	业务活动费用	工资福利费用	项目/服务/业务名称
	5001 02	业务活动费用	商品和服务费用	项目/服务/业务名称

顺序号	编号	会计科目名称	二级科目名称	明细科目名称
	5001 03	业务活动费用	对个人和家庭的补助费用	项目/服务/业务名称
	5001 04	业务活动费用	对企业补助费用	项目/服务/业务名称
	5001 05	业务活动费用	固定资产折旧费	项目/服务/业务名称
	5001 06	业务活动费用	无形资产摊销费	项目/服务/业务名称
	5001 07	业务活动费用	公共基础设施折旧（摊销）费	项目/服务/业务名称
	5001 08	业务活动费用	保障性住房折旧费	项目/服务/业务名称
	5001 09	业务活动费用	计提专用基金	项目/服务/业务名称

（2）行政支出

为核算行政支出业务，行政单位应设置"行政支出"总账科目。该科目应当分别按照"财政拨款支出""非财政专项资金支出"和"其他资金支出"，"基本支出"和"项目支出"等进行明细核算，并按照《政府收支分类科目》中"支出功能分类科目"的项级科目进行明细核算；"基本支出"和"项目支出"明细科目下应当按照《政府收支分类科目》中"部门预算支出经济分类科目"的款级科目进行明细核算，同时在"项目支出"明细科目下按照具体项目进行明细核算。

有一般公共预算财政拨款、政府性基金预算财政拨款等两种或两种以上财政拨款的行政单位，还应当在"财政拨款支出"明细科目下按照财政拨款的种类进行明细核算。

对于预付款项，可通过在该科目下设置"待处理"明细科目进行核算，待确认具体支出项目后再转入该科目下相关明细科目。年末结账前，应将该科目"待处理"明细科目余额全部转入该科目下相关明细科目。

3. 事业支出

为核算事业支出业务，事业单位应设置"事业支出"总账科目。事业单位发生教育、科研、医疗、行政管理、后勤保障等活动的，可在该科目下设置相应的明细科目进行核算，或单设"教育支出""科研支出""医疗支出""行政管理支出""后勤保障支出"等一级会计科目进行核算。

"事业支出"科目应当分别按照"财政拨款支出""非财政专项资金支出"和"其他资金支出"，"基本支出"和"项目支出"等进行明细核算，并按照《政府收支分类科目》中"支出功能分类科目"的项级科目进行明细核算；"基本支出"和"项目支出"明细科目下应当按照《政府收支分类科目》中"部门预算支出经济分类科目"的款级科目进行明细核算，同时在"项目支出"明细科目下按照具体项目进行明细核算。

有一般公共预算财政拨款、政府性基金预算财政拨款等两种或两种以上财政拨款的事业单位，还应当在"财政拨款支出"明细科目下按照财政拨款的种类进行明细核算。

对于预付款项，可通过在"事业支出"科目下设置"待处理"明细科目进行明细核算，待确认具体支出项目后再转入"事业支出"科目下相关明细科目。年末结账前，应将"事业支出"科目"待处理"明细科目余额全部转入"事业支出"科目下相关明细科目。

3. 科目余额

年末结转后，5001 业务活动费用和 7101 行政支出/7201 事业支出科目应无余额。

二、相关经济业务与事项的会计核算

（一）为业务活动人员计提并支付应付职工薪酬

1. 业务说明

该业务所指的"薪酬和劳务费"不包括计入在建工程、加工物品、无形资产成本的人员费用，其中本单位人员的薪酬用"应付职工薪酬"科目核算，外部人员的劳务费用用"其他应付款"科目核算。

2. 账务处理

（1）计提薪酬时

为履职或开展业务活动的本单位人员计提薪酬和劳务费时，按照计算的金额，借记"业务活动费用"科目，贷记"应付职工薪酬"科目。计提时没有实际的现金流出，因此不做预算会计的账务处理。

计提薪酬时的账务处理如表 6-2 所示。

表6-2　为业务活动人员计提并支付应付职工薪酬的账务处理

序号	业务	财务会计	预算会计
1	从事专业及其辅助活动人员的职工薪酬	借：业务活动费用 　　贷：应付职工薪酬	—

（2）实际支付并代扣个人所得税时

实际支付时，按照代扣代缴个人所得税的金额，贷记"其他应交税费——应交个人所得税"科目，按照扣税后应付或实际支付的金额，贷记"财政拨款收入""零余额账户用款额度""银行存款"等科目，借记"应付职工薪酬"科目。

同时，在预算会计中，按照实际支付给个人的金额，借记"行政支出""事业支出"等科目，贷记"财政拨款预算收入""资金结存"等科目。

实际支付并代扣个人所得税的账务处理如表6-3所示。

表6-3　为业务活动人员计提并支付应付职工薪酬的账务处理

序号	业务	财务会计	预算会计
2	向职工支付工资、津贴补贴等薪酬并代扣代缴个人所得税时	借：应付职工薪酬 　　贷：财政拨款收入/零余额账户用款额度/银行存款等 　　　　其他应交税费——应交个人所得税	借：行政支出/事业支出［按照支付给个人部分］ 　　贷：财政拨款预算收入/资金结存

（3）实际缴纳税款时

实际缴纳税款时，按实际缴纳的金额，借记"其他应交税费——应交个人所得税"科目，贷记"银行存款""零余额账户用款额度"科目等。

同时，在预算会计中，按照实际缴纳额，借记"行政支出""事业支出"科目，贷记"资金结存"等科目。

实际缴纳税款时的账务处理如表6-4所示。

表6-4 为业务活动人员计提并支付应付职工薪酬的账务处理

序号	业务	财务会计	预算会计
3	实际缴纳税款时	借：其他应交税费——应交个人所得税 贷：银行存款/零余额账户用款额度等	借：行政支出/事业支出［按照实际缴纳额］ 贷：资金结存等

3. 实务案例

【例6-1】 某行政单位为履职人员计提当月职工薪酬共计760 500元。该行政单位应编制如下会计分录：

财务会计：

借：业务活动费用　　　　　　　　　　　　　　　760 500

　　贷：应付职工薪酬　　　　　　　　　　　　　　760 500

该事项无预算会计处理。

【例6-2】 某事业单位为开展专业业务活动人员计提当月职工薪酬共计530 000元。该事业单位应编制如下会计分录：

财务会计：

借：业务活动费用　　　　　　　　　　　　　　　530 000

　　贷：应付职工薪酬　　　　　　　　　　　　　　530 000

计提职工薪酬时，未发生现金流出，故不做预算会计处理。

【例6-3】 某行政单位使用财政直接支付方式支付职工薪酬和个人所得税。本月职工薪酬总额为360 000元，代扣代缴个人所得税共计12 000元。该行政单位应编制如下会计分录：

（1）计提工资时：

财务会计：

借：业务活动费用——工资福利费用　　　　　　　360 000

　　贷：应付职工薪酬——工资　　　　　　　　　　360 000

该事项无预算会计处理。

（2）实际支付给职工并代扣个人所得税时：

财务会计：

借：应付职工薪酬——工资　　　　　　　　　　　　　360 000

　　贷：财政拨款收入——基本支出拨款（人员经费）　348 000

　　　　其他应交税费——应交个人所得税　　　　　　 12 000

预算会计：

借：行政支出　　　　　　　　　　　　　　　　　　　348 000

　　贷：财政拨款预算收入——基本支出拨款（人员经费）　348 000

（3）实际缴纳税款时：

财务会计：

借：其他应缴税费——应交个人所得税　　　　　　　　 12 000

　　贷：银行存款　　　　　　　　　　　　　　　　　　 12 000

预算会计：

借：行政支出　　　　　　　　　　　　　　　　　　　 12 000

　　贷：资金结存——货币资金　　　　　　　　　　　　 12 000

（二）为业务活动发生的外部人员劳务费

1. 业务说明

该业务所指的"薪酬和劳务费"不包括计入在建工程、加工物品、无形资产成本的人员费用，其中本单位人员的薪酬用"应付职工薪酬"科目核算，外部人员的劳务费用"其他应付款"科目核算。

2. 账务处理

（1）计提劳务费时

为履职或开展业务活动的外部人员计提薪酬和劳务费时，按照计算的金额，借记"业务活动费用"科目，贷记"其他应付款"科目。计提时没有实际的现金流出，因此不做预算会计的账务处理。

计提外部人员劳务费时的账务处理如表6-5所示。

表6-5　为业务活动发生的外部人员劳务费的账务处理

序号	业务	财务会计	预算会计
1	从事专业及其辅助活动人员的职工薪酬	借：业务活动费用 　贷：其他应付款	—

（2）实际支付并代扣个人所得税时

实际支付时，按照代扣代缴个人所得税的金额，贷记"其他应交税费——应交个人所得税"科目，按照扣税后应付或实际支付的金额，贷记"财政拨款收入""零余额账户用款额度""银行存款"等科目，借记"其他应付款"科目。

同时，按照实际支付给个人的金额，借记"行政支出""事业支出"等科目，贷记"财政拨款预算收入""资金结存"等科目。

实际支付并代扣个人所得税时的账务处理如表6-6所示。

表6-6　为业务活动发生的外部人员劳务费的账务处理

序号	业务	财务会计	预算会计
2	向职工支付工资、津贴补贴等薪酬并代扣代缴个人所得税时	借：其他应付款 　贷：财政拨款收入/零余额账户用款额度/银行存款等 　　　其他应交税费——应交个人所得税	借：行政支出/事业支出［按照支付给个人部分］ 　贷：财政拨款预算收入/资金结存

（3）实际缴纳税款时

实际缴纳税款时，按实际缴纳的金额，借记"其他应交税费——应交个人所得税"科目，贷记"银行存款""零余额账户用款额度"科目等。

同时，在预算会计中，按照实际缴纳额，借记"行政支出""事业支出"科目，贷记"财政拨款预算收入""资金结存"科目。

实际缴纳税款时的账务处理如表6-7所示。

表6-7　为业务活动发生的外部人员劳务费的账务处理

序号	业务	财务会计	预算会计
3	实际缴纳税款时	借：其他应交税费——应交个人所得税 　贷：银行存款/零余额账户用款额度等	借：行政支出/事业支出［按照实际缴纳额］ 　贷：资金结存等

3. 实务案例

【例6-4】　某行政单位通过财政直接支付的方式向外部人员支付应付劳务费22 200元。暂不考虑所得税的影响，该行政单位应编制如下会计分录：

（1）计提时

财务会计：

借：业务活动费用　　　　　　　　　　　　　　　22 200

　　贷：其他应付款　　　　　　　　　　　　　　　　22 200

该事项无预算会计处理。

外部人员劳务费不属于应付职工薪酬，应计入其他应付款。计提时，无实际现金流出，故不做预算会计处理。

（2）支付时

在财务会计中：

借：其他应付款　　　　　　　　　　　　　　　　22 200

　　贷：财政拨款收入　　　　　　　　　　　　　　　22 200

同时，在预算会计中：

借：行政支出　　　　　　　　　　　　　　　　　22 200

　　贷：财政拨款预算收入　　　　　　　　　　　　　22 200

行政单位向外部人员支付应付劳务费的会计核算原理，如同向单位职工个人支付应付薪酬。

（三）为履职或开展业务活动发生的预付款项

1. 业务说明

单位一般会在两种情况下出现为开展业务活动发生的预付款项：一是单位按照购货、服务合同或协议规定预付给供应单位（或个人）的款项，即预付账款；二是单位在业务活动中与其他单位、所属单位或本单位职工发生的临时性待结算款项，如职工预借的差旅费、报销单位领用的备用金等，即暂付款项。

2. 账务处理

（1）预付账款

发生预付账款时，按照预付金额，借记"预付账款"科目，贷记"财政拨款收入""零余额账户用款额度""银行存款"等科目。待结算时，按照实际成本，借记"业务活动费用"科目，按照相关预付账款的账面余额，贷记"预付账款"科目，并按照实际补付的金额，贷记"财政拨款收入""零余额账户用款额度""银行存款"等科目。

对于预算会计，支付款项时，按照预付金额，借记"事业支出"等科目，贷记"财政拨款预算收入""资金结存"科目；待结算时，按照补付的金额，借记"事业支出"等科目，贷记"财政拨款预算收入""资金结存"科目。

预付账款的账务处理如表6-8所示。

表6-8 开展业务活动发生的预付款项会计分录

序号	业务		财务会计	预算会计
1	预付账款	支付款项时	借：预付账款 　　贷：财政拨款收入/零余额账户用款额度/银行存款等	借：行政支出/事业支出 　　贷：财政拨款预算收入/资金结存
		结算时	借：业务活动费用 　　贷：预付账款 　　　财政拨款收入/零余额账户用款额度/银行存款等〔补付金额〕	借：行政支出/事业支出 　　贷：财政拨款预算收入/资金结存〔补付金额〕

（2）暂付款项

支付款项时，借记"其他应收款"科目，贷记"银行存款"等科目。待结算或报销时，借记业务活动费用科目，贷记"其他应收款"科目。

对于预算会计，在支付款项时，不做账务处理，待结算或报销时，借记"事业支出"等科目，贷记"资金结存"等。

暂付款项的账务处理如表6-9所示

表6-9　开展管业务活动发生的暂付会计分录

序号	业务		财务会计	预算会计
2	暂付款项	支付款项时	借：其他应收款 　　贷：银行存款等	—
		结算或报销时	借：业务活动费用 　　贷：其他应收款	借：行政支出/事业支出 　　贷：资金结存等

3. 实务案例

【例6-5】　某行政单位与甲公司签订与业务相关的劳务合同，约定一个月内完成，价款共560 000元，该行政单位先使用财政授权方式预付25%的款项，A公司收到预付款后开始提供劳务，一个月后该项目结束，行政单位支付剩余75%的价款。其会计分录为：

（1）预付25%价款时：

财务会计：

借：预付账款——A公司　　　　　　　　　　　　　140 000

　　贷：零余额账户用款额度　　　　　　　　　　　　　　140 000

预算会计：

借：行政支出　　　　　　　　　　　　　　　　　　140 000

　　贷：资金结存——零余额账户用款额度　　　　　　　　140 000

（2）验货后支付剩余75%价款时：

财务会计：

借：业务活动费用——商品和服务费用　　　　　　　560 000

　　贷：预付账款——A公司　　　　　　　　　　　　　　140 000

　　　　零余额账户用款额度　　　　　　　　　　　　　　420 000

支付剩余75%价款时，甲公司已完成服务内容，因此需将计提的25%预付账款转入业务活动费用。同时，支出剩余75%，需做如下预算会计处理：

预算会计：

借：行政支出　　　　　　　　　　　　　　　　　　420 000

　　贷：资金结存——零余额账户用款额度　　　　　　　　420 000

（四）为履职或开展业务活动购买资产或支付在建工程款

1. 业务说明

为开展业务活动购买存货、固定资产、无形资产等以及支付在建工程款项时，其初始成本不应直接计入业务活动费用，应在未来期间内通过计提折旧或摊销的方式计入业务活动费用。在预算会计中，应按实际支付的金额直接计入行政支出或者事业支出，在未来期间计提折旧或摊销时不做预算会计账务处理。

2. 账务处理

为开展业务活动购买资产或支付在建工程款时，应按照实际支付或应付的价款，借记"库存物品""固定资产""无形资产""在建工程"等科目，贷记"财政拨款收入""零余额账户用款额度""银行存款""应付账款"等科目。

同时，在预算会计中，按照实际支付价款，借记"行政支出"或"事业支出"科目，贷记"财政拨款预算收入""资金结存"等科目。

履职或开展业务活动购买资产或支付在建工程款的账务处理如表6-10所示。

表6-10　为业务活动购买资产或支付在建工程款会计分录

序号	业务	财务会计	预算会计
1	为履职或开展业务活动购买资产或支付在建工程款等	借：库存物品/固定资产/无形资产/在建工程等 ［按照实际支付或应付的价款］ 贷：财政拨款收入/零余额账户用款额度/银行存款/应付账款等	借：行政支出/事业支出 ［按实际支付价款］ 贷：财政拨款预算收入/资金结存等

3. 实务案例

【例6-6】　某政府单位购入不需要安装的设备一台，用于开展业务活动，设备价格为830 000元，运输及保险费100 000元，全部价款使用财政直接支付方式进行支付。其会计分录为：

财务会计：

借：固定资产　　　　　　　　　　　　　　　930 000

　　贷：财政拨款收入　　　　　　　　　　　　930 000

外购固定资产的成本，包括购买价款、相关税费、使固定资产达到预定可使用状态前所发生的可归属于该项资产的运输费、装卸费、安装费和专业人员服务费。

预算会计：

借：行政支出　　　　　　　　　　　　　　　930 000

　　贷：财政拨款预算收入——基本支出（日常公用经费）930 000

（五）为业务活动领用库存物品

1. 业务说明

为履职或开展业务活动领用库存物品，以及动用发出相关政府储备物资，发生的款项，应计入业务活动费用。

2. 账务处理

为履职或开展业务活动领用库存物品，以及动用发出相关政府储备物资，按照领用库存物品或发出相关政府储备物资的账面余额，借记"业务活动费用"科目，贷记"库存物品""政府储备物资"科目。

预算会计不做账务处理。

业务活动领用库存物品的账务处理如表6-11所示。

表6-11　为业务活动领用库存物品会计分录

序号	业务	财务会计	预算会计
1	为履职或开展业务活动领用库存物品	借：业务活动费用［按照领用库存物品的成本］ 　　贷：库存物品等	—

3. 实务案例

【例6-7】 6月10日，某行政单位购入一批材料85 000元，价款使用财政授权支付方式进行支付，当日收到材料并验收合格入库。6月15日，该行政单位领用该材料39 000元用于开展业务活动。其会计分录为：

（1）购入材料时：

财务会计：

借：库存物品   85 000

    贷：零余额账户用款额度   85 000

预算会计：

借：行政支出   85 000

    贷：资金结存——零余额账户用款额度   85 000

（2）领用材料时：

财务会计：

借：业务活动费用——商品和服务费用   39 000

    贷：库存物品   39 000

该事项无预算会计处理。

（六）为业务活动计提折旧或摊销

1. 业务说明

与业务活动相关的固定资产、无形资产，其计提的累计折旧（摊销）应计入业务活动费用。

2. 账务处理

为履职或开展业务活动所使用的固定资产、无形资产以及为所控制的公共基础设施、保障性住房计提的折旧、摊销，按照计提金额，借记"业务活动费用"科目，贷记"固定资产累计折旧""无形资产累计摊销""公共基础设施累计折旧（摊销）""保障性住房累计折旧"科目。

为业务活动计提折旧或摊销的账务处理如表6-12所示。

表6-12 为业务活动计提折旧或摊销会计分录

序号	业务	财务会计	预算会计
1	为履职或开展业务活动计提的固定资产、无形资产、公共基础设施、保障性住房的折旧（摊销）	借：业务活动费用［按照计提的折旧、摊销额］ 　贷：固定资产累计折旧/无形资产累计摊销/公共基础设施累计折旧（摊销)/保障性住房累计折旧	—

3. 实务案例

【例6-8】 某行政单位的设备A专门用于开展业务活动，该设备采用直线法计提折旧，该设备原价为360 000元，预计使用年限为10年，预计净残值为零。截止2×19年3月31日，该设备已计提折旧120 000元，则2×20年4月30日，计提折旧的会计分录为：

每月折旧金额＝360 000÷10÷12＝3 000（元）

财务会计：

借：业务活动费用——固定资产折旧费　　　　　　　　　3 000

　　贷：固定资产累计折旧——设备A　　　　　　　　　　3 000

无实际现金流出，故不做预算会计处理。

（七）为业务活动确认税费

1. 业务说明

为开展业务活动发生的税金及附加主要有城市维护建设税、教育费附加、地方教育费附加、车船税、房产税、城镇土地使用税等。

2. 账务处理

为履职或开展业务活动发生的城市维护建设税、教育费附加、地方教育费附加、车船税、房产税、城镇土地使用税等，按照计算确定应交纳的金额，借记"业务活动费用"科目，贷记"其他应交税费"等科目。待实际支付时，借记"其他应交税费"科目，贷记"银行存款"等。

对于预算会计，在确认其他应交税费时，不做账务处理，待实际支付时，借记"行政支出""事业支出"科目，贷记"资金结存"等科目。

为业务活动确认税费的账务处理如表6-13所示。

表6-13　为业务活动确认税费会计分录

序号	业务		财务会计	预算会计
1	为业务活动确认税费	确认其他应交税费时	借：业务活动费用 　贷：其他应交税费	—
		支付其他应交税费时	借：其他应交税费 　贷：银行存款等	借：行政支出/事业支出 　贷：资金结存等

3. 实务案例

【例6-9】　某行政单位2×20年1月，出租办公室产生应交增值税50 000元，城市建设维护税以及教育费附加的税率分别为7%、3%。与其他应交税费相关的会计分录为：

应缴城市建设维护税=50 000×7%＝3 500（元）

教育费附加=50 000×3%＝1 500（元）

（1）计算应交税费时：

财务会计：

借：业务活动费用　　　　　　　　　　　　　　　　　5 000

　　贷：其他应交税费——城市建设维护税　　　　　　　3 500

　　　　　　　　——教育费附加　　　　　　　　　　1 500

（2）支付税费时：

财务会计：

借：其他应交税费——城市建设维护税　　　　　　　　3 500

　　　　　　——教育费附加　　　　　　　　　　　　1 500

　　贷：银行存款　　　　　　　　　　　　　　　　　5 000

预算会计：

借：行政支出　　　　　　　　　　　　　　　　　　　5 000

　　贷：资金结存——货币资金　　　　　　　　　　　5 000

（八）计提专用基金

1. 业务说明

专用基金是指事业单位按照规定提取或者设置的有专门用途的资金，包括修购基金、职工福利基金、医疗基金和其他基金。根据有关规定主要从事业收入和经营收入以及单位结余中提取形成，从事业收入中提取的专用基金并计入费用的，应计入业务活动费用。

2. 账务处理

按照规定从收入中提取专用基金并计入费用的，一般按照预算会计下基于预算收入计算提取的金额，借记"业务活动费用"等科目，贷记"专用基金"科目。国家另有规定的，从其规定。

由于没有实际现金流出，不做预算账务处理。

计提专用基金的账务处理如表6-14所示。

表6-14　计提专用基金会计分录

序号	业务	财务会计	预算会计
1	计提专用基金	借：业务活动费用等 　　贷：专用基金	—

3. 实务案例

【例6-10】　2×19年，某事业单位按照规定从事业收入中提取110 000元作为修购基金，其会计分录为：

财务会计：

借：业务活动费用——计提专用基金　　　　　　　　110 000

　　贷：专用基金——修购基金　　　　　　　　　　　110 000

无实际现金流出，故不做预算会计处理。

（九）购货退回

1. 业务说明

发生当年购货退回等业务，如果已领用并计入业务活动费用，应冲减业务活动费用；如果还未领用，应减少相应的库存物品，同时按照收回或应收的方式增加相应的收入或资产。

2. 账务处理

发生当年购货退回等业务，对于已计入本年业务活动费用的，按照收回或应收的金额，借记"财政拨款收入""零余额账户用款额度""银行存款""应收账款"等科目，贷记"业务活动费用"。

在预算会计中，因购货退回等发生款项退回，或者发生差错更正的，并属于当年支出收回的，按照收回或更正金额，借记"财政拨款预算收入""资金结存"等科目，贷记"行政支出"或"事业支出"科目。

购货退回的账务处理如表6-15所示。

表6-15　购货退回会计分录

序号	业务	财务会计	预算会计
1	购货退回	借：财政拨款收入/零余额账户用款额度/银行存款/应收账款等［当年发生的］ 　　贷：库存物品/业务活动费用	借：财政拨款预算收入/资金结存 　　贷：行政支出/事业支出

3. 实务案例

【例6-11】　某事业单位已领用的部分库存物品存在质量问题，价值5 320元，系当年用财政授权支付方式购入的存货，领用当时计入业务活动费用，已做退回处理，收到来自供应商的退款。其会计分录为：

财务会计：

借：零余额账户用款额度　　　　　　　　　　　　　　　5 320

　　贷：业务活动费用——商品和服务费用　　　　　　　5 320

预算会计：

借：资金结存——零余额账户用款额度　　　　　　　　　5 320

　　贷：事业支出　　　　　　　　　　　　　　　　　　5 320

（十）为业务活动发生其他各项费用

1. 业务说明

除上述业务之外，为履职或开展业务活动发生的其他各项费用，应按照费用确认金额计入业务活动费用。

2. 账务处理

按照费用确认金额，借记"业务活动费用"科目，贷记"财政拨款收入""零余额账户用款额度""银行存款""应付账款""其他应付款"等科目。同时，在预算会计中，按照实际支付的金额，借记"行政支出"或

"事业支出"科目,贷记"财政拨款预算收入""资金结存"等科目。

为业务活动发生其他各项费用的账务处理如表6-16所示。

表6-16 为业务活动发生其他各项费用会计分录

序号	业务	财务会计	预算会计
1	为业务活动发生其他各项费用	借:业务活动费用 贷:财政拨款收入/零余额账户用款额度/银行存款/应付账款/其他应付款等	借:行政支出/事业支出〔按照实际支付的金额〕 贷:财政拨款预算收入/资金结存

3. 实务案例

【例6-12】 某行政单位用于开展业务的固定资产发生日常维修费用1 200元,该费用不计入固定资产成本,用财政授权支付方式进行支付,其会计分录为:

财务会计:

借:业务活动费用 1 200

　　贷:零余额账户用款额度 1 200

预算会计:

借:行政支出 1 200

　　贷:资金结存——零余额账户用款额度 1 200

(十一) 期末/年末结转

1. 业务说明

期末,"业务活动费用"科目的本期发生额应转入本期盈余,期末无余额;年末,"行政支出"或"事业支出"科目本年发生额分类结转至相应科目,年末无余额。

2. 账务处理

期末,"业务活动费用"科目本期发生额转入本期盈余,借记"本期盈余"科目,贷记"业务活动费用"。

年末,对于"行政支出"或"事业支出"科目,将本科目本年发生额中的财政拨款支出转入财政拨款结转,借记"财政拨款结转——本年收支结转"科目，贷记本科目下各财政拨款支出明细科目；将本科目本年发生额中的非财政专项资金支出转入非财政拨款结转，借记"非财政拨款结转——本年收支结转"科目，贷记本科目下各非财政专项资金支出明细科目；将本科目本年发生额中的其他资金支出（非财政非专项资金支出）转入其他结余，借记"其他结余"科目，贷记本科目下其他资金支出明细科目。

期末/年末结转账务处理如表6-17所示。

表6-17 期末/年末结转会计分录

序号	业务	财务会计	预算会计
1	期末/年末结转	借：本期盈余 贷：业务活动费用	借：财政拨款结转——本年收支结转［财政拨款支出］ 非财政拨款结转——本年收支结转［非同级财政专项资金支出］ 其他结余［非同级财政、非专项资金支出］ 贷：行政支出/事业支出

3. 实务案例

【例6-13】 2×19年9月30日，某事业单位业务活动费用科目余额5 500元，单位管理费用科目余额2 500元，经营费用科目余额2 500元，资产处置费用科目余额1 500元，所得税费用科目余额5 500元，其他费用科目余额5 500元。

期末结转财务分录为：

借：本期盈余 23 000

    贷：业务活动费用 5 500

        单位管理费用 2 500

        经营费用 2 500

        资产处置费用 1 500

        所得税费用 5 500

        其他费用 5 500

该事项无预算会计处理。

【例6-14】　某单位2×19年行政支出共计200 400元，其中财政拨款支出为100 200元，非同级财政专项资金支出为60 100元，非同级财政、非专项资金支出为40 100元。

年末结转分录为：

预算会计：

借：财政拨款结转——本年收支结转　　　　　　　　100 200

　　非财政拨款结转——本年收支结转　　　　　　　　60 100

　　其他结余　　　　　　　　　　　　　　　　　　　40 100

　　贷：行政支出　　　　　　　　　　　　　　　　　　　200 400

该事项无财务会计处理。

第二节　5101 单位管理费用和7201 事业支出

一、会计科目简介及应用要点

1. 科目简介

单位管理费用是指事业单位本级行政及后勤管理部门开展管理活动发生的各项费用，包括单位行政及后勤管理部门发生的人员经费、公用经费、资产折旧（摊销）等费用，以及由单位统一负担的离退休人员经费、工会经费、诉讼费、中介费等。

2. 科目设置

为核算单位管理费用业务，事业单位应设置"单位管理费用"总账科目。该科目应当按照项目、费用类别、支付对象等进行明细核算。为了满足成本核算需要，该科目下还可按照"工资福利费用""商品和服务费用""对个人和家庭的补助费用""固定资产折旧费""无形资产摊销费"等成本项目设置明细科目，归集能够直接计入单位管理活动或采用一定方法计算后计入单位管理活动的费用。

单位管理费用明细科目设置如表6-18所示。

表6-18　单位管理费用明细科目设置

顺序号	编号	会计科目名称	二级科目名称	明细科目名称
五、费用和预算支出类				
	5101	单位管理费用		
	5101 01	单位管理费用	工资福利费用	项目/费用类别/支付对象名称
	5101 02	单位管理费用	商品和服务费用	项目/费用类别/支付对象名称
	5101 03	单位管理费用	对个人和家庭的补助费用	项目/费用类别/支付对象名称
	5101 05	单位管理费用	固定资产折旧费	项目/费用类别/支付对象名称
	5101 06	单位管理费用	无形资产摊销费	项目/费用类别/支付对象名称

3. 科目余额

期末，"单位管理费用"科目的本期发生额应转入本期盈余，期末无余额；"事业支出"科目本年发生额分类结转至相应科目，年末无余额。

二、相关经济业务与事项的会计核算

（一）管理活动人员职工薪酬

1. 业务说明

该业务所指的"薪酬和劳务费"不包括计入在建工程、加工物品、无形资产成本的人员费用，其中本单位人员的薪酬用"应付职工薪酬"科目核算，外部人员的劳务费用用"其他应付款"科目核算。

2. 账务处理

（1）计提薪酬时

为开展管理活动的本单位人员计提薪酬时，按照计算的金额，借记"单位管理费用"科目，贷记"应付职工薪酬"科目。由于没有实际现金流出，不做预算会计账务处理。

计提薪酬时的账务处理如表6-19所示。

表6-19　管理活动人员职工薪酬会计分录

序号	业务	财务会计	预算会计
1	计提薪酬时	借：单位管理费用 　　贷：应付职工薪酬	—

（2）实际支付并代扣个人所得税时

实际支付时，按照代扣代缴个人所得税的金额，贷记"其他应交税费——应交个人所得税"科目，按照扣税后应付或实际支付的金额，贷记"财政拨款收入""零余额账户用款额度""银行存款"等科目，借记"应付职工薪酬"科目。

同时，按照实际支付给个人的金额，借记"事业支出"科目，贷记"财政拨款预算收入""资金结存"等科目。

实际支付并代扣个人所得税的账务处理如表6-20所示。

表6-20　管理活动人员职工薪酬会计分录

序号	业务	财务会计	预算会计
2	实际支付并代扣个人所得税时	借：应付职工薪酬 　　贷：财政拨款收入/零余额账户用款额度/银行存款等 　　　　其他应交税费——应交个人所得税	借：事业支出［按照支付给个人部分］ 　　贷：财政拨款预算收入/资金结存

（3）实际缴纳税款时

实际缴纳税款时，按实际缴纳的金额，借记"其他应交税费——应交个人所得税"科目，贷记"银行存款""零余额账户用款额度"等科目。

同时，在预算会计中，按照实际缴纳额，借记"事业支出"科目，贷记"资金结存"等科目。

实际缴纳税款时的账务处理如表6-21所示。

表6-21 管理活动人员职工薪酬会计分录

序号	业务	财务会计	预算会计
3	实际缴纳税款时	借：其他应交税费——应交个人所得税 　　贷：银行存款/零余额账户用款额度等	借：事业支出［按照实际缴纳额］ 　　贷：资金结存等

3. 实务案例

【例6-15】 某事业单位本月后勤部门人员薪酬总额为55 000元，代扣代缴个人所得税1 000元，使用财政直接支付方式支付职工薪酬和个人所得税。账务处理如下：

（1）计提工资时

财务会计：

借：单位管理费用——工资福利费用　　　　　　　　　55 000

　　贷：应付职工薪酬——工资　　　　　　　　　　　　　55 000

无实际现金流出，故不做预算会计处理。

（2）实际支付给职工并代扣个人所得税时：

财务会计：

借：应付职工薪酬——工资　　　　　　　　　　　　　55 000

　　贷：财政拨款收入　　　　　　　　　　　　　　　　54 000

　　　　其他应交税费——应交个人所得税　　　　　　　　1 000

预算会计：

借：事业支出　　　　　　　　　　　　　　　　　　　54 000

　　贷：财政拨款预算收入——基本支出（人员经费）　　54 000

（3）实际缴纳税款时：

财务会计：

借：其他应缴税费——应交个人所得税　　　　　　　　1 000

　　贷：银行存款　　　　　　　　　　　　　　　　　　　1 000

预算会计：

借：事业支出　　　　　　　　　　　　　　　　　　　1 000

　　贷：资金结存——货币资金　　　　　　　　　　　　　1 000

（二）为开展管理活动发生的外部人员劳务费

1. 业务说明

该业务所指的"薪酬和劳务费"不包括计入在建工程、加工物品、无形资产成本的人员费用，外部人员的劳务费用"其他应付款"科目核算。

2. 账务处理

（1）计提劳务费时

为开展管理活动的外部人员计提薪酬和劳务费时，按照计算的金额，借记"单位管理费用"科目，贷记"其他应付款"科目。由于没有实际现金流出，不做预算会计账务处理。

计提劳务费时的账务处理如表6-22所示。

表6-22　为开展管理活动发生的外部人员劳务费会计分录

序号	业务	财务会计	预算会计
1	计提劳务费时	借：单位管理费用 　　贷：其他应付款	—

（2）实际支付并代扣个人所得税时

实际支付时，按照代扣代缴个人所得税的金额，贷记"其他应交税费——应交个人所得税"科目，按照扣税后应付或实际支付的金额，贷记"财政拨款收入""零余额账户用款额度""银行存款"等科目，借记"其他应付款"科目。

同时，按照实际支付给个人的金额，借记"事业支出"科目，贷记"财政拨款预算收入""资金结存"等科目。

实际支付并代扣个人所得税时的账务处理如表6-23所示。

表6-23　为开展管理活动发生的外部人员劳务费会计分录

序号	业务	财务会计	预算会计
2	实际支付并代扣个人所得税时	借：其他应付款 　　贷：财政拨款收入/零余额账户用款额度/银行存款等 　　　　其他应交税费——应交个人所得税	借：事业支出［按照支付给个人部分］ 　　贷：财政拨款预算收入/资金结存

（3）实际缴纳税款时

实际缴纳税款时，按实际缴纳的金额，借记"其他应交税费——应交个人所得税"科目，贷记"银行存款""零余额账户用款额度"等科目。

同时，在预算会计中，按照实际缴纳额，借记"事业支出"科目，贷记"资金结存"等科目。

实际缴纳税款时的账务处理如表6-24所示。

表6-24　为开展管理活动发生的外部人员劳务费会计分录

序号	业务	财务会计	预算会计
3	实际缴纳税款时	借：其他应交税费——应交个人所得税 　　贷：银行存款/零余额账户用款额度等	借：事业支出［按照实际缴纳额］ 　　贷：资金结存等

3. 实务案例

【例6-16】　某事业单位为开展管理活动发生外部人员劳务费共计18 000元，其中，应代扣代缴个人所得税1 100元，扣税后实际支付的劳务费为16 900元（18 000 - 1 100），款项通过零余额账户用款额度支付。该事业单位应编制如下会计分录：

（1）计提时

财务会计：

借：单位管理费用　　　　　　　　　　　　　　　　18 000

　　贷：其他应付款　　　　　　　　　　　　　　　　18 000

无实际现金流出，故不做预算会计处理。

（2）实际支付并代扣个人所得税时

财务会计：

借：其他应付款　　　　　　　　　　　　　　　　　18 000

　　贷：其他应交税费——应交个人所得税　　　　　　1 100

　　　　零余额账户用款额度　　　　　　　　　　　16 900

预算会计：

借：事业支出　　　　　　　　　　　　　　　　　　16 900

　　贷：资金结存——货币资金　　　　　　　　　　　16 900

（3）实际缴纳税款时

财务会计：

借：其他应交税费——应交个人所得税 　　　　　　　　 1 100

　　贷：零余额账户用款额度 　　　　　　　　　　　　　　　 1 100

预算会计：

借：事业支出 　　　　　　　　　　　　　　　　　　　　 1 100

　　贷：资金结存——货币资金 　　　　　　　　　　　　　　 1 100

（三）开展管理活动发生的预付款项

1. 业务说明

单位一般会在两种情况下出现为开展管理活动发生的预付款项：一是单位按照购货、服务合同或协议规定预付给供应单位（或个人）的款项，即预付账款；二是单位在管理活动中与其他单位、所属单位或本单位职工发生的临时性待结算款项，如职工预借的差旅费、报销单位领用的备用金等，即暂付款项。

2. 账务处理

（1）预付账款

发生预付账款时，按照预付金额，借记"预付账款"科目，贷记"财政拨款收入""零余额账户用款额度""银行存款"等科目。待结算时，按照实际成本，借记"单位管理费用"科目，按照相关预付账款的账面余额，贷记"预付账款"科目，并按照实际补付的金额，贷记"财政拨款收入""零余额账户用款额度""银行存款"等科目。

对于预算会计，支付款项时，按照预付金额，借记"事业支出"科目，贷记"财政拨款预算收入""资金结存"科目；待结算时，按照补付的金额，借记"事业支出"科目，贷记"财政拨款预算收入""资金结存"科目。

预付账款的账务处理如表6-25所示。

表6-25　开展管理活动发生的预付款项会计分录

序号	业务		财务会计	预算会计
1	预付账款	支付款项时	借：预付账款 　贷：财政拨款收入/ 零余额账户用款额度/银行存款等	借：事业支出 　贷：财政拨款预算收入/资金结存
		结算时	借：单位管理费用 　贷：预付账款 　　　财政拨款收入/ 零余额账户用款额度/银行存款等［补付金额］	借：事业支出 　贷：财政拨款预算收入/资金结存［补付金额］

（2）暂付款项

支付款项时，借记"其他应收款"科目，贷记"银行存款"等科目。待结算或报销时，借记"单位管理费用"科目，贷记"其他应收款"科目。

对于预算会计，在支付款项时，不做账务处理，待结算或报销时，借记"事业支出"科目，贷记"资金结存"等。

暂付款项的账务处理如表6-26所示。

表6-26　开展管理活动发生的预付款项会计分录

序号	业务		财务会计	预算会计
2	暂付款项	支付款项时	借：其他应收款 　贷：银行存款等	—
		结算时	借：单位管理费用 　贷：其他应收款	借：事业支出 　贷：资金结存等

3. 实务案例

【例6-17】　某事业单位行政人员预借差旅费5 700元，用银行存款支付，行政人员出差回来后，财务部门审核所有发票并予以报销，没有发生资金退回或补付。其会计分录为：

支付款项时

财务会计：

借：其他应收款　　　　　　　　　　　　　　　　　5 700

　　贷：银行存款　　　　　　　　　　　　　　　　　　5 700

该事项无预算会计处理。

报销时

财务会计：

借：单位管理费用——商品和服务费用　　　　　　　5 700

　　贷：其他应收款　　　　　　　　　　　　　　　　　5 700

预算会计：

借：事业支出　　　　　　　　　　　　　　　　　　5 700

　　贷：资金结存——货币资金　　　　　　　　　　　　5 700

（四）为开展管理活动购买资产或支付在建工程款

1. 业务说明

为开展管理活动购买存货、固定资产、无形资产等以及支付在建工程款项时，其初始成本不应直接计入单位管理费用，应在未来期间内通过计提折旧或摊销的方式计入单位管理费用。在预算会计中，应按实际支付的金额直接计入行政支出或者事业支出，在未来期间计提折旧或摊销时不做预算会计账务处理。

2. 账务处理

为开展管理活动购买资产或支付在建工程款时，应按照实际支付或应付的价款，借记"库存物品""固定资产""无形资产""在建工程"等科目，贷记"财政拨款收入""零余额账户用款额度""银行存款""应付账款"等科目。

同时，在预算会计中，按照实际支付价款，借记"事业支出"科目，贷记"财政拨款预算收入""资金结存"科目。

为开展管理活动购买资产或支付在建工程款的账务处理如表6-27所示。

表6-27 为开展管理活动购买资产或支付在建工程款会计分录

序号	业务	财务会计	预算会计
1	为开展管理活动购买资产或支付在建工程款	借：库存物品/固定资产/无形资产在建工程等［按照实际支付或应付的价款］ 贷：财政拨款收入/零余额账户用款额度/银行存款/应付账款等	借：事业支出［按照实际支付价款］ 贷：财政拨款预算收入/资金结存

3. 实务案例

【例6-18】 某政府单位使用财政直接支付方式购入不需要安装的设备一台，用于管理活动，设备价格为810 000元，运输及保险费100 000元。其会计分录为：

财务会计：

借：固定资产 910 000

　　贷：财政拨款收入 910 000

预算会计：

借：事业支出 910 000

　　贷：财政拨款预算收入——基本支出（日常公用经费） 910 000

（五）管理活动所用固定资产、无形资产计提的折旧、摊销

1. 业务说明

事业单位与管理活动相关的固定资产、无形资产，其计提的累计折旧（摊销）应计入单位管理费用。

2. 账务处理

按照计提的金额，借记"单位管理费用"科目，贷记"固定资产累计折旧""无形资产累计摊销"科目。由于没有实际现金流出，不做预算会计账务处理。

管理活动所用固定资产、无形资产计提的折旧、摊销账务处理如表6-28所示。

表6-28 管理活动所用固定资产、无形资产计提的折旧、摊销会计分录

序号	业务	财务会计	预算会计
1	管理活动所用固定资产、无形资产计提的折旧、摊销	借：单位管理费用 贷：固定资产累计折旧/无形资产累计摊销	—

3. 实务案例

【例6-19】 某事业单位的设备A专门用于管理活动，该设备采用直线法计提折旧，该设备原价为90 000元，预计使用年限为5年，预计净残值为零。截止2×20年5月31日，该设备已计提折旧30 000元，则2×20年6月30日，计提折旧的会计分录为：

截止2×20年5月31日未提足折旧，每月折旧金额 = 90 000÷5÷12 = 1 500（元）

财务会计：

借：单位管理费用——固定资产折旧费   1 500

    贷：固定资产累计折旧——设备A   1 500

无实际现金流出，故不做预算会计处理。

（六）开展管理活动内部领用库存物品

1. 业务说明

该业务仅核算单位开展管理活动领用的库存物品，不包括按照规定自主出售发出或加工发出的库存物品。

2. 账务处理

为开展管理活动领用库存物品时，按照领用的库存物品的成本，借记"单位活动费用"科目，贷记"库存物品"科目。由于没有实际现金流出，不做预算会计账务处理。

开展管理活动内部领用库存物品的账务处理如表6-29所示。

表6-29　开展管理活动内部领用库存物品会计分录

序号	业务	财务会计	预算会计
1	开展管理活动内部领用库存物品	借：单位管理费用［按照库存物品的成本］ 　贷：库存物品	—

3. 实务案例

【例6-20】　2×19年5月，某事业单位后勤部门领用库存物品，成本为3 400元，其会计分录为：

财务会计：

借：单位管理费用——商品和服务费用　　　　　　　　3 400

　　贷：库存物品　　　　　　　　　　　　　　　　　　　3 400

无实际现金流出，故不做预算会计处理。

（七）开展管理活动发生应负担的税金及附加

1. 业务说明

为开展管理活动发生的税金及附加主要有城市维护建设税、教育费附加、地方教育费附加、车船税、房产税、城镇土地使用税等。

2. 账务处理

确认其他应交税费时，按照计算确定的金额，借记"单位管理费用"科目，贷记"其他应交税费"科目。待实际支付时，借记"其他应交税费"科目，贷记"银行存款"等。

对于预算会计，在确认其他应交税费时，不做账务处理，待实际支付时，借记"事业支出"科目，贷记"资金结存"等科目。

开展管理活动发生应负担的税金及附加账务处理如表6-30所示。

表6-30　开展管理活动发生应负担的税金及附加会计分录

序号	业务		财务会计	预算会计
1	开展管理活动发生应负担的税金及附加	按照计算确定应交纳的金额	借：单位管理费用 　贷：其他应交税费	—
		实际缴纳时	借：其他应交税费 　贷：银行存款等	借：事业支出 　贷：资金结存等

3. 实务案例

【例6-21】 2×19年，某事业单位管理用车辆发生车船税530元，已用银行存款支付，其会计分录为：

确认其他应交税费时

财务会计：

借：单位管理费用——商品和服务费用　　530

　　贷：其他应交税费——车船税　　　　　　　　530

缴纳税款时

财务会计：

借：其他应交税费——车船税　　　　530

　　贷：银行存款　　　　　　　　　　　　　530

预算会计：

借：事业支出　　　　　　　　　　530

　　贷：资金结存——货币资金　　　　　　　530

（八）购货退回

1. 业务说明

发生当年购货退回等业务，如果已领用并计入单位管理费用，应冲减单位管理费用；如果还未领用，应减少相应的库存物品，同时按照收回或应收的方式增加相应的收入或资产。

2. 账务处理

发生当年购货退回等业务，对于已计入本年单位管理费用的，按照收回或应收的金额，借记"财政拨款收入""零余额账户用款额度""银行存款""应收账款"等科目，贷记"单位管理费用"。

在预算会计中，因购货退回等发生款项退回，或者发生差错更正的，并属于当年支出收回的，按照收回或更正金额，借记"财政拨款预算收入""资金结存"等科目，贷记"事业支出"科目。

购货退回的账务处理如表6-31所示。

表6-31　购货退回会计分录

序号	业务	财务会计	预算会计
1	购货退回	借：财政拨款收入/零余额账户用款额度/银行存款/应收账款等 　　贷：库存物品/单位管理费用等	借：财政拨款预算收入/资金结存 　　贷：事业支出

3. 实务案例

【例6-22】　某事业单位已领用的部分库存物品存在质量问题，价值2 900元，系当年用财政授权支付方式购入的存货，领用当时计入单位管理费用，已做退回处理，收到来自供应商的退款。其会计分录为：

财务会计：

借：零余额账户用款额度　　　　　　　　　　　　　　2 900

　　贷：单位管理费用——商品和服务费用　　　　　　　　2 900

冲减退回当期单位管理费用。

预算会计：

借：资金结存——零余额账户用款额度　　　　　　　2 900

　　贷：事业支出　　　　　　　　　　　　　　　　　　2 900

（九）发生的其他与管理活动相关的各项费用

1. 业务说明

除上述业务之外，为开展管理活动发生的其他各项费用，应按照费用确认金额计入单位管理费用。

2. 账务处理

按照费用确认金额，借记"单位管理费用"科目，贷记"财政拨款收入""零余额账户用款额度""银行存款""应付账款"等科目。同时，在预算会计中，按照实际支付的金额，借记"事业支出"科目，贷记"财政拨款预算收入""资金结存"等科目。

发生的其他与管理活动相关的各项费用的账务处理如表6-32所示。

表6-32　发生的其他与管理活动相关的各项费用会计分录

序号	业务	财务会计	预算会计
1	发生的其他与管理活动相关的各项费用	借：单位管理费用 　　贷：财政拨款收入/零余额账户用款额度/银行存款/应付账款等	借：事业支出［按照实际支付的金额］ 　　贷：财政拨款预算收入/资金结存

3. 实务案例

【例6-23】　某事业单位用财政授权支付方式进行支付管理用固定资产发生日常维修费用5 270元，该费用不计入固定资产成本，其会计分录为：

财务会计：

借：单位管理费用——商品和服务费用　　　　　　　　　5 270

　　贷：零余额账户用款额度　　　　　　　　　　　　　5 270

预算会计：

借：事业支出　　　　　　　　　　　　　　　　　　　　5 270

　　贷：资金结存——零余额账户用款额度　　　　　　　5 270

（十）期末/年末结转

1. 业务说明

期末，"单位管理费用"科目的本期发生额应转入本期盈余，期末无余额；"事业支出"科目本年发生额分类结转至相应科目，年末无余额。

2. 账务处理

期末，"单位管理费用"科目本期发生额转入本期盈余，借记"本期盈余"科目，贷记"单位管理费用"。

年末，对于"事业支出"科目，将本科目本年发生额中的财政拨款支出转入财政拨款结转，借记"财政拨款结转——本年收支结转"科目，贷记本科目下各财政拨款支出明细科目；将本科目本年发生额中的非财政专项资金支出转入非财政拨款结转，借记"非财政拨款结转——本年收支结转"科目，贷记本科目下各非财政专项资金支出明细科目；将本科目本年发生额中的其他资金支出（非财政非专项资金支出）转入其他结余，借记"其他结余"科目，贷记本科目下其他资金支出明细科目。

期末／年末结转的账务处理如表6-33所示。

表6-33　期末／年末结转会计分录

序号	业务	财务会计	预算会计
1	期末／年末结转	借：本期盈余 　　贷：单位管理费用	借：财政拨款结转——本年收支结转〔财政拨款支出〕 　　非财政拨款结转——本年收支结转〔非财政专项资金支出〕 　　其他结余〔非财政、非专项资金支出〕 　　贷：事业支出

3. 实务案例

【例6-24】　2×19年11月30日，某事业单位业务活动费用科目余额5 300元，单位管理费用科目余额2 300元，经营费用科目余额2 300元，资产处置费用科目余额1 300元，所得税费用科目余额5 300元，其他费用科目余额5 300元。

期末结转财务分录为：

借：本期盈余　　　　　　　　　　　　　　　　21 800

　　贷：业务活动费用　　　　　　　　　　　　　 5 300

　　　　单位管理费用　　　　　　　　　　　　　 2 300

　　　　经营费用　　　　　　　　　　　　　　　 2 300

　　　　资产处置费用　　　　　　　　　　　　　 1 300

　　　　所得税费用　　　　　　　　　　　　　　 5 300

　　　　其他费用　　　　　　　　　　　　　　　 5 300

该事项无预算会计处理。

第三节　5201 经营费用和 7301 经营支出

一、会计科目简介及应用要点

1. 科目简介

（1）经营费用

本科目核算事业单位在专业业务活动及其辅助活动之外开展非独立核算经营活动发生的各项费用。

（2）经营支出

本科目核算事业单位在专业业务活动及其辅助活动之外开展非独立核算经营活动实际发生的各项现金流出。

2. 科目设置

（1）经营费用

本科目应当按照经营活动类别、项目、支付对象等进行明细核算。

为了满足成本核算需要，本科目下还可按照"工资福利费用""商品和服务费用""对个人和家庭的补助费用""固定资产折旧费""无形资产摊销费"等成本项目设置明细科目，归集能够直接计入单位经营活动或采用一定方法计算后计入单位经营活动的费用。

经营费用明细科目设置如表 6-34 所示。

表 6-34　单位管理费用明细科目设置

顺序号	编号	会计科目名称	二级科目名称	明细科目名称
五、费用和预算支出类				
	5201	经营费用		
	5201 01	经营费用	工资福利费用	项目/费用类别/支付对象名称
	5201 02	经营费用	商品和服务费用	项目/费用类别/支付对象名称

续上表

顺序号	编号	会计科目名称	二级科目名称	明细科目名称
	5201 03	经营费用	对个人和家庭的补助费用	项目/费用类别/支付对象名称
	5201 05	经营费用	固定资产折旧费	项目/费用类别/支付对象名称
	5201 06	经营费用	无形资产摊销费	项目/费用类别/支付对象名称

（2）经营支出

本科目应当按照经营活动类别、项目、《政府收支分类科目》中"支出功能分类科目"的项级科目和"部门预算支出经济分类科目"的款级科目等进行明细核算。

对于预付款项，可通过在本科目下设置"待处理"明细科目进行明细核算，待确认具体支出项目后再转入本科目下相关明细科目。年末结账前，应将本科目"待处理"明细科目余额全部转入本科目下相关明细科目。

3. 科目余额

期末结转后，"经营费用"与"经营支出"科目应无余额。

二、相关经济业务与事项的会计核算

（一）为经营活动人员支付职工薪酬以及劳务费

1. 业务说明

单位的开展专业业务活动及其辅助活动的人员的薪酬计入业务活动费用，而开展非独立核算经营活动的人员的薪酬计入经营费用。

2. 账务处理

（1）计提工资

为开展经营活动的职工以及外部人员计提薪酬时，按照计算的金额，借记"经营费用"科目，贷记"应付职工薪酬"或"其他应付款"科目。计提时没有实际的现金流出，因此不做预算会计的账务处理。

计提工资的账务处理如表6-35所示。

表 6-35　为经营活动人员支付职工薪酬会计分录

序号	业务	财务会计	预算会计
1	计提工资	借：经营费用 　贷：应付职工薪酬/其他应付款	—

（2）实际支付并代扣个人所得税时

实际支付时，按照代扣代缴个人所得税的金额，贷记"其他应交税费——应交个人所得税"科目，按照扣税后应付或实际支付的金额，贷记"银行存款"等科目，借记"应付职工薪酬""其他应付款"科目。

同时，按照实际支付给个人的金额，借记"经营支出"科目，贷记"资金结存"科目。

实际支付并代扣个人所得税的账务处理如表 6-36 所示。

表 6-36　为经营活动人员支付职工薪酬会计分录

序号	业务	财务会计	预算会计
2	实际支付并代扣个人所得税时	借：应付职工薪酬/其他应付款 　贷：财政拨款收入/零余额账户用款额度/银行存款等 　　其他应交税费——应交个人所得税	借：经营支出［按照支付给个人部分］ 　贷：资金结存——货币资金

（3）实际缴纳税

实际缴纳税款时，按实际缴纳的金额，借记"其他应交税费——应交个人所得税"科目，贷记"银行存款"等科目。

同时，在预算会计中，按照实际缴纳额，借记"经营支出"科目，贷记"资金结存"等科目。

实际缴纳税款的账务处理如表 6-37 所示。

表 6-37　为经营活动人员支付职工薪酬会计分录

序号	业务	财务会计	预算会计
3	实际缴纳税	借：其他应交税费——应交个人所得税 　贷：银行存款等	借：经营支出［按照实际缴纳额］ 　贷：资金结存——货币资金

3. 实务案例

【例6-25】 某事业单位开展经营活动，2×19年4月经营活动人员薪酬总额为76 000元，代扣代缴个人所得税3 000元，使用银行存款支付职工薪酬和个人所得税。账务处理如下：

（1）计提工资时

财务会计：

借：经营费用——工资福利费用 76 000

　　贷：应付职工薪酬——工资 76 000

无实际现金流出，不做预算会计处理。

（2）实际支付给职工并代扣个人所得税时

财务会计：

借：应付职工薪酬——工资 76 000

　　贷：银行存款 73 000

　　　　其他应交税费——应交个人所得税 3 000

预算会计：

借：经营支出——工资福利支出 73 000

　　贷：资金结存——货币资金 73 000

（3）实际缴纳税款时

财务会计：

借：其他应缴税费——应交个人所得税 3 000

　　贷：银行存款 3 000

预算会计：

借：经营支出 3 000

　　贷：资金结存——货币资金 3 000

（二）为开展经营活动购买资产或支付在建工程款

1. 业务说明

为开展经营活动购买存货、固定资产、无形资产等以及支付在建工程款项时，其初始成本不应直接计入经营费用，应在未来期间内通过计提折旧或摊销的方式计入经营费用。在预算会计中，应按实际支付的金额直接计入经营支出，在未来期间计提折旧或摊销时不做预算会计账务处理。

2. 账务处理

为开展经营活动购买资产或支付在建工程款时，应按照实际支付或应付的价款，借记"库存物品""固定资产""无形资产""在建工程"等科目，贷记"银行存款""应付账款"等科目。

同时，在预算会计中，按照实际支付价款，借记"经营支出"科目，贷记"资金结存"科目。

为开展经营活动购买资产或支付在建工程款的账务处理如表6-38所示。

表6-38　为开展经营活动购买资产或支付在建工程款会计分录

序号	业务	财务会计	预算会计
1	为开展经营活动购买资产或支付在建工程款	借：库存物品/固定资产/无形资产/在建工程 ［按照实际支付或应付的金额］ 　　贷：银行存款/应付账款等	借：经营支出 　　贷：资金结存——货币资金 ［按照实际支付金额］

3. 实务案例

【例6-26】　2×20年5月，某事业单位购买一项专利权，价值340 000元，用于开展经营活动，全部价款使用银行存款支付。其会计分录为：

财务会计：

借：无形资产　　　　　　　　　　　　　　　　340 000

　　贷：银行存款　　　　　　　　　　　　　　　340 000

预算会计：

借：经营支出——资本性支出　　　　　　　　　340 000

　　贷：资金结存——货币资金　　　　　　　　　340 000

（三）开展经营活动内部领用材料或出售发出物品等

1. 业务说明

为开展经营活动内部领用材料或出售发出物品应按其成本计入经营费用，在最初购买该资产时已计入预算支出类科目，因此在领用或发出时不需再做预算会计处理。

2. 账务处理

为开展经营活动领用或出售库存物品时，按照领用的库存物品的成本，借记"经营费用"科目，贷记"库存物品"科目。

开展经营活动内部领用材料或出售发出物品的账务处理如表6-39所示。

表6-39　开展经营活动内部领用材料或出售发出物品会计分录

序号	业务	财务会计	预算会计
1	开展经营活动内部领用材料或出售发出物品	借：经营费用 　　贷：库存物品	—

3. 实务案例

【例6-27】　某事业单位开展经营活动，2×19年7月出售一批库存物品，已发出，该批物品的成本为62 000元，其会计处理为：

财务会计：

借：经营费用——商品和服务费用　　　　　　　　　　62 000

　　贷：库存物品　　　　　　　　　　　　　　　　　　62 000

无实际现金流出，故不做预算会计处理。

（四）开展经营活动发生的预付款项

1. 业务说明

对于经营活动相关的预付款项，可通过在"经营费用"科目下设置"待处理"明细科目进行明细核算，待确认具体支出项目后再转入"经营费用"科目下相关明细科目。年末结账前，应将本科目"待处理"明细科目余额全部转入"经营费用"科目下相关明细科目。

2. 账务处理

预付时：

预付时，按照预付的金额，借记"预付账款"科目，贷记"银行存款"等科目，同时，按照预付金额，借记"经营支出"科目，贷记"资金结存——货币资金"科目。

结算时：结算金额，借记"经营费用"科目，按照相关预付账款的账

面余额，贷记"预付账款"科目

结算时，按照最终，并按照实际补付的金额，贷记"银行存款"等科目。同时，按照补付金额，借记"经营支出"科目，贷记"资金结存——货币资金"科目。

开展经营活动发生的预付款项账务处理如表 6-40 所目示。

表6-40 开展经营活动发生的预付款项会计分录

序号	业务		财务会计	预算会计
1	开展经营活动发生的预付款项	预付时	借：预付账款 　　贷：银行存款等	借：经营支出 　　贷：资金结存——货币资金
		结算时	借：经营费用 　　贷：预付账款 　　　　银行存款等 ［补付金额］	借：经营支出 　　贷：资金结存——货币资金［补付金额］

3. 实务案例

【例6-28】 某事业单位开展经营活动，拟向 A 公司购入一项劳务服务，价值 150 000 元，2×19 年 7 月 17 日，该事业单位用银行存款向 A 公司预付 30% 的款项，7 月 28 日，服务结束后向 A 公司支付余下 70% 的款项。其会计分录为：

预付 30% 价款时

财务会计：

借：预付账款——A 公司　　　　　　　　　　45 000

　　贷：银行存款　　　　　　　　　　　　　　　45 000

预算会计：

借：经营支出——商品和服务费用　　　　　　45 000

　　贷：资金结存——货币资金　　　　　　　　　45 000

验货后支付剩余 70% 价款时

财务会计：

借：经营费用——商品和服务费用　　　　　　150 000

　　贷：预付账款——A 公司　　　　　　　　　　45 000

　　　　银行存款　　　　　　　　　　　　　　105 000

支付剩余 70% 价款时，甲公司已完成服务内容，因此需将计提的 30% 预付账款转入业务活动费用。同时，支出剩余 70%，需做如下预算会计处理：

预算会计：

借：经营支出——商品和服务费用　　　　　　　　　　105 000

　　贷：资金结存——货币资金　　　　　　　　　　　　　　105 000

（五）开展经营活动发生应负担的税金及附加

1. 业务说明

为开展经营活动发生的税金及附加主要有城市维护建设税、教育费附加、地方教育费附加、车船税、房产税、城镇土地使用税等。

2. 账务处理

确认其他应交税费时，按照计算确定的金额，借记"经营费用"科目，贷记"其他应交税费"科目。待实际支付时，借记"其他应交税费"科目，贷记"银行存款"等。

对于预算会计，在确认其他应交税费时，不做账务处理，待实际支付时，借记"经营支出"科目，贷记"资金结存"等科目。

开展经营活动发生应负担的税金及附加账务处理如表 6-41 所示。

表 6-41　开展经营活动发生应负担的税金及附加会计分录

序号	业务		财务会计	预算会计
1	开展经营活动发生应负担的税金及附加	按照计算确定的缴纳金额	借：经营费用 　　贷：其他应交税费	—
		实际缴纳时	借：其他应交税费 　　贷：银行存款等	借：经营支出 　　贷：资金结存——货币资金

3. 实务案例

【例 6-29】　某事业单位开展经营活动，2×19 年 1 月，出售库存物品取得收入 30 000 元，增值税销项税额为 3 900 元，城市建设维护税以及教育费附加的税率分别为 7%、3%。计提并缴纳城市维护建设税以及教育费附加的会计分录为：

应缴城市建设维护税 = 3 900 × 7% = 273（元）

教育费附加 = 3 900 × 3% = 117（元）

计算应交税费时

财务会计：

借：经营费用——商品和服务费用　　　　　　　　　　　　390

　　贷：其他应交税费——城市建设维护税　　　　　　　　　　273

　　　　　　　　　　——教育费附加　　　　　　　　　　　117

无实际现金流出，故不做预算会计处理。

支付税费时

财务会计：

借：其他应交税费——城市建设维护税　　　　　　　　　　390

　　　　　　　　——教育费附加　　　　　　　　　　　　273

　　贷：银行存款　　　　　　　　　　　　　　　　　　　117

预算会计：

借：经营支出——商品和服务费用　　　　　　　　　　　　390

　　贷：资金结存——货币资金　　　　　　　　　　　　　390

（六）经营活动用固定资产、无形资产计提的折旧、摊销

1. 业务说明

与经营活动相关的固定资产、无形资产，其计提的累计折旧（摊销）应计入经营费用。

2. 账务处理

按照计提的金额，借记"经营费用"科目，贷记"固定资产累计折旧""无形资产累计摊销"科目。由于没有实际现金流出，不做预算会计账务处理。

经营活动用固定资产、无形资产计提的折旧、摊销的账务处理如表 6-42 所示。

表 6-42　经营活动用固定资产、无形资产计提的折旧、摊销会计分录

序号	业务	财务会计	预算会计
1	经营活动用固定资产、无形资产计提的折旧、摊销	借：经营费用 　　贷：固定资产累计折旧/ 　　无形资产累计摊销	—

3. 实务案例

【例 6-30】　2×20 年 5 月，某事业单位购买一项专利权，价值 360 000 元，用于开展经营活动，全部价款使用银行存款支付。若该项专利权摊销年限为 10 年，则 2×20 年 5 月计提无形资产摊销的会计分录为：

当月购买的无形资产，从购买当月开始摊销，则 2×20 年 5 月无形资产摊销金额 ＝360 000÷10÷12＝3 000（元）

财务会计：

借：经营费用——无形资产摊销费　　　　　　　　　　　　　3 000

　　贷：无形资产累计摊销　　　　　　　　　　　　　　　　　　3 000

无实际现金流出，不做预算会计处理。

（七）计提专用基金

1. 业务说明

专用基金是指事业单位按照规定提取或者设置的有专门用途的资金，包括修购基金、职工福利基金、医疗基金和其他基金。根据有关规定主要从事业收入和经营收入以及单位结余中提取形成，从经营收入中提取的专用基金并计入费用的，应计入经营费用。

2. 账务处理

根据有关规定从经营收入中提取专用基金并计入费用的，按照计算提取的金额，借记"经营费用"科目，贷记"专用基金"科目。

计提专用基金的账务处理如表 6-43 所示。

表 6-43　计提专用基金会计分录

序号	业务	财务会计	预算会计
1	计提专用基金	借：经营费用 　　贷：专用基金	—

3. 实务案例

【例6-31】 2×20年，某事业单位按照规定从经营收入中提取 95 000 元作为修购基金，其会计分录为：

借：经营费用——计提专用基金　　　　　　　　　　　95 000

　　贷：专用基金——修购基金　　　　　　　　　　　　　95 000

无实际现金流出，不做预算会计处理。

（八）购货退回

1. 业务说明

发生当年购货退回等业务，如果已领用或发出并计入经营费用，应冲减经营费用；如果还未领用，应减少相应的库存物品，同时按照收回或应收的方式增加相应的收入或资产。

2. 账务处理

发生当年购货退回等业务，对于已计入本年经营费用的，按照收回或应收的金额，借记"银行存款""应收账款"等科目，贷记"经营费用"。

在预算会计中，开展经营活动中因购货退回等发生款项退回，或者发生差错更正的，并属于当年支出收回的，按照收回或更正金额，借记"资金结存"等科目，贷记"经营支出"科目。

购货退回的账务处理如表6-44所示。

表6-44　购货退回会计分录

序号	业务	财务会计	预算会计
1	购货退回	借：银行存款/应收账款 　　贷：库存物品/经营费用	借：资金结存——货币资金 ［按照实际收到的金额］ 　　贷：经营支出

3. 实务案例

【例6-32】 某事业单位经营部门已发出的部分库存物品存在质量问题，价值6 000元，系当年用银行存款支付方式购入的存货，领用当时计入经营费用，已收回并做退货处理，收到来自供应商的退款。其会计分录为：

财务会计：

借：银行存款   6 000

  贷：业务活动费用——商品和服务费用   6 000

退货，冲减已计入的经营费用。

预算会计：

借：资金结存——货币资金   6 000

  贷：经营支出——商品和服务支出   6 000

收到来自供应商的退款，存在现金流入。

（九）开展经营活动发生的其他各项费用

1. 业务说明

除上述业务之外，为开展经营活动发生的其他各项费用，应按照费用确认金额计入经营费用。

2. 账务处理

按照费用确认金额，借记"经营费用"科目，贷记"银行存款""应付账款"等科目。同时，在预算会计中，按照实际支付的金额，借记"经营支出"科目，贷记"资金结存"等科目。

开展经营活动发生的其他各项费用的账务处理如表6-45所示。

表6-45 开展经营活动发生的其他各项费用会计分录

序号	业务	财务会计	预算会计

1	开展经营活动发生的其他各项费用	借：经营费用
		  贷：银行存款/应付账款等
			借：经营支出［按照实际支付的金额］
			  贷：资金结存——货币资金

3. 实务案例

【例6-33】 2×20年5月，某事业单位发生经营部门人员生活补贴3 600元，已用银行存款支付，其会计分录为：

财务会计：

借：经营费用——对个人和家庭的补助费用   3 600

> 贷：银行存款 3 600

人员来自于经营部门，其工资计入经营费用。

预算会计：

> 借：经营支出——对个人和家庭的补助费用 3 600
>
> 贷：资金结存——货币资金 3 600

（十）期末/年末结转

1. 业务说明

期末，"经营费用"科目的本期发生额应转入本期盈余，期末无余额；"经营支出"科目本年发生额结转至经营结余，年末无余额。

2. 账务处理

期末，"经营费用"科目本期发生额转入本期盈余，借记"本期盈余"科目，贷记"经营费用"。

年末，"经营支出"科目本年发生额转入经营结余，借记"经营结余"科目，贷记"经营费用"。

期末/年末结转的账务处理如表6-46所示。

表6-46 期末/年末结转会计分录

序号	业务	财务会计	预算会计
1	期末/年末结转	借：本期盈余 贷：经营费用	借：经营结余 贷：经营支出

3. 实务案例

【例6-34】 2×20年12月，某事业单位开展经营活动产生的经营费用为60 000元，经营支出借方余额为250 000元。其结转会计分录为：

财务会计结转：

> 借：本期盈余 60 000
>
> 贷：经营费用 60 000

预算会计结转：

> 借：经营结余 250 000
>
> 贷：经营支出 250 000

第四节   5301 资产处置费用

一、会计科目简介及应用要点

1. 科目简介

本科目核算单位经批准处置资产时发生的费用，包括转销的被处置资产价值，以及在处置过程中发生的相关费用或者处置收入小于相关费用形成的净支出。资产处置的形式按照规定包括无偿调拨、出售、出让、转让、置换、对外捐赠、报废、毁损以及货币性资产损失核销等。

单位在资产清查中查明的资产盘亏、毁损以及资产报废等，应当先通过"待处理财产损溢"科目进行核算，再将处理资产价值和处理净支出计入本科目。

短期投资、长期股权投资、长期债券投资的处置，按照相关资产科目的规定进行账务处理。

2. 科目设置

本科目应当按照处置资产的类别、资产处置的形式等进行明细核算。

3. 科目余额

期末结转后，本科目应无余额。

二、相关经济业务与事项的会计核算

（一）不通过"待处理财产损溢"科目核算的资产处置

1. 业务说明

通过无偿调拨、出售、出让、转让、置换、对外捐赠等方式处置的固定资产、无形资产、公共基础设施、保障性住房等资产不通过"待处理财产损溢"科目核算，直接通过"资产处置费用"科目核算。此外，行政单位对于超过规定年限、确认无法收回的其他应收款，按照固定报经批准后予以核销的亦通过"资产处置费用"核算。

2. 账务处理

（1）转销被处置资产账面价值

按照处置资产的账面价值，借记"资产处置费用"科目［处置固定资产、无形资产、公共基础设施、保障性住房的，还应借记"固定资产累计折旧""无形资产累计摊销""公共基础设施累计折旧（摊销）""保障性住房累计折旧"科目］，按照处置资产的账面余额，贷记"库存物品""固定资产""无形资产""公共基础设施""政府储备物资""文物文化资产""保障性住房""其他应收款""在建工程"等科目。由于没有实际现金流入或流出，不做预算会计账务处理。

转销被处置资产账面价值的账务处理如表 6-47 所示。

表 6-47　不通过"待处理财产损溢"科目核算的资产处置会计分录

序号	业务	财务会计	预算会计
1	转销被处置资产账面价值	借：资产处置费用 　　固定资产累计折旧/无形资产累计摊销/公共基础设施累计折旧（摊销）/保障性住房累计折旧 　　贷：库存物品/固定资产/无形资产/公共基础设施/政府储备物资/文物文化资产/保障性住房/在建工程等［账面余额］/其他应收款［行政单位］	—

（2）处置资产过程中仅发生相关费用的

处置资产过程中仅发生相关费用的，按照实际发生金额，借记"资产处置费用"科目，贷记"银行存款""库存现金"科目。

同时，在预算会计中，按照实际发生金额，借记"其他支出"科目，贷记"资金结存"科目。

处置资产过程中仅发生相关费用的账务处理如表 6-48 所示。

表6-48　不通过"待处理财产损溢"科目核算的资产处置会计分录

序号	业务	财务会计	预算会计
2	处置资产过程中仅发生相关费用的	借：资产处置费用　　贷：银行存款/库存现金等	借：其他支出　　贷：资金结存

（3）处置资产过程中取得收入的

处置资产过程中取得收入的，按照取得的价款，借记"库存现金""银行存款"等科目，按照支付的费用金额，贷记"银行存款""库存现金"等科目，如果差额在贷方，则借记"资产处置费用"，如果差额借方，则贷记"应缴财政款"科目。

相关账务处理如表6-49所示。

表6-49　不通过"待处理财产损溢"科目核算的资产处置会计分录

序号	业务	财务会计	预算会计
3	处置资产过程中取得收入的	借：库存现金/银行存款等［取得的价款］　资产处置费用［借方差额］　　贷：银行存款/库存现金等［支付的相关费用］　　应缴财政款［贷方差额］	—

3. 实务案例

【例6-35】　某单位经批准无偿调出一项专利权，该项专利权原价570 000元，已计提摊销300 000元，调出过程中发生相关费用11 000元，已通过银行存款支付。其会计分录为：

财务会计：

借：资产处置费用　　　　　　　　　　　　　　270 000

　　无形资产累计摊销　　　　　　　　　　　　300 000

　　贷：无形资产　　　　　　　　　　　　　　　　570 000

借：资产处置费用　　　　　　　　　　　　　　 11 000

　　贷：银行存款　　　　　　　　　　　　　　　　 11 000

支付的相关费用，发生现金流出，预算会计处理：

借：其他支出　　　　　　　　　　　　　　　　 11 000

　　贷：资金结存——货币资金　　　　　　　　　　 11 000

（二）通过"待处理财产损溢"科目核算的资产处置

1. 业务说明

单位在资产清查中查明的资产盘亏、毁损以及资产报废等，应当先通过"待处理财产损溢"科目进行核算，再将处理资产价值和处理净支出计入"资产处置费用"科目。

2. 账务处理

单位账款核对中发现的现金短缺，属于无法查明原因的，报经批准核销时，借记"资产处置费用"科目，贷记"待处理财产损溢"科目，此时无需做预算会计账务处理。

单位资产清查过程中盘亏或者毁损、报废的存货、固定资产、无形资产、公共基础设施、政府储备物资、文物文化资产、保障性住房等，报经批准处理时，按照处理资产价值，借记"资产处置费用"科目，贷记"待处理财产损溢——待处理财产价值"科目。

处理收支结清时，处理过程中所取得收入小于所发生相关费用的，按照相关费用减去处理收入后的净支出，借记"资产处置费用"科目，贷记"待处理财产损溢——处理净收入"科目。同时，在预算会计中，按照净支出金额，借记"其他支出"科目，贷记"资金结存"科目。

相关账务处理如表 6-50 所示。

表 6-50　通过"待处理财产损溢"科目核算的资产处置会计分录

序号	业务		财务会计	预算会计
1		账款核对中发现的现金短缺，无法查明原因的，报经批准核销时	借：资产处置费用 　　贷：待处理财产损溢	—
	盘亏、毁损、报废的资产	经批准处理时	借：资产处置费用 　　贷：待处理财产损溢——待处理财产价值	—
		处理过程中所发生的费用大于所取得收入的	借：资产处置费用 　　贷：待处理财产损溢——处理净收入	借：其他支出〔净支出〕 　　贷：资金结存

3. 实务案例

【例6-36】　某行政单位在资产清查过程中发现用于开展业务活动的设备 A 已老化，无法继续正常使用，应报废。该设备原价 495 000 元，已计提折旧 280 000 元。经批准后，设备 A 已做报废处理。其会计分录为：

财务会计：

将固定资产账面价值转入待处理财产损溢：

借：待处理财产损溢——待处理财产价值　　　215 000

　　固定资产累计折旧　　　　　　　　　　　280 000

　　贷：固定资产　　　　　　　　　　　　　　　　495 000

批准后，将待处理财产损溢转入资产处置费用：

借：资产处置费用　　　　　　　　　　　　　215 000

　　贷：待处理财产损溢——待处理财产价值　　　215 000

无实际现金流出，不做预算会计处理。

（三）期末结转

1. 业务说明

"资产处置费用"科目期末结转后无余额。

2. 账务处理

期末，"资产处置费用"科目本期发生额转入本期盈余，借记"本期盈余"科目，贷记"资产处置费用"。

相关账务处理如表6-51所示。

表6-51　期末结转会计分录

序号	业务	财务会计	预算会计
1	期末结转	借：本期盈余 　　贷：资产处置费用	—

3. 实务案例

【例6-37】　2×20年10月31日，某事业单位业务活动费用科目余额5 600元，单位管理费用科目余额2 700元，经营费用科目余额2 500元，资产处置费用科目余额1 400元，所得税费用科目余额5 200元，其他费用科目余额5 300元。

期末结转分录为：

借：本期盈余　　　　　　　　　　　　　　　22 700
　　贷：业务活动费用　　　　　　　　　　　　5 600
　　　　单位管理费用　　　　　　　　　　　　2 700
　　　　经营费用　　　　　　　　　　　　　　2 500
　　　　资产处置费用　　　　　　　　　　　　1 400
　　　　所得税费用　　　　　　　　　　　　　5 200
　　　　其他费用　　　　　　　　　　　　　　5 300

第五节　7601 投资支出

一、会计科目简介及应用要点

1. 科目简介

投资支出核算事业单位以货币资金对外投资发生的现金流出。属于事业单位专有科目。

2. 科目设置

本科目应当按照投资类型、投资对象、《政府收支分类科目》中"支出功能分类科目"的项级科目和"部门预算支出经济分类科目"的款级科目等进行明细核算。

3. 科目余额

年末结转后，本科目应无余额。

二、相关经济业务与事项的会计核算

（一）以货币资金对外投资时

1. 业务说明

事业单位以货币资金对外投资的方式主要有短期投资、长期股权投资以及长期债券投资。

2. 账务处理

以货币资金取得对外投资时，按照确定的投资成本，借记"短期投资""长期股权投资""长期债券投资"等科目，贷记"银行存款"科目。

同时，按照确定的投资成本，借记"投资支出"科目，贷记"资金结存——货币资金"科目。

以货币资金对外投资时的账务处理如表6-52所示。

表6-52　以货币资金对外投资会计分录

序号	业务	财务会计	预算会计
1	以货币资金对外投资	借：短期投资/长期股权投资/长期债券投资 　　贷：银行存款	借：投资支出 　　贷：资金结存——货币资金

3. 实务案例

【例6-38】 2×20年3月1日，某事业单位以银行存款购买61 000元的有价债券，准备7个月之内出售。

财务会计：

借：短期投资　　　　　　　　　　　　　　　61 000

　　贷：银行存款　　　　　　　　　　　　　　61 000

预算会计：

借：投资支出　　　　　　　　　　　　　　　61 000

　　贷：资金结存——货币资金　　　　　　　　61 000

（二）出售、对外转让或到期收回本年度以货币资金取得的对外投资

1. 业务说明

出售、对外转让或到期收回本年度以货币资金取得的对外投资，如果

投资收益纳入单位预算，确认投资预算收益；如果投资收益上缴财政，不确认投资预算收益。

2. 账务处理

出售、对外转让或到期收回本年度以货币资金取得的对外投资的，如果按规定将投资收益纳入单位预算，按照实际收到的金额，借记"资金结存"科目，按照取得投资时"投资支出"科目的发生额，贷记"投资支出"科目，按照其差额，贷记或借记"投资预算收益"科目；如果按规定将投资收益上缴财政的，按照取得投资时"投资支出"科目的发生额，借记"资金结存"科目，"投资支出"本科目。

出售、对外转让或到期收回本年度以货币资金取得的对外投资账务处理如表6-53所示。

表6-53　出售、对外转让或到期收回本年度以货币资金取得的对外投资会计分录

序号	业务		财务会计	预算会计
1	出售、对外转让或到期收回本年度以货币资金取得的对外投资	实际取得价款大于投资成本的	借：银行存款等［实际取得或收回的金额］ 　　贷：短期投资/长期债券投资等［账面余额］ 　　　　应收利息［账面余额］ 　　　　投资收益	借：资金结存——货币资金 　　贷：投资支出［投资成本］ 　　　　投资预算收益
		实际取得价款小于投资成本的	借：银行存款等［实际取得或收回的金额］ 　　投资收益 　　贷：短期投资/长期债券投资等［账面余额］ 　　　　应收利息［账面余额］	借：资金结存——货币资金 　　投资预算收益 　　贷：投资支出［投资成本］

出售、对外转让或到期收回以前年度以货币资金取得的对外投资的，如果按规定将投资收益纳入单位预算，按照实际收到的金额，借记"资金结存"科目，按照取得投资时"投资支出"科目的发生额，贷记"其他结余"科目，按照其差额，贷记或借记"投资预算收益"科目；如果按规定将投资收益上缴财政的，按照取得投资时"投资支出"科目的发生额，借记"资金结存"科目，贷记"其他结余"科目

3. 实务案例

【例6-39】 沿用【例6-38】。10月1日，该单位出售该债权，收到62 500元，并收到持有期间的其他利息1 500元。

财务会计：

借：银行存款　　　　　　　　　　　　　　　　　62 500

　　贷：短期投资　　　　　　　　　　　　　　　　　61 000

　　　　投资收益　　　　　　　　　　　　　　　　　 1 500

预算会计：

借：资金结存——货币资金　　　　　　　　　　　　62 500

　　贷：投资支出　　　　　　　　　　　　　　　　　61 000

　　　　投资预算收益　　　　　　　　　　　　　　　 1 500

（三）年末结转

1. 业务说明

年末，将"投资支出"科目本年发生额转入其他结余，年末无余额。

2. 账务处理

按照"投资支出"科目本年发生额，借记"其他结余"科目，贷记"投资支出"科目。

年末结转的账务处理如表6-54所示。

表6-54　年末结转会计分录

序号	业务	财务会计	预算会计
1	年末结转	—	借：其他结余 　　贷：投资支出

3. 实务案例

【例6-40】 2×20年，某事业单位"投资支出"科目发生额为26 000元，则年末结转分录为：

预算会计：

借：其他结余　　　　　　　　　　　　　　　　　26 000

　　贷：投资支出　　　　　　　　　　　　　　　　26 000

第六节　5401 上缴上级费用和 7401 上缴上级支出

一、会计科目简介及应用要点

1. 科目简介

（1）上缴上级费用

事业单位设置"上缴上级费用"科目核算按照财政部门和主管部门的固定上缴上级单位款项发生的费用，属于事业单位按照专有科目。

（2）上缴上级支出

事业单位设置"上缴上级支出"科核算按照财政部门和主管部门的规定上缴上级单位款项发生的现金流出，属于事业单位专有科目。

2. 科目设置

（1）上缴上级费用

本科目应当按照收缴款项单位、缴款项目等进行明细核算。

（2）上缴上级支出

本科目应当按照收缴款项单位、缴款项目、《政府收支分类科目》中"支出功能分类科目"的项级科目和"部门预算支出经济分类科目"的款级科目等进行明细核算。

3. 科目余额

上缴上级费用和上缴上级支出年末结转后无余额。

二、相关经济业务与事项的会计核算

1. 业务说明

实行收入上缴办法的事业按规定的定额或者比例上缴上级单位的支出。但事业单位返还上级单位在其事业支出中垫支的工资、水电费、房租、住房公积金和福利费等各种费用时，计入相应支出，不能作为上缴上级支出处理。

2. 账务处理

（1）按照实际上缴的金额或者按照规定计算出应当上缴的金额

按照实际上缴的金额或者按照规定计算应当上缴上级单位的金额，借记"上缴上级费用"科目，贷记"银行存款""其他应付款"等科目，计入"其他应付款"的上缴上级支出，应在实际支付时，借记"其他应付款"科目，贷记"银行存款"等科目。

同时，实际缴纳上缴上级支出时，借记"上缴上级支出"科目，贷记"资金结存——货币资金"科目。

相关账务处理如表6-55所示。

表6-55　事业单位发生上缴上级支出会计分录

序号	业务	财务会计	预算会计
1	按照实际上缴的金额或者按照规定计算出应当上缴的金额	借：上缴上级费用 　贷：银行存款/其他应付款等	借：上缴上级支出〔实际上缴的金额〕 　贷：资金结存——货币资金

（2）期末/年末结转时

同时，实际缴纳上缴上级支出时，借记"本期盈余"科目，贷记"上缴上级费用"科目。

相关账务处理如表6-56所示。

表6-56　事业单位发生上缴上级支出会计分录

序号	业务	财务会计	预算会计
2	期末/年末结转	借：本期盈余 　贷：上缴上级费用	借：其他结余 　贷：上缴上级支出

3. 实务案例

【例6-41】　2×20年12月，某事业单位根据体制安排和本年事业收入的数额，事业单位通过银行转账上缴了本年应上缴上级单位款项158 000元。其会计分录为：

财务会计：

借：上缴上级费用——上缴单位××　　　　　　　158 000

　　贷：银行存款　　　　　　　　　　　　　　　　　158 000

预算会计：

借：上缴上级支出——上缴单位×× 158 000

　　贷：资金结存——货币资金 158 000

【例6-42】 沿用【例6-41】。假如该事业单位在2×20年没有发生其他的上缴上级支出，则期末和年末结转分录为：

财务会计：

借：本期盈余 158 000

　　贷：上缴上级费用 158 000

预算会计：

借：其他结余 158 000

　　贷：上缴上级支出 158 000

第七节　5501 对附属单位补助费用和 7501 对附属单位补助支出

一、会计科目简介及应用要点

1. 科目简介

"对附属单位补助费用"核算事业单位用财政拨款收入之外的收入对附属单位补助发生的费用，属于事业单位专有科目。

"对附属单位补助支出"科目核算事业单位用财政拨款预算收入之外的收入对附属单位补助发生的现金流出，属于事业单位专有科目。

2. 科目设置

"对附属单位补助费用"应当按照接受补助单位、补助项目等进行明细核算。

"对附属单位补助支出"应当按照接受补助单位、补助项目、《政府收支分类科目》中"支出功能分类科目"的项级科目和"部门预算支出经济分类科目"的款级科目等进行明细核算。

3. 科目余额

"对附属单位补助费用"和"对附属单位补助费支出"期末结转后无余额。

二、相关经济业务与事项的会计核算

1. 业务说明

对附属单位的补助支出为国家预算以外的资金，其资金来源主要是收入较多的附属单位上缴的款项以及事业单位自己组织的除财政补助收入以外的其他资金。

2. 账务处理

（1）按照实际补助的金额或者按照规定计算出应当补助的金额

按照实际补助的金额或者按照规定计算出应当对附属单位补助的金额，借记"对附属单位补助费用"科目，贷记"银行存款""其他应付款"等科目。计入"其他应付款"的，在实际支付时，借记"其他应付款"科目，贷记"银行存款"等科目。

同时，实际支付补助费用时，借记"对附属单位补助支出"科目，贷记"资金结存——货币资金"科目。

相关账务处理如表6-57所示。

表6-57　事业单位发生对附属单位补助支出会计分录

序号	业务	财务会计	预算会计
1	按照实际补助的金额或者按照规定计算出应当补助的金额	借：对附属单位补助费用 　贷：银行存款/其他应付款等	借：对附属单位补助支出［实际补助的金额］ 　贷：资金结存——货币资金
2	实际支出应补助的金额时	借：其他应付款 　贷：银行存款	

（2）期末/年末结转

期末，将"对附属单位补助费用"科目本期发生额转入本期盈余，借记"本期盈余"科目，贷记"对附属单位补助费用"科目。

年末，将"对附属单位补助支出"年末发生额转入"其他结余"，借记

"其他结余"科目，贷记"对附属单位补助支出"科目。

相关账务处理如表6-58所示。

表6-58 事业单位发生对附属单位补助支出会计分录

序号	业务	财务会计	预算会计
3	期末/年末结转	借：本期盈余 　　贷：对附属单位补助费用	借：其他结余 　　贷：对附属单位补助支出

3. 实务案例

【例6-43】 2×20年10月，某事业单位自有经费，对所属独立核算杂志社补助11 100元，以银行存款支付。其会计分录为：

财务会计：

借：对附属单位补助费用——杂志社　　　　　　　11 100

　　贷：银行存款　　　　　　　　　　　　　　　　　　11 100

预算会计：

借：对附属单位补助支出——杂志社　　　　　　　11 100

　　贷：资金结存——货币资金　　　　　　　　　　　　11 100

【例6-44】 沿用【例6-43】。假如该事业单位在2×20年没有发生其他的对附属单位的补助支出，则期末和年末结转分录为：

财务会计：

借：本期盈余　　　　　　　　　　　　　　　　　11 100

　　贷：对附属单位补助费用　　　　　　　　　　　　　11 100

预算会计：

借：其他结余　　　　　　　　　　　　　　　　　11 100

　　贷：对附属单位补助支出　　　　　　　　　　　　　11 100

第八节　5801 所得税费用

一、会计科目简介及应用要点

1. 科目简介

本科目核算有企业所得税缴纳义务的事业单位按规定缴纳企业所得税所形成的费用。

2. 科目设置

事业单位需设置"所得税费用"科目，行政单位无需设置"所得税费用"科目。

3. 科目余额

本科目年末结转后无余额。

二、相关经济业务与事项的会计核算

1. 业务说明

事业单位取得的生产、经营所得以及其他应税所得，应缴纳所得税，应纳税的事业单位以实行独立经济核算的单位为纳税人。

2. 账务处理

（1）发生企业所得税纳税义务

发生企业所得税纳税义务的，按照税法规定计算的应交税金数额，借记"所得税费用"科目，贷记"其他应交税费——单位应交所得税"科目。

无现金流，故不做预算会计处理。

相关账务处理如表6-59所示。

表6-59　事业单位发生所得税费用会计分录

序号	业务	财务会计	预算会计
1	发生企业所得税纳税义务	借：所得税费用［按照税法规定计算应交税金数额］ 　贷：其他应交税费——单位应交所得助费用	—

（2）实际缴纳时

实际缴纳时，按照缴纳金额，借记"其他应交税费——单位应交所得税"科目，贷记"银行存款"科目。

同时，按照实际缴纳的金额，借记"非财政拨款结余——累计结余"科目，贷记"资金结存——货币资金"科目。

相关账务处理如表6-60所示。

表6-60　事业单位发生所得税费用会计分录

序号	业务	财务会计	预算会计
2	实际缴纳时	借：其他应交税费——单位应交所得税 　贷：银行存款等	借：非财政拨款结余——累计结余 　贷：资金结存——货币资金

（3）年末结转

年末，将本科目本年发生额转入本期盈余，借记"本期盈余"科目，贷记"所得税费用"科目。

相关账务处理如表6-61所示。

表6-61　事业单位发生所得税费用会计分录

序号	业务	财务会计	预算会计
3	年末结转	借：本期盈余 　贷：所得税费用	—

3. 实务案例

【例6-45】　2×20年，某事业单位按照税法规定应交所得税为2 710元，已用银行存款支付。其会计分录为：

（1）计提所得税费用

财务会计：

借：所得税费用 2 710

　　贷：其他应交税费——单位应交所得税 2 710

无实际现金流出，不做预算会计处理。

（2）支付所得税费用

财务会计：

借：其他应交税费——单位应交所得税 2 710

　　贷：银行存款 2 710

预算会计：

借：非财政拨款结余——累计结余 2 710

　　贷：资金结存——货币资金 2 710

（3）年末结转

财务会计：

借：本期盈余 2 710

　　贷：所得税费用 2 710

第九节　5901 其他费用和 7901 其他支出

一、会计科目简介及应用要点

1. 科目简介

（1）其他费用

单位应当设置"其他费用"科目核算单位发生的除业务活动费用、单位管理费用、经营费用、资产处置费用、上缴上级费用、附属单位补助费用、所得税费用以外的各项费用，包括利息费用、坏账损失、罚没支出、现金资产捐赠支出以及相关税费、运输费等。

（2）其他支出

单位应当设置"其他支出"科目核算单位除行政支出、事业支出、经营支出、上缴上级支出、对附属单位补助支出、投资支出、债务还本支出以外的各项现金流出，包括利息支出、对外捐赠现金支出、现金盘亏损失、接受捐赠（调入）和对外捐赠（调出）非现金资产发生的税费支出、资产置换过程中发生的相关税费支出、罚没支出等。

2. 科目设置

（1）其他费用

本科目应当按照其他费用的类别等进行明细核算。

（2）其他支出

本科目应当按照其他支出的类别，"财政拨款支出""非财政专项资金支出"和"其他资金支出"，《政府收支分类科目》中"支出功能分类科目"的项级科目和"部门预算支出经济分类科目"的款级科目等进行明细核算。

3. 科目余额

期末结转后其他费用与其他支出科目无余额。

二、相关经济业务与事项的会计核算

（一）利息费用

1. 业务说明

为建造固定资产、公共基础设施等借入的专门借款在建设期间发生的利息应计入在建工程，其他借款的利息费用计入其他费用。单位发生的利息费用较多的，可以单独设置"利息费用""利息支出"科目。

2. 账务处理

（1）计算确定借款利息费用时

为建造固定资产、公共基础设施等借入的专门借款的利息，属于建设期间发生的，按期计提利息费用时，按照计算确定的金额，借记"在建工程"科目，贷记"应付利息"科目；不属于建设期间发生的，按期计提利息费用时，按照计算确定的金额，借记"其他费用"科目，贷记"应付利息"科目。对于其他借款，按期计提利息费用时，按照计算确定的金额，借记"其他费用"科目，贷记"应付利息"科目。

确定借款利息费用的账务处理如表6-62所示。

表6-62 利息费用会计分录

序号	业务	财务会计	预算会计
1	计算确定借款利息费用时	借：其他费用/在建工程 　　贷：应付利息/长期借款——应计利息	—

（2）实际支付利息时

实际支付利息费用时，借记"应付利息"等科目，贷记"银行存款"等科目，同时，在预算会计中，借记"其他支出"科目，贷记"资金结存——货币资金"科目。

相关账务处理如表6-63所示。

表6-63 利息费用会计分录

序号	业务	财务会计	预算会计
2	实际支付利息时	借：应付利息等 　　贷：银行存款等	借：其他支出 　　贷：资金结存——货币资金

3. 实务案例

【例6-46】 单位将借入3年期到期还本每年付息的长期借款500 000元，合同约定利率为4.0%。其会计分录为：

（1）计算确定利息费用时

财务会计：

借：其他费用——利息费用　　　　　　　　　20 000

　　贷：应付利息　　　　　　　　　　　　　　20 000

单位每年支付的利息 = 500 000 * 4.0% = 20 000

（2）实际支付利息时

财务会计：

借：应付利息　　　　　　　　　　　　　　　20 000

　　贷：银行存款　　　　　　　　　　　　　　20 000

预算会计：

借：其他支出——利息支出　　　　　　　　　20 000

　　贷：资金结存——货币资金　　　　　　　　20 000

（二）现金资产对外捐赠

1. 业务说明

单位发生捐赠支出金额较大或业务较多的，可单独设置"7903 捐赠支出"科目。

2. 账务处理

按照实际捐赠的金额，借记"其他费用"科目，贷记"银行存款""库存现金"等科目，同时，在预算会计中，借记"其他支出"，贷记"资金结存——货币资金"科目。

相关账务处理如表 6-64 所示。

表 6-64　现金资产对外捐赠会计分录

序号	业务	财务会计	预算会计
1	现金资产对外捐赠	借：其他费用［按照实际捐赠的金额］ 　　贷：银行存款/库存现金等	借：其他支出 　　贷：资金结存——货币资金

3. 实务案例

【例 6-47】　某事业单位为社会公益事业的发展，向某慈善机构捐赠现款 90 000 元。

财务会计：

借：其他费用——捐赠费用　　　　　　　　　　　90 000

　　贷：银行存款　　　　　　　　　　　　　　　　　90 000

预算会计：

借：其他支出——其他资金支出　　　　　　　　　90 000

　　贷：资金结存——货币资金　　　　　　　　　　　90 000

（三）坏账损失

1. 业务说明

事业单位应当于每年年末，对收回后不需上缴财政的应收账款和其他应收款进行全面检查，如发生不能收回的迹象，应当计提坏账准备。

2. 账务处理

按照期末应收账款和其他应收款计算应计提的坏账准备金额大于本科目期末贷方余额时，当期计提坏账准备，借记"其他费用"科目，贷记"坏账准备"。按照期末应收账款和其他应收款计算应计提的坏账准备金额小于本科目期末贷方余额时，当期冲减坏账准备时，借记"坏账准备"，贷记"其他费用"科目。

坏账损失的账务处理如表 6-65 所示。

表 6-65　坏账损失会计分录

序号	业务		财务会计	预算会计
1	坏账损失	按照规定对应收账款和其他应收款计提坏账准备	借：其他费用 　贷：坏账准备	—
		冲减多提的坏账准备时	借：坏账准备 　贷：其他费用	—

3. 实务案例

【例 6-48】　2×20 年，某事业单位根据应收款项余额百分比法计算出本年应计提的坏账准备金额为 19 000 元，"坏账准备"科目期末贷方余额为 9 000。则计提坏账准备的会计分录为：

当期应补提的坏账准备 = 19 000 - 9 000 = 10 000（元）

财务会计：

借：其他费用——坏账损失　　　　　　　　　　　　　　10 000

　　贷：坏账准备　　　　　　　　　　　　　　　　　　　10 000

【例 6-49】　2×20 年，某事业单位根据应收款项余额百分比法计算出本年应计提的坏账准备金额为 34 000 元，"坏账准备"科目期末贷方余额为 36 000 元。则冲减坏账准备的会计分录为：

当期应冲减的坏账准备 = 36 000 - 34 000 = 2 000（元）

财务会计：

借：坏账准备　　　　　　　　　　　　　　　　　　　　2 000

　　贷：其他费用——坏账损失　　　　　　　　　　　　　2 000

（四）罚没支出

1. 业务说明

罚没支出是指单位因违规违法接受行政罚款，如税务局税收滞纳金、财务审计检查罚款等，该项费用应计入其他费用。

2. 账务处理

按照实际发生金额，借记"其他费用"科目，贷记"银行存款""库存现金""其他应付款"等科目。

同时，在预算会计中，实际缴纳罚没金额时，借记"其他支出"科目，贷记"资金结存——货币资金"科目。

罚没支出的账务处理如表6-66所示。

表6-66　罚没支出会计分录

序号	业务	财务会计	预算会计
1	罚没支出	借：其他费用 　　贷：银行存款/库存现金/其他应付款	借：其他支出 　　贷：资金结存——货币资金［实际支付金额］

3. 实务案例

【例6-50】　某事业单位因未按规定按时缴纳税金，发生税收滞纳金2 100元，已用银行存款支付，其会计分录为：

财务会计：

借：其他费用——罚没支出　　　　　　　　　　　　　2 100

　　贷：银行存款　　　　　　　　　　　　　　　　　2 100

预算会计：

借：其他支出——其他资金支出　　　　　　　　　　　2 100

　　贷：资金结存——货币资金　　　　　　　　　　　2 100

（五）其他相关税费、运输费等

1. 业务说明

"其他相关税费、运输费"包括接受捐赠（或无偿调入）以名义金额计量的存货、固定资产、无形资产，以及成本无法可靠取得的公共基础设施、文物文化资产等发生的相关税费、运输费等以及与受托代理资产相关的税费、运输费、保管费等。

2. 账务处理

按照实际发生金额，借记"其他费用"，贷记"银行存款""库存现金""其他应付款""零余额账户用款额度"等科目。

同时，在预算会计中，按照实际支付金额，借记"其他支出"科目，贷记"资金结存——货币资金"科目。

其他相关税费、运输费的账务处理如表6-67所示。

表6-67 其他相关税费、运输费等会计分录

序号	业务	财务会计	预算会计
1	其他相关税费、运输费等	借：其他费用［实际发生金额］ 贷：零余额账户用款额度/银行存款等	借：其他支出 贷：资金结存［实际支付金额］

3. 实务案例

【例6-51】　某事业单位接受了一项固定资产的捐赠，发生相关税费以及运输费共计4 800元，已用银行存款支付，其会计分录为：

财务会计：

借：其他费用　　　　　　　　　　　　　　　　　　4 800

　　贷：银行存款　　　　　　　　　　　　　　　　4 800

该固定资产以名义金额计量，发生的相关税费以及运输费计入其他费用。

预算会计：

借：其他支出——其他资金支出　　　　　　　　　4 800

　　贷：资金结存——货币资金　　　　　　　　　　4 800

（六）期末/年末结转

1. 业务说明

"其他费用"科目在期末结转至本期盈余，"其他支出"科目在年末根

据支出方式分别结转至"其他结余""非财政拨款结转——本年收支结转""财政拨款结转——本年收支结转"等科目。

2. 账务处理

期末结转"其他费用"科目，借记"本期盈余"科目，贷记"其他费用"科目。

年末，将"其他支出"科目本年发生额中的财政拨款支出转入财政拨款结转，借记"财政拨款结转——本年收支结转"科目，贷记"其他支出"科目下各财政拨款支出明细科目；将"其他支出"科目本年发生额中的非财政专项资金支出转入非财政拨款结转，借记"非财政拨款结转——本年收支结转"科目，贷记"其他支出"科目下各非财政专项资金支出明细科目；将"其他支出"科目本年发生额中的其他资金支出（非财政非专项资金支出）转入其他结余，借记"其他结余"科目，贷记"其他支出"科目下各其他资金支出明细科目。

期末/年末结转的账务处理如表6-68所示。

表6-68　期末/年末结转会计分录

序号	业务	财务会计	预算会计
1	期末/年末结转	借：本期盈余 　　贷：其他费用［本期发生额］	借：其他结余［非财政、非专项资金支出］ 　　财政拨款结转——本年收支结转［财政拨款支出］ 　　非财政拨款结转——本年收支结转［非财政专项资金支出］ 　　贷：其他支出［本年发生额］

3. 实务案例

【例6-52】　2×20年9月，某行政单位发生其他费用共计17 000元，期末会计分录为：

财务会计：

借：本期盈余　　　　　　　　　　　　　　　　　　　17 000

　　贷：其他费用　　　　　　　　　　　　　　　　　　　17 000

【例6-53】 2×21年，某事业单位发生其他支出共计45 000元，其中财政拨款支出17 000元，非财政拨款支出26 000元，其他资金支出2 000元，年末结转分录为：

预算会计：

借：财政拨款结转——本年收支结转 17 000

非财政拨款结转——本年收支结转 26 000

其他结余 2 000

贷：其他支出 45 000

第七章　预算结余类科目的会计核算与实务案例

第一节　8001 资金结存

一、会计科目简介及应用要点

1. 科目简介

资金结存是指行政事业单位纳入部门预算管理的资金结存数额，包括结存的零余额账户用款额度、货币资金和财政应返还额度等。

行政事业单位应设置"资金结存"总账科目，核算单位纳入部门预算管理的资金的流入、流出、调整和滚存等情况。

2. 科目设置

资金结存科目应当设置以下明细科目：

（1）"零余额账户用款额度"：本明细科目核算实行国库集中支付的单位根据财政部门批复的用款计划收到和支用的零余额账户用款额度。年末结账后，本明细科目应无余额；

（2）"货币资金"：本明细科目核算单位以库存现金、银行存款、其他货币资金形态存在的资金。本明细科目年末借方余额，反映单位尚未使用的货币资金；

（3）"财政应返还额度"：本明细科目核算实行国库集中支付的单位可以使用的以前年度财政直接支付资金额度和财政应返还的财政授权支付资金额度。本明细科目下可设置"财政直接支付""财政授权支付"两个明细科目进行明细核算。本明细科目借方余额，反映单位应收财政返还的资金额度。

3. 科目余额

"资金结存"科目年末借方余额，反映单位预算资金的累计滚存情况。

二、相关经济业务与事项的会计核算

（一）取得预算收入

1. 业务说明

单位每年根据有关财政部门的相关规定会获得一部分财政划转资金，即为单位获得的预算收入。企业应该在实际取得预算收入时，根据实际情况确认相关的预算收入。

2. 账务处理

财政授权支付方式下，单位根据代理银行转来的财政授权支付额度到账通知书，按照通知书中的授权支付额度，借记本科目（零余额账户用款额度），贷记"财政拨款预算收入"科目。

以国库集中支付以外的其他支付方式取得预算收入时，按照实际收到的金额，借记本科目（货币资金），贷记"财政拨款预算收入""事业预算收入""经营预算收入"等科目。

从零余额账户提取现金时，借记本科目（货币资金），贷记本科目（零余额账户用款额度）。退回现金时，做相反会计分录。

取得预算收入的账务处理如下表 7-1 所示。

表7-1　取得预算收入的账务处理

序号	业务和事项内容		账务处理	
			财务会计	预算会计
（1）	取得预算收入	财政授权支付方式下	借：零余额账户用款额度 　　贷：财政拨款收入	借：资金结存——零余额账户用款额度 　　贷：财政拨款预算收入
		国库集中支付以外的其他支付方式下	借：银行存款 　　贷：财政拨款收入/事业收入/经营收入等	借：资金结存——货币资金 　　贷：财政拨款预算收入/事业预算收入/经营预算收入等

3. 实务案例

【例7-1】　某市财政局2×19年收到代理银行转来的财政授权支付额度到账通知书，列示财政授权支付额度为65 000元。编制如下会计分录：

财务会计：

借：零余额账户用款额度　　　　　　　　　　　65 000

　　贷：财政拨款收入　　　　　　　　　　　　　　　65 000

预算会计：

借：资金结存——零余额账户用款额度　　　　　65 000

　　贷：财政拨款预算收入　　　　　　　　　　　　　65 000

（二）发生预算支出

1. 业务说明

单位的预算支出是单位每年根据有关财政部门的相关规定，将财政划转资金用于本单位的发展及经营发生相应的支出。企业应该在实际发生预算支出时，根据实际情况确认相关的预算支出。

2. 账务处理

财政授权支付方式下，发生相关支出时，按照实际支付的金额，借记"事业支出"等科目，贷记本科目（零余额账户用款额度）。

从零余额账户提取现金时，借记"资金结存"科目（货币资金），贷记"资金结存"科目（零余额账户用款额度）。退回现金时，做相反会计分录。

使用以前年度财政直接支付额度发生支出时，按照实际支付金额，借记"事业支出"等科目，贷记本科目（财政应返还额度）。

国库集中支付以外的其他支付方式下，发生相关支出时，按照实际支付的金额，借记"事业支出"等科目，贷记本科目（货币资金）。

发生预算支出的账务处理如表7-2所示。

表7-2　发生预算支出的主要账务处理

序号	业务和事项内容		账务处理	
			财务会计	预算会计
（2）	发生预算支出时	财政授权支付方式下	借：业务活动费用/单位管理费用/库存物品/固定资产等 　　贷：零余额账户用款额度	借：事业支出等 　　贷：资金结存——零余额账户用款额度
		使用以前年度财政直接支付额度	借：业务活动费用/单位管理费用/库存物品/固定资产等 　　贷：财政应返还额度	借：事业支出等 　　贷：资金结存——财政应返还额度
		国库集中支付以外的其他方式下	借：业务活动费用/单位管理费用/库存物品/固定资产等 　　贷：银行存款/库存现金等	借：事业支出/经营支出等 　　贷：资金结存——货币资金
		从零余额账户提取现金	借：库存现金 　　贷：零余额账户用款额度	借：资金结存——货币资金 　　贷：资金结存——零余额账户用款额度

3. 实务案例

【例7-2】　某行政单位从单位零余额账户中提取现金1 000元，以备日常开支使用。该行政单位应编制如下会计分录：

在财务会计中：

借：库存现金　　　　　　　　　　　　　　　　　　　1 000

　　贷：零余额账户用款额度　　　　　　　　　　　　　　　1 000

在预算会计中：

借：资金结存——货币资金　　　　　　　　　　　　　1 000

　　贷：资金结存——零余额账户用款额度　　　　　　　　　1 000

在该项业务中，资金结存总额不变，相关明细科目余额发生变化。

（三）按照规定使用提取的专用基金

1. 业务说明

专用基金是指行政事业单位按照规定提取或者设置的有专门用途的资金。各项基金的提取比例和管理办法，国家有统一规定的，按照统一规定执行；没有统一规定的，由主管部门会同同级财政部门确定。

2. 账务处理

按照规定使用专用基金时，按照实际支付金额，借记"专用结余"科目［从非财政拨款结余中提取的专用基金］，贷记本科目（货币资金）。

使用专用基金的主要账务处理如下表7-3所示。

表7-3　使用专用基金的账务处理

序号	业务和事项内容	账务处理	
		财务会计	预算会计
（3）	一般情况下	借：专用基金 　贷：银行存款等	使用从非财政拨款结余或经营结余中计提的专用基金 借：专用结余 　贷：资金结存——货币资金
	购买固定资产、无形资产等	借：固定资产/无形资产等 　贷：银行存款等 借：专用基金 　贷：累计盈余	使用从收入中计提并计入费用的专用基金 借：事业支出等 　贷：资金结存——货币资金

3. 实务案例

【例7-3】　某事业单位从非财政拨款结余中提取的专用基金购置了价值为1 500 000元的固定资产，相应的分录为：

在财务会计中：

借：固定资产　　　　　　　　　　　　　　　1 500 000

　　贷：银行存款　　　　　　　　　　　　　　　　1 500 000

借：专用基金　　　　　　　　　　　　　　　1 500 000

　　贷：累计盈余　　　　　　　　　　　　　　　　1 500 000

在预算会计中：

借：专用结余　　　　　　　　　　　　　　　1 500 000

　　贷：资金结存——货币资金　　　　　　　　　　　1 500 000

（四）预算结转结余调整

1. 业务说明及账务处理

按照规定上缴财政拨款结转结余资金或注销财政拨款结转结余资金额度的，按照实际上缴资金数额或注销的资金额度数额，借记"财政拨款结转——归集上缴"或"财政拨款结余——归集上缴"科目，贷记本科目（财政应返还额度、零余额账户用款额度、货币资金）。

按规定向原资金拨入单位缴回非财政拨款结转资金的，按照实际缴回资金数额，借记"非财政拨款结转——缴回资金"科目，贷记本科目（货币资金）。

收到从其他单位调入的财政拨款结转资金的，按照实际调入资金数额，借记本科目（财政应返还额度、零余额账户用款额度、货币资金），贷记"财政拨款结转——归集调入"科目。

预算结转结余调整的账务处理如表7-4所示。

表7-4　预算结转结余的账务处理

序号	业务和事项内容		账务处理	
			财务会计	预算会计
（4）	预算结转结余调整	按照规定上缴财政拨款结转结余资金或注销财政拨款结转结余额度的	借：累计盈余 　　贷：财政应返还额度/零余额账户用款额度/银行存款	借：财政拨款结转——归集上缴/财政拨款结余——归集上缴 　　贷：资金结存——财政应返还额度/零余额账户用款额度/货币资金
		按照规定缴回非财政拨款结转资金的	借：累计盈余 　　贷：银行存款	借：非财政拨款结转——缴回资金 　　贷：资金结存——货币资金
		收到调入的财政拨款结转资金的	借：财政应返还额度/零余额账户用款额度/银行存款 　　贷：累计盈余	借：资金结存——财政应返还额度/零余额账户用款额度/货币资金 　　贷：财政拨款结转——归集调入

2. 案例解析

【例7-4】　20×9年末，某事业单位按照规定上缴财政拨款结余资金400 000元，相应的会计处理为：

在财务会计中：

借：累计盈余　　　　　　　　　　　　　　　　　400 000

　　贷：零余额账户用款额度　　　　　　　　　　　　400 000

在预算会计中：

借：财政拨款结余——归集上缴　　　　　　　　　400 000

　　贷：资金结存——零余额账户用款额度　　　　　　400 000

（五）直接或授权支付款项等退回国库

1. 业务说明

事业单位因发生的以前年度的会计差错更正退回或者购货退回国库直

接支付、授权支付款项，或者收回货币资金的，需要进行相应的会计处理。

2. 账务处理

因购货退回、发生差错更正等退回国库直接支付、授权支付款项，或者收回货币资金的，属于本年度支付的，借记"财政拨款预算收入"科目或"资金结存"科目（零余额账户用款额度、货币资金），贷记相关支出科目；属于以前年度支付的，借记"资金结存"科目（财政应返还额度、零余额账户用款额度、货币资金），贷记"财政拨款结转""财政拨款结余""非财政拨款结转""非财政拨款结余"科目。

直接或授权支付款项等退回国库的会计更正的账务处理如下表7-5所示。

表7-5　会计差错更正、购货退回的会计更正的账务处理

序号	业务和事项内容		账务处理	
			财务会计	预算会计
(5)	因购货退回、发生差错更正等退回国库直接支付、授权支付款项，或者收回货币资金的	属于本年度的	借：财政拨款收入/零余额账户用款额度/银行存款等 　　贷：业务活动费用/库存物品等	借：财政拨款预算收入/资金结存——零余额账户用款额度、货币资金 　　贷：事业支出等
		属于以前年度的	借：财政应返还额度/零余额账户用款额度/银行存款等 　　贷：以前年度盈余调整	借：资金结存——财政应返还额度/零余额账户用款额度/货币资金 　　贷：财政拨款结转/财政拨款结余/非财政拨款结转/非财政拨款结余（年初余额调整）

3. 实务案例

【例7-5】　某单位本年度购货退回收回货币资金2 000 000元，相应的分录为：

在财务会计中：

借：银行存款　　　　　　　　　　　　　　　　　　2 000 000

　　贷：库存物品　　　　　　　　　　　　　　　　　2 000 000

在预算会计中：

借：资金结存——货币资金　　　　　　　　　　　　2 000 000

　　贷：事业支出　　　　　　　　　　　　　　　　　2 000 000

（六）缴纳企业所得税

1. 业务说明及账务处理

有企业所得税缴纳义务的事业单位缴纳所得税时，按照实际缴纳金额，在财务会计中，借记"所得税费用"科目，贷记"其他应交税费——单位应交所得税"科目。此时，在预算会计中不做会计处理。在预算会计中，事业单位缴纳的企业所得税不作为事业支出或经营支出的增加处理，而作为非财政拨款结余的减少处理。

缴纳企业所得税的账务处理如下表7-6所示。

表7-6　缴纳企业所得税的账务处理

序号	业务和事项内容	账务处理	
		财务会计	预算会计
（6）	有企业所得税缴纳义务的事业单位实际缴纳企业所得税时	借：其他应交税费——单位应交所得税 　　贷：银行存款等	借：非财政拨款结余——累计结余 　　贷：资金结存——货币资金

2. 实务案例

【例7-6】　某行政单位通过银行存款账户缴纳应交企业所得税52 000元。该事业单位应编制如下会计分录：

在财务会计中：

借：其他应交税费——单位应交所得税　　　　　　　　52 000

　　贷：银行存款　　　　　　　　　　　　　　　　　52 000

同时，在预算会计中：

借：非财政拨款结余——累计结余   52 000

    贷：资金结存——货币资金   52 000

（七）年末确认未下达的财政用款额度

1. 业务说明及账务处理

年末，根据本年度财政直接支付预算指标数与当年财政直接支付实际支出数的差额，借记本科目（财政应返还额度），贷记"财政拨款预算收入"科目。

确认未下达财政用款额度的账务处理如下表7-7所示。

表7-7 确认未下达财政用款额度的账务处理

序号	业务和事项内容		账务处理	
			财务会计	预算会计

（7）	年末确认未下达的财政用款额度	财政直接支付方式	借：财政应返还额度——财政直接支付
			  贷：财政拨款收入
				借：资金结存——财政应返还额度
				  贷：财政拨款预算收入

		财政授权支付方式	借：财政应返还额度——财政授权支付 贷：财政拨款收入	

2. 实务案例

【例7-7】 某单位本年度财政直接支付方式下预算指标数与当年财政直接支付实际支出数的差额150 000元，相应的分录为：

在财务会计中：

借：财政应返还额度——财政直接支付   150 000

    贷：财政拨款收入   150 000

在预算会计中：

借：资金结存——财政应返还额度   150 000

    贷：财政拨款预算收入   150 000

（八）年末注销和下年初恢复零余额账户用款额度

1. 业务说明及账务处理

年末，单位依据代理银行提供的对账单作注销额度的相关账务处理，借记本科目（财政应返还额度），贷记本科目（零余额账户用款额度）；本年度财政授权支付预算指标数大于零余额账户用款额度下达数的，根据未下达的用款额度，借记本科目（财政应返还额度），贷记"财政拨款预算收入"科目。

下年初，单位依据代理银行提供的额度恢复到账通知书作恢复额度的相关账务处理，借记本科目（零余额账户用款额度），贷记本科目（财政应返还额度）。单位收到财政部门批复的上年末未下达零余额账户用款额度，借记本科目（零余额账户用款额度），贷记本科目（财政应返还额度）。

注销及恢复零余额账户用款额度的账务处理如下表7-8所示。

表7-8 注销及恢复零余额账户用款额度的账务处理

序号	业务和事项内容	账务处理	
		财务会计	预算会计
（8）	年末注销零余额账户用款额度	借：财政应返还额度——财政授权支付 贷：零余额账户用款额度	借：资金结存——财政应返还额度 贷：资金结存——零余额账户用款额度
	下年初，恢复零余额账户用款额度或收到上年末未下达的零余额账户用款额度的	借：零余额账户用款额度 贷：财政应返还额度——财政授权支付	借：资金结存——零余额账户用款额度 贷：资金结存——财政应返还额度

3. 实务案例

【例7-8】 某单位于本年末注销零余额账户用款额度650 000元，相应的分录为：

在财务会计中：

借：财政应返还额度——财政授权支付 650 000

> 　　　　贷：零余额账户用款额度　　　　　　　　　　　　　　650 000
> 在预算会计中：
> 借：资金结存——财政应返还额度　　　　　　　　　　　　650 000
> 　　　　贷：资金结存——零余额账户用款额度　　　　　　　　　650 000

第二节　8101 财政拨款结转

一、会计科目简介及应用要点

（一）科目简介

财政拨款结转资金核算行政事业单位取得的同级财政拨款结转资金的调整、结转和滚存情况。本科目年末贷方余额，反映单位滚存的财政拨款结转资金数额。

（二）科目设置

财政拨款结转科目应该根据实际情况设置以下明细科目：

1. 与会计差错更正、以前年度支出收回相关的明细科目

"年初余额调整"：本明细科目核算因发生会计差错更正、以前年度支出收回等原因，需要调整财政拨款结转的金额。年末结账后，本明细科目应无余额。

2. 与财政拨款调拨业务相关的明细科目

（1）"归集调入"：本明细科目核算按照规定从其他单位调入财政拨款结转资金时，实际调增的额度数额或调入的资金数额。年末结账后，本明细科目应无余额。

（2）"归集调出"：本明细科目核算按照规定向其他单位调出财政拨款结转资金时，实际调减的额度数额或调出的资金数额。年末结账后，本明细科目应无余额。

（3）"归集上缴"：本明细科目核算按照规定上缴财政拨款结转资金时，

实际核销的额度数额或上缴的资金数额。年末结账后，本明细科目应无余额。

（4）"单位内部调剂"：本明细科目核算经财政部门批准对财政拨款结余资金改变用途，调整用于本单位其他未完成项目等的调整金额。年末结账后，本明细科目应无余额。

3. 与年末财政拨款结转业务相关的明细科目

（1）"本年收支结转"：本明细科目核算单位本年度财政拨款收支相抵后的余额。年末结账后，本明细科目应无余额。

（2）"累计结转"：本明细科目核算单位滚存的财政拨款结转资金。本明细科目年末贷方余额，反映单位财政拨款滚存的结转资金数额。

本科目还应当设置"基本支出结转""项目支出结转"两个明细科目，并在"基本支出结转"明细科目下按照"人员经费""日常公用经费"进行明细核算，在"项目支出结转"明细科目下按照具体项目进行明细核算；同时，本科目还应按照《政府收支分类科目》中"支出功能分类科目"的相关科目进行明细核算。

有一般公共预算财政拨款、政府性基金预算财政拨款等两种或两种以上财政拨款的，还应当在本科目下按照财政拨款的种类进行明细核算。

（三）科目余额

该科目年末贷方余额，反映单位滚存的财政拨款结转资金数额。

二、相关经济业务与事项的会计核算

（一）会计差错更正、购货退回的会计更正

1. 业务说明

行政事业单位因发生的以前年度的会计差错更正退回或者购货退回以前年度国库直接支付、授权支付款项或财政性货币资金，或者因发生会计差错更正增加以前年度国库直接支付、授权支付支出或财政性货币资金支出需要进行账务的追溯调整中属于财政拨款结转资金的，因此需要进行相应的财政拨款结转资金的会计处理。

2. 账务处理

因发生会计差错更正退回以前年度国库直接支付、授权支付款项或财

政性货币资金，或者因发生会计差错更正增加以前年度国库直接支付、授权支付支出或财政性货币资金支出，属于以前年度财政拨款结转资金的，借记或贷记"资金结存——财政应返还额度""零余额账户用款额度""货币资金"科目，贷记或借记本科目（年初余额调整）。因购货退回、预付款项收回等发生以前年度支出又收回国库直接支付、授权支付款项或收回财政性货币资金，属于以前年度财政拨款结转资金的，借记"资金结存——财政应返还额度""零余额账户用款额度""货币资金"科目，贷记本科目（年初余额调整）。

会计差错更正、购货退回的会计更正的账务处理如下表7-9所示。

表7-9　会计差错更正、购货退回的会计更正的账务处理

序号	业务和事项内容		账务处理	
			财务会计	预算会计
（1）	因会计差错更正、购货退回、预付款项收回等发生以前年度调整事项	调整增加相关资产	借：零余额账户用款额度/银行存款等　　贷：以前年度盈余调整	借：资金结存——零余额账户用款额度/货币资金等　　贷：财政拨款结转——年初余额调整
		因会计差错更正调整减少相关资产	借：以前年度盈余调整　　贷：零余额账户用款额度/银行存款等	借：财政拨款结转——年初余额调整　　贷：资金结存——零余额账户用款额度/货币资金等

3. 实务案例

【例7-9】　某单位20×9年初发生了2 500 000元的预收账款退回至银行账户，该款项属于本年度结转资金。相应的分录为：

在财务会计中：

借：预收账款　　　　　　　　　　　　　　2 500 000

　　贷：银行存款　　　　　　　　　　　　　　　2 500 000

在预算会计中：

借：财政拨款结转——年初余额调整　　　　2 500 000

　　贷：资金结存——货币资金　　　　　　　　　2 500 000

【例7-10】　某行政单位上一会计年度发生一项业务活动费用800元，款项已通过财政授权支付方式全额支付，入账时金额误入为60元，发生记账差错740元（800－60），具体为少记录上一会计年度的费用和支出。本会计年度发现这一会计差错，予以更正。该项资金属于以前年度财政拨款结转资金。该行政单位应编制如下会计分录：

在财务会计中：

借：以前年度盈余调整　　　　　　　　　　　　　　　　740

　　　贷：零余额账户用款额度　　　　　　　　　　　　　740

同时，在预算会计中：

借：财政拨款结转——年初余额调整　　　　　　　　　740

　　　贷：资金结存——零余额账户用款额度　　　　　　　740

（二）与其他单位发生的财政拨款结转资金的调入调出

1. 业务说明及账务处理

按照规定从其他单位调入财政拨款结转资金的，按照实际调增的额度数额或调入的资金数额，借记"资金结存——财政应返还额度""零余额账户用款额度""货币资金"科目，贷记本科目（归集调入）。按照规定向其他单位调出财政拨款结转资金的，按照实际调减的额度数额或调出的资金数额，借记本科目（归集调出），贷记"资金结存——财政应返还额度""零余额账户用款额度""货币资金"科目。

与其他单位调入调出财政拨款结转资金的账务处理如下表7-10所示。

表7-10　与其他单位调入调出财政拨款结转资金的账务处理

序号	业务和事项内容		账务处理	
			财务会计	预算会计
（2）	从其他单位调入财政拨款结转资金	按照实际调增的额度数额或调入的资金数额	借：财政应返款额度/零余额账户用款额度/银行存款 　　贷：累计盈余	借：资金结存——财政应返还额度/零余额账户用款额度/货币资金 　　贷：财政拨款结转——归集调入

续上表

序号	业务和事项内容		账务处理	
			财务会计	预算会计
(2)	向其他单位调出财政拨款结转资金	按照实际调减的额度数额或调减的资金数额	借：累计盈余 　贷：财政应返还额度/零余额账户用款额度/银行存款	借：财政拨款结转——归集调出 　贷：资金结存——财政应返还额度/零余额账户用款额度/货币资金

2. 实务案例

【例7-11】 某行政单位按照规定向其他单位调入财政拨款结转资金 25 000 元，实际调减相应的零余额账户用款额度。该行政单位应编制如下会计分录：

在财务会计中：

借：累计盈余　　　　　　　　　　　　　　　　　25 000

　　贷：零余额账户用款额度　　　　　　　　　　　　　25 000

同时，在预算会计中：

借：财政拨款结转——归集调出　　　　　　　　　25 000

　　贷：资金结存——零余额账户用款额度　　　　　　　25 000

（三）上缴或注销财政拨款结转资金或额度

1. 业务说明

行政事业单位根据财政部门按照规定需要对本单位的结转资金进行上缴资金或注销财政拨款结转资金额度的，需要对财政拨款结转进行调整。

2. 账务处理

按照规定上缴财政拨款结转资金或注销财政拨款结转资金额度的，按照实际上缴资金数额或注销的资金额度数额，借记本科目（归集上缴），贷记"资金结存——财政应返还额度""零余额账户用款额度""货币资金"科目。

上缴或注销财政拨款结转资金或额度的账务处理如下表7-11所示。

表7-11　上缴或注销财政拨款结转资金或额度的账务处理

序号	业务和事项内容		账务处理	
			财务会计	预算会计
（3）	按照规定上缴财政拨款结转资金或注销财政拨款结转额度	按照实际上缴资金数额或注销的资金额度	借：累计盈余 　贷：财政应返还额度/零余额账户用款额度/银行存款	借：财政拨款结转——归集上缴 　贷：资金结存——财政应返还额度/零余额账户用款额度/货币资金

3. 实务案例

【例7-12】　某行政单位本年度按照规定上缴财政拨款结转资金250 000元，上述款项通过银行缴纳，相应的分录分为：

在财务会计中：

借：累计盈余　　　　　　　　　　　　　　　　250 000

　　贷：银行存款　　　　　　　　　　　　　　250 000

在预算会计中：

借：财政拨款结转——归集上缴　　　　　　　　250 000

　　贷：资金结存——货币资金　　　　　　　　250 000

（四）内部调剂财政拨款结转资金

1. 业务说明

行政事业单位根据财政部门的批准需要对本单位的结转资金改变用途，调整用于本单位基本支出或其他未完成项目支出，需要对财政拨款结转进行调整。

2. 账务处理

经财政部门批准对财政拨款结余资金改变用途，调整用于本单位基本支出或其他未完成项目支出的，按照批准调剂的金额，借记"财政拨款结余——单位内部调剂"科目，贷记本科目（单位内部调剂）。

内部调剂财政拨款结转资金的账务处理如下表7-12所示。

表7-12　内部调剂财政拨款结转资金的账务处理

序号	业务和事项内容		账务处理	
		财务会计	预算会计	
（4）	单位内部调剂财政拨款结余资金	按照调整的金额	—	借：财政拨款结余——单位内部调剂 　　贷：财政拨款结转——单位内部调剂

3. 实务案例

【例7-13】　某行政单位本年度经财政部门批准对财政拨款结余资金150 000元将其由办公经费支出改为公司未完成项目，相应的分录分为：

财务会计无分录；

在预算会计中：

借：财政拨款结余——单位内部调剂　　　　　　　　150 000

　　贷：财政拨款结转——单位内部调剂　　　　　　　　150 000

（五）年末财政拨款结转和结余业务

1. 业务说明

行政事业单位在每年年末进行账务处理时，需要对本年度发生的全部收入、费用科目进行相应的结转。同时，针对财政拨款结余的科目特征，年末只有累计结余子科目下应该有相应的余额，所以需要对年度其他子目下发生的业务进行相应的科目内结转。

2. 账务处理

年末，将财政拨款预算收入本年发生额转入本科目，借记"财政拨款预算收入"科目，贷记本科目（本年收支结转）；将各项支出中财政拨款支出本年发生额转入本科目，借记本科目（本年收支结转），贷记各项支出（财政拨款支出）科目。

年末冲销有关明细科目余额。将本科目（本年收支结转、年初余额调整、归集调入、归集调出、归集上缴、单位内部调剂）余额转入本科目（累计结转）。结转后，本科目除"累计结转"明细科目外，其他明细科目应无余额。

年末完成上述结转后，应当对财政拨款结转各明细项目执行情况进行分析，按照有关规定将符合财政拨款结余性质的项目余额转入财政拨款结余，借记本科目（累计结转），贷记"财政拨款结余——结转转入"科目。

年末财政拨款结转和结余业务的账务处理如下表7-13所示。

表7-13　年末财政拨款结转和结余业务的账务处理

序号	业务和事项内容		账务处理	
			财务会计	预算会计
(5)	年末结转	结转财政拨款预算收入	—	借：财政拨款预算收入 　　贷：财政拨款结转——本年收支结转
		结转财政拨款预算支出	—	借：财政拨款结转——本年收支结转 　　贷：事业支出等［财政拨款支出部分］
	年末冲销本科目有关明细科目余额		—	借：财政拨款结转——年初余额调整［该明细科目为贷方余额时］/归集调入/单位内部调剂/本年收支结转［该明细科目为贷方余额时］ 　　贷：财政拨款结转——累计结转 借：财政拨款结转——累计结转 　　贷：财政拨款结转——归集上缴/年初余额调整［该明细科目为借方余额时]/归集调出/本年收支结转［该明细科目为借方余额时］
	转入财政拨款结余	按照有关规定将符合财政拨款结余性质的项目余额转入财政拨款结余	—	借：财政拨款结转——累计结转 　　贷：财政拨款结余——结转转入

3. 实务案例

【例7-14】　某事业单位本20×9年发生预算行政支出400 000元，发生预算收入2 000 000元，相应的分录分为：

财务会计无分录；

在预算会计中：

借：财政拨款预算收入　　　　　　　　　　　　　　2 000 000

　　贷：财政拨款结转——本年收支结转　　　　　　　　2 000 000

借：财政拨款结转——本年收支结转　　　　　　　　　400 000

　　贷：行政支出　　　　　　　　　　　　　　　　　　400 000

借：财政拨款结转——本年收支结转　　　　　　　　1 600 000

　　贷：财政拨款结转——累计结转　　　　　　　　　1 600 000

第三节　8102 财政拨款结余

一、科目简介和科目设置

（一）科目简介

财政拨款结余核算单位取得的同级财政拨款项目支出结余资金的调整、结转和滚存情况。本科目年末贷方余额，反映单位滚存的财政拨款结余资金数额。

（二）科目设置

本科目应该根据实际情况设置以下明细科目：

1. 与会计差错更正、以前年度支出收回相关的明细科目"年初余额调整"：本明细科目核算因发生会计差错更正、以前年度支出收回等原因，需要调整财政拨款结余的金额。年末结账后，本明细科目应无余额。

2. 与财政拨款结余资金调整业务相关的明细科目如下：

（1）"归集上缴"：本明细科目核算按照规定上缴财政拨款结余资金时，

实际核销的额度数额或上缴的资金数额。年末结账后，本明细科目应无余额。

（2）"单位内部调剂"：本明细科目核算经财政部门批准对财政拨款结余资金改变用途，调整用于本单位其他未完成项目等的调整金额。年末结账后，本明细科目应无余额。

3. 与年末财政拨款结余业务相关的明细科目如下：

（1）"结转转入"：本明细科目核算单位按照规定转入财政拨款结余的财政拨款结转资金。年末结账后，本明细科目应无余额。

（2）"累计结余"：本明细科目核算单位滚存的财政拨款结余资金。本明细科目年末贷方余额，反映单位财政拨款滚存的结余资金数额。本科目还应当按照具体项目、《政府收支分类科目》中"支出功能分类科目"的相关科目等进行明细核算。

有一般公共预算财政拨款、政府性基金预算财政拨款等两种或两种以上财政拨款的，还应当在本科目下按照财政拨款的种类进行明细核算。

二、相关经济业务与事项的会计核算

（一）会计差错更正、购货退回的会计更正

1. 业务说明

单位或部门因发生以前年度或本年度的会计差错更正退回或者相应的购货退回事项涉及以前年度国库直接支付、授权支付款项或财政性货币资金，或者因发生会计差错更正增加以前年度国库直接支付、授权支付支出或财政性货币资金支出中属于财政拨款结余资金的，因此需要进行相应的财政拨款结余资金的会计处理。

2. 账务处理

发生会计差错更正退回以前年度国库直接支付、授权支付款项或财政性货币资金，或者因发生会计差错更正增加以前年度国库直接支付、授权支付支出或财政性货币资金支出，属于以前年度财政拨款结余资金的，借记或贷记"资金结存——财政应返还额度""零余额账户用款额度""货币资金"科目，贷记或借记本科目（年初余额调整）。

因购货退回、预付款项收回等发生以前年度支出又收回国库直接支付、

授权支付款项或收回财政性货币资金，属于以前年度财政拨款结余资金的，借记"资金结存——财政应返还额度""零余额账户用款额度""货币资金"科目，贷记本科目（年初余额调整）。

会计差错更正、购货退回的会计更正的账务处理如下表7-14所示。

表7-14　会计差错更正、购货退回的会计更正的账务处理

序号	业务和事项内容		账务处理	
			财务会计	预算会计
（1）	因会计差错更正、购货退回、预付款项收回等发生以前年度调整事项	调整增加相关资产	借：零余额账户用款额度/银行存款等 　　贷：以前年度盈余调整	借：资金结存——零余额账户用款额度/货币资金等 　　贷：财政拨款结余——年初余额调整
		因会计差错更正调整减少相关资产	借：以前年度盈余调整 　　贷：零余额账户用款额度/银行存款等	借：财政拨款结余——年初余额调整 　　贷：资金结存——零余额账户用款额度/货币资金等

3. 实务案例

【例7-15】　某单位年初发生了250 000元的购货退回收回国库直接支付额度，相应的分录为：

在财务会计中：

借：零余额账户用款额度　　　　　　　　　　　　　　250 000

　　贷：以前年度盈余调整　　　　　　　　　　　　　250 000

在预算会计中：

借：资金结存——零余额账户用款额度　　　　　　　250 000

　　贷：财政拨款结余——年初余额调整　　　　　　　250 000

（二）上缴或注销财政拨款结余资金或额度

1. 业务说明

单位或者部门根据财政部门按照规定需要对本单位的结余资金进行上

缴资金或注销财政拨款结余资金额度的，需要对财政拨款结余进行调整。

2. 账务处理

按照规定上缴财政拨款结余资金或注销财政拨款结余资金额度的，按照实际上缴资金数额或注销的资金额度数额，借记本科目（归集上缴），贷记"资金结存——财政应返还额度""零余额账户用款额度""货币资金"科目。

上缴或注销财政拨款结余资金或额度的账务处理如表7-15所示。

表7-15 上缴或注销财政拨款结转资金或额度的账务处理

序号	业务和事项内容		账务处理	
			财务会计	预算会计
（2）	按照规定上缴财政拨款结余资金或注销财政拨款结余额度	按照实际上缴资金数额或注销的资金额度	借：累计盈余 　贷：财政应返还额度/零余额账户用款额度/银行存款	借：财政拨款结余——归集上缴 　贷：资金结存——财政应返还额度/零余额账户用款额度/货币资金

3. 实务案例

【例7-16】 某单位本年上缴财政拨款财政授权内拨款结余资金4 500 000元，相应的分录为：

在财务会计中：

借：累计盈余　　　　　　　　　　　　　　　　　　4 500 000

　　贷：银行存款　　　　　　　　　　　　　　　　4 500 000

在预算会计中：

借：财政拨款结余——归集上缴　　　　　　　　　　4 500 000

　　贷：资金结存——货币资金　　　　　　　　　　4 500 000

（三）内部调剂财政拨款结余资金

1. 业务说明

单位或者部门根据财政部门的批准需要对本单位的结余资金改变用途，调整用于本单位基本支出或其他未完成项目支出，需要对财政拨款结余进行调整。

2. 账务处理

经财政部门批准对财政拨款结余资金改变用途，调整用于本单位基本支出或其他未完成项目支出的，按照批准调剂的金额，借记本科目（单位内部调剂），贷记"财政拨款结转——单位内部调剂"科目。

内部调剂财政拨款结余资金的账务处理如表7-16所示。

表7-16　内部调剂财政拨款结余资金的账务处理

序号	业务和事项内容		账务处理	
			财务会计	预算会计
（3）	单位内部调剂财政拨款结余资金	按照调整的金额	—	借：财政拨款结余——单位内部调剂 　　贷：财政拨款结转——单位内部调剂

（四）年末财政拨款结转和结余业务

1. 业务说明

各单位或部门在每年年末进行账务处理时，需要对本年度发生的符合财政拨款结余性质的项目余额转入财政拨款结余。同时，针对财政拨款结余的科目特征，年末只有累计结余子科目下应该有相应的余额，所以需要对年度其他子科目下发生的业务进行相应的科目内结转。

2. 账务处理

年末，对财政拨款结转各明细项目执行情况进行分析，按照有关规定将符合财政拨款结余性质的项目余额转入财政拨款结余，借记"财政拨款结转——累计结转"科目，贷记本科目（结转转入）。

年末冲销有关明细科目余额。将本科目（年初余额调整、归集上缴、单位内部调剂、结转转入）余额转入本科目（累计结余）。结转后，本科目除"累计结余"明细科目外，其他明细科目应无余额。

年末财政拨款结转和结余业务的账务处理如下表7-17所示。

表 7-17　年末财政拨款结转和结余业务的账务处理

序号	业务和事项内容		账务处理	
			财务会计	预算会计
（4）	年末，转入财政拨款结余	按照有关规定将符合财政拨款结余性质的项目余额转入财政拨款结余	—	借：财政拨款结转——累计结转 　　贷：财政拨款结余——结转转入
	年末冲销本科目有关明细科目余额		—	借：财政拨款结余——年初余额调整［该明细科目为贷方余额时］ 　　贷：财政拨款结余——累计结余 借：财政拨款结余——累计结余 　　贷：财政拨款结余——年初余额调整［该明细科目为借方余额时］/归集上缴/单位内部调剂 借：财政拨款结余——结转转入 　　贷：财政拨款结余——累计结余

3. 实务案例

【例 7-17】　某单位本年按照有关规定符合财政拨款结余性质的项目余额为 400 000 元，相应的分录为：

财务会计无分录；

在预算会计中：

借：财政拨款结转——累计结转　　　　　　　　　400 000
　　贷：财政拨款结余——结转转入　　　　　　　　　　400 000

借：财政拨款结余——结转转入　　　　　　　　　400 000
　　贷：财政拨款结转——累计结转　　　　　　　　　　400 000

第四节　8201 非财政拨款结转

一、科目简介和科目设置

（一）科目简介

非财政拨款结转是指行政事业单位由财政拨款收支、经营收支以外各非同级财政拨款专项资金收支形成的结转资金。同级财政拨款的资金不形成非财政拨款结转资金，而形成财政拨款结转资金。非同级财政拨款的非专项资金也不形成非财政拨款结转资金，而形成非财政拨款结余资金。行政事业单位应当严格区分财政资金和非财政资金，对于非财政资金，应当进一步区分专项资金和非专项资金，对其分别进行会计核算。

（二）科目设置

科目应当设置以下明细科目：

1. "年初余额调整"：本明细科目核算因发生会计差错更正、以前年度支出收回等原因需要调整非财政拨款结转的资金。年末结账后，本明细科目应无余额。

2. "缴回资金"：本明细科目核算按照规定缴回非财政拨款结转资金时，实际缴回的资金数额。年末结账后，本明细科目应无余额。

3. "项目间接费用或管理费"：本明细科目核算单位取得的科研项目预算收入中，按照规定计提项目间接费用或管理费的数额。年末结账后，本明细科目应无余额。

4. "本年收支结转"：本明细科目核算单位本年度非同级财政拨款专项收支相抵后的余额。年末结账后，本明细科目应无余额。

5. "累计结转"：本明细科目核算单位滚存的非同级财政拨款专项结转资金。本明细科目年末贷方余额，反映单位非同级财政拨款滚存的专项结转资金数额。

二、相关经济业务与事项的会计核算

（一）提取项目管理费或间接费

1. 业务说明

行政事业单位可能在每年根据相关财政部门的规定在单位内部的非财政拨款结转科目余额中提取一定的项目管理费或间接费，用于项目接下来的运转。

2. 账务处理

按照规定从科研项目预算收入中提取项目管理费或间接费时，按照提取金额，借记本科目（项目间接费用或管理费），贷记"非财政拨款结余——项目间接费用或管理费"科目。

提取项目管理费或间接费的账务处理如表 7-18 所示。

表 7-18　提取项目管理费或间接费的账务处理

序号	业务和事项内容	账务处理	
		财务会计	预算会计
（1）	按照规定从科研项目预算收入中提取项目管理费或间接费	借：单位管理费用 　　贷：预提费用——项目间接费用或管理费	借：非财政拨款结转——项目间接费用或管理费 　　贷：非财政拨款结余——项目间接费用或管理费

3. 实务案例

【例 7-18】 某单位从单位的科研项目预算收入中提取项目管理费 250 000 元，相应的分录为：

在财务会计中：

借：单位管理费用　　　　　　　　　　　　　　　250 000

　　贷：预提费用——管理费　　　　　　　　　　　　　250 000

在预算会计中：

借：非财政拨款结转——管理费　　　　　　　　　250 000

　　贷：非财政拨款结余——管理费　　　　　　　　　　250 000

（二）会计差错更正、购货退回的会计更正

1. 业务说明

行政事业单位因发生以前年度或本年度的会计差错更正退回或者相应的购货退回事项涉及非同级财政拨款货币资金，或者因发生会计差错更正增加非同级财政拨款货币资金中属于非财政拨款结转资金的，需要进行相应的非财政拨款结余转资金的会计处理。

2. 账务处理

因会计差错更正收到或支出非同级财政拨款货币资金，属于非财政拨款结转资金的，按照收到或支出的金额，借记或贷记"资金结存——货币资金"科目，贷记或借记本科目（年初余额调整）。因收回以前年度支出等收到非同级财政拨款货币资金，属于非财政拨款结转资金的，按照收到的金额，借记"资金结存——货币资金"科目，贷记本科目（年初余额调整）。

会计差错更正、购货退回的会计更正的账务处理如下表 7-19 所示。

表 7-19　会计差错更正、购货退回的会计更正的账务处理

序号	业务和事项内容		账务处理	
			财务会计	预算会计
(2)	因会计差错更正、购货退回、预付款项收回等发生以前年度调整事项	调整增加相关资产	借：银行存款等 　　贷：以前年度盈余调整	借：资金结存——货币资金等 　　贷：非财政拨款结转——年初余额调整
		调整减少相关资产	借：以前年度盈余调整 　　贷：银行存款等	借：非财政拨款结转——年初余额调整 　　贷：资金结存——货币资金等

3. 实务案例

【例 7-19】　某单位售货退回涉及以前年度收入的退回金额 200 000 元，相应的分录为：

在财务会计中：

借：以前年度盈余调整 200 000
  贷：银行存款 200 000
在预算会计中：
借：非财政拨款结转——年初余额调整 200 000
  贷：资金结存—货币资金 200 000

（三）缴回非财政拨款结转资金

1. 业务说明

行政事业单位根据财政部门按照规定需要对本单位的非财政结转资金进行上缴资，需要对非财政拨款结转进行调整。

2. 账务处理

按照规定缴回非财政拨款结转资金的，按照实际缴回资金数额，借记本科目（缴回资金），贷记"资金结存——货币资金"科目。

缴回非财政拨款结转资金的账务处理如下表7-20所示。

表7-20　缴回非财政拨款结转资金的账务处理

序号	业务和事项内容		账务处理	
			财务会计	预算会计
（3）	按照规定缴回非财政拨款结转资金	按照实际缴回资金	借：累计盈余 贷：银行存款 等	借：非财政拨款结转——缴回资金 贷：资金结存——货币资金

3. 实务案例

【例7-20】 某单位按照规定缴回非财政拨款结转资金为300 000元，相应的分录为：

在财务会计中：

借：累计盈余 300 000
  贷：银行存款 300 000
在预算会计中：

借：非财政拨款结转——缴回资金　　　　　　　　　　300 000
　　贷：资金结存——货币资金　　　　　　　　　　　　300 000

（四）年末非财政拨款专项资金预算收支结转

1. 业务说明

行政事业单位在每年年末进行账务处理时，需要对本年度发生的全部收入、费用科目进行相应的结转。同时，针对非财政拨款结转的科目特征，年末只有累计结余子科目下应该有相应的余额，所以需要对年度其他子目下发生的业务进行相应的科目内结转。

2. 账务处理

年末，将事业预算收入、上级补助预算收入、附属单位上缴预算收入、非同级财政拨款预算收入、债务预算收入、其他预算收入本年发生额中的专项资金收入转入本科目，借记"事业预算收入""上级补助预算收入""附属单位上缴预算收入""非同级财政拨款预算收入""债务预算收入""其他预算收入"科目下各专项资金收入明细科目，贷记本科目（本年收支结转）；将事业支出、其他支出本年发生额中的非财政拨款专项资金支出转入本科目，借记本科目（本年收支结转），贷记"行政支出""事业支出""其他支出"科目下各非财政拨款专项资金支出明细科目。

年末非财政拨款结转业务的账务处理如下表 7-21 所示。

表 7-21　年末非财政拨款结转业务的账务处理

序号	业务和事项内容	账务处理	
		财务会计	预算会计
（4）年末结转	结转非财政拨款专项收入	—	借：事业预算收入/上级补助预算收入/附属单位上缴预算收入/非同级财政拨款预算收入/债务预算收入/其他预算收入 　　贷：非财政拨款结转——本年收支结转
	结转非财政拨款专项支出	—	借：非财政拨款结转——本年收支结转 　　贷：行政支出/事业支出/其他支出

3. 实务案例

【例7-21】 某单位本年共发生事业预算收入200 000，上级补助预算收入300 000，事业支出500 000，其他支出100 000，将本年非财政拨款专项资金预算收支结转，相应的分录为：

财务会计无分录；

在预算会计中：

借：事业预算收入　　　　　　　　　　　　　　　200 000
　　上级补助预算收入　　　　　　　　　　　　　300 000
　　　贷：非财政拨款结转——本年收支结转　　　　　　　500 000
借：非财政拨款结转——本年收支结转　　　　　　600 000
　　　贷：事业支出　　　　　　　　　　　　　　　　　　500 000
　　　　　其他支出　　　　　　　　　　　　　　　　　　100 000

（五）冲销有关明细科目余额

1. 业务说明及账务处理

年末，将"非财政拨款结转"科目（年初余额调整、项目间接费用或管理费、缴回资金、本年收支结转）余额转入"非财政拨款结转"科目（累计结转）。结转后，"非财政拨款结转"科目除"累计结转"明细科目外，其他明细科目应无余额。

年末完成上述结转后，应当对非财政拨款专项结转资金各项目情况进行分析，将留归本单位使用的非财政拨款结余，借记本科目（累计结转），贷记"非财政拨款结余——结转转入"科目。

冲销有关明细科目余额的账务处理如下表7-22所示。

表7-22　冲销有关明细科目余额的账务处理

序号	业务和事项内容	账务处理	
		财务会计	预算会计
（5）	年末冲销本科目有关明细科目余额	—	借：非财政拨款结转——年初余额调整［该明细科目为贷方余额时］ 　　　　　　　　　——本年收支结转［该明细科目为贷方余额时］ 　　贷：非财政拨款结转——累计结转 借：非财政拨款结转——累计结转 　　贷：非财政拨款结转——年初余额调整［该明细科目为借方余额时］ 　　　　　　　　　——缴回资金 　　　　　　　　　——项目间接费用或管理费 　　　　　　　　　——本年收支结转［该明细科目为借方余额时］
（6）	将留归本单位使用的非财政拨款专项剩余资金转入非财政拨款结余	—	借：非财政拨款结转——累计结转 　　贷：非财政拨款结余——结转转入

3. 实务案例

【例7-22】　某事业单位"非财政拨款结转——累计结转"科目贷方余额为55 000元。经对各项目情况进行分析，其中，应留归本单位使用的非财政拨款专项（项目已完成）剩余资金数额为5 000元，将其转入非财政拨款结余。该事业单位应编制如下会计分录：

财务会计无分录；

在预算会计中：

借：非财政拨款结转——累计结转　　　　　　　　　　　　　5 000

　　贷：非财政拨款结余——结转转入　　　　　　　　　　　　5 000

年末，在将留归本单位使用的非财政拨款专项剩余资金转入非财政拨款结余后，该事业单位本年非财政拨款结转中的累计结转余额为50 000元（55 000－5 000）。该余额为年末单位滚存的非财政拨款结转资金数额，应当在第二年继续按照专项资金的规定用途使用。

第五节　8202 非财政拨款结余

一、科目简介和科目设置

1. 科目简介

非财政拨款结余是指行政事业单位历年滚存的非限定用途的非同级财政拨款结余资金，主要为非财政拨款结余扣除结余分配后滚存的金额。

2. 科目设置

科目应当设置以下明细科目：

（1）年初余额调整。该明细科目核算因发生会计差错更正、以前年度支出收回等原因，需要调整非财政拨款结余的资金。年末结账后，该明细科目应无余额。

（2）项目间接费用或管理费。该明细科目核算单位取得的科研项目预算收入中，按照规定计提的项目间接费用或管理费数额。年末结账后，该明细科目应无余额。

（3）结转转入。该明细科目核算按照规定留归单位使用，由单位统筹调配，纳入单位非财政拨款结余的非同级财政拨款专项剩余资金。年末结账后，该明细科目应无余额。

（4）累计结余。该明细科目核算单位历年滚存的非同级财政拨款、非专项结余资金。该明细科目年末贷方余额，反映单位非同级财政拨款滚存的非专项结余资金数额。

该科目还应当按照《政府收支分类科目》中"支出功能分类科目"的相关科目进行明细核算。

该科目年末贷方余额，反映单位非同级财政拨款结余资金的累计滚存数额。

二、相关经济业务与事项的会计核算

（一）提取项目管理费或间接费

按照规定从科研项目预算收入中提取项目管理费或间接费时，借记"非财政拨款结转——项目间接费用或管理费"科目，贷记"非财政拨款结余"科目（项目间接费用或管理费）。

在非财政拨款结余业务中，从科研项目预算收入中提取项目管理费或间接费业务的会计核算举例可参阅非财政拨款结转的相关业务核算举例，此处不再重复举例说明。

（二）缴纳企业所得税

有企业所得税缴纳义务的事业单位实际缴纳企业所得税时，按照缴纳金额，借记"非财政拨款结余"科目（累计结余），贷记"资金结存——货币资金"科目。

缴纳企业所得税业务的会计核算举例可参阅资金结存的相关业务核算举例，此处不再重复举例说明。

（三）会计差错更正和以前年度支出收回

因会计差错更正收到或支出非同级财政拨款货币资金，属于非财政拨款结余资金的，按照收到或支出的金额，借记或贷记"资金结存——货币资金"科目，贷记或借记"非财政拨款结余"科目（年初余额调整）。

因收回以前年度支出等收到非同级财政拨款货币资金，属于非财政拨款结余资金的，按照收到的金额，借记"资金结存——货币资金"科目，贷记"非财政拨款结余"科目（年初余额调整）。

在非财政拨款结余业务中，会计差错更正和以前年度支出收回业务的会计核算举例可参阅财政拨款结转的相关业务核算举例，此处不再举例说明。

在预算会计中，因发生会计差错更正需要调整有关结转结余资金数额的，应当区分情况分别通过"财政拨款结转""财政拨款结余""非财政拨款结转"和"非财政拨款结余"科目的"年初余额调整"明细科目核算。在财务会计中，本年度发生的重要前期差错更正涉及调整以前年度盈余的，通过"以前年度盈余调整"科目核算。在预算会计中，对资金的性质区分得比较详细。如需要区分财政资金和非财政资金、结转资金和结余资金等。

（四）非财政专项剩余资金按规定转非财政拨款结余

年末，将留归本单位使用的非财政拨款专项（项目已完成）剩余资金转入"非财政拨款结余"科目，借记"非财政拨款结转——累计结转"科目，贷记"非财政拨款结余"科目（结转转入）。

该项业务的会计核算举例可参阅非财政拨款结转的相关业务核算举例，此处不再重复举例说明。

只有"财政拨款结转"和"非财政拨款结转"科目设置"本年收支结转"明细科目，"财政拨款结余"和"非财政拨款结余"科目不设置"本年收支结转"明细科目。即本年预算收支首先转入结转，经分析后，对于符合结余条件的部分再转入结余。因此，"财政拨款结余"和"非财政拨款结余"科目都设置"结转转入"明细科目。

（五）冲销有关明细科目余额

1. 业务说明及账务处理

将"非财政拨款结余"科目（年初余额调整、项目间接费用或管理费、结转转入）余额结转入"非财政拨款结余"科目（累计结余）。结转后，"非财政拨款结余"科目除"累计结余"明细科目外，其他明细科目应无余额。

冲销有关明细科目余额的账务处理如下表7-23所示。

表7-23　冲销有关明细科目余额的账务处理

序号	业务和事项内容	账务处理	
		财务会计	预算会计
（5）	年末冲销本科目有关明细科目余额	—	借：非财政拨款结余——年初余额调整［该明细科目为贷方余额时］ 　　　　——项目间接费用或管理费 　　　　——结转转入 　　贷：非财政拨款结余——累计结余 借：非财政拨款结余——累计结余 　　贷：非财政拨款结余——年初余额调整［该明细科目为借方余额时］ 　　　　——缴回资金

3. 实务案例

【例7-23】 2×19年末，某事业单位"非财政拨款结余"科目相关明细科目的余额如表7-24所示。

表7-24　非财政拨款结余相关明细科目余额表

单位：元

非财政拨款结余相关明细科目	贷方余额	借方余额
结转转入	8 800	
项目间接费用或管理费	2 200	
年初余额调整		200
合计	11 000	200

根据表7-24，该事业单位应编制如下会计分录：

财务会计无分录；

在预算会计中：

借：非财政拨款结余——结转转入　　　　　　　　　8 800

　　　　　　　　——项目间接费用或管理费　　　　2 200

　　贷：非财政拨款结余——年初余额调整　　　　　　　200

　　　　　　　　——累计结余　　　　　　　　　10 800

年末，在冲销非财政拨款结余有关明细科目余额后，该事业单位本年非财政拨款结余中的累计结余增加10 800元（8 800＋2 200－200）。本年增加的累计结余加上年初累计结余，为年末单位滚存的非财政拨款结余资金数额。

年末，"财政拨款结转""财政拨款结余""非财政拨款结转"和"非财政拨款结余"科目在冲销有关明细科目余额后，都是除"累计结转"或"累计结余"明细科目外，其他明细科目无余额。

（六）相关科目转入非财政拨款结余

1. 业务说明及账务处理

年末，事业单位将"非财政拨款结余分配"科目余额的，借记本科目

（累计结余），贷记"非财政拨款结余分配"科目；"非财政拨款结余分配"科目为贷方余额的，借记"非财政拨款结余分配"科目，贷记本科目（累计结余）。

年末，行政单位将"其他结余"科目余额转入非财政拨款结余。"其他结余"科目为借方余额的，借记本科目（累计结余），贷记"其他结余"科目；"其他结余"科目为贷方余额的，借记"其他结余"，贷记本科目（累计结余）。

相关科目转入非财政拨款结余的账务处理如下表 7-25 所示。

表 7-25　相关科目转入非财政拨款结余的账务处理

序号	业务和事项内容		账务处理	
			财务会计	预算会计
(6)	年末结转	事业单位非财政拨款结余分配转入非财政拨款结余	—	借：非财政拨款结余分配［非财政拨款结余贷方余额］ 　　贷：非财政拨款结余——累计结余
			—	借：非财政拨款结余——累计结余 　　贷：非财政拨款结余分配［非财政拨款结余借方余额］
		行政单位其他结余转入非财政拨款结余	—	借：其他结余［其他结余贷方余额］ 　　贷：非财政拨款结余——累计结余
			—	借：非财政拨款结余——累计结余 　　贷：其他结余［其他结余借方余额］

3. 实务案例

【例 7-24】　某事业单位年末"非财政拨款结余分配"科目贷方余额为 100 000 元，将其转入非财政拨款结余。该事业单位应编制如下会计分录：

财务会计无分录；

在预算会计中：

借：非财政拨款结余分配　　　　　　　　　　　　　　100 000

　　贷：非财政拨款结余——累计结余　　　　　　　　　　100 000

第六节　8301 专用结余

一、科目简介

专用结余核算事业单位按照规定从非财政拨款结余中提取的具有专门用途的资金的变动和滚存情况。本科目年末贷方余额，反映事业单位从非同级财政拨款结余中提取的专用基金的累计滚存数额。本科目应当按照专用结余的类别进行明细核算。

二、相关经济业务与事项的会计核算

（一）提取专用基金

1. 业务说明

事业单位会按照相关规定从非财政拨款结余中提取的具有专门用途的资金作为专项基金用于以后的发展，因此需要对专用结余进行相应的账务处理。

2. 账务处理

事业单位根据有关规定从本年度非财政拨款结余或经营结余中提取基金的，按照提取金额，借记"非财政拨款结余分配"科目，贷记"专用结余"科目。

提取专用基金的账务处理如下表 7-26 所示。

表 7-26　提取专用基金的账务处理

序号	业务和事项内容		账务处理	
			财务会计	预算会计
（1）	计提专用基金	从预算收入中按照一定比例提取基金并计入费用	借：业务活动费等 　贷：专用基金	—

续上表

序号	业务和事项内容		账务处理	
			财务会计	预算会计
（1）	计提专用基金	从非财政拨款结余或经营结余中提取基金	借：本年盈余分配 　　贷：专用基金	借：非财政拨款结余分配 　　贷：专用结余
		根据有关规定设置的其他专用基金	借：银行存款等 　　贷：专用基金	—

3. 实务案例

【例7-25】 某事业单位从本年度经营结余中提取基金150 000元，相应的分录为：

在财务会计中：

借：本年盈余分配　　　　　　　　　　　　　　150 000

　　贷：专用基金　　　　　　　　　　　　　　　　　150 000

在预算会计中：

借：非财政拨款结余分配　　　　　　　　　　　150 000

　　贷：专用结余　　　　　　　　　　　　　　　　　150 000

（二）使用专用基金

1. 业务说明

事业单位每年根据自身发展的需要对利用从本年度非财政拨款结余或经营结余中提取基金购买固定资产、无形资产用于企业日后的正常运转，因此需要对专用结余进行相应的账务处理。

2. 账务处理

根据规定使用从非财政拨款结余或经营结余中提取的专用基金时，按照使用金额，借记本科目，贷记"资金结存——货币资金"科目。

使用专用基金的账务处理如下表7-27所示。

表 7-27　使用专用基金的账务处理的账务处理

序号	业务和事项内容	账务处理	
		财务会计	预算会计
（2）	按照规定使用提取的专用基金	借：专用基金 　贷：银行存款等 使用专用基金购置固定资产、无形资产的 借：固定资产/无形资产 　贷：银行存款等 借：专用基金 　贷：累计盈余	使用从非财政拨款结余或经营结余中提取的基金 借：专用结余 　贷：资金结存——货币资金 使用从预算收入中提取并计入费用的基金 借：事业支出等 　贷：资金结存——货币资金

3. 实务案例

【例7-26】　某事业单位利用从经营结余中提取的专用基金购买一台价值150 000元机器设备，相应的分录为：

在财务会计中：

借：固定资产　　　　　　　　　　　　　　　150 000

　　贷：银行存款　　　　　　　　　　　　　　　　150 000

借：专用基金　　　　　　　　　　　　　　　150 000

　　贷：累计盈余　　　　　　　　　　　　　　　　150 000

在预算会计中：

借：专用结余　　　　　　　　　　　　　　　150 000

　　贷：资金结存——货币资金　　　　　　　　　　150 000

第七节　8401 经营结余

一、科目简介

经营结余科目核算事业单位一定期间各项经营收支相抵后余额弥补以前年度经营亏损后的余额。

根据《事业单位会计准则》规定，有非独立核算经营收入的事业单位，实行经营收支配比原则。事业单位的经营支出与经营收入，应当根据它们的内在关系进行配比，以便正确计算各个会计期间的经营结余。

经营结余反映了事业单位开展经营活动的结果。其中，经营活动收入包括经营收入，经营活动支出包括经营支出和销售税金。用公式表示为：

经营结余＝经营收入－（经营支出＋经营业务负担的销售税金）

二、相关经济业务与事项的会计核算

（一）年末经营收支结转

1. 业务说明

事业单位在每年年末进行账务处理时，需要对本年度发生的全部经营预算收入、支出科目进行相应的结转，以反映单位本年度的经营结余的实际情况。

2. 账务处理

年末，将经营预算收入本年发生额转入本科目，借记"经营预算收入"科目，贷记本科目；将经营支出本年发生额转入本科目，借记本科目，贷记"经营支出"科目。

年末经营收支结转的账务处理如下表7-28所示。

表7-28　年末经营收支结转的的账务处理

序号	业务和事项内容	账务处理	
		财务会计	预算会计
（1）	年末经营收支结转	—	借：经营预算收入 　　贷：经营结余 借：经营结余 　　贷：经营支出

3. 实务案例

【例7-27】　某事业单位本年度发生经营预算收入250 000元，发生经营支出100 000元，相应的分录为：

财务会计无分录；

在预算会计中：

借：经营预算收入	250 000	
贷：经营结余		250 000
借：经营结余	100 000	
贷：经营支出		100 000

（二）年末转入结转分配

1. 业务说明及账务处理

完成上述结转后，如本科目为贷方余额，将本科目贷方余额转入"非财政拨款结余分配"科目，借记本科目，贷记"非财政拨款结余分配"科目；如本科目为借方余额，为经营亏损，不予结转。

年末转入结余分配的账务处理如下表7-29所示。

表7-29　年末转入结余分配的账务处理

序号	业务和事项内容	账务处理	
		财务会计	预算会计
（2）	年末转入结余分配	—	借：经营结余 　贷：非财政拨款结余分配年末 结余在借方，则不予结转

2. 实务案例

【例7-28】　接上例6-27。该事业单位在完成上述结转后应该对于本年结转进行结转，相应的分录为：

财务会计无分录；

在预算会计中：

借：经营结余	150 000	
贷：非财政拨款结余分配		150 000

第八节　8501 其他结余

一、科目简介

其他结余是指行政事业单位本年度除财政拨款收支、非同级财政专项资金收支和经营收支以外各项收支相抵后的余额。

为核算其他结余业务，行政事业单位应设置"其他结余"总账科目。行政事业单位本年度财政拨款收支相抵后的余额通过"财政拨款结转"科目核算，本年度非同级财政专项资金收支相抵后的余额通过"非财政拨款结转"科目核算，本年度经营收支相抵后的余额通过"经营结余"科目核算。

二、相关经济业务与事项的会计核算

（一）年末结转预算收入及支出

1. 业务说明

其他结余核算行政事业单位单位本年度除财政拨款收支、非同级财政专项资金收支和经营收支以外各项收支相抵后的余额。年末结账后，本科目应无余额。

2. 账务处理

年末，将事业预算收入、上级补助预算收入、附属单位上缴预算收入、非同级财政拨款预算收入、债务预算收入、其他预算收入本年发生额中的非专项资金收入以及投资预算收益本年发生额转入本科目，借记"事业预算收入""上级补助预算收入""附属单位上缴预算收入""非同级财政拨款预算收入""债务预算收入""其他预算收入"科目下各非专项资金收入明细科目和"投资预算收益"科目，贷记本科目（"投资预算收益"科目本年发生额为借方净额时，借记本科目，贷记"投资预算收益"科目）；将行政支出事业支出、其他支出本发生额中的非同级财政、非专项资金支出，以及上缴上级支出、对附属单位补助支出、投资支出、债务还本支出本年发生额转入本科目，借记本科目，贷记"行政支出""事业支出""其他支出"科目下各非同级财政、非专项资金支出明细科目和"上缴上级支出""对附属单位补助支出""投资支出""债务还本支出"科目。

年末结转预算收入及支出的账务处理如下表7-30所示。

表7-30 年末结转预算收入及支出的账务处理

序号	业务和事项内容	账务处理	
		财务会计	预算会计
（1）	年末结转预算收入（除财政拨款收入、非同级财政专项收入、经营收入以外）	—	借：事业预算收入/上级补助预算收入/附属单位上缴预算收入/非同级财政拨款预算收入/债务预算收入/其他预算收入［非专项资金收入部分］投资预算收益［为贷方余额时］ 　　贷：其他结余 借：其他结余 　　贷：投资预算收益［为借方余额时］
	年末结转预算支出（除同级财政拨款支出、非同级财政专项支出、经营支出以外）	—	借：其他结余 　　贷：行政支出/事业支出/其他支出［非财政、非专项资金支出部分］上缴上级支出/对附属单位补助支出/投资支出/债务还本支出

（二）其他结余的年末转出

1. 业务说明及账务处理

行政单位将本科目余额转入"非财政拨款结余——累计结余"科目；事业单位将本科目余额转入"非财政拨款结余分配"科目。当本科目为贷方余额时，借记本科目，贷记"非财政拨款结余——累计结余"或"非财政拨款结余分配"科目；当本科目为借方余额时，借记"非财政拨款结余——累计结余"或"非财政拨款结余分配"科目，贷记本科目。

其他结余的年末转出的账务处理如下表7-31所示。

表7-31　其他结余的年末转出的账务处理

序号	业务和事项内容	账务处理	
		财务会计	预算会计
（2）	其他结余为贷方余额	—	借：其他结余 　　贷：非财政拨款结余分配［事业单位］/非财政拨款结余——累计结余［行政单位］
	其他结余为借方余额	—	借：非财政拨款结余分配［事业单位］/非财政拨款结余——累计结余［行政单位］ 　　贷：其他结余

3. 实务案例

【例7-29】　2×19年末，某事业单位其他预算收入 690 000 元，（捐赠收入 10 000 元、利息收入 80 000 元、租金收入 500 000、其他收入 10 000 元），投资预算收益 300 000 元。其他支出 13 000 元（资产处置费用 8 000 元、其他费用 5 000 元）。年末其他预算收支结转及其他结余分配，该单位编制有关的会计分录如下：

财务会计无分录；

在预算会计中：

借：其他预算收入——捐赠收入　　　　　　　　　100 000

　　其他预算收入——利息收入　　　　　　　　　 80 000

　　其他预算收入——租金收入　　　　　　　　　500 000

　　其他预算收入——其他收入　　　　　　　　　 10 000

　　投资预算收益　　　　　　　　　　　　　　　300 000

　　贷：其他结余　　　　　　　　　　　　　　　　　990 000

借：其他结余　　　　　　　　　　　　　　　　　 13 000

　　贷：其他支出——资产处置费用　　　　　　　　　 8 000

　　　　其他支出——其他　　　　　　　　　　　　　 5 000

借：其他结余　　　　　　　　　　　　　　　　　977 000

　　贷：非财政拨款结余分配　　　　　　　　　　　　977 000

第八章　行政事业单位会计报表

第一节　财务会计报表

一、财务报表概述

（一）财务报表的构成

财务报表是对政府单位财务状况、运行情况和现金流量等信息的结构性表述。财务报表包括会计报表和附注。

1. 会计报表

政府单位财务会计报表至少应当包括资产负债表、收入费用表和现金流量表。各类报表的概念、内容和结构以及编制方法将在后文详述。

2. 附注

政府单位会计报表附注是对在资产负债表、收入费用表、现金流量表等报表中列示的项目所作的进一步说明，以及对未能在这些报表中列示的项目的说明。附注的主要内容将在后文详述。

（二）财务报表的分类

政府单位的会计报表按照不同标准，可分为不同种类。

1. 按反映的经济内容分类

按反映的经济内容，政府单位会计财务报表可分为资产负债表、收入费用表、净资产变动表和现金流量表。

2. 按编报时间分类

按编报时间，政府单位会计财务报表可分为月度报表和年度报表。月度报表，是反映政府单位截至报告月度的财务状况、运行情况的报表，月度报表要求编制资产负债表和收入费用表。年度报表，是全面反映政府单位年度财务状况、运行情况和现金流量的报表。年度报表要求编制资产负债表、收入费用表、净资产变动表和现金流量表、报表附注。

3. 按编报层次分类

按编报层次，政府单位会计报表可分为本单位报表和合并报表。本单位报表，是政府单位根据会计账簿记录和有关资料编制的反映本单位财务状况、运行情况、现金流量情况的会计报表。合并报表，是主管会计单位和二级会计单位根据本单位会计报表和经审查过的所属单位会计报表汇总编制的会计报表。

（三）编报政府财务报告的基本要求及步骤

1. 政府单位编制财务报表应遵循以下要求：

（1）财务报表的编制主要以权责发生制为基础，以单位财务会计核算生成的数据为准。

（2）财务报表由会计报表及其附注构成。会计报表一般包括资产负债表、收入费用表和净资产变动表。单位可根据实际情况自行选择编制现金流量表。

（3）政府单位应当至少按照年度编制财务报表。

（4）政府单位应当根据《政府单位会计制度》规定编制真实、完整的财务报表，不得违反该制度规定随意改变财务报表的编制基础、编制依据、编制原则和方法，不得随意改变该制度规定的财务报表有关数据的会计口径。

（5）财务报表应当根据登记完整、核对无误的账簿记录和其他有关资料编制，做到数字真实、计算准确、内容完整、编报及时。

（6）财务报表应当由单位负责人和主管会计工作的负责人、会计机构负责人（会计主管人员）签名并盖章。

2. 政府单位编制财务报表基本步骤如下：

（1）清查资产负债，如实反映核实后的财务状况信息。

（2）编制财务报告，符合会计准则制度的规范要求。

（3）开展财务报告审计，确保会计信息真实可靠。

（4）报送并公开相关信息，健全政府财务报告公开机制。

（5）加强部门财务分析，评价政府受托责任的履行情况。

二、资产负债表

（一）资产负债表概述

资产负债表是反映政府会计主体在某一特定日期的财务状况的报表。资产负债表的编制基础主要是各资产、负债和净资产类科目的余额及其增减变动情况。

资产负债表属于静态报表，作用表现为：可以反映政府单位在某一特定日期的全部资产、负债和净资产的情况；某一日期资产的总额及其结构，表明政府单位拥有或控制的资源及其分布情况；某一日期的负债总额及其结构，表明政府单位未来需要用多少资产或劳务清偿债务以及清偿时间；某一日期净资产的总额及其结构，表明政府单位拥有的盈余、专用基金等情况。

资产负债表按照"资产＝负债＋净资产"的平衡公式设置，分为左右两方，左方列示资产各项目，反映资产的分布及存在形态；右方列示负债和净资产各项目，反映负债和净资产的内容及构成情况。资产负债表左右两方平衡，资产总计等于负债和净资产总计。资产负债表中的资产应当分流动资产、非流动资产和受托代理资产列示，负债应当分流动负债、非流动负债和受托代理负债列示。

为了使会计信息使用者通过比较不同时点资产负债表的数据，判断政府单位财务状况变动情况及发展趋势，政府单位需要提供比较资产负债表。由此，资产负债表也就各项目再分为"年初余额"和"期末余额"两栏分别填列，"资产总计"项目期末（年初）余额应当与"负债和净资产总计"项目期末（年初）余额相等。

资产负债表的基本格式参见表8-1。

表8-1 资产负债表 会政财01表

编制单位：A事业单位　　　　　　20×9年12月31日　　　　　　单位：元

资产	期末余额	年初余额	负债和净资产	期末余额	年初余额
流动资产：			流动负债：		
货币资金			短期借款		
短期投资			应交增值税		
财政应返还额度			其他应交税费		
应收票据			应缴财政款		
应收账款净额			应付职工薪酬		
预付账款			应付票据		
应收股利			应付账款		
应收利息			应付政府补贴款		
其他应收款净额			应付利息		
存货			预收账款		
待摊费用			其他应付款		
一年内到期的非流动资产			预提费用		
其他流动资产			一年内到期的非流动负债		
流动资产合计			其他流动负债		
非流动资产：			流动负债合计		
长期股权投资			非流动负债：		
长期债券投资			长期借款		
固定资产原值			长期应付款		
减：固定资产累计折旧			预计负债		
固定资产净值			其他非流动负债		
工程物资			非流动负债合计		
在建工程			受托代理负债		
无形资产原值			负债合计		

续上表

资产	期末余额	年初余额	负债和净资产	期末余额	年初余额
减：无形资产累计摊销					
无形资产净值					
研发支出					
公共基础设施原值					
减：公共基础设施累计折旧（摊销）					
公共基础设施净值					
政府储备物资					
文物文化资产					
保障性住房原值					
减：保障性住房累计折旧			净资产：		
保障性住房净值			累计盈余		
长期待摊费用			专用基金		
待处理财产损溢			权益法调整		
其他非流动资产			无偿调拨净资产*		
非流动资产合计			本期盈余*		
受托代理资产			净资产合计		
资产总计			负债和净资产总计		

注："＊"标识项目为月报项目，年报中不需列示。

（二）资产负债表的填列方法

1. 年初余额的填列

资产负债表中"年初余额"栏内的各项数字，应当根据上年末资产负债表"期末余额"栏内的数字填列；如果本年度资产负债表规定的各项目的名称和内容同上年度不一致，应对上年末资产负债表各项目的名称和数字按照本年度的规定进行调整，将调整后的数字填入本表"年初余额"栏内。如果本年度单位发生了因前期差错更正、会计政策变更等调整以前年度盈余的事项，还应当对"年初余额"栏中的有关项目金额进行相应调整。

2. 期末余额的填列

"期末余额"栏中资产类项目的内容和填列方法如下：

（1）"货币资金"项目，反映单位期末库存现金、银行存款、零余额账户用款额度、其他货币资金的合计数。本项目应当根据"库存现金""银行存款""零余额账户用款额度""其他货币资金"科目的期末余额的合计数填列；若单位存在通过"库存现金""银行存款"科目核算的受托代理资产还应当按照前述合计数扣减"库存现金""银行存款"科目下"受托代理资产"明细科目的期末余额后的金额填列。

（2）"短期投资"项目，反映事业单位期末持有的短期投资账面余额。本项目应当根据"短期投资"科目的期末余额填列。

（3）"财政应返还额度"项目，反映单位期末财政应返还额度的金额。本项目应当根据"财政应返还额度"科目的期末余额填列。

（4）"应收票据"项目，反映事业单位期末持有的应收票据的票面金额。本项目应当根据"应收票据"科目的期末余额填列。

（5）"应收账款净额"项目，反映单位期末尚未收回的应收账款减去已计提的坏账准备后的净额。本项目应当根据"应收账款"科目的期末余额，减去"坏账准备"科目中对应收账款计提的坏账准备的期末余额后的金额填列。

（6）"预付账款"项目，反映单位期末预付给商品或者劳务供应单位的款项。本项目应当根据"预付账款"科目的期末余额填列。

（7）"应收股利"项目，反映事业单位期末因股权投资而应收取的现金股利或应当分得的利润。本项目应当根据"应收股利"科目的期末余额填列。

（8）"应收利息"项目，反映事业单位期末因债券投资等而应收取的利息。事业单位购入的到期一次还本付息的长期债券投资持有期间应收的利息，不包括在本项目内。本项目应当根据"应收利息"科目的期末余额填列。

（9）"其他应收款净额"项目，反映单位期末尚未收回的其他应收款减去已计提的坏账准备后的净额。本项目应当根据"其他应收款"科目的期末余额减去"坏账准备"科目中对其他应收款计提的坏账准备的期末余额后的金额填列。

（10）"存货"项目，反映单位期末存储的存货的实际成本。本项目应当根据"在途物品""库存物品""加工物品"科目的期末余额的合计数填列。

（11）"待摊费用"项目，反映单位期末已经支出，但应当由本期和以后各期负担的分摊期在 1 年以内（含 1 年）的各项费用。本项目应当根据"待摊费用"科目的期末余额填列。

（12）"一年内到期的非流动资产"项目，反映单位期末非流动资户项目中将在 1 年内（含 1 年）到期的金额，如事业单位将在 1 年内（含 1 年）到期的长期债券投资金额。本项目应当根据"长期债券投资"等科目的明细科目的期末余额分析填列。

（13）"其他流动资产"项目，反映单位期末除本表中上述各项之外的其他流动资产的合计金额。本项目应当根据有关科目期末余额的合计数填列。

（14）"流动资产合计"项目，反映单位期末流动资产的合计数。本项目应当根据本表中"货币资金""短期投资""财政应返还额度""应收票据""应收账款净额""预付账款""应收股利""应收利息""其他应收款净额""存货""待摊费用""一年内到期的非流动资产""其他流动资产"项目金额的合计数填列。

（15）"长期股权投资"项目，反映事业单位期末持有的长期股权投资的账面余额。本项目应当根据"长期股权投资"科目的期末余额填列。

（16）"长期债券投资"项目，反映事业单位期末持有的长期债券投资的账面余额。本项目应当根据"长期债券投资"科目的期末余额减去其中将于 1 年内（含 1 年）到期的长期债券投资余额后的金额填列。

（17）"固定资产原值"项目，反映单位期末固定资产的原值。本项目应当根据"固定资产"科目的期末余额填列。

"固定资产累计折旧"项目，反映单位期末固定资产已计提的累计折旧金额。本项目应当根据"固定资产累计折旧"科目的期末余额填列。

"固定资产净值"项目，反映单位期末固定资产的账面价值。本项目应当根据"固定资产"科目期末余额减去"固定资产累计折旧"科目期末余额后的金额填列。

（18）"工程物资"项目，反映单位期末为在建工程准备的各种物资的实际成本。本项目应当根据"工程物资"科目的期末余额填列。

（19）"在建工程"项目，反映单位期末所有的建设项目工程的实际成本。本项目应当根据"在建工程"科目的期末余额填列。

（20）"无形资产原值"项目，反映单位期末无形资产的原值。本项目应当根据"无形资产"科目的期末余额填列。

"无形资产累计摊销"项目，反映单位期末无形资产已计提的累计摊销金额。本项目应当根据"无形资产累计摊销"科目的期末余额填列。

"无形资产净值"项目，反映单位期末无形资产的账面价值。本项目应当根据"无形资产"科目期末余额减去"无形资产累计摊销"科目期末余额后的金额填列。

（21）"研发支出"项目，反映单位期末正在进行的无形资产开发项目开发阶段发生的累计支出数。本项目应当根据"研发支出"科目的期末余额填列。

（22）"公共基础设施原值"项目，反映单位期末控制的公共基础设施的原值。本项目应当根据"公共基础设施"科目的期末余额填列。

"公共基础设施累计折旧（摊销）"项目，反映单位期末控制的公共基础设施已计提的累计折旧和累计摊销金额。本项目应当根据"公共基础设施累计折旧（摊销）"科目的期末余额填列。

"公共基础设施净值"项目，反映单位期末控制的公共基础设施的账面价值。本项目应当根据"公共基础设施"科目期末余额减去"公共基础设施累计折旧（摊销）"科目期末余额后的金额填列。

（23）"政府储备物资"项目，反映单位期末控制的政府储备物资的实际成本。本项目应当根据"政府储备物资"科目的期末余额填列。

（24）"文物文化资产"项目，反映单位期末控制的文物文化资产的成本。本项目应当根据"文物文化资产"科目的期末余额填列。

（25）"保障性住房原值"项目，反映单位期末控制的保障性住房的原值。本项目应当根据"保障性住房"科目的期末余额填列。

"保障性住房累计折旧"项目，反映单位期末控制的保障性住房已计提的累计折旧金额。本项目应当根据"保障性住房累计折旧"科目的期末余额填列。

"保障性住房净值"项目，反映单位期末控制的保障性住房的账面价值。本项目应当根据"保障性住房"科目期末余额减去"保障性住房累计折旧"科目期末余额后的金额填列。

（26）"长期待摊费用"项目，反映单位期末已经支出，但应由本期和以后各期负担的分摊期限在 1 年以上（不含 1 年）的各项费用。本项目应当根据"长期待摊费用"科目的期末余额填列。

（27）"待处理财产损溢"项目，反映单位期末尚未处理完毕的各种资产的净损失或净溢余。本项目应当根据"待处理财产损溢"科目的期末借方余额填列；如"待处理财产损溢"科目期末为贷方余额，以"－"号填列。

（28）"其他非流动资产"项目，反映单位期末除本表中上述各项之外的其他非流动资产的合计数。本项目应当根据有关科目的期末余额合计数填列。

（29）"非流动资产合计"项目，反映单位期末非流动资产的合计数。本项目应当根据本表中"长期股权投资""长期债券投资""固定资产净值""工程物资""在建工程""无形资产净值""研发支出""公共基础设施净值""政府储备物资""文物文化资产""保障性住房净值""长期待摊费用""待处理财产损溢""其他非流动资产"项目金额的合计数填列。

（30）"受托代理资产"项目，反映单位期末受托代理资产的价值。本项目应当根据"受托代理资产"科目的期末余额与"库存现金""银行存款"科目下"受托代理资产"明细科目的期末余额的合计数填列。

（31）"资产总计"项目，反映单位期末资产的合计数。本项目应当根据本表中"流动资产合计""非流动资产合计""受托代理资产"项目金额的合计数填列。

"期末余额"栏中负债类项目的内容和填列方法如下：

（32）"短期借款"项目，反映事业单位期末短期借款的余额。本项目应当根据"短期借款"科目的期末余额填列。

（33）"应交增值税"项目，反映单位期末应缴未缴的增值税税额。本项目应当根据"应交增值税"科目的期末余额填列；如"应交增值税"科目期末为借方余额，以"－"号填列。

（34）"其他应交税费"项目，反映单位期末应缴未缴的除增值税以外的税费金额。本项目应当根据"其他应交税费"科目的期末余额填列；如"其他应交税费"科目期末为借方余额，以"－"号填列。

（35）"应缴财政款"项目，反映单位期末应当上缴财政但尚未缴纳的款项。本项目应当根据"应缴财政款"科目的期末余额填列。

（36）"应付职工薪酬"项目，反映单位期末按有关规定应付给职工及为职工支付的各种薪酬。本项目应当根据"应付职工薪酬"科目的期末余额填列。

（37）"应付票据"项目，反映事业单位期末应付票据的金额。本项目应当根据"应付票据"科目的期末余额填列。

（38）"应付账款"项目，反映单位期末应当支付但尚未支付的偿还期限在 1 年以内（含 1 年）的应付账款的金额。本项目应当根据"应付账款"科目的期末余额填列。

（39）"应付政府补贴款"项目，反映负责发放政府补贴的行政单位期末按照规定应当支付给政府补贴接受者的各种政府补贴款余额。本项目应当根据"应付政府补贴款"科目的期末余额填列。

（40）"应付利息"项目，反映事业单位期末按照合同约定应支付的借款利息。事业单位到期一次还本付息的长期借款利息不包括在本项目内。本项目应当根据"应付利息"科目的期末余额填列。

（41）"预收账款"项目，反映事业单位期末预先收取但尚未确认收入和实际结算的款项余额。本项目应当根据"预收账款"科目的期末余额填列。

（42）"其他应付款"项目，反映单位期末其他各项偿还期限在 1 年内（含 1 年）的应付及暂收款项余额。本项目应当根据"其他应付款"科目的期末余额填列。

（43）"预提费用"项目，反映单位期末已预先提取的已经发生但尚未支付的各项费用。本项目应当根据"预提费用"科目的期末余额填列。

（44）"一年内到期的非流动负债"项目，反映单位期末将于 1 年内（含 1 年）偿还的非流动负债的余额。本项目应当根据"长期应付款""长期借款"等科目的明细科目的期末余额分析填列。

（45）"其他流动负债"项目，反映单位期末除本表中上述各项之外的其他流动负债的合计数。本项目应当根据有关科目的期末余额的合计数填列。

（46）"流动负债合计"项目，反映单位期末流动负债合计数。本项目应当根据本表"短期借款""应交增值税""其他应交税费""应缴财政款""应付职工薪酬""应付票据""应付账款""应付政府补贴款""应付利息""预收账款""其他应付款""预提费用""一年内到期的非流动负债""其他流动负债"项目金额的合计数填列。

（47）"长期借款"项目，反映事业单位期末长期借款的余额。本项目应当根据"长期借款"科目的期末余额减去其中将于 1 年内（含 1 年）到期的长期借款余额后的金额填列。

（48）"长期应付款"项目，反映单位期末长期应付款的余额。本项目应当根据"长期应付款"科目的期末余额减去其中将于 1 年内（含 1 年）到期的长期应付款余额后的金额填列。

（49）"预计负债"项目，反映单位期末已确认但尚未偿付的预计负债的余额。本项目应当根据"预计负债"科目的期末余额填列。

（50）"其他非流动负债"项目，反映单位期末除本表中上述各项之外的其他非流动负债的合计数。本项目应当根据有关科目的期末余额合计数填列。

（51）"非流动负债合计"项目，反映单位期末非流动负债合计数。本项目应当根据本表中"长期借款""长期应付款""预计负债""其他非流动负债"项目金额的合计数填列。

（52）"受托代理负债"项目，反映单位期末受托代理负债的金额。本项目应当根据"受托代理负债"科目的期末余额填列。

（53）"负债合计"项目，反映单位期末负债的合计数。本项目应当根据本表中"流动负债合计""非流动负债合计""受托代理负债"项目金额的合计数填列。

"期末余额"栏中净资产类项目的内容和填列方法如下：

（54）"累计盈余"项目，反映单位期末未分配盈余（或未弥补亏损）以及无偿调拨净资产变动的累计数。本项目应当根据"累计盈余"科目的期末余额填列。

（55）"专用基金"项目，反映事业单位期末累计提取或设置但尚未使用的专用基金余额。本项目应当根据"专用基金"科目的期末余额填列。

（56）"权益法调整"项目，反映事业单位期末在被投资单位除净损益和利润分配以外的所有者权益变动中累计享有的份额。本项目应当根据"权益法调整"科目的期末余额填列。如"权益法调整"科目期末为借方余额，以"－"号填列。

（57）"无偿调拨净资产"项目，反映单位本年度截至报告期期末无偿调入的非现金资产价值扣减无偿调出的非现金资产价值后的净值。本项目仅在月度报表中列示，年度报表中不列示。月度报表中本项目应当根据"无偿调拨净资产"科目的期末余额填列；"无偿调拨净资产"科目期末为借方余额时，以"－"号填列。

（58）"本期盈余"项目，反映单位本年度截至报告期期末实现的累计盈余或亏损。本项目仅在月度报表中列示，年度报表中不列示。月度报表中本项目应当根据"本期盈余"科目的期末余额填列；"本期盈余"科目期末为借方余额时，以"－"号填列。

（59）"净资产合计"项目，反映单位期末净资产合计数。本项目应当根据本表中"累计盈余""专用基金""权益法调整""无偿调拨净资产"［月度报表］、"本期盈余"［月度报表］项目金额的合计数填列。

（60）"负债和净资产总计"项目，应当按照本表中"负债合计""净资产合计"项目金额的合计数填列。

三、收入费用表

（一）收入费用表概述

收入费用表是反映政府会计主体在一定会计期间内发生的收入、费用及当期盈余的情况。收入费用表的编制基础主要是收入类、费用类科目的本期发生额。

收入费用表属于动态报表，作用表现为：可以提供某一会计期间收入总额及其构成情况的信息；某一会计期间费用总额及其构成情况的信息；某一会计期间本期盈余的信息。

收入费用表应当按照本期收入、本期费用和本期盈余分项列示。本期收入列示财政拨款收入、事业收入、上级补助收入、附属单位上缴收入、经营收入、非同级财政拨款收入、投资收益、捐赠收入、利息收入、租金收入和其他收入；本期费用列示业务活动费用、单位管理费用、经营费用、资产处置费用、上缴上级费用、对附属单位补助费用、所得税费用和其他费用。本期盈余是本期收入减去本期费用后的差额。

月度收入费用表各项目分别"本月数"和"本年累计数"填列。年度收入费用表各项则分为"本年数"和"上年数"两栏填列，其目的在于使报表使用者通过比较不同时期的盈余的实现情况，判断政府单位运行情况的未来发展趋势。

收入费用表的基本格式参见表 8-2。

表 8-2 收入费用表 会政财 02 表

编制单位：A 事业单位　　　　　　　20×9 年　　　　　　　　　　单位：元

项目	本月数/本年数	本年累计数/上年数
一、本期收入		
（一）财政拨款收入		
其中：政府性基金收入		
（二）事业收入		
（三）上级补助收入		
（四）附属单位上缴收入		
（五）经营收入		
（六）非同级财政拨款收入		
（七）投资收益		
（八）捐赠收入		
（九）利息收入		
（十）租金收入		
（十一）其他收入		
二、本期费用		
（一）业务活动费用		
（二）单位管理费用		
（三）经营费用		
（四）资产处置费用		
（五）上缴上级费用		

续上表

项目	本月数/本年数	本年累计数/上年数
（六）对附属单位补助费用		
（七）所得税费用		
（八）其他费用		
三、本期盈余		

（二）收入费用表的填列方法

收入费用表中"本月数"栏反映各项目的本月实际发生数。编制年度收入费用表时，应当将本栏改为"本年数"，反映本年度各项目的实际发生数。收入费用表中"本年累计数"栏反映各项目自年初至报告期期末的累计实际发生数。编制年度收入费用表时，应当将本栏改为"上年数"，反映上年度各项目的实际发生数，"上年数"栏应当根据上年年度收入费用表中"本年数"栏内所列数字填列。

如果本年度收入费用表规定的项目的名称和内容同上年度不一致，应当对上年度收入费用表项目的名称和数字按照本年度的规定进行调整，将调整后的金额填入本年度收入费用表的"上年数"栏内。如果本年度单位发生了因前期差错更正、会计政策变更等调整以前年度盈余的事项，还应当对年度收入费用表中"上年数"栏中的有关项目金额进行相应调整。

1. 本期收入类项目的内容和填列方法：

（1）"本期收入"项目，反映单位本期收入总额。本项目应当根据本表中"财政拨款收入""事业收入""上级补助收入""附属单位上缴收入""经营收入""非同级财政拨款收入""投资收益""捐赠收入""利息收入""租金收入""其他收入"项目金额的合计数填列。

（2）"财政拨款收入"项目，反映单位本期从同级政府财政部门取得的各类财政拨款。本项目应当根据"财政拨款收入"科目的本期发生额填列。

"政府性基金收入"项目，反映单位本期取得的财政拨款收入中属于政府性基金预算拨款的金额。本项目应当根据"财政拨款收入"相关明细科目的本期发生额填列。

（3）"事业收入"项目，反映事业单位本期开展专业业务活动及其辅助活动实现的收入。本项目应当根据"事业收入"科目的本期发生额填列。

（4）"上级补助收入"项目，反映事业单位本期从主管部门和上级单位收到或应收的非财政拨款收入。本项目应当根据"上级补助收入"科目的本期发生额填列。

（5）"附属单位上缴收入"项目，反映事业单位本期收到或应收的独立核算的附属单位按照有关规定上缴的收入。本项目应当根据"附属单位上缴收入"科目的本期发生额填列。

（6）"经营收入"项目，反映事业单位本期在专业业务活动及其辅助活动之外开展非独立核算经营活动实现的收入。本项目应当根据"经营收入"科目的本期发生额填列。

（7）"非同级财政拨款收入"项目，反映单位本期从非同级政府财政部门取得的财政拨款，不包括事业单位因开展科研及其辅助活动从非同级财政部门取得的经费拨款。本项目应当根据"非同级财政拨款收入"科目的本期发生额填列。

（8）"投资收益"项目，反映事业单位本期股权投资和债券投资所实现的收益或发生的损失。本项目应当根据"投资收益"科目的本期发生额填列；如为投资净损失，以"－"号填列。

（9）"捐赠收入"项目，反映单位本期接受捐赠取得的收入。本项目应当根据"捐赠收入"科目的本期发生额填列。

（10）"利息收入"项目，反映单位本期取得的银行存款利息收入。本项目应当根据"利息收入"科目的本期发生额填列。

（11）"租金收入"项目，反映单位本期经批准利用国有资产出租取得并按规定纳入本单位预算管理的租金收入。本项目应当根据"租金收入"科目的本期发生额填列。

（12）"其他收入"项目，反映单位本期取得的除以上收入项目外的其他收入的总额。本项目应当根据"其他收入"科目的本期发生额填列。

2. 本期费用类项目的内容和填列方法：

（13）"本期费用"项目，反映单位本期费用总额。本项目应当根据本表中"业务活动费用""单位管理费用""经营费用""资产处置费用""上缴上级费用""对附属单位补助费用""所得税费用"和"其他费用"项目金额的合计数填列。

（14）"业务活动费用"项目，反映单位本期为实现其职能目标，依法履职或开展专业业务活动及其辅助活动所发生的各项费用。本项目应当根据"业务活动费用"科目本期发生额填列。

（15）"单位管理费用"项目，反映事业单位本期本级行政及后勤管理部门开展管理活动发生的各项费用，以及由单位统一负担的离退休人员经费、工会经费、诉讼费、中介费等。本项目应当根据"单位管理费用"科目的本期发生额填列。

（16）"经营费用"项目，反映事业单位本期在专业业务活动及其辅助活动之外开展非独立核算经营活动发生的各项费用。本项目应当根据"经营费用"科目的本期发生额填列。

（17）"资产处置费用"项目，反映单位本期经批准处置资产时转销的资产价值以及在处置过程中发生的相关费用或者处置收入小于处置费用形成的净支出。本项目应当根据"资产处置费用"科目的本期发生额填列。

（18）"上缴上级费用"项目，反映事业单位按照规定上缴上级单位款项发生的费用。本项目应当根据"上缴上级费用"科目的本期发生额填列。

（19）"对附属单位补助费用"项目，反映事业单位用财政拨款收入之外的收入对附属单位补助发生的费用。本项目应当根据"对附属单位补助费用"科目的本期发生额填列。

（20）"所得税费用"项目，反映有企业所得税缴纳义务的事业单位本期计算应交纳的企业所得税。本项目应当根据"所得税费用"科目的本期发生额填列。

（21）"其他费用"项目，反映单位本期发生的除以上费用项目外的其他费用的总额。本项目应当根据"其他费用"科目的本期发生额填列。

3. 本期盈余项目的内容和填列方法：

（22）"本期盈余"项目，反映单位本期收入扣除本期费用后的净额。本项目应当根据本表中"本期收入"项目金额减去"本期费用"项目金额后的金额填列；如为负数，以"－"号填列。

四、净资产变动表

（一）净资产变动表概述

净资产变动表是反映单位某一会计期间净资产变动情况的报表。净资产变动表的编制基础主要是净资产类科目的本期发生额及其余额。

净资产变动表属于动态报表，作用主要表现为：可以提供某一会计期间内累计盈余变动情况的信息；某一会计期间内专用基金变动情况的信息；某一会计期间内权益法调整变动情况的信息。

净资产变动表只编制年度报表。

净资产变动表分别横向和纵向按照不同项目列示，横向按照累计盈余、专用基金、权益法调整和净资产合计分项列示；纵向按照上年年末余额、以前年度盈余调整、本年年初余额、本年变动金额和本年年末余额分项列示。

此外，为了使报表使用者通过比较不同年度净资产变动表的数据，掌握政府单位净资产各项目变动情况及发展趋势，政府单位需要提供比较净资产变动表，净资产变动表还就各项目再分为"本年数"和"上年数"两栏分别填列。净资产变动表"本年数"栏反映本年度各项目的实际变动数，"上年数"栏反映上年度各项目的实际变动数。

净资产变动表的基本格式如表8-3所示。

表8-3　净资产变动表　会政财03表

编制单位：A事业单位　　　　　　20×9年　　　　　　　　单位：元

项目	本年数				上年数			
	累计盈余	专用基金	权益法调整	净资产合计	累计盈余	专用基金	权益法调整	净资产合计
一、上年年末余额								
二、以前年度盈余调整（减少以"－"号填列）	—	—			—	—		
三、本年年初余额								
四、本年变动金额（减少以"－"号填列）								
（一）本年盈余	—				—			
（二）无偿调拨净资产	—				—			
（三）归集调整预算结转结余	—				—			

续上表

项目	本年数				上年数			
	累计盈余	专用基金	权益法调整	净资产合计	累计盈余	专用基金	权益法调整	净资产合计
（四）提取或设置专用基金			—				—	
其中：从预算收入中提取	—		—		—		—	
从预算结余中提取			—				—	
设置的专用基金	—		—		—		—	
（五）使用专用基金			—				—	
（六）权益法调整	—	—			—	—		
五、本年年末余额								

注："—"标识单元格不需填列。

（二）净资产变动表的填列方法

1. "上年数"栏各项目的内容和填列方法

"上年数"栏反映上年度各项目的实际变动数，应当根据上年度净资产变动表中"本年数"栏内所列数字填列。如果上年度净资产变动表规定的项目的名称和内容与本年度不一致，应对上年度净资产变动表项目的名称和数字按照本年度的规定进行调整，将调整后金额填入本年度净资产变动表"上年数"栏内。

2. "本年数"栏各项目的内容和填列方法如下：

（1）"上年年末余额"行，反映单位净资产各项目上年年末的余额。本行各项目应当根据"累计盈余""专用基金""权益法调整"科目上年年末余额填列。

（2）"以前年度盈余调整"行，反映单位本年度调整以前年度盈余的事项对累计盈余进行调整的金额。本行"累计盈余"项目应当根据本年度"以前年度盈余调整"科目转入"累计盈余"科目的金额填列；如调整减少累计盈余，以"-"号填列。

（3）"本年年初余额"行，反映经过以前年度盈余调整后，单位净资产各项目的本年年初余额。本行"累计盈余""专用基金""权益法调整"项目应当根据其各自在"上年年末余额"和"以前年度盈余调整"行对应项目金额的合计数填列。

（4）"本年变动金额"行，反映单位净资产各项目本年变动总金额。本行"累计盈余""专用基金""权益法调整"项目应当根据其各自在"本期盈余""无偿调拨净资产""归集调整预算结转结余""提取或设置专用基金""使用专用基金""权益法调整"行对应项目金额的合计数填列。

（5）"本期盈余"行，反映单位本年发生的收入、费用对净资产的影响。本行"累计盈余"项目应当根据年末由"本期盈余"科目转入"本年盈余分配"科目的金额填列；如转入时借记"本年盈余分配"科目，则以"－"号填列。

（6）"无偿调拨净资产"行，反映单位本年无偿调入、调出非现金资产事项对净资产的影响。本行"累计盈余"项目应当根据年末由"无偿调拨净资产"科目转入"累计盈余"科目的金额填列；如转入时借记"累计盈余"科目，则以"－"号填列。

（7）"归集调整预算结转结余"行，反映单位本年财政拨款结转结余资金归集调入、归集上缴或调出，以及非财政拨款结转资金缴回对净资产的影响。本行"累计盈余"项目应当根据"累计盈余"科目明细账记录分析填列；如归集调整减少预算结转结余，则以"－"号填列。

（8）"提取或设置专用基金"行，反映单位本年提取或设置专用基金对净资产的影响。本行"累计盈余"项目应当根据"从预算结余中提取"行"累计盈余"项目的金额填列。本行"专用基金"项目应当根据"从预算收入中提取""从预算结余中提取""设置的专用基金"行"专用基金"项目金额的合计数填列。

"从预算收入中提取"行，反映单位本年从预算收入中提取专用基金对净资产的影响。本行"专用基金"项目应当通过对"专用基金"科目明细账记录的分析，根据本年按有关规定从预算收入中提取基金的金额填列。

"从预算结余中提取"行，反映单位本年根据有关规定从本年度非财政拨款结余或经营结余中提取专用基金对净资产的影响。本行"累计盈余""专用基金"项目应当通过对"专用基金"科目明细账记录的分析，根据本年按有关规定从本年度非财政拨款结余或经营结余中提取专用基金的金额填列；本行"累计盈余"项目以"－"号填列。

"设置的专用基金"行，反映单位本年根据有关规定设置的其他专用基金对净资产的影响。本行"专用基金"项目应当通过对"专用基金"科目明细账记录的分析，根据本年按有关规定设置的其他专用基金的金额填列。

（9）"使用专用基金"行，反映单位本年按规定使用专用基金对净资产的影响。本行"累计盈余""专用基金"项目应当通过对"专用基金"科目明细账记录的分析，根据本年按规定使用专用基金的金额填列；本行"专用基金"项目以"－"号填列。

（10）"权益法调整"行，反映单位本年按照被投资单位除净损益和利润分配以外的所有者权益变动份额而调整长期股权投资账面余额对净资产的影响。本行"权益法调整"项目应当根据"权益法调整"科目本年发生额填列；若本年净发生额为借方时，以"－"号填列。

（11）"本年年末余额"行，反映单位本年各净资产项目的年末余额。本行"累计盈余""专用基金""权益法调整"项目应当根据其各自在"本年年初余额""本年变动金额"行对应项目金额的合计数填列。

（12）本表各行"净资产合计"项目，应当根据所在行"累计盈余""专用基金""权益法调整"项目金额的合计数填列。

五、现金流量表

（一）现金流量表概述

现金流量表是反映政府会计主体在一定会计期间现金及现金等价物流入和流出信息的报表，其编制基础主要是现金类科目本期发生额的增减变动情况。政府单位现金流量表只编制年度报表。

现金流量表中的现金，是指单位的库存现金以及其他可以随时用于支付的款项，包括库存现金、可以随时用于支付的银行存款、其他货币资金、零余额账户用款额度、财政应返还额度，以及通过财政直接支付方式支付的款项。

现金流量表中的现金流量，是指现金流入与现金流出，并主要按照日常活动、投资活动、筹资活动的现金流量分别分类分项列示。为了使报表使用者通过比较不同年度现金流量变动表的数据，掌握政府单位各类现金流量及其各项目变动情况及发展趋势，政府单位需要提供比较现金流量，现金流量还就各项目再分为"本年金额"和"上年金额"两栏分别填列。其中，"本年金额"栏反映各项目的本年实际发生数，"上年金额"栏反映各项目的上年实际发生数。

政府单位现金流量表应当采用直接法编制。按照《政府单位会计制度》的规定，政府单位可根据实际情况自行选择编制现金流量表。

现金流量表的基本格式参见表8-4。

表8-4　现金流量表　会政财04表

编制单位：A事业单位　　　　　　20×9年　　　　　　单位：元

项目	本年金额	上年金额
一、日常活动产生的现金流量：		
财政基本支出拨款收到的现金		
财政非资本性项目拨款收到的现金		
事业活动收到的除财政拨款以外的现金		
收到的其他与日常活动有关的现金		
日常活动的现金流入小计		
购买商品、接受劳务支付的现金		
支付给职工以及为职工支付的现金		
支付的各项税费		
支付的其他与日常活动有关的现金		
日常活动的现金流出小计		
日常活动产生的现金流量净额		
二、投资活动产生的现金流量：		
收回投资收到的现金		
取得投资收益收到的现金		
处置固定资产、无形资产、公共基础设施等收回的现金净额		
收到的其他与投资活动有关的现金		
投资活动的现金流入小计		
购建固定资产、无形资产、公共基础设施等支付的现金		

续上表

项目	本年金额	上年金额
对外投资支付的现金		
上缴处置固定资产、无形资产、公共基础设施等净收入支付的现金		
支付的其他与投资活动有关的现金		
投资活动的现金流出小计		
投资活动产生的现金流量净额		
三、筹资活动产生的现金流量：		
财政资本性项目拨款收到的现金		
取得借款收到的现金		
收到的其他与筹资活动有关的现金		
筹资活动的现金流入小计		
偿还借款支付的现金		
偿还利息支付的现金		
支付的其他与筹资活动有关的现金		
筹资活动的现金流出小计		
筹资活动产生的现金流量净额		
四、汇率变动对现金的影响额		
五、现金净增加额		

（二）现金流量表的填列方法

1. "上年金额"栏各项目的填列方法

"上年金额"栏反映各项目的上年实际发生数，应当根据上年现金流量表中"本年金额"栏内所列数字填列。

2. "本年金额"栏各项目的填列方法如下：

日常活动产生的现金流量

（1）"财政基本支出拨款收到的现金"项目，反映单位本年接受财政基本支出拨款取得的现金。本项目应当根据"零余额账户用款额度""财政拨款收入""银行存款"等科目及其所属明细科目的记录分析填列。

（2）"财政非资本性项目拨款收到的现金"项目，反映单位本年接受除用于购建固定资产、无形资产、公共基础设施等资本性项目以外的财政项目拨款取得的现金。本项目应当根据"银行存款""零余额账户用款额度""财政拨款收入"等科目及其所属明细科目的记录分析填列。

（3）"事业活动收到的除财政拨款以外的现金"项目，反映事业单位本年开展专业业务活动及其辅助活动取得的除财政拨款以外的现金。本项目应当根据"库存现金""银行存款""其他货币资金""应收账款""应收票据""预收账款""事业收入"等科目及其所属明细科目的记录分析填列。

（4）"收到的其他与日常活动有关的现金"项目，反映单位本年收到的除以上项目之外的与日常活动有关的现金。本项目应当根据"库存现金""银行存款""其他货币资金""上级补助收入""附属单位上缴收入""经营收入""非同级财政拨款收入""捐赠收入""利息收入""租金收入""其他收入"等科目及其所属明细科目的记录分析填列。

（5）"日常活动的现金流入小计"项目，反映单位本年日常活动产生的现金流入的合计数。本项目应当根据本表中"财政基本支出拨款收到的现金""财政非资本性项目拨款收到的现金""事业活动收到的除财政拨款以外的现金""收到的其他与日常活动有关的现金"项目金额的合计数填列。

（6）"购买商品、接受劳务支付的现金"项目，反映单位本年在日常活动中用于购买商品、接受劳务支付的现金。本项目应当根据"库存现金""银行存款""财政拨款收入""零余额账户用款额度""预付账款""在途物品""库存物品""应付账款""应付票据""业务活动费用""单位管理费用""经营费用"等科目及其所属明细科目的记录分析填列。

（7）"支付给职工以及为职工支付的现金"项目，反映单位本年支付给职工以及为职工支付的现金。本项目应当根据"库存现金""银行存款""零余额账户用款额度""财政拨款收入""应付职工薪酬""业务活动费用""单位管理费用""经营费用"等科目及其所属明细科目的记录分析填列。

（8）"支付的各项税费"项目，反映单位本年用于缴纳日常活动相关税费而支付的现金。本项目应当根据"库存现金""银行存款""零余额账户用款额度""应交增值税""其他应交税费""业务活动费用""单位管理费用""经营费用""所得税费用"等科目及其所属明细科目的记录分析填列。

（9）"支付的其他与日常活动有关的现金"项目，反映单位本年支付的除上述项目之外与日常活动有关的现金。本项目应当根据"库存现金""银行存款""零余额账户用款额度""财政拨款收入""其他应付款""业务活动费用""单位管理费用""经营费用""其他费用"等科目及其所属明细科目的记录分析填列。

（10）"日常活动的现金流出小计"项目，反映单位本年日常活动产生的现金流出的合计数。本项目应当根据本表中"购买商品、接受劳务支付的现金""支付给职工以及为职工支付的现金""支付的各项税费""支付的其他与日常活动有关的现金"项目金额的合计数填列。

（11）"日常活动产生的现金流量净额"项目，应当按照本表中"日常活动的现金流入小计"项目金额减去"日常活动的现金流出小计"项目金额后的金额填列；如为负数，以"－"号填列。

投资活动产生的现金流量

（12）"收回投资收到的现金"项目，反映单位本年出售、转让或者收回投资收到的现金。本项目应该根据"库存现金""银行存款""短期投资""长期股权投资""长期债券投资"等科目的记录分析填列。

（13）"取得投资收益收到的现金"项目，反映单位本年因对外投资而收到被投资单位分配的股利或利润，以及收到投资利息而取得的现金。本项目应当根据"库存现金""银行存款""应收股利""应收利息""投资收益"等科目的记录分析填列。

（14）"处置固定资产、无形资产、公共基础设施等收回的现金净额"项目，反映单位本年处置固定资产、无形资产、公共基础设施等非流动资产所取得的现金，减去为处置这些资产而支付的有关费用之后的净额。由于自然灾害所造成的固定资产等长期资产损失而收到的保险赔款收入，也在本项目反映。本项目应当根据"库存现金""银行存款""待处理财产损溢"等科目的记录分析填列。

（15）"收到的其他与投资活动有关的现金"项目，反映单位本年收到的除上述项目之外与投资活动有关的现金。对于金额较大的现金流入，应当单列项目反映。本项目应当根据"库存现金""银行存款"等有关科目的记录分析填列。

（16）"投资活动的现金流入小计"项目，反映单位本年投资活动产生的现金流入的合计数。本项目应当根据本表中"收回投资收到的现金""取得投资收益收到的现金""处置固定资产、无形资产、公共基础设施等收回的现金净额""收到的其他与投资活动有关的现金"项目金额的合计数填列。

（17）"购建固定资产、无形资产、公共基础设施等支付的现金"项目，反映单位本年购买和建造固定资产、无形资产、公共基础设施等非流动资产所支付的现金；融资租入固定资产支付的租赁费不在本项目反映，在筹资活动的现金流量中反映。本项目应当根据"库存现金""银行存款""固定资产""工程物资""在建工程""无形资产""研发支出""公共基础设施""保障性住房"等科目的记录分析填列。

（18）"对外投资支付的现金"项目，反映单位本年为取得短期投资、长期股权投资、长期债券投资而支付的现金。本项目应当根据"库存现金""银行存款""短期投资""长期股权投资""长期债券投资"等科目的记录分析填列。

（19）"上缴处置固定资产、无形资产、公共基础设施等净收入支付的现金"项目，反映本年单位将处置固定资产、无形资产、公共基础设施等非流动资产所收回的现金净额予以上缴财政所支付的现金。本项目应当根据"库存现金""银行存款""应缴财政款"等科目的记录分析填列。

（20）"支付的其他与投资活动有关的现金"项目，反映单位本年支付的除上述项目之外与投资活动有关的现金。对于金额较大的现金流出，应当单列项目反映。本项目应当根据"库存现金""银行存款"等有关科目的记录分析填列。

（21）"投资活动的现金流出小计"项目，反映单位本年投资活动产生的现金流出的合计数。本项目应当根据本表中"购建固定资产、无形资产、公共基础设施等支付的现金""对外投资支付的现金""上缴处置固定资产、无形资产、公共基础设施等净收入支付的现金""支付的其他与投资活动有关的现金"项目金额的合计数填列。

（22）"投资活动产生的现金流量净额"项目，应当按照本表中"投资活动的现金流入小计"项目金额减去"投资活动的现金流出小计"项目金额后的金额填列；如为负数，以"－"号填列。

筹资活动产生的现金流量

（23）"财政资本性项目拨款收到的现金"项目，反映单位本年接受用于购建固定资产、无形资产、公共基础设施等资本性项目的财政项目拨款取得的现金。本项目应当根据"银行存款""零余额账户用款额度""财政拨款收入"等科目及其所属明细科目的记录分析填列。

（24）"取得借款收到的现金"项目，反映事业单位本年举借短期、长期借款所收到的现金。本项目应当根据"库存现金""银行存款""短期借款""长期借款"等科目记录分析填列。

（25）"收到的其他与筹资活动有关的现金"项目，反映单位本年收到的除上述项目之外与筹资活动有关的现金。对于金额较大的现金流入，应当单列项目反映。本项目应当根据"库存现金""银行存款"等有关科目的记录分析填列。

（26）"筹资活动的现金流入小计"项目，反映单位本年筹资活动产生的现金流入的合计数。本项目应当根据本表中"财政资本性项目拨款收到的现金""取得借款收到的现金""收到的其他与筹资活动有关的现金"项目金额的合计数填列。

（27）"偿还借款支付的现金"项目，反映事业单位本年偿还借款本金所支付的现金。本项目应当根据"库存现金""银行存款""短期借款""长期借款"等科目的记录分析填列。

（28）"偿付利息支付的现金"项目，反映事业单位本年支付的借款利息等。本项目应当根据"库存现金""银行存款""应付利息""长期借款"等科目的记录分析填列。

（29）"支付的其他与筹资活动有关的现金"项目，反映单位本年支付的除上述项目之外与筹资活动有关的现金，如融资租入固定资产所支付的租赁费。本项目应当根据"库存现金""银行存款""长期应付款"等科目的记录分析填列。

（30）"筹资活动的现金流出小计"项目，反映单位本年筹资活动产生的现金流出的合计数。本项目应当根据本表中"偿还借款支付的现金""偿付利息支付的现金""支付的其他与筹资活动有关的现金"项目金额的合计数填列。

（31）"筹资活动产生的现金流量净额"项目，应当按照本表中"筹资活动的现金流入小计"项目金额减去"筹资活动的现金流出小计"金额后的金额填列；如为负数，以"－"号填列。

"汇率变动对现金的影响额"项目，反映单位本年外币现金流量折算为人民币时，所采用的现金流量发生日的汇率折算的人民币金额，与外币现金流量净额按期末汇率折算的人民币金额之间的差额。

"现金净增加额"项目，反映单位本年现金变动的净额。本项目应当根据本表中"日常活动产生的现金流量净额""投资活动产生的现金流量净额""筹资活动产生的现金流量净额"和"汇率变动对现金的影响额"项目金额的合计数填列；如为负数，以"－"号填列。

六、附注和会计报表重要项目说明

（一）附注

附注是对报表列示项目的进一步说明，包括文字描述、表格列示、明细资料，以及对未能在报表中列示项目的说明等。

附注是财务报表的重要组成部分，所以被称为财务报表附注。凡对报表使用者的决策有重要影响的会计信息，不论《政府会计制度制度》是否有明确规定，单位均应当充分披露，包括为了满足编制合并报表抵销事项的需要，对内部往来等事项应当予以披露等。

根据现行政府会计制度的规定，附注主要包括下列内容：

1. 单位的基本情况

行政事业单位应当简要披露其基本情况，包括单位主要职能、主要业务活动、所在地、预算管理关系等。

2. 会计报表编制基础

3. 遵循政府会计准则、制度的声明

4. 重要会计政策和会计估计

行政事业单位应当采用与其业务特点相适应的具体会计政策，并充分披露报告期内采用的重要会计政策和会计估计。主要包括以下内容：

（1）会计期间。

（2）记账本位币，外币折算汇率。

（3）坏账准备的计提方法。

（4）存货类别、发出存货的计价方法、存货的盘存制度，以及低值易耗品和包装物的摊销方法。

（5）长期股权投资的核算方法。

（6）固定资产分类、折旧方法、折旧年限和年折旧率；融资租入固定资产的计价和折旧方法。

（7）无形资产的计价方法；使用寿命有限的无形资产，其使用寿命估计情况；使用寿命不确定的无形资产，其使用寿命不确定的判断依据；单位内部研究开发项目划分研究阶段和开发阶段的具体标准。

（8）公共基础设施的分类、折旧（摊销）方法、折旧（摊销）年限，以及其确定依据。

（9）政府储备物资分类，以及确定其发出成本所采用的方法。

（10）保障性住房的分类、折旧方法、折旧年限。

（11）其他重要的会计政策和会计估计。

（12）本期发生重要会计政策和会计估计变更的，变更的内容和原因、受其重要影响的报表项目名称和金额、相关审批程序，以及会计估计变更开始适用的时点。

（二）会计报表重要项目说明

政府单位应当按照资产负债表和收入费用表项目列示顺序，采用文字和数据描述相结合的方式披露重要项目的明细信息。报表重要项目的明细金额合计，应当与报表项目金额相衔接。报表重要项目说明应包括但不限于下列内容。

1. 货币资金的披露

货币资金的披露格式如下：

项目	期末余额	年初余额
库存现金		
银行存款		
其他货币资金		
合计		

2. 应收账款

应收账款按照债务人类别披露的格式如下：

债务人类别	期末余额	年初余额
政府会计主体：		
部门内部单位		
单位1		
……		
部门外部单位		
单位1		
……		
其他：		
单位1		
……		
合计		

注：1. "部门内部单位"是指纳入单位所属部门财务报告合并范围的单位（下同）。
2. 有应收票据、预付账款、其他应收款的，可比照应收账款进行披露。

3. 存货

存货的披露格式如下：

存货种类	期末余额	年初余额
1.		
……		
合计		

4. 其他流动资产

其他流动资产的披露格式如下：

项目	期末余额	年初余额
1.		
……		
合计		

注：有长期待摊费用、其他非流动资产的，可比照其他流动资产进行披露。

5. 长期投资

（1）长期债券投资的披露格式如下：

债券发行主体	年初余额	本年增加额	本年减少额	期末余额
1.				
……				
合计				

注：有短期投资的，可比照长期债券投资进行披露。

（2）长期股权投资的披露格式如下：

被投资单位	核算方法	年初余额	本年增加额	本年减少额	期末余额
1.					
……					
合计					

（3）当期发生的重大投资净损益项目、金额及原因。

6. 固定资产

（1）固定资产的披露格式如下：

项目	年初余额	本年增加额	本年减少额	期末余额
一、原值合计				
其中：房屋及构筑物				
通用设备				
专用设备				
文物和陈列品				
图书、档案				
家具、用具、装具及动植物				
二、累计折旧合计				
其中：房屋及构筑物				
通用设备				
专用设备				
家具、用具、装具				

续上表

项目	年初余额	本年增加额	本年减少额	期末余额
三、账面价值合计				
其中：房屋及构筑物				
通用设备				
专用设备				
文物和陈列品				
图书、档案				
家具、用具、装具及动植物				

（2）已提足折旧的固定资产名称、数量等情况。

（3）出租、出借固定资产以及固定资产对外投资等情况。

7. 在建工程

在建工程的披露格式如下：

项目	年初余额	本年增加额	本年减少额	期末余额
1.				
……				
合计				

8. 无形资产

（1）各类无形资产的披露格式如下：

项目	年初余额	本年增加额	本年减少额	期末余额
一、原值合计				
1.				
……				
二、累计摊销合计				
1.				
……				
三、账面价值合计				
1.				
……				

（2）计入当期损益的研发支出金额、确认为无形资产的研发支出金额。

（3）无形资产出售、对外投资等处置情况。

9. 公共基础设施

（1）公共基础设施的披露格式如下：

项目	年初余额	本年增加额	本年减少额	期末余额
原值合计				
市政基础设施				
1.				
……				
交通基础设施				
1.				
……				
水利基础设施				
1.				
……				
其他				
……				
累计折旧合计				
市政基础设施				
1.				
……				
交通基础设施				
1.				
……				
水利基础设施				
1.				
……				
其他				
……				
账面价值合计				

续上表

项目	年初余额	本年增加额	本年减少额	期末余额
市政基础设施				
1.				
……				
交通基础设施				
1.				
……				
水利基础设施				
1.				
……				
其他				
……				

（2）确认为公共基础设施的单独计价入账的土地使用权的账面余额、累计摊销额及变动情况。

（3）已提取折旧继续使用的公共基础设施的名称、数量等。

10. 政府储备物资

政府储备物资的披露格式如下：

物资类别	年初余额	本年增加额	本年减少额	期末余额
1.				
……				
合计				

注：如单位有因动用而发出需要收回或者预期可能收回、但期末尚未收回的政府储备物资，应当单独披露其期末账面余额。

11. 受托代理资产

受托代理资产的披露格式如下：

资产类别	年初余额	本年增加额	本年减少额	期末余额
货币资金				
受托转赠物资				

续上表

资产类别	年初余额	本年增加额	本年减少额	期末余额
受托存储保管物资				
罚没物资				
其他				
合计				

12. 应付账款

应付账款按照债权人类别披露的格式如下：

债权人类别	期末余额	年初余额
政府会计主体：		
部门内部单位		
单位 1		
……		
部门外部单位		
单位 1		
……		
其他：		
单位 1		
……		
合计		

注：有应付票据、预收账款、其他应付款、长期应付款的，可比照应付账款进行披露。

13. 其他流动负债

其他流动负债的披露格式如下：

项目	期末余额	年初余额
1.		
……		
合计		

注：有预计负债、其他非流动负债的，可比照其他流动负债进行披露。

14. 长期借款

（1）长期借款按照债权人披露的格式如下：

债权人	期末余额	年初余额
1.		
……		
合计		

注：有短期借款的，可比照长期借款进行披露。

（2）单位有基建借款的，应当分基建项目披露长期借款年初数、本年变动数、年末数及到期期限。

15. 事业收入

事业收入按照收入来源的披露格式如下：

收入来源	本期发生额	上期发生额
来自财政专户管理资金		
本部门内部单位		
单位 1		
……		
本部门以外同级政府单位		
单位 1		
……		
其他		
……		
合计		

16. 非同级财政拨款收入

非同级财政拨款收入按收入来源的披露格式如下：

收入来源	本期发生额	上期发生额
本部门以外同级政府单位		
单位 1		
……		

收入来源	本期发生额	上期发生额
本部门以外非同级政府单位		
单位1		
……		
合计		

17. 其他收入

其他收入按照收入来源的披露格式如下：

收入来源	本期发生额	上期发生额
本部门内部单位		
单位1		
……		
本部门以外同级政府单位		
单位1		
……		
本部门以外非同级政府单位		
单位1		
……		
其他		
单位1		
……		
合计		

18. 业务活动费用

（1）按经济分类的披露格式如下：

项目	本期发生额	上期发生额
工资福利费用		
商品和服务费用		
对个人和家庭的补助费用		

续上表

项目	本期发生额	上期发生额
对企业补助费用		
固定资产折旧费		
无形资产摊销费		
公共基础设施折旧（摊销）费		
保障性住房折旧费		
计提专用基金		
……		
合计		

注：有单位管理费用、经营费用的，可比照（业务活动费用）此表进行披露。

（2）按支付对象的披露格式如下：

支付对象	本期发生额	上期发生额
本部门内部单位		
单位 1		
……		
本部门以外同级政府单位		
单位 1		
……		
其他		
单位 1		
……		
合计		

注：有单位管理费用、经营费用的，可比照（业务活动费用）此表进行披露。

19. 其他费用

其他费用按照类别披露的格式如下：

费用类别	本期发生额	上期发生额
利息费用		
坏账损失		
罚没支出		
……		
合计		

20. 本期费用

本期费用按照经济分类的披露格式如下：

项目	本期发生额	上期发生额
工资福利费用		
商品和服务费用		
对个人和家庭的补助费用		
对企业补助费用		
固定资产折旧费		
无形资产摊销费		
公共基础设施折旧（摊销）费		
保障性住房折旧费		
计提专用基金		
所得税费用		
资产处置费用		
上缴上级费用		
对附属单位补助费用		
其他费用		
本期费用合计		

注：单位在按照《政府单位会计制度》规定编制收入费用表的基础上，可以根据需要按照此表披露的内容编制收入费用表。

（三）其他重要事项说明

1. 资产负债表日存在的重要或有事项说明。没有重要或有事项的，也应说明。

2. 以名义金额计量的资产名称、数量等情况，以及以名义金额计量理由的说明。

3. 通过债务资金形成的固定资产、公共基础设施、保障性住房等资产的账面价值、使用情况、收益情况及与此相关的债务偿还情况等的说明。

4. 重要资产置换、无偿调入（出）、捐入（出）、报废、重大毁损等情况的说明。

5. 事业单位将单位内部独立核算单位的会计信息纳入本单位财务报表

情况的说明。

6. 政府会计具体准则中要求附注披露的其他内容。

7. 有助于理解和分析单位财务报表需要说明的其他事项。

第二节　预算会计报表

一、预算会计报表概述

（一）预算会计报表的构成

政府单位预算会计报表是综合反映政府单位年度预算收支执行结果的文件，应当包括决算报表和其他应当在决算报告中反映的相关信息和资料。决算报表主要包括预算收入支出表、预算结转结余变动表和财政拨款预算收入支出表，均按照年度编制。政府单位财务报表的经济内容分类和编制时间分类参见表 8-5。

表 8-5　政府单位财务报表的经济内容分类和编制时间分类

编号	报表名称	编制期
会政预 01 表	预算收入支出表	年度
会政预 02 表	预算结转结余变动表	年度
会政预 03 表	财政拨款预算收入支出表	年度

（二）预算会计报表的编制要求

政府单位编制预算会计报表应遵循以下要求：

1. 在年度终了前，应根据财政部门或主管部门的预决算编审工作要求，对各项收入账目、往来款项、货币资金和财产物资进行全面清理结算，在此基础上办理年度结账，编制报表。

2. 清理、核算年度预算收支数额和各项缴拨款，保证上下级之间的年度预算数与领拨经费数一致。

3. 为了准确反映各项收支数额，凡属本年度的应拨款项，应当在 12 月

31 日前汇达对方。主管会计单位对所属各单位的预算拨款一般截至12月25日，逾期一般不再下拨。

4. 凡属本年的各项收入，都应及时入账。本年的各项应缴预算款和应缴财政专户的预算外资金，要在年终前全部上缴。属于本年的各项支出，要按规定的支出渠道如实列报。年度单位支出决算一律以基层用款单位截至12月31日的本年实际支出数为准，不得将年终前预拨下级单位的下年度预算拨款列入本年支出，也不得以上级会计单位的拨款数代替基层会计单位的实际支出数。

5. 单位的往来款项在年终前应尽量清理完毕。按照有关规定应当转作各项收入或各项支出的往来款项应及时转入各有关账户，编入本年决算。

6. 单位年终应及时与开户银行对账，银行存款账面余额应与银行对账单的余额核对相符。现金账面余额应与库存现金核对相符。有价证券账面数额一般应与实存的有价证券核对相符。

7. 年终前，应对各项财产物资进行清理盘点。发生盘盈、盘亏的，应及时查明原因，按规定做出处理、调整账务，做到账实相符、账账相符。

8. 单位的决算报告经过审核程序，经上级主管部门或财政部门审批后，需要调整决算数据的，应做相应调整。

9. 认真做好预决算分析工作。预决算分析报告是一项基础性工作，内容丰富、涉及面广，不少信息需要相关部门提供，共同分析完成。预决算分析应当坚持问题导向，努力使预决算信息找得到、看得懂、能监督。坚持业财融合，加强对部门预决算数据的利用，不仅能保证单位整体预决算数据的准确性，而且能真实反映单位的财务运行状况，为来年预算的编制与执行，为加强财务方面的管理提供必要的数据支撑和前提保障。为此，编制人员要不断提高文字表述和分析能力，并在此基础上进行认真归纳和总结，不断探索，撰写出符合要求的高质量决算分析报告。

二、预算收入支出表

（一）预算收入支出表概述

预算收入支出表是反映单位在某一会计年度内各项预算收入、预算支出和预算收支差额情况的预算会计报表。预算收入支出表的编制基础主要是各预算收入类、预算支出类科目的本期发生额及其增减变动情况。预算收入支出表只按照年度编制。

预算收入支出表属于动态报表，作用主要体现在：可以提供某一会计年度内预算收入总额及其构成情况的信息；某一会计年度内预算支出总额及其构成情况的信息；某一会计年度内预算收支差额的信息。

预算收入支出表应当按照本年预算收入、本年预算支出和本年预算收支差额分项列示。本年预算收入主要反映财政拨款预算收入、事业预算收入、上级补助预算收入、附属单位上缴预算收入、经营预算收入、债务预算收入、非同级财政拨款预算收入、投资预算收益、其他预算收入；本年预算支出主要反映行政支出、事业支出、经营支出、上缴上级支出、对附属单位补助支出、投资支出、债务还本支出和其他支出。本年预算收支差额是本年预算收入减去本年预算支出后的差额。

预算收入支出表各项则分为"本年数"和"上年数"两栏填列，其目的在于使报表使用者通过比较不同时期的预算收入、预算支出和预算收支差额情况，判断政府单位预算情况的未来发展趋势。预算收入支出表"本年数"栏反映各项目的本年实际发生数。本表"上年数"栏反映各项目上年度的实际发生数。

预算收入支出表基本格式参见表8-6。

表8-6　预算收入支出表　会政预01表

编制单位：A事业单位　　　　　　　　20×9年　　　　　　　　单位：元

项目	本年数	上年数
一、本年预算收入		
（一）财政拨款预算收入		
其中：政府性基金收入		
（二）事业预算收入		
（三）上级补助预算收入		
（四）附属单位上缴预算收入		
（五）经营预算收入		
（六）债务预算收入		
（七）非同级财政拨款预算收入		

续上表

项目	本年数	上年数
（八）投资预算收益		
（九）其他预算收入		
其中：利息预算收入		
捐赠预算收入		
租金预算收入		
二、本年预算支出		
（一）行政支出		
（二）事业支出		
（三）经营支出		
（四）上缴上级支出		
（五）对附属单位补助支出		
（六）投资支出		
（七）债务还本支出		
（八）其他支出		
其中：利息支出		
捐赠支出		
三、本年预算收支差额		

（二）预算收入支出表的填列方法

1. "上年数"各项目的内容和填列方法：

应当根据上年度预算收入支出表中"本年数"栏内所列数字填列。如果本年度预算收入支出表规定的项目的名称和内容同上年度不一致，应当对上年度预算收入支出表项目的名称和数字按照本年度的规定进行调整，将调整后金额填入本年度预算收入支出表的"上年数"栏。

2. "本年数"各项目的内容和填列方法：

"本年预算收入"各项目的内容和填列方法：

（1）"本年预算收入"项目，反映单位本年预算收入总额。本项目应当根据本表中"财政拨款预算收入""事业预算收入""上级补助预算收入"

"附属单位上缴预算收入""经营预算收入""债务预算收入""非同级财政拨款预算收入""投资预算收益""其他预算收入"项目金额的合计数填列。

（2）"财政拨款预算收入"项目，反映单位本年从同级政府财政部门取得的各类财政拨款。本项目应当根据"财政拨款预算收入"科目的本年发生额填列。

"政府性基金收入"项目，反映单位本年取得的财政拨款收入中属于政府性基金预算拨款的金额。本项目应当根据"财政拨款预算收入"相关明细科目的本年发生额填列。

（3）"事业预算收入"项目，反映事业单位本年开展专业业务活动及其辅助活动取得的预算收入。本项目应当根据"事业预算收入"科目的本年发生额填列。

（4）"上级补助预算收入"项目，反映事业单位本年从主管部门和上级单位取得的非财政补助预算收入。本项目应当根据"上级补助预算收入"科目的本年发生额填列。

（5）"附属单位上缴预算收入"项目，反映事业单位本年收到的独立核算的附属单位按照有关规定上缴的预算收入。本项目应当根据"附属单位上缴预算收入"科目的本年发生额填列。

（6）"经营预算收入"项目，反映事业单位本年在专业业务活动及其辅助活动之外开展非独立核算经营活动取得的预算收入。本项目应当根据"经营预算收入"科目的本年发生额填列。

（7）"债务预算收入"项目，反映事业单位本年按照规定从金融机构等借入的、纳入部门预算管理的债务预算收入。本项目应当根据"债务预算收入"的本年发生额填列。

（8）"非同级财政拨款预算收入"项目，反映单位本年从非同级政府财政部门取得的财政拨款。本项目应当根据"非同级财政拨款预算收入"科目的本年发生额填列。

（9）"投资预算收益"项目，反映事业单位本年取得的按规定纳入单位预算管理的投资收益。本项目应当根据"投资预算收益"科目的本年发生额填列。

（10）"其他预算收入"项目，反映单位本年取得的除上述收入以外的纳入单位预算管理的各项预算收入。本项目应当根据"其他预算收入"科目的本年发生额填列。

"利息预算收入"项目，反映单位本年取得的利息预算收入。本项目应当根据"其他预算收入"科目的明细记录分析填列。单位单设"利息预算收入"科目的，应当根据"利息预算收入"科目的本年发生额填列。

"捐赠预算收入"项目，反映单位本年取得的捐赠预算收入。本项目应当根据"其他预算收入"科目明细账记录分析填列。单位单设"捐赠预算收入"科目的，应当根据"捐赠预算收入"科目的本年发生额填列。

"租金预算收入"项目，反映单位本年取得的租金预算收入。本项目应当根据"其他预算收入"科目明细账记录分析填列。单位单设"租金预算收入"科目的，应当根据"租金预算收入"科目的本年发生额填列。

"本年预算支出"各项目的内容和填列方法：

（11）"本年预算支出"项目，反映单位本年预算支出总额。本项目应当根据本表中"行政支出""事业支出""经营支出""上缴上级支出""对附属单位补助支出""投资支出""债务还本支出"和"其他支出"项目金额的合计数填列。

（12）"行政支出"项目，反映行政单位本年履行职责实际发生的支出。本项目应当根据"行政支出"科目的本年发生额填列。

（13）"事业支出"项目，反映事业单位本年开展专业业务活动及其辅助活动发生的支出。本项目应当根据"事业支出"科目的本年发生额填列。

（14）"经营支出"项目，反映事业单位本年在专业业务活动及其辅助活动之外开展非独立核算经营活动发生的支出。本项目应当根据"经营支出"科目的本年发生额填列。

（15）"上缴上级支出"项目，反映事业单位本年按照财政部门和主管部门的规定上缴上级单位的支出。本项目应当根据"上缴上级支出"科目的本年发生额填列。

（16）"对附属单位补助支出"项目，反映事业单位本年用财政拨款收入之外的收入对附属单位补助发生的支出。本项目应当根据"对附属单位补助支出"科目的本年发生额填列。

（17）"投资支出"项目，反映事业单位本年以货币资金对外投资发生的支出。本项目应当根据"投资支出"科目的本年发生额填列。

（18）"债务还本支出"项目，反映事业单位本年偿还自身承担的纳入预算管理的从金融机构举借的债务本金的支出。本项目应当根据"债务还本支出"科目的本年发生额填列。

（19）"其他支出"项目，反映单位本年除以上支出以外的各项支出。本项目应当根据"其他支出"科目的本年发生额填列。

"利息支出"项目，反映单位本年发生的利息支出。本项目应当根据"其他支出"科目明细账记录分析填列。单位单设"利息支出"科目的，应当根据"利息支出"科目的本年发生额填列。

"捐赠支出"项目，反映单位本年发生的捐赠支出。本项目应当根据"其他支出"科目明细账记录分析填列。单位单设"捐赠支出"科目的，应当根据"捐赠支出"科目的本年发生额填列。

"本年预算收支差额"各项目的内容和填列方法：

（20）"本年预算收支差额"项目，反映单位本年各项预算收支相抵后的差额。本项目应当根据本表中"本期预算收入"项目金额减去"本期预算支出"项目金额后的金额填列；如相减后金额为负数，以"－"号填列。

（三）本年预算结余和盈余的差异情况说明

为了反映政府单位财务会计和预算会计因核算基础和核算范围不同所产生的本年盈余数与本年预算结余数之间的差异，政府单位应当按照重要性原则，对本年度发生的各类影响收入（预算收入）和费用（预算支出）的业务进行适度归并和分析，披露将年度预算收入支出表中"本年预算收支差额"调节为年度收入费用表中"本期盈余"的信息。有关披露的内容与形式如表8-7所示。

表8-7　预算结余和盈余的差异情况披露内容与形式

项目	金额
一、本年预算结余（本年预算收支差额）	
二、差异调节	
（一）重要事项的差异	
加：1. 当期确认为收入但没有确认为预算收入	
（1）应收款项、预收账款确认的收入	

续上表

项目	金额
（2）接受非货币性资产捐赠确认的收入	
2. 当期确认为预算支出但没有确认为费用	
（1）支付应付款项、预付账款的支出	
（2）为取得存货、政府储备物资等计入物资成本的支出	
（3）为购建固定资产等的资本性支出	
（4）偿还借款本息支出	
减：1. 当期确认为预算收入但没有确认为收入	
（1）收到应收款项、预收账款确认的预算收入	
（2）取得借款确认的预算收入	
2. 当期确认为费用但没有确认为预算支出	
（1）发出存货、政府储备物资等确认的费用	
（2）计提的折旧费用和摊销费用	
（3）确认的资产处置费用（处置资产价值）	
（4）应付款项、预付账款确认的费用	
（二）其他事项差异	
三、本年盈余（本年收入与费用的差额）	

三、预算结转结余变动表

（一）预算结转结余变动表概述

预算结转结余变动表是反映单位在某一会计年度内预算结转结余变动情况的预算会计报表。预算结转结余变动表的编制基础主要是各结转类、结余类科目的本期发生额及其增减变动情况。预算结转结余变动表只编制年度报表。

预算结转结余变动表属于动态报表，作用主要体现在：可以提供某一会计年度内预算结转结余变动情况的信息；年末预算结转结余构成情况的信息。

预算结转结余变动表按照年初预算结转结余、年初余额调整、本年变动金额、年初预算结转结余分项列示。本表中"年末预算结转结余"项目金额等于"年初预算结转结余""年初余额调整""本年变动金额"三个项目的合计数。

此外，为了使报表使用者通过比较不同年度预算结转结余变动表的数据，掌握政府单位预算结转结余各项目变动情况及发展趋势，政府单位需要提供比较预算结转结余变动表，预算结转结余变动表还就各项目再分为"本年数"和"上年数"两栏分别填列。"本年数"栏反映各项目的本年实际发生数，"上年数"栏反映各项目的上年实际发生数。

预算结转结余变动表的基本格式如表8-8所示。

表8-8　预算结转结余变动表　会政预02表

编制单位：A事业单位　　　　　　　　20×9年　　　　　　　　单位：元

项目	本年数	上年数
一、年初预算结转结余		
（一）财政拨款结转结余		
（二）其他资金结转结余		
二、年初余额调整（减少以"－"号填列）		
（一）财政拨款结转结余		
（二）其他资金结转结余		
三、本年变动金额（减少以"－"号填列）		
（一）财政拨款结转结余		
1. 本年收支差额		
2. 归集调入		
3. 归集上缴或调出		
（二）其他资金结转结余		
1. 本年收支差额		
2. 缴回资金		
3. 使用专用结余		
4. 支付所得税		
四、年末预算结转结余		
（一）财政拨款结转结余		

续上表

项目	本年数	上年数
1. 财政拨款结转		
2. 财政拨款结余		
（二）其他资金结转结余		
1. 非财政拨款结转		
2. 非财政拨款结余		
3. 专用结余		
4. 经营结余（如有余额，以"－"号填列）		

（二）预算结转结余变动表各项目的内容和填列方法

1. "上年数"栏各项目的内容和填列方法

应当根据上年度预算结转结余变动表中"本年数"栏内所列数字填列。如果本年度预算结转结余变动表规定的项目的名称和内容同上年度不一致，应当对上年度预算结转结余变动表项目的名称和数字按照本年度的规定进行调整，将调整后金额填入本年度预算结转结余变动表的"上年数"栏。

2. "本年数"栏各项目的内容和填列方法

（1）"年初预算结转结余"项目，反映单位本年预算结转结余的年初余额。本项目应当根据本项目下"财政拨款结转结余""其他资金结转结余"项目金额的合计数填列。

①"财政拨款结转结余"项目，反映单位本年财政拨款结转结余资金的年初余额。本项目应当根据"财政拨款结转""财政拨款结余"科目本年年初余额合计数填列。

②"其他资金结转结余"项目，反映单位本年其他资金结转结余的年初余额。本项目应当根据"非财政拨款结转""非财政拨款结余""专用结余""经营结余"科目本年年初余额的合计数填列。

（2）"年初余额调整"项目，反映单位本年预算结转结余年初余额调整的金额。本项目应当根据本项目下"财政拨款结转结余""其他资金结转结余"项目金额的合计数填列。

①"财政拨款结转结余"项目，反映单位本年财政拨款结转结余资金

的年初余额调整金额。本项目应当根据"财政拨款结转""财政拨款结余"科目下"年初余额调整"明细科目的本年发生额的合计数填列；如调整减少年初财政拨款结转结余，以"－"号填列。

②"其他资金结转结余"项目，反映单位本年其他资金结转结余的年初余额调整金额。本项目应当根据"非财政拨款结转""非财政拨款结余"科目下"年初余额调整"明细科目的本年发生额的合计数填列；如调整减少年初其他资金结转结余，以"－"号填列。

（3）"本年变动金额"项目，反映单位本年预算结转结余变动的金额。本项目应当根据本项目下"财政拨款结转结余""其他资金结转结余"项目金额的合计数填列。

①"财政拨款结转结余"项目，反映单位本年财政拨款结转结余资金的变动。本项目应当根据本项目下"本年收支差额""归集调入""归集上缴或调出"项目金额的合计数填列。

"本年收支差额"项目，反映单位本年财政拨款资金收支相抵后的差额。本项目应当根据"财政拨款结转"科目下"本年收支结转"明细科目本年转入的预算收入与预算支出的差额填列；差额为负数的，以"－"号填列。

"归集调入"项目，反映单位本年按照规定从其他单位归集调入的财政拨款结转资金。本项目应当根据"财政拨款结转"科目下"归集调入"明细科目的本年发生额填列。

"归集上缴或调出"项目，反映单位本年按照规定上缴的财政拨款结转结余资金及按照规定向其他单位调出的财政拨款结转资金。本项目应当根据"财政拨款结转""财政拨款结余"科目下"归集上缴"明细科目，以及"财政拨款结转"科目下"归集调出"明细科目本年发生额的合计数填列，以"－"号填列。

②"其他资金结转结余"项目，反映单位本年其他资金结转结余的变动。本项目应当根据本项目下"本年收支差额""缴回资金""使用专用结余""支付所得税"项目金额的合计数填列。

"本年收支差额"项目，反映单位本年除财政拨款外的其他资金收支相抵后的差额。本项目应当根据"非财政拨款结转"科目下"本年收支结转"明细科目、"其他结余"科目、"经营结余"科目本年转入的预算收入与预算支出的差额的合计数填列；如为负数，以"－"号填列。

"缴回资金"项目，反映单位本年按照规定缴回的非财政拨款结转资金。本项目应当根据"非财政拨款结转"科目下"缴回资金"明细科目本年发生额的合计数填列，以"－"号填列。

"使用专用结余"项目，反映本年事业单位根据规定使用从非财政拨款结余或经营结余中提取的专用基金的金额。本项目应当根据"专用结余"科目明细账中本年使用专用结余业务的发生额填列，以"－"号填列。

"支付所得税"项目，反映有企业所得税缴纳义务的事业单位本年实际缴纳的企业所得税金额。本项目应当根据"非财政拨款结余"明细账中本年实际缴纳企业所得税业务的发生额填列，以"－"号填列。

（4）"年末预算结转结余"项目，反映单位本年预算结转结余的年末余额。本项目应当根据本项目下"财政拨款结转结余""其他资金结转结余"项目金额的合计数填列。

①"财政拨款结转结余"项目，反映单位本年财政拨款结转结余的年末余额。本项目应当根据本项目下"财政拨款结转""财政拨款结余"项目金额的合计数填列。

本项目下"财政拨款结转""财政拨款结余"项目，应当分别根据"财政拨款结转""财政拨款结余"科目的本年年末余额填列。

②"其他资金结转结余"项目，反映单位本年其他资金结转结余的年末余额。本项目应当根据本项目下"非财政拨款结转""非财政拨款结余""专用结余""经营结余"项目金额的合计数填列。

本项目下"非财政拨款结转""非财政拨款结余""专用结余""经营结余"项目，应当分别根据"非财政拨款结转""非财政拨款结余""专用结余""经营结余"科目的本年年末余额填列。

四、财政拨款预算收入支出表

（一）财政拨款预算收入支出表概述

财政拨款预算收入支出表是指反映单位在某一会计期间财政拨款预算收入、支出、结转及结余情况的预算会计报表。财政拨款预算收入支出表的编制基础主要是各财政拨款预算收入和预算支出类科目的本期发生额及其增减变动情况。财政拨款预算收入支出表只编制年度报表。

财政拨款预算收入支出表属于动态报表。

财政拨款预算收入支出表"项目"栏内各项目，应当根据政府单位取得的财政拨款种类分项设置。其中"项目支出"项目下，根据每个项目设置；政府单位取得除一般公共财政预算拨款和政府性基金预算拨款以外的其他财政拨款的，应当按照财政拨款种类增加相应的资金项目及其明细项目。

财政拨款预算收入支出表"项目"栏内各项目分别填列"年初财政拨款结转结余"、"调整年初财政拨款结转结余""本年归集调入""本年归集上缴或调出""单位内部调剂""本年财政拨款收入""本年财政拨款支出"和"年末财政拨款结转结余"八栏数据。

财政拨款预算收入支出表的基本格式如表8-9所示。

表8-9　财政拨款预算收入支出表　会政预03表

编制单位：A事业单位　　　　　　　　2×19年　　　　　　　　单位：元

项目	年初财政拨款结转结余		调整年初财政拨款结转结余	本年归集调入	本年归集上缴或调出	单位内部调剂		本年财政拨款收入	本年财政拨款支出	年末财政拨款结转结余	
	结转	结余				结转	结余			结转	结余
一、一般公共预算财政拨款											
（一）基本支出											
1. 人员经费											
2. 日常公用经费											
（二）项目支出											
1. A项目											
2. B项目											
3. ××项目											
……											

续上表

项目	年初财政拨款结转结余		调整年初财政拨款结转结余	本年归集调入	本年归集上缴或调出	单位内部调剂		本年财政拨款收入	本年财政拨款支出	年末财政拨款结转结余	
	结转	结余				结转	结余			结转	结余
二、政府性基金预算财政拨款											
（一）基本支出											
1. 人员经费											
2. 日常公用经费											
（二）项目支出											
1. ××项目											
2. ××项目											
……											
总计											

（二）财政拨款预算收入支出表的填列方法

1. "年初财政拨款结转结余"栏中各项目，反映单位年初各项财政拨款结转结余的金额。各项目应当根据"财政拨款结转""财政拨款结余"及其明细科目的年初余额填列。本栏中各项目的数额应当与上年度财政拨款预算收入支出表中"年末财政拨款结转结余"栏中各项目的数额相等。

2. "调整年初财政拨款结转结余"栏中各项目，反映单位对年初财政拨款结转结余的调整金额。各项目应当根据"财政拨款结转""财政拨款结余"科目下"年初余额调整"明细科目及其所属明细科目的本年发生额填列；如调整减少年初财政拨款结转结余，以"－"号填列。

3. "本年归集调入"栏中各项目，反映单位本年按规定从其他单位调入的财政拨款结转资金金额。各项目应当根据"财政拨款结转"科目下"归集调入"明细科目及其所属明细科目的本年发生额填列。

4. "本年归集上缴或调出"栏中各项目，反映单位本年按规定实际上缴的财政拨款结转结余资金，及按照规定向其他单位调出的财政拨款结转资金金额。各项目应当根据"财政拨款结转""财政拨款结余"科目下"归集上缴"科目和"财政拨款结转"科目下"归集调出"明细科目，及其所属明细科目的本年发生额填列，以"－"号填列。

5. "单位内部调剂"栏中各项目，反映单位本年财政拨款结转结余资金在单位内部不同项目等之间的调剂金额。各项目应当根据"财政拨款结转"和"财政拨款结余"科目下的"单位内部调剂"明细科目及其所属明细科目的本年发生额填列；对单位内部调剂减少的财政拨款结余金额，以"－"号填列。

6. "本年财政拨款收入"栏中各项目，反映单位本年从同级财政部门取得的各类财政预算拨款金额。各项目应当根据"财政拨款预算收入"科目及其所属明细科目的本年发生额填列。

7. "本年财政拨款支出"栏中各项目，反映单位本年发生的财政拨款支出金额。各项目应当根据"行政支出""事业支出"等科目及其所属明细科目本年发生额中的财政拨款支出数的合计数填列。

8. "年末财政拨款结转结余"栏中各项目，反映单位年末财政拨款结转结余的金额。各项目应当根据"财政拨款结转""财政拨款结余"科目及其所属明细科目的年末余额填列。

读 者 意 见 反 馈 表

亲爱的读者:

感谢您对中国铁道出版社的支持,您的建议是我们不断改进工作的信息来源,您的需求是我们不断开拓创新的基础。为了更好地服务读者,出版更多的精品图书,希望您能在百忙之中抽出时间填写这份意见反馈表发给我们。随书纸制表格请在填好后剪下寄到:北京市西城区右安门西街8号中国铁道出版社有限公司 大众出版中心 王佩 收(邮编:100054)。或者采用传真(010-63549458)方式发送。此外,读者也可以直接通过电子邮件把意见反馈给我们,E-mail地址是:1958793918@qq.com。我们将选出意见中肯的热心读者,赠送本社的其他图书作为奖励。同时,我们将充分考虑您的意见和建议,并尽可能地给您满意的答复。谢谢!

— —

所购书名: _____

个人资料:

姓名: _____ 性别: _____ 年龄: _____ 文化程度: _____

职业: _____ 电话: _____ E-mail: _____

通信地址: _____ 邮编: _____

您是如何得知本书的:

□书店宣传 □网络宣传 □展会促销 □出版社图书目录 □老师指定 □杂志、报纸等的介绍 □别人推荐
□其他(请指明)_____

您从何处得到本书的:

□书店 □邮购 □商场、超市等卖场 □图书销售的网站 □培训学校 □其他

影响您购买本书的因素(可多选):

□内容实用 □价格合理 □装帧设计精美 □优惠促销 □书评广告 □出版社知名度
□作者名气 □工作、生活和学习的需要 □其他

您对本书封面设计的满意程度:

□很满意 □比较满意 □一般 □不满意 □改进建议

您对本书的总体满意程度:

从文字的角度 □很满意 □比较满意 □一般 □不满意
从技术的角度 □很满意 □比较满意 □一般 □不满意

您希望书中图的比例是多少:

□少量的图片辅以大量的文字 □图文比例相当 □大量的图片辅以少量的文字

您希望本书的定价是多少:

本书最令您满意的是:

1.

2.

您在使用本书时遇到哪些困难:

1.

2.

您希望本书在哪些方面进行改进:

1.

2.

您需要购买哪些方面的图书?对我社现有图书有什么好的建议?

您更喜欢阅读哪些类型和层次的经管类书籍(可多选)?

□入门类 □精通类 □综合类 □问答类 □图解类 □查询手册类

您在学习计算机的过程中有什么困难?

您的其他要求: